A REVOLUÇÃO DO APRENDIZADO PROFUNDO

A **inteligência artificial** encontra a **inteligência humana**

A REVOLUÇÃO DO APRENDIZADO PROFUNDO

TERRENCE J. SEJNOWSKI

ALTA BOOKS
E D I T O R A
Rio de Janeiro, 2019

A Revolução do Aprendizado Profundo
Copyright © 2019 da Starlin Alta Editora e Consultoria Eireli. ISBN: 978-85-508-0788-1

Translated from original The Deep Learning Revolution. Copyright © 2018 by Terrence J. Sejnowski. ISBN 978-0-2620-3803-4. This translation is published and sold by permission of MIT Press the owner of all rights to publish and sell the same. PORTUGUESE language edition published by Starlin Alta Editora e Consultoria Eireli, Copyright © 2019 by Starlin Alta Editora e Consultoria Eireli.

Todos os direitos estão reservados e protegidos por Lei. Nenhuma parte deste livro, sem autorização prévia por escrito da editora, poderá ser reproduzida ou transmitida. A violação dos Direitos Autorais é crime estabelecido na Lei nº 9.610/98 e com punição de acordo com o artigo 184 do Código Penal.

A editora não se responsabiliza pelo conteúdo da obra, formulada exclusivamente pelo(s) autor(es).

Marcas Registradas: Todos os termos mencionados e reconhecidos como Marca Registrada e/ou Comercial são de responsabilidade de seus proprietários. A editora informa não estar associada a nenhum produto e/ou fornecedor apresentado no livro.

Impresso no Brasil — 1ª Edição, 2019 — Edição revisada conforme o Acordo Ortográfico da Língua Portuguesa de 2009.

Publique seu livro com a Alta Books. Para mais informações envie um e-mail para autoria@altabooks.com.br

Obra disponível para venda corporativa e/ou personalizada. Para mais informações, fale com projetos@altabooks.com.br

Produção Editorial Editora Alta Books **Gerência Editorial** Anderson Vieira	**Produtor Editorial** Juliana de Oliveira Thiê Alves **Assistente Editorial** Adriano Barros	**Marketing Editorial** marketing@altabooks.com.br **Editor de Aquisição** José Rugeri j.rugeri@altabooks.com.br	**Vendas Atacado e Varejo** Daniele Fonseca Viviane Paiva comercial@altabooks.com.br	**Ouvidoria** ouvidoria@altabooks.com.br
Equipe Editorial	Bianca Teodoro Carolinne Oliveira Ian Verçosa Illysabelle Trajano	Keyciane Botelho Larissa Lima Laryssa Gomes Leandro Lacerda	Livia Carvalho Maria de Lourdes Borges Paulo Gomes	Raquel Porto Thales Silva Thauan Gomes
Tradução Carolina Gaio	**Copidesque** Wendy Campos	**Revisão Gramatical** Thaís Pol Thamiris Leiroza	**Revisão Técnica** Eduardo Camargo Doutor em Tecnologias da Inteligência e Design Digital pela PUC-SP	**Diagramação** Luisa Maria Gomes

Erratas e arquivos de apoio: No site da editora relatamos, com a devida correção, qualquer erro encontrado em nossos livros, bem como disponibilizamos arquivos de apoio se aplicáveis à obra em questão.

Acesse o site www.altabooks.com.br e procure pelo título do livro desejado para ter acesso às erratas, aos arquivos de apoio e/ou a outros conteúdos aplicáveis à obra.

Suporte Técnico: A obra é comercializada na forma em que está, sem direito a suporte técnico ou orientação pessoal/exclusiva ao leitor.

A editora não se responsabiliza pela manutenção, atualização e idioma dos sites referidos pelos autores nesta obra.

Dados Internacionais de Catalogação na Publicação (CIP) de acordo com ISBD

S463r   Sejnowski, Terrence J.
        A Revolução do Aprendizado Profundo / Terrence J. Sejnowski ; traduzido por Carolina Gaio. - Rio de Janeiro : Alta Books, 2019.
        352 p. ; 17cm x 24cm.

        Inclui índice.
        ISBN: 978-85-508-0788-1

        1. Ciências da computação. Informática. 2. Aprendizado Profundo. I. Gaio, Carolina. II. Título.

2019-1746   CDD 004
                                                                        CDU 004

Elaborado por Vagner Rodolfo da Silva - CRB-8/9410

Rua Viúva Cláudio, 291 — Bairro Industrial do Jacaré
CEP: 20.970-031 — Rio de Janeiro (RJ)
Tels.: (21) 3278-8069 / 3278-8419
www.altabooks.com.br — altabooks@altabooks.com.br
www.facebook.com/altabooks — www.instagram.com/altabooks

ALTA BOOKS
EDITORA

ASSOCIADO
CBL
Câmara Brasileira do Livro

Para Bo e Sol, Theresa e Joseph
Em memória de Solomon Golomb

> Há neste livro algumas imagens que são coloridas, para consultá-las e fazer o download dos arquivos de apoio, acesse o site **www.altabooks.com.br** e procure pelo título da obra.

Sumário

Prefácio ix

Parte I A Inteligência Reimaginada 1
1 A Ascensão do Aprendizado de Máquina 3
2 O Renascimento da Inteligência Artificial 31
3 O Alvorecer das Redes Neurais 41
4 Computando como o Cérebro 55
5 Pontos de Vista sobre o Sistema Visual 69

Parte II Diversas Maneiras de Aprender 87
6 O Problema da Festa 89
7 A Rede de Hopfield e a Máquina de Boltzmann 99
8 Retropropagação de Erros 119
9 Aprendizado Convolucional 139
10 Aprendizado por Recompensa 157
11 Sistemas de Processamento de Informação Neural 177

Parte III Impacto Tecnológico e Científico 185
12 O Futuro do Aprendizado de Máquina 187
13 A Era dos Algoritmos 213
14 Olá, Senhores Chips 223
15 Informações Privilegiadas 237
16 Consciência 251
17 A Natureza É Mais Esperta do que Nós 263
18 Inteligência Profunda 281

Agradecimentos 289
Leituras Recomendadas 295
Glossário 299
Notas 303
Índice 337

Prefácio

Se já usou o reconhecimento de voz em um smartphone com sistema Android ou o Google Tradutor, você se comunicou com redes neurais[1] treinadas por aprendizado profundo. Nos últimos anos, ele gerou lucros suficientes para o Google cobrir os custos de todos seus projetos futurísticos do Google X, incluindo carros autônomos, Google Glass e Google Brain.[2] O Google foi uma das primeiras empresas de internet a adotar o aprendizado profundo; em 2013, contratou Geoffrey Hinton, o pai dessa abordagem, e outras empresas estão correndo para alcançá-lo.

O recente progresso da inteligência artificial (IA) foi possibilitado pelos gênios da engenharia reversa. Os algoritmos de aprendizado para os modelos de redes neurais em camadas se baseiam na forma como os neurônios se comunicam — e se modificam a partir da experiência. Dentro da rede, a complexidade do mundo é transformada em um caleidoscópio de padrões internos de atividade, os ingredientes da inteligência. Os modelos de redes em que trabalhei nos anos 1980 eram minúsculos se comparados aos de hoje, que agora têm milhões de neurônios artificiais e dezenas de camadas de profundidade. O que propiciou os grandes avanços do aprendizado profundo em algumas das áreas mais difíceis da inteligência artificial foram a persistência, o big data e muito mais capacidade computacional.

Não somos bons em imaginar o impacto de uma nova tecnologia no futuro. Quem teria previsto, em 1990, quando a internet se tornou comercial, seu impacto na indústria da música? No setor de táxis? Nas campanhas políticas? Em quase todos os aspectos do cotidiano? Houve um equívoco parecido ao supor como os computadores mudariam nossas vidas. A declaração de Thomas J. Watson, presidente da IBM, em 1943 é amplamente citada: "Acho que existe um mercado mundial para cerca de cinco computadores."[3] O que é difícil de imaginar são as aplicações que uma futura invenção terá, e inventores não são melhores do que ninguém em prever quais serão elas. Há um abismo entre os cenários utópicos e apocalípticos que se preveem em decorrência do aprendizado profundo e da inteligência artificial, mas nem mesmo os escritores mais criativos de ficção científica conseguirão adivinhar seu impacto derradeiro.

Escrevi o primeiro rascunho de *A Revolução do Aprendizado Profundo* poucas semanas depois de percorrer o Noroeste Pacífico e meditar sobre a significativa transformação que ocorreu recentemente no mundo da inteligência artificial, originada décadas atrás; uma história sobre um pequeno grupo de pesquisadores desafiando uma cultura fechada de IA muito melhor financiada e que, à época, era "o rei caolho em uma terra de cegos". Eles ignoraram solenemente a dificuldade dos problemas e confiaram em intuições sobre inteligência que se mostraram enganosas.

A vida na Terra é cheia de mistérios, mas talvez o mais desafiador seja a natureza da inteligência. A natureza está repleta de muitas formas de inteligência, da humilde inteligência bacteriana à intrincada inteligência humana, cada uma adaptada a seu meio. A inteligência artificial também emergirá sob muitas formas, que tomarão seus lugares de direito nesse espectro. À medida que a inteligência de máquina baseada em redes neurais profundas amadurecer, possibilitará uma nova abordagem para a inteligência biológica.

A Revolução do Aprendizado Profundo é um guia para o passado, presente e futuro do tema. Ele não pretende retratar uma história abrangente, mas uma visão pessoal dos principais avanços conceituais e da comunidade de pesquisadores que o criou. A memória humana é falível e muda a cada releitura de uma história, um processo chamado de "reconsolidação". As histórias deste livro se estenderam por mais de 40 anos, e, embora algumas sejam tão vívidas como se tivessem ocorrido ontem, estou bem ciente de que os detalhes foram editados pelas idas e vindas na minha memória.

A Parte I apresenta o que motivou o aprendizado profundo e os antecedentes necessários para entender suas origens, a Parte II explica algoritmos de aprendizado em vários tipos de arquiteturas de redes neurais, e a Parte III explora o impacto que ele tem tido e que pode ter em nossas vidas nos próximos anos. Contudo, como o filósofo dos New York Yankees, Yogi Berra, disse uma vez: "É difícil fazer previsões, especialmente sobre o futuro." As caixas de texto em oito dos capítulos contêm informações técnicas, as linhas do tempo no início das três partes trazem os eventos que acompanham essa história, que se estendem por mais de 60 anos.

I A Inteligência Reimaginada

Linha do Tempo

1956 — Conferência de Verão sobre Inteligência Artificial, em Dartmouth, originou os estudos de IA e motivou uma geração de cientistas a explorar o potencial da tecnologia da informação para se combinar às capacidades humanas.

1962 — Frank Rosenblatt publicou *Principles of Neurodynamics: Perceptrons and the Theory of Brain Mechanisms*. Apresentou um algoritmo de aprendizado para modelos de redes neurais com uma única camada de pesos variáveis — o precursor dos algoritmos de aprendizado atuais para modelos de redes neurais profundas.

1962 — David Hubel e Torsten Wiesel publicaram *Receptive Fields, Binocular Interaction and Functional Architecture in the Cat's Visual Cortex*, obra que relatou pela primeira vez as propriedades de resposta de neurônios individuais gravados com um microelétrodo. As redes de aprendizado profundo têm uma estrutura semelhante à da hierarquia das áreas do córtex visual.

1969 — Marvin Minsky e Seymour Papert publicaram a obra *Perceptrons*, que evidenciou as limitações computacionais de um único neurônio artificial e marcou o início de um inverno da rede neural.

1979 — Geoffrey Hinton e James Anderson organizaram o workshop sobre Modelos Paralelos de Memória Associativa, em La Jolla, Califórnia, que reuniu uma nova geração de pioneiros no estudo das redes neurais e levou à publicação do livro homônimo, em 1981.

1987 — A Primeira Conferência e Workshop sobre Sistemas de Processamento de Informação Neural (NIPS — Neural Information Processing System) foi realizada no Centro Tecnológico de Denver, reunindo pesquisadores de muitas áreas.

1   A Ascensão do Aprendizado de Máquina

Não muito tempo atrás, dizia-se que a visão computacional não poderia competir com as habilidades visuais de uma criança de um ano. Isso não é mais verdade: os computadores agora reconhecem objetos tão bem quanto a maioria dos adultos, e há carros computadorizados que dirigem com mais segurança do que um adolescente de 16 anos o faria. E, em vez de serem informados sobre como enxergar ou dirigir, os computadores "aprendem" com a própria experiência, fazendo o mesmo que a natureza milhões de anos atrás. O que alimenta esses avanços são os dados. Eles são o novo petróleo. Algoritmos de aprendizado são refinarias que extraem informações de recursos brutos (os dados); a informação gera conhecimento; o conhecimento leva à compreensão; e a compreensão leva à sabedoria. Bem-vindo ao admirável mundo novo do aprendizado profundo.[1]

O aprendizado profundo é um ramo do aprendizado de máquina que tem suas raízes na matemática, na ciência da computação e na neurociência. As redes profundas aprendem com os dados assim como bebês com o mundo a seu redor, começando com as primeiras visões e, aos poucos, adquirindo as habilidades necessárias para percorrer outros ambientes. A origem do aprendizado profundo remonta ao nascimento da inteligência artificial, nos anos 1950, quando havia duas ideias concorrentes de como criar uma IA: uma se baseava em programas lógicos e computadorizados, que a dominaram por décadas; a outra, diretamente nos dados, e levou muito mais tempo para se desenvolver.

No século XX, quando os computadores eram insignificantes e o armazenamento de dados caro em comparação aos padrões atuais, a lógica era eficiente como meio de resolver problemas. Programadores qualificados escreviam um programa específico para cada problema, e, quanto maior o problema, maior o programa. Hoje, o potencial dos computadores e do big data são imensuráveis e a solução de problemas por algoritmos de aprendizado é mais rápida, precisa e eficiente. O mesmo algoritmo pode ser usado para resolver diversos problemas difíceis; as soluções são muito mais práticas do que a abordagem anterior de escrever um programa para cada problema.

Aprendendo a Dirigir

Quem levou o prêmio de US$2 milhões em dinheiro, do grande desafio da Agência de Projetos Avançados de Defesa dos EUA (DARPA — Advanced Research Project Agency), em 2005, foi Stanley, um veículo autônomo desenvolvido pelo grupo de Sebastian Thrun, de Stanford, que o ensinou, por meio do aprendizado de máquina, a andar pelo deserto da Califórnia. O percurso de 212 quilômetros tinha túneis estreitos e curvas fechadas, incluindo a Beer Bottle Pass, uma estrada montanhosa com um penhasco de um lado e rochas do outro (Figura 1.1). Em vez de seguir a abordagem tradicional da inteligência artificial, em que se elabora um programa para antecipar todas as contingências, Stanley se conduziu pelo deserto (Figura 1.2) com base nas informações de seus sensores de visão e distância.

Figura 1.1
Sebastian Thrun com Stanley, o veículo autônomo que venceu o grande desafio da DARPA, em 2005. Esse avanço deu início a uma revolução tecnológica nos transportes. Cortesia de Thrun.

Thrun depois fundou o Google X, um skunk works — grupo que trabalha em projetos avançados ou secretos com alto grau de autonomia dentro de uma empresa — que desenvolve projetos de alta tecnologia, aprimorando os veículos autônomos ainda mais. Desde então, os veículos autônomos do Google rodaram aproximadamente 5,6 milhões de quilômetros pela área da baía de São Francisco. A Uber implementou uma frota de veículos autônomos em Pittsburgh. A Apple está entrando nesse mercado para ampliar a gama de produtos que seus sistemas operacionais controlam, na esperança de repetir o sucesso dos smartphones. Vendo um mercado que estivera estagnado por 100 anos se transformar diante de seus olhos, as montadoras deram continuidade a suas atividades. A General Motors pagou US$1 bilhão pela Cruise Automation, uma startup do Vale do Silício que está aprimorando os veículos autônomos, e investiu, em 2017, mais de US$600 milhões em pesquisa e desenvolvimento.[2] No mesmo ano, a Intel comprou a Mobileye, empresa especializada em sensores e visão computadorizada para veículos autônomos, por US$15,3 bilhões. As apostas são altas no setor multimilionário dos transportes.

Figura 1.2
Beer Bottle Pass. Esse terreno desafiador era o final do percurso do grande desafio da DARPA, de 2005, em que um veículo autônomo deveria atravessar um percurso no deserto de quase 212km. Observe, à distância, um caminhão que acabou de começar a subida. Cortesia da DARPA.

Os veículos autônomos logo serão um problema para a subsistência de milhões de caminhoneiros e taxistas. Em breve, não haverá necessidade de se possuir um carro, pois os veículos autônomos o levarão rapidamente e em segurança ao destino, eliminando também a necessidade de estacionar. A média de utilização dos carros representa apenas 4% do tempo, o que significa que o mesmo veículo deve ficar estacionado em algum lugar durante 96% do tempo. Entretanto, como os veículos autônomos podem receber manutenção e ser estacionados fora dos centros urbanos, grande parte da área desses centros, que agora é ocupada por estacionamentos, será usada de maneira mais produtiva. Planejadores urbanos já estão pensando em um futuro em que estacionamentos darão espaço a parques.[3]

As faixas de estacionamento ao longo das ruas viabilizarão ciclovias maiores. Muitas outras empresas do setor de automóveis serão afetadas, incluindo agências de seguro e oficinas de manutenção. Não haverá mais multas por excesso de velocidade ou estacionamento indevido, ou mesmo mortes provocadas por motoristas alcoolizados ou que dormiram ao volante. O tempo gasto no trajeto para o trabalho será aproveitado para outros propósitos.

De acordo com o US Census Bureau, em 2014, 139 milhões de norte-americanos gastaram, em média, 52 minutos indo e voltando para o trabalho diariamente. Isso equivale a 29,6 bilhões de horas por ano, ou impressionantes 3,4 milhões de anos de vida humana que poderiam ser melhor aproveitados.[4] A capacidade rodoviária será aumentada cerca de quatro vezes devido ao maior controle de trânsito.[5] E, uma vez desenvolvidos e utilizados em grande escala, os veículos autônomos darão fim ao roubo de automóveis. Embora existam muitos obstáculos legais e burocráticos no caminho, quando os veículos autônomos forem vistos por toda parte, estaremos, de fato, vivendo em um admirável mundo novo. Os caminhões serão os primeiros a se tornarem autônomos, provavelmente em 10 anos; táxis em 15 e carros particulares dentro de 15 a 25 anos, considerando a transição.

O patamar icônico que os carros ocupam em nossa sociedade mudará de maneiras inimagináveis, e uma nova ecologia automobilística surgirá. Assim como a invenção do automóvel, há mais de 100 anos, criou muitos setores e empregos, já existe um ecossistema em rápido crescimento desenvolvido para os veículos autônomos. A Waymo, uma empresa de condução autônoma derivada do Google, investiu US$1 bilhão em 8 anos e construiu uma base de testes secreta no vale central da Califórnia, com uma cidade falsa de 368.264m², incluindo simulação de ciclistas e acidentes de trânsito.[6]

O objetivo é ampliar os dados de treinamento para incluir circunstâncias especiais e incomuns, chamadas de casos excepcionais. Eventos raros que ocorrem em estradas muitas vezes terminam em acidentes. A diferença dos veículos autônomos é que, quando um deles passa por um evento raro, a experiência de aprendizado é compartilhada com todos os outros, como uma inteligência coletiva. Muitas bases de teste semelhantes estão sendo construídas por outras empresas automobilísticas do setor, o que cria novos empregos e cadeias de suprimentos para os sensores e lasers necessários aos carros.[7]

Os veículos autônomos são apenas a manifestação mais óbvia de uma grande mudança em uma economia movida pela tecnologia da informação (TI). A informação flui pela internet como a água pelas tubulações urbanas. As informações se acumulam nos grandes centros de dados administrados pelo Google, Amazon, Microsoft e outras empresas de TI que necessitam de tanta energia elétrica que precisam se localizar perto de usinas hidrelétricas, e a transmissão de informações gera tanto calor que precisa de rios para suprir os refrigeradores. Em 2013, os centros de dados dos Estados Unidos consumiram 10 milhões de megawatts, o equivalente à energia gerada por 34 grandes usinas.[8] Mas o que agora impacta ainda mais a economia é a forma como essa informação é usada. Extraída de dados brutos, a informação está sendo transformada em conhecimento sobre pessoas e coisas: o que fazemos, o que queremos e quem somos. E, cada vez mais, os dispositivos controlados por computadores usam esse conhecimento para se comunicar conosco através da fala. Ao contrário do conhecimento passivo proveniente dos livros, que ganha uma materialidade que nos é alheia, o conhecimento em nuvem é uma inteligência externa que tem se tornado parte ativa da vida humana.[9]

Aprendendo a Traduzir

Atualmente, o aprendizado profundo é usado no Google em mais de 100 serviços, do Street View à Caixa de Entrada de Resposta Inteligente e à pesquisa por voz. Tempos atrás, os engenheiros do Google perceberam que precisavam estender esses aplicativos, com uso intensivo de computação, para as versões em nuvem. Visando ao projeto de um chip voltado especificamente para o aprendizado profundo, eles projetaram inteligentemente a placa para caber em um slot de unidade de disco rígido em seus racks de centros de dados. A unidade de processamento de tensores (TPU — Tensor Processing Unit) do Google agora é implementada em servidores em todo o mundo, propiciando uma enorme melhoria no desempenho dos aplicativos de aprendizado profundos.

Um exemplo da rapidez com que o aprendizado profundo modifica nosso contexto é o impacto que exerceu na tradução — o Santo Graal da inteligência artificial, uma vez que ela depende da capacidade de se entender uma sentença. A nova versão do Google Tradutor, recentemente lançada, baseada em aprendizado profundo, é um avanço inenarrável na qualidade da tradução automática. Quase da noite para o dia, a tradução deixou de ser um caos fragmentado de frases para se tornar sentenças coerentes (Figura 1.3). Os primeiros métodos computadorizados combinavam palavras que pudessem ser traduzidas juntas, enquanto o aprendizado profundo conecta sentenças.

Alertado sobre a melhora repentina do Google Tradutor, em 18 de novembro de 2016, Jun Rekimoto, da Universidade de Tóquio, testou o novo sistema fazendo com que traduzisse a abertura de "As Neves do Kilimanjaro", de Ernest Hemingway, para o japonês e depois de volta para o inglês — com o seguinte resultado (adivinhe qual é o original):

> 1: Kilimanjaro is a snow-covered mountain 19,710 feet high, and is said to be the highest mountain in Africa. Its western summit is called the Masai "Ngaje Ngai," the House of God. Close to the western summit there is the dried and frozen carcass of a leopard. No one has explained what the leopard was seeking at that altitude. [Kilimanjaro é uma montanha coberta de neve, a 19.710 pés de altura, considerada

a montanha mais alta da África. Seu cume ocidental é chamado de Masai "Ngaje Ngai", a Casa de Deus. Perto do cume ocidental está a carcaça seca e congelada de um leopardo. Ninguém consegue explicar o que o leopardo procurava em um lugar tão alto.]

Figura 1.3
Ideogramas japoneses e menus instantaneamente traduzidos para o português pelo Google Tradutor, que agora pode ser baixado como um aplicativo para seu smartphone. Muito útil se você precisar usar o transporte público no Japão.

2: Kilimanjaro is a mountain of 19,710 feet covered with snow and is said to be the highest mountain in Africa. The summit of the west is called "Ngaje Ngai" in Masai, the house of God. Near the top of the west there is a dry and frozen dead body of leopard. No one has ever explained what leopard wanted at that altitude. [Kilimanjaro é uma montanha de 19.710 pés coberta de neve e que dizem ser a montanha mais alta da África. O cume do oeste é chamado de "Ngaje Ngai" em Masai, a casa de Deus. Perto do topo do oeste há um cadáver seco e congelado de leopardo. Ninguém jamais explicou o que o leopardo queria naquela altitude.][10]

(O original é o primeiro.)

O próximo passo será treinar redes de aprendizado profundo para traduzir parágrafos, melhorando a conexão entre as sentenças. O significado das palavras está amplamente relacionado à cultura. Vladimir Nabokov, escritor russo e romancista de língua inglesa, que escreveu *Lolita*, chegou à conclusão de que era impossível traduzir poesia. Sua tradução literal de *Eugene Onegin*, de *Aleksandr Pushkin*, para o inglês, permeada de notas de rodapé explicando o fundo cultural dos versos, reforçou sua teoria.[11] Talvez o Google Tradutor possa traduzir Shakespeare algum dia, integrando toda a sua poesia.[12]

Aprendendo a Ouvir

Outro Santo Graal da inteligência artificial é o reconhecimento de fala. Até recentemente, o reconhecimento de fala independente do falante se limitava a domínios restritos, como reservas de companhias aéreas. Hoje, ele é ilimitado. Um projeto de pesquisa de verão da Microsoft Research, realizado por um estagiário da Universidade de Toronto, em 2012, melhorou drasticamente o desempenho do sistema de reconhecimento de fala da Microsoft (Figura 1.4).[13] Em 2016, uma de suas equipes anunciou que sua rede de aprendizado profundo, com 120 camadas, alcançara o nível humano de desempenho em um teste de referência para o reconhecimento de fala de diversas pessoas.[14]

As consequências desse avanço repercutirão na sociedade durante os próximos anos, à medida que os teclados de computador forem substituídos por interfaces de conversão de fala em texto. Isso já acontece com assistentes digitais, como a Alexa, da Amazon, a Siri, da Apple, e a Cortana, da Microsoft, que estão presentes nos lares de toda parte. Assim como as máquinas de escrever tornaram-se obsoletas devido ao uso generalizado dos computadores pessoais, os teclados de computador algum dia se tornarão peças de museu.

Figura 1.4
Rick Rashid, diretor-chefe de pesquisa da Microsoft, em uma demonstração ao vivo do reconhecimento de fala automatizado usando aprendizado profundo, em 25 de outubro de 2012, em um evento em Tianjin, China. Diante de uma plateia de 2 mil chineses, as palavras de Rashid, pronunciadas em inglês, foram reconhecidas pelo sistema automatizado, que primeiro as mostrou como legenda na tela em que Rashid aparecia e depois as traduziu, em áudio, para o chinês. Esse ato audacioso rendeu notícias por todo o mundo. Cortesia da Microsoft Research. [Em tradução livre para o português: "Universidade de Toronto. Eles se uniram para desenvolver outro avanço na área de pesquisas em reconhecimento de fala. A ideia era usar uma tecnologia em um…"]

Quando o reconhecimento de fala for combinado com a tradução, a comunicação direta em idiomas distintos se tornará possível. O tradutor universal de *Jornada nas Estrelas* está ao nosso alcance (Figura 1.4). Por que demorou tanto tempo para que o reconhecimento de fala e a tradução automáticos atingissem os níveis do desempenho humano? É apenas coincidência que essas e outras capacidades cognitivas dos computadores estejam se superando ao mesmo tempo? Bem, todos esses avanços estão sendo impulsionados pelo big data.

Aprendendo a Diagnosticar

Aprendizado Profundo na Pele

O setor de serviços e as profissões a ele relacionadas também serão transformados à medida que o aprendizado de máquina se consolidar e for utilizado para dirimir muitos outros problemas para os quais o big data estiver disponível. O diagnóstico médico, com base nos registros de milhões de pacientes, se tornará mais preciso. Um estudo recente usou o aprendizado profundo para identificar mais de 2 mil doenças diferentes entre 130 mil imagens de pele — um banco de dados médicos dez vezes maior do que o usado anteriormente (Figura 1.5).[15] A rede do estudo foi desenvolvida para diagnosticar cada doença a partir de um "conjunto de testes", contendo imagens nunca antes verificadas. Seu desempenho para fazer o diagnóstico a partir de imagens novas foi comparável e, em alguns casos, até melhor do que o de 21 especialistas em dermatologia.

Logo será possível que qualquer pessoa com um smartphone faça uma foto de uma lesão cutânea suspeita e a diagnostique instantaneamente, um processo que atualmente exige uma visita a um consultório médico e certa espera para que a lesão seja examinada, além do pagamento de uma quantia substancial. Isso ampliará imensamente o escopo e a qualidade da saúde dermatológica. Se as pessoas puderem obter uma avaliação rápida, feita por um especialista, as visitas ao consultório de seus médicos durante o estágio inicial de uma doença de pele serão mais recorrentes, período em que ela é mais fácil de tratar. Com a ajuda do aprendizado profundo, os médicos se tornarão melhores em diagnosticar doenças de pele raras.[16]

Aprendizado Profundo no Câncer

A detecção do câncer de mama metastático a partir de imagens de linfonodos em lâminas é feita por especialistas que cometem erros, o que tem consequências fatais. Esse é um problema de reconhecimento de padrões para o qual o aprendizado profundo deve se destacar. E, de fato, uma rede de aprendizado profundo, desenvolvida a partir de um grande conjunto de dados extraídos de lâminas, cujos resultados foram verificados, alcançou uma precisão de 0,925. Razoável, porém inferior à dos especialistas, que alcançaram 0,966 no mesmo conjunto de testes.[17] No entanto, quando as previsões do aprendizado profundo foram combinadas com as dos especialistas humanos, o resultado foi de 0,995. Ambos se saem melhor juntos do que sozinhos, pois as redes de aprendizado profundo e os especialistas humanos analisam os mesmos dados de maneiras diferentes. Muitas vidas podem ser salvas. Isso aponta para um futuro em que o homem e a máquina trabalharão juntos, como parceiros, e não como concorrentes.

Figura 1.5
Representação artística de uma rede de aprendizado profundo que diagnostica uma lesão de pele com alta precisão, capa de 2 de fevereiro de 2017, publicada pela *Nature*.

Aprendizado Profundo no Sono

Se você tem problemas para dormir — 70% de nós teremos em algum momento da vida — depois de aguardar durante meses para ir ao médico (a menos que o problema se mostre urgente), você será direcionado para uma clínica do sono, onde será observado durante a noite e conectado a um monte de eletrodos para registrar seu eletroencefalograma (EEG) e atividade muscular enquanto dorme. No decorrer de cada noite, você entra no sono de ondas lentas e, periodicamente, no sono de movimento ocular rápido (REM — Rapid Eye Moviment), durante o qual sonha, mas a insônia, a apneia do sono, a síndrome das pernas inquietas e muitos outros distúrbios podem romper esse padrão. Se você teve problemas para dormir em sua casa, dormir em uma cama estranha conectada por fios a equipamentos médicos sinistros pode ser um verdadeiro desafio. Um especialista examinará seu EEG e marcará os estágios do sono em intervalos de 30 segundos, o que acaba levando várias horas para monitorar cada uma das oito horas de sono. Você receberá um relatório sobre as anormalidades em seu padrão de sono e uma conta a ser paga de cerca de US$2 mil.

Os especialistas em sono são treinados para encontrar características reveladoras na identificação dos diferentes estágios do sono, com base em um sistema criado em 1968 por Anthony Rechtshaffen e Alan Kales.[18] Mas, como os resultados costumam ser ambíguos e incoerentes, os especialistas os interpretam de forma homogênea em apenas 75% das vezes. Em contrapartida, Philip Low, ex-aluno de pós-graduação do meu laboratório, usou o aprendizado de máquina não supervisionado para detectar automaticamente estágios do sono em intervalos de três segundos e concordância entre os especialistas humanos de 87%, em menos de um minuto.

Além disso, esse método demandava o registro dos dados de apenas uma única área da cabeça, em vez de muitos pontos de contato e fios que demoram muito tempo para colocar e tirar. Em 2007, lançamos uma startup, a Neurovigil, para levar essa tecnologia às clínicas de sono, porém, elas demonstraram pouco interesse em interromper o fluxo de caixa do procedimento padrão. De fato, tendo motivos para lucrar, não havia incentivo para a adoção de um procedimento mais barato. A Neurovigil encontrou outro mercado em grandes empresas farmacêuticas que realizam testes clínicos e precisam averiguar os efeitos de suas drogas nos padrões de sono e, atualmente, está entrando no mercado de clínicas de cuidados de longo prazo, geralmente necessários para os idosos, que costumam apresentar problemas progressivos de sono.

O modelo da clínica do sono é falho porque as patologias não podem ser diagnosticadas de forma precisa com base em circunstâncias restritas: todos possuem uma linha de base diferente, e os desvios dessa linha é que são informativos. A Neurovigil já tem um dispositivo compacto, o iBrain, que pode gravar seu EEG em casa, transmitir os dados pela internet para que sejam analisados a distância, para identificar tendências e anomalias. Isso permitirá que os médicos detectem problemas de saúde precocemente, período em que o tratamento é mais fácil e que o desenvolvimento de doenças crônicas ainda pode ser evitado. Existem outras doenças cujo tratamento se beneficiaria do monitoramento contínuo, como o diabetes tipo 1 — o nível de açúcar no sangue poderia ser monitorado e regulado pela administração de insulina. O acesso a sensores baratos que registram dados de maneira contínua exerce um grande impacto no diagnóstico e tratamento de outras doenças crônicas.

Há várias lições a serem aprendidas com a experiência da Neurovigil. Embora dominar uma tecnologia melhor e mais barata, ainda que seja infinitamente superior às outras, não signifique um novo produto ou serviço comercializável, quando um operador histórico está arraigado no mercado, existem mercados secundários nos quais a nova tecnologia pode ter um impacto mais imediato e ganhar tempo para se aprimorar e competir de maneira mais proveitosa. Foi assim que as tecnologias da energia solar e de muitos outros setores emergentes entraram no mercado. Em longo prazo, o monitoramento do sono e as novas tecnologias com vantagens demonstradas alcançarão os pacientes em casa e, eventualmente, serão integrados à prática médica.

Aprendendo a Ganhar Dinheiro

Mais de 75% das negociações na Bolsa de Valores de Nova York são automatizadas (Figura 1.6), baseadas em negociações de alta frequência que entram e saem de posição em frações de segundo. (Quando você não tem que pagar por transação, até mesmo pequenas vantagens se convertem em grandes lucros.) A negociação algorítmica, se aplicada em escalas maiores, leva em consideração as tendências de longo prazo baseadas em big data. O aprendizado profundo está se aprimorando em obter mais dinheiro e lucros maiores.[19] O problema da previsão dos mercados financeiros é que os dados são ruidosos e as condições, dinâmicas — a lógica pode mudar da noite para o dia após uma eleição ou conflito internacional. Isso significa que um algoritmo que hoje prevê os valores das ações pode não funcionar amanhã. Na prática, centenas de algoritmos são usados, e os melhores são combinados para otimizar os retornos.

Na década de 1980, quando eu era consultor da Morgan Stanley para modelos de redes de negociação de ações na bolsa, conheci David Shaw, um cientista da computação especializado em projetar computadores paralelos. Em licença de seu cargo na Universidade de Columbia, Shaw trabalhava como analista quantitativo, ou "quant", nos primórdios da negociação automatizada. Ele estava para lançar a própria empresa de gestão de investimentos em Wall Street, o D. E. Shaw Group, e agora é multibilionário. O D. E. Shaw Group tem sido muito bem-sucedido, mas não tanto quanto outro fundo hedge, o Renaissance Technologies, fundado por James Simons, um matemático ilustre e ex-presidente do Departamento de Matemática da Stony Brook University. Simons fez US$1,6 bilhão só em 2016, e esse não foi seu melhor ano.[20] Chamado de "o melhor departamento de física e matemática do mundo",[21] o Renaissance "evita contratar qualquer um que tenha o menor vestígio de credenciais de Wall Street".[22]

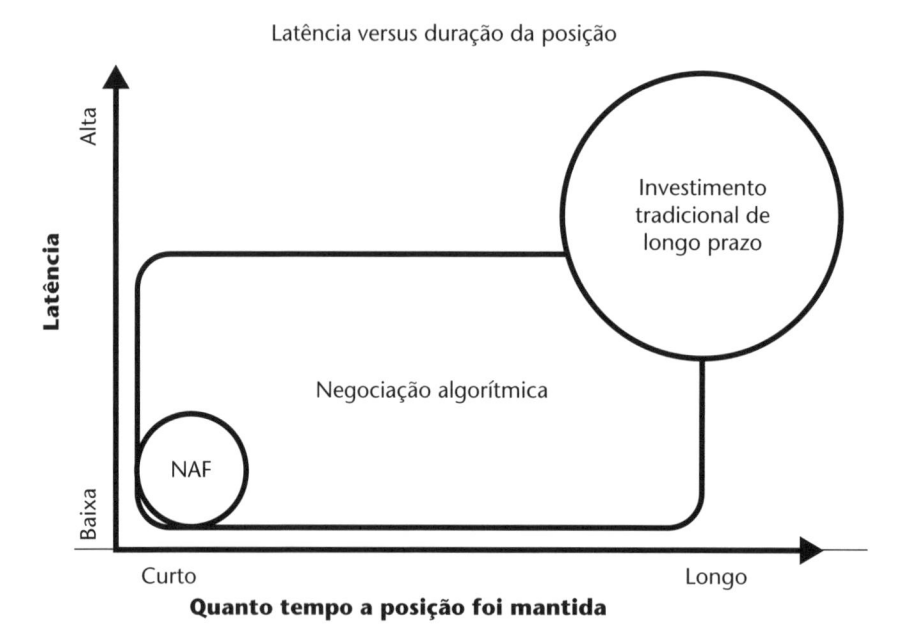

Figura 1.6

O aprendizado de máquina está conduzindo a negociação algorítmica, que é mais rápida do que as estratégias tradicionais de investimento de longo prazo e mais deliberada do que a negociação de alta frequência (NAF) nos mercados de ações. Muitos tipos diferentes de algoritmos de aprendizado de máquina são combinados para obter os melhores retornos.

Fora das operações cotidianas do D. E. Shaw, David Shaw está engajado com a D. E. Shaw Research, que construiu um computador paralelo de finalidade específica, chamado de "Anton", que executa o enovelamento de proteínas muito mais rapidamente do que qualquer outro computador do planeta.[23] Simons se aposentou da supervisão da Renaissance e criou uma fundação que financia pesquisas sobre autismo e outros programas nas áreas de física e ciências biológicas. Através do Instituto Simons para a Teoria da Computação, na UC Berkeley, do Simons Center for the Social Brain, no MIT, e do Flatiron Institute, em Nova York, as ações filantrópicas de Shaw tiveram um grande impacto no avanço dos métodos computacionais para análise de dados, modelagem e simulação.[24]

Os serviços financeiros, de maneira mais ampla, passaram por uma transformação sob o conceito de tecnologia financeira, ou "fintech", como passou a ser chamada. A tecnologia da informação, assim como a cadeia de blocos, um livro financeiro seguro da internet que substitui intermediários em transações, está sendo testada em pequena escala, mas pode em breve atrapalhar os mercados financeiros multitrilionários. O aprendizado de máquina está sendo usado para aprimorar a avaliação de créditos, fornecer informações financeiras e corporativas com precisão, captar sinais nas mídias sociais que prevejam tendências de mercado e fornecer dados biométricos para a segurança de transações financeiras. Quem tiver mais dados ganha, e o mundo está repleto de dados financeiros.

Aprendendo o Direito

O aprendizado profundo está apenas começando a afetar as profissões da área jurídica. Grande parte do trabalho rotineiro de associados em escritórios de advocacia, que cobram centenas de dólares por hora, será automatizado, especialmente nos grandes e valiosos escritórios comerciais. Em particular, a revisão baseada em tecnologia, ou descoberta, será tomada pela inteligência artificial, que pode organizar e identificar milhares de documentos para obter provas legais sem se cansar. Os sistemas automatizados de aprendizado profundo também ajudarão os escritórios de advocacia a cumprir a crescente complexidade dos regulamentos governamentais. Eles vão disponibilizar aconselhamento jurídico para aqueles que não podem arcar com um advogado. O trabalho jurídico não será apenas mais barato; será muito mais rápido, um fator que, nesse âmbito, costuma ser mais importante do que as despesas. O mundo do direito está a caminho de se tornar "legalmente profundo".[25]

Aprendendo a Jogar Pôquer

Heads-up no-limit Texas hold'em é uma das versões mais populares do pôquer, comumente jogada em cassinos, e a modalidade de apostas *no-limit* é a utilizada no principal evento do World Series of Poker (Figura 1.7). O jogo é desafiador porque, diferentemente do xadrez, em que ambos os jogadores têm acesso à mesma informação, os jogadores de pôquer possuem informações imprecisas e, nos níveis mais avançados do jogo, a habilidade de blefar e de dissimular são tão importantes quanto as cartas.

O matemático John von Neumann, que fundou a teoria matemática dos jogos e foi pioneiro em computação digital, era particularmente fascinado pelo pôquer. Como disse: "A vida real consiste de blefes, pequenas táticas de engano e em se perguntar o que o outro acha que pretendo fazer. E, na minha opinião, é disso que os jogos são feitos."[26] O pôquer é um jogo que ativa partes da inteligência humana aprimoradas pela evolução. Uma rede de aprendizado profundo chamada de "DeepStack" jogou 44.852 partidas contra 33 jogadores profissionais. Para a surpresa dos especialistas, derrotou o melhor dos jogadores por uma margem considerável — um desvio-padrão —, mas superou todo o grupo por quatro desvios-padrão — uma margem imensa.[27] Se esses resultados forem conquistados em outras áreas fundamentadas do julgamento humano baseado em informações imperfeitas, como política e relações internacionais, as consequências podem nos levar ainda mais longe.[28]

Figura 1.7
Heads-up no-limit Texas hold'em. Ases na manga. O blefe na modalidade de apostas altas foi dominado pela DeepStack, que derrotou os jogadores profissionais por uma margem considerável.

Aprendendo a Jogar Go

Em março de 2016, Lee Sedol, coreano 18 vezes campeão mundial de Go, disputou e perdeu uma partida de cinco jogos contra o AlphaGo, da DeepMind (Figura 1.8), um programa jogador de Go que usava redes de aprendizado profundo para avaliar posições do tabuleiro e possíveis movimentos.[29] Em dificuldade, o Go está para o xadrez como o xadrez para as damas. Se o xadrez é uma batalha, o Go é uma guerra. Um tabuleiro de Go, 19×19, é muito maior do que um de xadrez, 8×8, o que possibilita várias batalhas em diferentes partes do tabuleiro. Existem interações de longa distância entre batalhas que são difíceis de julgar, mesmo por especialistas. O número total de posições possíveis em um tabuleiro de Go é de 10^{170}, muito mais do que o número de átomos no universo.

Além das várias redes de aprendizado profundo para avaliar o tabuleiro e escolher o melhor movimento, o AlphaGo tinha um sistema de aprendizado completamente diferente, o mesmo usado para resolver o problema da atribuição de crédito temporal: quais dos muitos movimentos foram responsáveis por uma vitória e quais foram responsáveis por uma perda? Os gânglios da base do cérebro, que recebem projeções de todo o córtex cerebral e as projetam de volta para ele, resolvem esse problema com um algoritmo de diferença temporal e aprendizado por reforço. O AlphaGo usou esse mesmo algoritmo de aprendizado que os gânglios de base desenvolveram para avaliar sequências de ações que visavam a maximizar recompensas futuras (um processo explicado no Capítulo 10). O AlphaGo aprendeu jogando sozinho — muitas e muitas vezes.

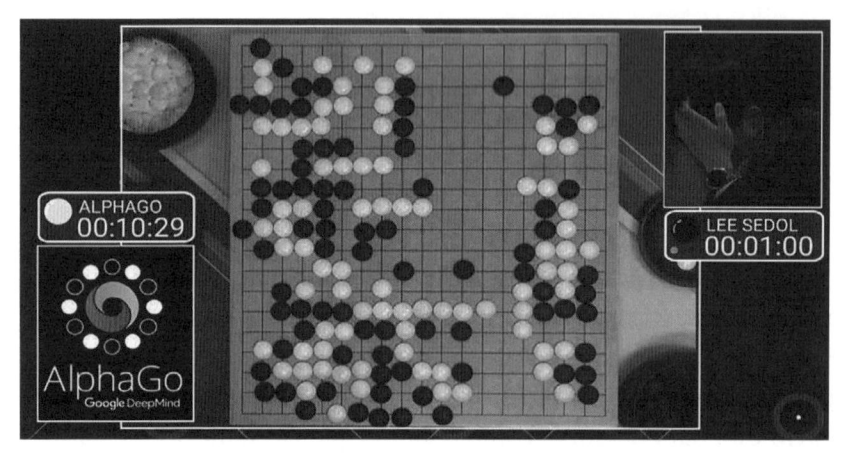

Figura 1.8
O tabuleiro de Go durante a partida de cinco jogos em que disputaram o campeão coreano, Lee Sedol, e o AlphaGo, uma rede neural de aprendizado profundo que aprendeu a jogar sozinha.

A partida de Go disputada por AlphaGo e Lee Sedol teve um grande sucesso na Ásia, em que os campeões de Go são considerados figuras nacionais e tratados como astros do rock. O AlphaGo havia derrotado um campeão europeu, mas o nível de jogo era consideravelmente inferior ao dos altos padrões asiáticos, e Lee Sedol não esperava uma partida difícil. Até mesmo a DeepMind, empresa que desenvolveu o AlphaGo, não sabia o quão forte era seu programa de aprendizado profundo. Desde a última partida, o AlphaGo já jogou outras milhões contra várias versões de si mesmo, e suas habilidades se demonstraram incomparáveis.

Foi uma surpresa para muitos quando o AlphaGo venceu os três primeiros jogos, demonstrando um nível inesperadamente alto de jogabilidade. Para a Coreia do Sul, essa foi uma façanha impressionante; todas as principais emissoras de televisão comentaram a partida. Alguns dos movimentos feitos pelo AlphaGo foram vanguardistas. No 38º lance do segundo jogo, ele fez uma jogada brilhantemente criativa, surpreendendo Lee Sedol, que levou quase dez minutos para reagir. O AlphaGo perdeu o quarto jogo — o gol de honra dos humanos — e terminou a partida ao vencer quatro jogos a um (Figura 1.9).[30] Eu ficava acordado até altas horas das noites de março em San Diego, fiquei hipnotizado pelos jogos. Eles me lembraram da vez em que me sentei colado na TV, em Cleveland, em 2 de junho de 1966, à 1h, quando a espaçonave robótica Surveyor aterrissou na lua e apresentou a primeira foto de uma paisagem lunar.[31] Testemunhei esses momentos históricos em tempo real. O AlphaGo superou muito o que eu e muitos outros pensávamos ser possível.

Em 4 de janeiro de 2017, um jogador de Go em um servidor na internet chamado "Master" foi desmascarado como AlphaGo 2.0 depois de ganhar 60 dos 60 jogos contra alguns dos melhores jogadores do mundo, incluindo o atual campeão mundial de Go, o jovem prodígio chinês de 19 anos Ke Jie. Ele revelou um novo estilo de jogabilidade que contrariava a sabedoria estratégica de eras. Em 27 de maio de 2017, Ke Jie perdeu três jogos para o AlphaGo no Future of Go Summit em Wuzhen, na China (Figura 1.10). Essas foram algumas das melhores partidas de Go já jogadas, e centenas de milhões de chineses as acompanharam. "No ano passado, achava a jogabilidade do AlphaGo bem próxima à dos seres humanos, mas hoje vejo que ele joga como um deus", concluiu Ke Jie.[32]

Após o primeiro jogo, que perdeu por uma pequena margem de meio ponto, Ke Jie disse que "esteve muito perto de vencer na metade do jogo" e que estava muito animado: "Podia sentir meu coração batendo! Talvez por estar muito empolgado, fiz algumas jogadas estúpidas. Talvez esse seja o ponto fraco dos seres humanos."[33] O que Ke Jie experimentou foi uma sobrecarga emocional, porém, um estágio emocional não tão extremo é necessário para atingir o desempenho máximo. Os atores mesmo sabem que, se não sentirem borboletas no estômago antes de suas apresentações, é porque não estão em boa forma. Seus desempenhos seguem uma curva em forma de U invertido: os melhores resultados se situam entre os níveis baixos e altos de empolgação. Os atletas chamam isso de estar "no ápice".

Figura 1.9
Lee Sedol, depois de perder a Challenge Match, em março de 2016.

Figura 1.10
Demis Hassabis (à esquerda) e Ke Jie se encontram após a histórica partida de Go, na China, em 2017, segurando uma prancha com a assinatura de Ke Jie. Cortesia de Demis Hassabis.

O AlphaGo também derrotou uma equipe de cinco grandes jogadores em 26 de maio de 2017. Esses jogadores analisaram os movimentos executados pela máquina e já estão mudando suas estratégias. Em uma nova versão da "diplomacia do pingue-pongue", a partida foi organizada pelo governo chinês. A China está fazendo um grande investimento em aprendizado de máquina, e um dos principais objetivos de sua iniciativa no âmbito dos estudos do cérebro é explorá-lo em busca de novos algoritmos.[34]

O próximo capítulo dessa saga Go é ainda mais notável, se é que isso é possível. O AlphaGo começou por meio do aprendizado supervisionado de 160 mil partidas entre humanos antes de jogar sozinho. Alguns pensavam que isso era trapaça — um programa de IA autônomo deveria ser capaz de aprender a jogar Go sem a experiência humana. Em outubro de 2017, foi lançada uma nova versão, chamada de AlphaGo Zero, que aprendeu a jogar usando apenas as regras do jogo, e massacrou o AlphaGo Master, a versão que venceu Kie Jie, vencendo 100 jogos.[35] Além disso, o AlphaGo Zero aprendeu 100 vezes mais rápido e com 10 vezes menos poder computacional do que o AlphaGo Master. Ao ignorar completamente o conhecimento humano, o AlphaGo Zero tornou-se super-humano. Não há limites claros para o quanto o AlphaGo pode se aprimorar à medida que os algoritmos de aprendizado de máquina se desenvolvem.

O AlphaGo Zero dispensou a experiência humana, mas ainda havia muito do conhecimento humano nas características que o programa usava para representar o tabuleiro. Talvez o AlphaGo Zero consiga se aprimorar ainda mais sem qualquer conhecimento prévio. De forma análoga, assim como a Coca-Cola Zero removeu todas as calorias da Coca-Cola preservando suas qualidades, todo o conhecimento sobre o Go foi absorvido pelo AlphaZero, removendo todos os eventuais problemas. Como resultado, o AlphaZero foi capaz de aprender de modo ainda mais rápido e, decisivamente, derrotar o AlphaGo Zero.[36]

Para exacerbar a ideia do quanto menos é mais, o AlphaZero, sem alterar um único parâmetro do aprendizado, aprendeu a jogar xadrez em níveis sobre-humanos, fazendo movimentos raros, que ninguém jamais havia realizado. O AlphaZero não perdeu um jogo sequer para o Stockfish, o maior programa de xadrez já atuando em níveis sobre-humanos. Durante uma partida, o AlphaZero fez um ousado sacrifício do bispo — às vezes usado para ganhar vantagem — seguido pelo da rainha, o que parecia um erro absurdo até realizar o xeque-mate muitas jogadas depois, algo que nem o Stockfish nem os humanos conseguiram prever. Os alienígenas chegaram. A Terra nunca mais será a mesma.

A desenvolvedora da AlphaGo, DeepMind, foi cofundada em 2010 pelo neurocientista Demis Hassabis (Figura 1.10, à esquerda), que foi bolsista de pós-doutorado da Gatsby Computational Neuroscience Unit, da Universidade de Londres (dirigida por Peter Dayan, ex-bolsista de pós-doutorado do meu laboratório e vencedor do prestigiado prêmio Brain Prize em 2017, com Raymond Dolan e Wolfram Schultz, por suas pesquisas sobre aprendizado de recompensas). A DeepMind foi adquirida pelo Google por US$600 milhões em 2014. A empresa emprega mais de 400 engenheiros e neurocientistas em uma cultura que mistura o conceito da academia e o das startups. A sinergia entre a neurociência e a IA está integrada e tem se desenvolvido rapidamente.

Aprendendo a Ser Mais Inteligente

O AlphaGo é inteligente? Apenas a consciência supera a inteligência em toda a literatura da psicologia, e ambas possuem definições complexas. Os psicólogos, desde a década de 1930, distinguem a inteligência fluida, que usa o raciocínio e o reconhecimento de padrões para resolver problemas inéditos sem depender de conhecimentos prévios, da inteligência cristalizada, que depende do conhecimento prévio e é alvo dos testes padrões de QI. A inteligência fluida segue uma trajetória desenvolvimental, que atinge o pico no início da idade adulta e diminui com o tempo, enquanto a cristalizada aumenta de maneira lenta e assintótica com o passar dos anos. O AlphaGo possui ambas as inteligências em um domínio bastante restrito, no qual demonstrou uma criatividade surpreendente. A experiência profissional também se baseia no aprendizado em domínios restritos. Somos todos proficientes no que tange à linguagem e a praticamos todos os dias.

O algoritmo de aprendizado por reforço usado pelo AlphaGo pode ser aplicado a muitos problemas. Essa forma de aprendizado depende apenas da recompensa dada ao vencedor ao final de uma sequência de movimentos, uma projeção que acaba melhorando as decisões tomadas muito antes. Quando é combinado a muitas redes poderosas de aprendizado profundo, acarreta muitos bits de inteligência específica de uma área. E, de fato, cada caso lida com diferentes tipos de inteligência: social, emocional, mecânica e construtiva, por exemplo.[37] O "fator g" (inteligência geral), que os testes de inteligência afirmam medir, correlaciona-se a esses tipos. É necessário atentar para algumas questões ao interpretar os testes de QI. O QI médio mundial tem crescido três pontos por década desde que foi estudado pela primeira vez, na década de 1930, uma tendência chamada de "efeito Flynn". Há muitas explicações para o efeito Flynn, como a melhora da alimentação, da saúde e de outros fatores ambientais.[38]

Isso é bastante plausível devido ao ambiente afetar a regulação gênica, que por sua vez afeta a conectividade do cérebro, levando a alterações do comportamento.[39] Como os seres humanos vivem cada vez mais em ambientes criados artificialmente, seus cérebros são formados de maneiras que a natureza nunca pretendeu. Será que os humanos estão ficando mais inteligentes ao longo de mais tempo? Por quanto tempo o aumento do QI continuará? A incidência de pessoas jogando xadrez virtual, gamão e agora Go vem aumentando desde o advento dos programas que jogam em níveis de campeonato, e assim a máquina aumentou a inteligência dos jogadores humanos.[40] O aprendizado profundo impulsionará a inteligência não apenas dos investigadores científicos, mas também dos trabalhadores de todas as profissões.

Os instrumentos científicos geram dados a uma taxa prodigiosa. Colisões de partículas elementares no Large Hadron Collider (LHC), em Genebra, originaram 25 petabytes de dados por ano. O Grande Telescópio Celestial Sinótico (LSST) gerará 6 petabytes de dados anualmente. O aprendizado de máquina atualmente é usado para analisar os enormes conjuntos de dados de física e astronomia que são muito grandes para que os humanos analisem usando os métodos tradicionais.[41] Por exemplo, a DeepLensing é uma rede neural que reconhece imagens de galáxias distantes distorcidas pela reflexão da luz através das "lentes gravitacionais", ao redor de outras galáxias ao longo da linha de visão. Isso permite que muitas novas galáxias distantes sejam descobertas de forma automática. Há muitos outros problemas do tipo "agulha no palheiro" na física e na astronomia, e, para eles, o aprendizado profundo tem desenvolvido amplamente as abordagens tradicionais da análise de dados.

O Mercado de Trabalho em Constante Mudança

Apresentados pelos bancos no final dos anos 1960, para disponibilizar dinheiro aos correntistas em tempo integral, uma conveniência muito bem-vinda para quem precisava de dinheiro antes ou depois de encarar as típicas horas na fila dos bancos, os caixas eletrônicos adquiriram a capacidade de ler cheques manuscritos. E, embora tenham reduzido o trabalho rotineiro dos atendentes dos caixas, há mais profissionais do que antes, que agora oferecem aos clientes serviços personalizados, como financiamento e consultoria de investimentos, e há muitos novos serviços paliativos nos caixas eletrônicos[42] — assim como o motor a vapor deslocou trabalhadores braçais, por um lado, mas originou novos empregos para trabalhadores que poderiam construir e manter motores e dirigir locomotivas a vapor, por outro. Da mesma maneira, o marketing online da Amazon expulsou muitos trabalhadores de lojas de varejo físicas, porém criou 380 mil novos empregos em distribuição e entrega dos produtos próprios e de muitos negócios associados.[43] E conforme empregos que agora exigem habilidades cognitivas humanas são assumidos por sistemas automatizados de IA, haverá novos empregos para aqueles que puderem criar e manter esses sistemas.

A rotatividade dos empregos não é novidade. Os trabalhadores rurais do século XIX foram substituídos por máquinas, e novos empregos foram criados nas fábricas urbanas, possibilitados pelas máquinas, o que exigiu um sistema educacional para treinar os trabalhadores em novas habilidades. A diferença é que, hoje, os novos empregos criados pela inteligência artificial passarão a exigir novas habilidades, mais adaptativas, além das cognitivas tradicionais.[44] Assim, precisaremos aprender ao longo da vida. Para que isso aconteça, precisaremos de um novo sistema educacional, que se fundamente no lar, em vez de na escola.

Felizmente, assim como a necessidade de encontrar novos empregos tornou-se aguda, a internet disponibilizou cursos online abertos e massivos (MOOCs) para fornecer novos conhecimentos e habilidades. Embora ainda estejam engatinhando, os MOOCs evoluem rapidamente no ecossistema da educação e têm uma grande promessa de oferecer instrução de qualidade a um número bem maior de pessoas. Ao serem combinados à próxima geração de assistentes digitais, os MOOCs serão transformadores. Barbara Oakley e eu desenvolvemos um MOOC popular chamado de "Learning How to Learn" ["Aprendendo a Aprender", em tradução livre], que ensina como se tornar um aprendiz melhor (Figura 1.11) e um MOOC de acompanhamento chamado "Mindshift" ["Mudança Mental", em tradução livre], que ensina como se reinventar e mudar seu estilo de vida (ambos os MOOCs são descritos no Capítulo 12).

Ao navegar pela internet, você gera big data sobre você mesmo que uma máquina pode ler. Você é exposto a anúncios gerados a partir de farelos digitais que deixa pelo caminho. As informações que revela no Facebook e em outras mídias sociais podem ser usadas para criar um assistente digital que o conhece melhor do que qualquer pessoa no mundo e não se esquecerá de nada, tornando-se, na prática, seu dúplice virtual. Ao unir o rastreamento da internet ao aprendizado profundo, as crianças de amanhã terão melhores oportunidades no âmbito educacional do que as disponíveis atualmente para as famílias mais ricas. Seus netos terão os próprios tutores digitais, que os acompanharão ao longo de sua trajetória discente. A educação não apenas se tornará mais individualizada, mas também mais precisa.

Já existe uma ampla gama de experimentos educacionais sendo desenvolvidos pelo mundo em programas como a Kahn Academy, alguns financiados pelos Gates, Chan-Zuckerberg e outras fundações filantrópicas que testam softwares para viabilizar a todas as crianças o desenvolvimento da educação formalizada no próprio ritmo, que se adequem às necessidades de cada uma.[45] A ampla disponibilidade de tutores digitais libertará os professores das partes mecânicas da profissão, como a avaliação, e permitirá que foquem o que os humanos fazem de melhor — dar apoio emocional aos alunos em dificuldades e inspirar intelectualmente os superdotados.

A tecnologia educacional — edtech — está avançando rapidamente, e a transição para a educação de precisão pode vir a ser muito rápida se comparada aos veículos autônomos, pois os obstáculos que precisa superar são muito menos assustadores, a demanda é muito maior e a educação constitui um mercado trilionário.[46] Uma das principais preocupações é quem terá acesso aos arquivos internos dos assistentes e tutores digitais.

Figura 1.11
"Learning How to Learn", um curso online massivo e aberto (MOOC) que ensina como se tornar um aprendiz melhor. É o MOOC mais popular da internet, com mais de 3 milhões de alunos. Cortesia de Terrence Sejnowski e Barbara Oakley.

A Inteligência Artificial É uma Ameaça Existencial?

Quando o AlphaGo venceu Lee Sedol, em 2016, alimentou uma reação que vinha se desenvolvendo nos últimos anos com relação aos possíveis perigos da inteligência artificial para os humanos. Cientistas da computação assinaram acordos de não usar a IA para propósitos militares. Stephen Hawking e Bill Gates fizeram declarações públicas alertando sobre a ameaça existencial que a IA apresenta. Elon Musk e outros empreendedores do Vale do Silício montaram uma nova empresa, a OpenAI, com um investimento de um bilhão de dólares, e contrataram Ilya Sutskever, um dos ex-alunos de Geoffrey Hinton, para ser seu primeiro diretor.

Embora o objetivo declarado da OpenAI fosse garantir que as futuras descobertas de inteligência artificial estivessem disponíveis para uso público, havia outro, implícito e mais importante — impedir que empresas privadas praticassem o mal. Pois, com a vitória do AlphaGo sobre o campeão mundial Sedol, um ponto crítico fora alcançado. Quase da noite para o dia, a inteligência artificial deixou de ser considerada uma falha para ser cogitada como ameaça existencial.

Essa não é a primeira vez que uma tecnologia emergente representa uma ameaça existencial. A invenção, o desenvolvimento e o armazenamento de armas nucleares ameaçaram explodir o mundo, mas de alguma forma conseguimos evitar que isso acontecesse, pelo menos até agora. Quando a tecnologia do DNA recombinante veio à tona, surgiu o medo de que organismos geneticamente modificados fossem soltos para espalhar o sofrimento e a morte pelo mundo. A engenharia genética é agora uma tecnologia madura e, até então, conseguimos sobreviver às suas criações. Os recentes avanços no aprendizado de máquina são uma ameaça relativamente modesta em comparação com as armas nucleares e os sistemas assassinos. Também nos adaptaremos à inteligência artificial, e, de fato, isso já está acontecendo.

Uma das implicações da mestria da DeepStack é o poder de ensinar a uma rede de aprendizado profundo a se tornar um mentiroso exímio. Os limites do que as redes profundas podem fazer, se treinadas, são a imaginação do treinador e os dados que possui. Se uma rede pode ser treinada para dirigir com segurança, também pode ser para pilotar carros de Fórmula 1, e alguém provavelmente estará disposto a pagar por ela. Atualmente, elaborar produtos e serviços usando o aprendizado profundo ainda demanda profissionais qualificados e altamente treinados; mas, como o custo do poder computacional tem se reduzido e os softwares, se automatizado, logo será possível que alunos do ensino médio desenvolvam aplicações para a IA.

A Otto, empresa e-commerce de roupas, móveis e esportes mais bem remunerada da Alemanha, usa o aprendizado profundo para prever pedidos de clientes e solicitá-los previamente com base em seu histórico de compras.[47] Com 90% de precisão, os clientes recebem as mercadorias praticamente antes de as encomendar. Realizada automaticamente, sem intervenção humana, as previsões de pedido não só geram uma economia de milhões de euros anuais devido às reduções de estoque excedente e às devoluções, como também resulta em maior satisfação e fidelização de clientes. Em vez de desalojar os trabalhadores da Otto, o aprendizado profundo aumentou sua produtividade. A IA pode torná-lo mais produtivo em seu trabalho.

Embora as principais empresas de alta tecnologia tenham sido pioneiras nas aplicações do aprendizado profundo, as ferramentas de aprendizado de máquina já estão disponíveis em grande escala, e muitas outras empresas estão começando a se beneficiar delas. A Alexa, uma assistente digital muito popular que opera junto ao Echo, o alto-falante inteligente da Amazon, responde a solicitações de linguagem natural baseada em aprendizado profundo. O Amazon Web Services (AWS) apresentou as caixas de ferramenta denominadas "Lex", "Poly" e "Comprehend", que facilitam o desenvolvimento das mesmas interfaces que funcionam a partir de linguagem natural, baseadas em conversão de texto para fala, reconhecimento de fala e compreensão de linguagem natural, respectivamente. Aplicativos com interações conversacionais estão ao alcance de empresas menores, que não podem contratar especialistas em aprendizado de máquina. A IA pode aumentar a satisfação do cliente.

Quando os programas jogadores de xadrez ofuscaram os melhores jogadores humanos, isso impediu as pessoas de jogar? Pelo contrário, seu nível de jogabilidade foi elevado. O xadrez também foi democratizado. Os melhores jogadores vieram de grandes cidades como Moscou e Nova York, onde os grandes mestres, que transmitiam o conhecimento por gerações, estavam concentrados. Programas jogadores de xadrez possibilitaram Magnus Carlson, que cresceu em uma pequena cidade da Noruega, a se tornar um grande mestre aos 13 anos e, atualmente, o campeão mundial. Os benefícios da IA, contudo, afetarão não apenas o mundo dos jogos, mas todos os aspectos das atividades humanas, da arte à ciência. A IA pode deixá-lo mais inteligente.[48]

De Volta para o Futuro

A Revolução do Aprendizado Profundo possui dois temas interligados: como a inteligência humana evoluiu e como a artificial está evoluindo. A grande diferença entre os dois tipos é que a inteligência humana levou milhões de anos para evoluir, enquanto a artificial tem evoluído consideravelmente em décadas. Embora essa velocidade seja avassaladora, até mesmo para as transformações culturais, apertar os cintos nem sempre é a melhor atitude.

Os recentes avanços do aprendizado profundo não foram os episódios repentinos que você deve ter visto nos noticiários. A história por trás da transição da inteligência artificial baseada em símbolos, lógica e regras para as redes de aprendizado profundo baseadas em big data e algoritmos de aprendizado não é amplamente conhecida. *A Revolução do Aprendizado Profundo* conta essa história e explora suas origens e consequências segundo minha perspectiva como pioneiro no desenvolvimento de algoritmos de aprendizado para redes neurais na década de 1980 e como presidente da NIPS Foundation, que tem coordenado descobertas sobre o aprendizado de máquina e o aprendizado profundo nos últimos 30 anos. Meus colegas e eu fomos por muitos anos os azarões na comunidade de redes neurais, mas nossa persistência e paciência, por fim, prevaleceram.

2   O Renascimento da Inteligência Artificial

Marvin Minsky foi um matemático brilhante e um dos fundadores do Laboratório de Inteligência Artificial do MIT (MIT AI Lab).[1] Seus fundadores definiram as diretrizes e cultura de um campo, e, em grande parte, graças a Minsky, a inteligência artificial no MIT, na década de 1960, foi uma fortaleza de engenhosidade. Fervilhando de ideias ininterruptamente, mais do que qualquer outra pessoa que eu tenha conhecido, ele poderia convencê-lo de que sua opinião sobre um problema estava certa, mesmo quando o senso comum lhe dizia o contrário. Eu admirava sua ousadia e inteligência — mas não o direcionamento que deu à IA.

Brincadeira de Criança?

O Blocks World é um bom exemplo de um projeto que saiu do MIT AI Lab na década de 1960. Para simplificar as questões atinentes à visão computacional, o Blocks World consistia em blocos de construção retangulares e empilháveis, para criar estruturas (Figura 2.1). O objetivo era escrever um programa que pudesse interpretar um comando, como "Encontre um grande bloco amarelo e coloque-o em cima do vermelho", e planejar as etapas necessárias para que um braço robótico o executasse. Isso parece brincadeira de criança, mas um programa grande e complexo precisou ser escrito, um que se tornou tão pesado que não pôde ser prontamente depurado e foi abandonado por completo quando o estudante que o escreveu, Terry Winograd, deixou o MIT. Esse problema aparentemente simples era muito mais intricado do que se pensava, e, mesmo que tivesse sido bem-sucedido, não havia uma conexão direta do Blocks World com o mundo real, em que os objetos têm muitas formas, tamanhos e pesos, e nem todos os ângulos são retos. Diferentemente do ambiente controlado de um laboratório, em que a direção e o nível da iluminação podem ser definidos, no mundo real a iluminação varia drasticamente conforme o lugar e o tempo, o que dificulta muito para os computadores a tarefa de reconhecimento de objetos.

Figura 2.1
Marvin Minsky assistindo a um robô empilhando blocos por volta de 1968. O Blocks World era uma versão simplificada de como interagimos com o mundo, mas era muito mais complexo do que se imaginava, e só foi compreendido em 2016, por um aprendizado profundo.

Na década de 1960, o MIT AI Lab recebeu uma generosa doação de uma agência militar de pesquisa para construir um robô que jogasse pingue-pongue. Uma vez ouvi uma história de que o pesquisador responsável se esqueceu de pedir na proposta de doação o dinheiro suficiente para construir um sistema de visão para o robô, então atribuiu o problema a um pós-graduando como projeto de verão. Certa vez perguntei a Marvin Minsky se a história era verdadeira. Ele retrucou, dizendo que eu estava errado: "Nós atribuímos o problema a graduandos." Um documento dos arquivos do MIT confirma sua versão da história.[2] O que parecia ser um problema de fácil resolução mostrou ser a areia movediça que engoliu uma geração de pesquisadores em visão computacional.

Por que a Visão É um Problema Complexo

Raramente temos dificuldade em identificar um objeto, apesar das particularidades de localização, tamanho, orientação e iluminação. Uma das primeiras ideias em visão computacional era combinar um modelo de objeto com os pixels na imagem, mas essa abordagem falhou porque os pixels de duas imagens do mesmo objeto em orientações diferentes não coincidiram. Considere, por exemplo, os dois pássaros da Figura 2.2. Se você sobrepuser a imagem de um sobre a de outro, uma parte delas pode até se combinar, mas todo o resto sairá do registro; mas você ainda pode obter uma boa correspondência com uma imagem de outra espécie de ave na mesma pose.

Figura 2.2
Diamantes-mandarim interagindo. É fácil perceber que eles são da mesma espécie. Mas, como estão em orientações diferentes em relação ao espectador, mesmo tendo características quase idênticas é difícil compará-los com modelos.

O que impulsionou o progresso na visão computacional não foram os pixels, mas as características. Os observadores de aves precisam se especializar em distinguir entre espécies cujas diferenças são sutis. Um livro prático e popular sobre a identificação de aves tem apenas uma fotografia de um pássaro, e muitos desenhos esquemáticos mostram suas particularidades (Figura 2.3).[3] Uma boa marca distintiva é aquela que é única para uma espécie; mas, como muitas espécies compartilham as mesmas características, o que possibilita sua identificação é a combinação delas, como listras e manchas nas asas, e faixas nos olhos. E, quando esses traços são compartilhados por espécies intimamente relacionadas, o chilreio e o canto as distinguem. Desenhos ou pinturas de pássaros são muito melhores para destacar suas peculiaridades do que as fotografias, que são preenchidas com centenas de atributos menos relevantes (Figura 2.3).

Apesar de ser muito trabalhoso desenvolver detectores para as centenas de milhares de objetos do mundo, o problema desse método baseado em características resulta do fato de que, mesmo com os melhores detectores, imagens em que os objetos estão parcialmente ocultos geram ambiguidade, o que torna seu reconhecimento em cenas desordenadas uma tarefa desafiadora para os computadores.

Figura 2.3
Traço distintivo que pode ser usado para diferenciar pássaros semelhantes. As setas apontam a localização das listras das asas, que são especialmente importantes para distinguir as famílias de toutinegras: algumas são visíveis, outras sutis, duplas, longas, curtas. De Peterson, Mountfort e Hollom, *Field Guide to the Birds of Britain and Europe, 5ª ed.*, p.16.

Ninguém suspeitou, na década de 1960, que levaria 50 anos e um aprimoramento incomensurável do poder computacional para que o desempenho da visão computacional se equiparasse ao humano. O palpite ilusório de que seria fácil escrever um programa de visão computacional decorre de sua associação com uma atividade que achamos fácil de executar, como enxergar, ouvir e se movimentar — mas tudo isso precisou de milhões de anos de evolução para se aperfeiçoar. Para seu azar, os pioneiros da IA descobriram que a visão computacional era um problema extremamente difícil de resolver. Em contrapartida, foi muito mais fácil programar computadores para provar teoremas matemáticos — um processo que exige os mais altos níveis de inteligência —, porque os computadores se revelaram muito melhores em lógica do que nós. Ser capaz de pensar logicamente é um desenvolvimento tardio na evolução e, mesmo para os seres humanos, seguir uma longa linha de proposições lógicas até uma conclusão categórica exige treinamento; enquanto, para a maioria dos problemas cotidianos que precisamos resolver, generalizações baseadas em experiências anteriores funcionam bem na maior parte do tempo.

Sistemas Especialistas

Popular nas décadas de 1970 e 1980, os sistemas especialistas em IA foram desenvolvidos para resolver problemas específicos por meio de regras predeterminadas, como diagnósticos médicos. Assim, o MYCIN, um sistema especialista preliminar, foi desenvolvido para identificar as bactérias responsáveis por doenças infecciosas, como a meningite.[4] Seguindo as diretrizes do sistema especialista, os desenvolvedores do MYCIN tiveram que levantar fatos e padrões com especialistas em doenças infecciosas, bem como sintomas e históricos médicos dos pacientes, para inseri-los no computador do sistema e programá-lo com o objetivo de fazer inferências utilizando a lógica. Os desenvolvedores tiveram dificuldade para coletar os fatos e os padrões dos especialistas, principalmente nos domínios mais complexos, em que os melhores diagnosticadores não confiam em regras, mas em sua experiência para reconhecer os padrões, o que é difícil de codificar;[5] e nos domínios para os quais seu sistema tinha que ser continuamente atualizado à medida que novos fatos fossem descobertos e regras antigas se tornassem obsoletas. E eles também tiveram problemas com a coleta e inserção dos sintomas e históricos no computador do sistema, pois o processo levaria pelo menos meia hora por paciente, mais tempo do que um médico ocupado poderia gastar. Não é de surpreender que o MYCIN nunca tenha sido usado clinicamente. Embora muitos sistemas especialistas tenham sido escritos para outras aplicações, como gerenciamento de derramamento de substâncias tóxicas, planejamento de missão para veículos autônomos e reconhecimento de fala, poucos estão em uso hoje em dia.

Os pesquisadores testaram muitas abordagens diferentes nas primeiras décadas de existência da IA; mas nenhuma delas, embora bem engendradas intelectualmente, foi prática. Eles não apenas subestimaram a complexidade dos problemas do mundo real, mas as soluções que propuseram foram mal dimensionadas. Em domínios complexos, o número de regras pode ser enorme, e, à medida que novos fatos entram em cena, manter o controle de exceções e interações com outras regras se torna impraticável. Em 1984, Douglas Lenat empreendeu um projeto, chamado de "Cyc", para codificar o senso comum, o que, à época, parecia ser uma boa ideia, mas acabou se tornando um pesadelo na prática.[6] Tomamos como certo um número ilimitado de fatos sobre o funcionamento do mundo; a maioria, baseada na experiência. Supomos que um gato não sofrerá danos se cair de uma altura de 12m;[7] já um ser humano, sim.

Outro motivo que atravancou o progresso da IA foram os computadores digitais, que, para os padrões atuais, eram incrivelmente primitivos, e sua memória, desmedidamente cara. Mas, como os computadores digitais são altamente eficientes em operações lógicas, manipulação de símbolos e aplicação de regras, não é de surpreender que eles tenham se desenvolvido exponencialmente no século XX. Assim, em 1955, Allen Newell e Herbert Simon, dois cientistas da computação da Universidade de Carnegie Mellon, puderam escrever um programa chamado "Logic Theorist" que provaria os teoremas lógicos de *Principia Mathematica*, a iniciativa de Alfred North Whitehead e Bertrand Russell de sistematizar toda a matemática. Houve grandes expectativas nesses primeiros dias em que os computadores inteligentes começaram a se tornar realidade.

Os pioneiros da IA que tentaram escrever programas de computador com funcionalidades da inteligência humana desconsideraram os mecanismos que faziam o cérebro adotar um comportamento inteligente. Quando perguntei o motivo a Allen Newell, ele me disse que, particularmente, era receptivo às descobertas das pesquisas sobre o cérebro, mas que tudo o que tinham encontrado era tão ínfimo que não seria de grande utilidade. Os princípios básicos do funcionamento cerebral ainda eram incipientes na década de 1950, liderados pelo trabalho de Alan Hodgkin e Andrew Huxley, que explicaram como os sinais cerebrais são transmitidos por picos elétricos nos nervos, seguindo a lei do tudo ou nada, e pelo de Bernard Katz, que descobriu pistas sobre como esses sinais elétricos são convertidos em químicos nas sinapses, responsáveis pela comunicação entre os neurônios.[8]

Embora, na década de 1980, houvesse mais conhecimentos sobre o cérebro e eles já fossem amplamente acessíveis mesmo fora da biologia, ele se tornou irrelevante para a nova geração de pesquisadores de IA, cujo objetivo era escrever um programa equivalente, em termos práticos, aos processos cerebrais. Na filosofia, esse foco na parte prática se chama funcionalismo, o que para muitos foi uma boa desculpa para ignorar os detalhes confusos da biologia. Contudo, um pequeno grupo de pesquisadores de IA, que não se coadunavam com o senso comum, acreditava que uma abordagem da inteligência artificial inspirada na biologia do cérebro, comumente associada a "redes neurais", "conexionismo" e "processamento distribuído e paralelo", poderia resolver de vez os complexos problemas que escaparam à IA baseada na lógica.

Eu era um deles.

Daniel na Cova dos Leões

Em 1989, Michael Dertouzos, chefe do Laboratório de Ciência da Computação do MIT, convidou-me a proferir uma distinguished lecture — um tipo de palestra em que o orador é alguém extremamente relevante em sua área — no MIT sobre minha abordagem pioneira de IA baseada em redes neurais (Figura 2.4). Ao chegar lá, Dertouzos me recebeu empolgado e, enquanto caminhávamos para o elevador, disse-me que era uma tradição do MIT o palestrante, nessa situação, dedicar cinco minutos do horário de almoço para discutir seus estudos com o corpo docente e discente. "E", acrescentou quando as portas do elevador se abriram, "eles odeiam seu trabalho".

A sala estava cheia, com cerca de 100 pessoas, o que surpreendeu até mesmo Dertouzos. Os cientistas se sentaram em três fileiras: na primeira, estavam os catedráticos; na segunda, todos os outros professores; e os alunos, atrás. Eu estava no centro, em frente ao bufê, atraindo mais atenção do que o almoço. O que eu poderia dizer em cinco minutos que faria alguma diferença para um público que detestava o que eu fazia?

Então, improvisei: "Aquela mosca na comida tem um cérebro com apenas 100 mil neurônios; pesa um miligrama e consome alguns miliwatts de potência. A mosca consegue enxergar, voar, percorrer distâncias e encontrar comida. Mas o mais significativo é que ela pode se reproduzir. O MIT possui um supercomputador que custa US$100 milhões: consome alguns megawatts e é resfriado por um enorme ar-condicionado. Mas seu maior custo é o sacrifício humano, ou seja, os programadores que alimentam seu apetite voraz por programas. O supercomputador não enxerga, não voa e, embora consiga se comunicar com outros computadores, não consegue se acasalar nem se reproduzir. Qual é o erro nesse cenário?"

Figura 2.4
Terry Sejnowski falando sobre leis de escala aplicadas ao córtex pouco depois de ingressar no Instituto Salk, em 1989. Cortesia de *Ciencia Explicada*.

Após uma longa pausa, um catedrático falou: "Porque ainda não escrevemos o programa de visão." (O Departamento de Defesa havia investido US$600 milhões em sua Iniciativa de Computação Estratégica, um programa que funcionou de 1983 a 1993, mas deixou a desejar na construção do sistema de visão para guiar um tanque autônomo.)[9] "Boa sorte com isso", foi minha resposta.

Gerald Sussman, que a aplicou a vários problemas do mundo real, incluindo um sistema de integração de alta precisão para mecânica orbital, defendeu a honra da abordagem do MIT à IA com um apelo ao trabalho clássico de Alan Turing, que provou que a máquina de Turing, um experimento mental, poderia computar qualquer função computável. "E quanto tempo isso levaria?", perguntei. "É melhor calcular logo, ou você será devorado", acrescentei, depois atravessei a sala para me servir de uma xícara de café. E a discussão terminou assim.

"Qual é o erro nesse cenário?" é uma pergunta a que todos os alunos do meu laboratório sabem responder. Entretanto, aquelas duas primeiras fileiras ficaram confusas. Por fim, um aluno deu esta resposta: "O computador digital é um dispositivo de propósito geral, que pode ser programado para computar qualquer coisa, embora de forma ineficiente; mas a mosca é um computador de propósito especial, que enxerga e voa, mas não pode calcular o saldo de meu talão de cheques." Essa era a resposta certa. As redes de visão no olho da mosca evoluíram ao longo de centenas de milhões de anos, e seus algoritmos de visão estão embutidos nas próprias redes. É por isso que você pode reverter a engenharia da visão elaborando o diagrama de conexões e o fluxo de informações através dos circuitos neurais de seus olhos, e que não pode fazer isso em um computador digital, em que o hardware precisa de software para especificar qual problema está sendo resolvido.

Reconheci Rodney Brooks sorrindo no meio da multidão, um cientista australiano que certa vez convidei para um workshop sobre neurociência computacional em Woods Hole, em Cape Cod, Massachusetts. Nos anos 1980, Brooks foi membro do corpo docente júnior no MIT AI Lab, onde construiu insetos robóticos ambulantes usando uma arquitetura que não dependia de lógica digital. Ele acabou se tornando o diretor do laboratório e fundando a iRobot, a empresa que fabrica o Roomba.

A sala em que palestrei naquela tarde era imensa e estava repleta de graduandos, a próxima geração focada no futuro, e não no passado. Falei sobre uma rede neural que aprendeu a jogar gamão, um projeto, com o qual colaborei, de Gerald Tesauro, físico do Centro de Pesquisa de Sistemas Complexos da Universidade de Illinois, em Urbana-Champaign. O gamão é um jogo em que as peças dos adversários avançam no tabuleiro com base em cada jogada de dados. Ao contrário do xadrez, que é determinístico, o gamão é governado pelo acaso: a incerteza da soma dos dados nas jogadas dificulta a previsão do resultado de um determinado movimento. É um jogo altamente popular no Oriente Médio, onde alguns ganham a vida fazendo apostas.

Em vez de escrever um programa com base em lógica e heurística para dar conta de todas as 10^{20} posições possíveis no tabuleiro de gamão, uma tarefa impossível, a rede aprendeu através do reconhecimento de padrões assistindo a um professor jogar.[10] Gerry criou o primeiro programa de gamão que jogava no nível de campeonatos mundiais deixando a rede jogar sozinha (uma história contada no Capítulo 10).

Depois da palestra, soube que o *New York Times* publicara naquela manhã um artigo na primeira página sobre o corte do financiamento das agências governamentais para a inteligência artificial. Embora esse tenha sido o início de um inverno da IA para os pesquisadores adeptos do senso comum, não afetou nem a mim nem ao resto do meu grupo; para nós, a primavera da rede neural tinha acabado de começar.

Contudo, nossa nova abordagem da IA levaria 25 anos para gerar aplicações no mundo real, na visão, fala e linguagem. Mesmo em 1989, eu deveria ter percebido que demoraria. Em 1978, quando era pós-graduando de Princeton, extrapolei a lei de Moore, para o aumento exponencial do poder computacional, dobrando a cada 18 meses, para ver quanto tempo o poder computacional levaria para alcançar os níveis de funcionamento cerebrais, e concluí que só seria possível em 2015. Felizmente, isso não me impediu de prosseguir. Minha crença em redes neurais se baseava no meu palpite de que, se a natureza resolveu esses problemas, éramos capazes de aprender com ela a resolvê-los também. Os 25 anos que precisei esperar não foram nem um piscar de olhos se comparados às centenas de milhões de anos de que a natureza precisou.

Dentro do córtex visual, os neurônios se organizam em uma hierarquia composta por camadas. Como a informação sensorial se transforma a cada camada cortical, a representação do mundo torna-se cada vez mais abstrata. Ao longo das décadas, à medida que o número de camadas nos modelos de redes neurais aumentou, seu desempenho se aperfeiçoou até um limiar tão crítico que nos levou à solução de problemas com que nos anos 1980 só poderíamos sonhar. O aprendizado profundo automatiza o processo de encontrar boas características para distinguir objetos em uma imagem, e é por isso que hoje a visão computacional é muito melhor do que há cinco anos.

Em 2016, a velocidade dos computadores tinha aumentado em um milhão, e sua memória, em um bilhão, passando de mega para terabytes. Tornou-se possível simular redes neurais com milhões de unidades e bilhões de conexões, em comparação com as redes da década de 1980, que tinham apenas centenas de unidades e milhares de conexões. Embora ainda sejam minúsculas se comparadas aos padrões do cérebro humano, que tem 100 bilhões de neurônios e um milhão de bilhões de conexões sinápticas, as redes atuais são grandes o suficiente para comprovar princípios em domínios restritos.

O aprendizado profundo em redes neurais profundas chegara. Mas, antes que houvesse redes profundas, tínhamos que aprender a treinar as superficiais.

3 O Alvorecer das Redes Neurais

A única prova de que qualquer problema, por mais penoso que seja, de inteligência artificial pode ser resolvido é o fato de que, através da evolução, a natureza já o resolveu. Mas, na década de 1950, havia indícios de que os computadores conseguiriam alcançar um comportamento inteligente se os pesquisadores de IA adotassem uma abordagem fundamentalmente diferente do processamento de símbolos.

A primeira pista era que nossos cérebros são poderosos reconhecedores de padrões. Nossos sistemas visuais reconhecem um objeto em uma cena desordenada em um décimo de segundo, mesmo que nunca o tenhamos visto, independentemente de sua localização, tamanho e orientação. Em suma, o nosso sistema visual se comporta como um computador que tem "reconhecer objeto" como única instrução.

Com a prática, nossos cérebros aprendem a realizar muitas tarefas complexas, desde tocar piano até dominar a física; essa foi a segunda pista. A natureza usa o aprendizado de propósito geral para resolver problemas específicos, e os seres humanos são exímios aprendizes. Esse é o nosso superpoder. A organização do nosso córtex cerebral é semelhante para todas as suas funções, e há redes de aprendizado profundo em todos os nossos sistemas sensoriais e motores.[1]

A terceira pista era que nossos cérebros não se orientam por lógica nem regras. Claro, podemos aprender a pensar logicamente e a seguir regras, mas somente depois de muito treinamento, e, em geral, não somos muito bons nisso. Essa propensão é ilustrada por performances típicas em um quebra-cabeça lógico chamado de "tarefa de seleção de Wason" (Figura 3.1). A seleção correta é o cartão com o "8" e o de cor marrom. No estudo original, apenas 10% dos indivíduos acertaram a resposta.[2] Mas a maioria dos indivíduos não teve problemas em apontar a resposta correta quando o teste lógico foi fundamentado em um contexto familiar (Figura 3.2).

O raciocínio é localizado, e, quanto mais familiarizados estivermos com um domínio, mais fácil será resolvermos problemas atinentes a ele. A experiência facilita a argumentação em um domínio porque podemos usar exemplos que encontramos para intuir as soluções. Na física, por exemplo, aprendemos um domínio, como eletricidade e magnetismo, resolvendo muitos problemas, não memorizando fórmulas. Se a inteligência humana fosse baseada puramente na lógica, seria de domínio geral, mas não é.

Figura 3.1
Cada uma dessas quatro cartas tem um número de um lado e uma cor cobrindo o outro. Qual(is) carta(s) você deve virar para testar a veracidade da proposição de que se um lado mostra um número par, o outro é vermelho? (De "Wason selection task", Wikipedia — conteúdo em inglês.)

Figura 3.2
Cada carta tem uma idade de um lado e uma bebida do outro. Qual(is) carta(s) você deve virar para testar a lei de que, se você está bebendo álcool, deve ter mais de 18 anos? (De "Wason selection task", Wikipedia — conteúdo em inglês.)

A última pista era que nossos cérebros contêm bilhões de pequenos neurônios em constante comunicação. Isso sugere que, para solucionar os problemas mais difíceis de IA, precisaríamos de computadores com arquitetura massivamente paralela, em vez daqueles com arquitetura de von Neumann, nos quais os dados e instruções são buscados e executados sequencialmente. É verdade que, com memória e tempo suficientes, uma máquina de Turing calcula qualquer função computável, mas a natureza tinha que resolver problemas em tempo real. Para isso, usou as redes neurais do cérebro, que, como os computadores mais poderosos, têm sistemas massivos de processamento paralelo. Os algoritmos que funcionem bem neles acabarão prevalecendo.

Os Pioneiros

Nos anos 1950 e 1960, pouco depois de Norbert Wiener instituir a cibernética, baseada em sistemas de comunicação e controle de máquinas e seres vivos,[3] houve uma explosão de interesse por sistemas auto-organizados. Como uma pequena amostra das criações engenhosas que essa explosão possibilitou, Oliver Selfridge criou o Pandemonium,[4] um dispositivo de reconhecimento de padrões no qual "demônios" detectores de características disputavam entre si o direito de representar objetos em imagens (uma metáfora para o aprendizado profundo; Figura 3.3); e Bernard Widrow e seu orientando Ted Hoff, em Stanford, inventaram o algoritmo de aprendizado LMS (least mean squares ou MMQ, método dos mínimos quadrados),[5] que, com seus sucessores, é usado extensivamente para processamento adaptativo de sinais em inúmeras aplicações, desde cancelamento de ruído até previsão financeira. Aqui, vou me deter em um dos pioneiros, Frank Rosenblatt (Figura 3.4), cujo perceptron é o antecessor direto do aprendizado profundo.[6]

Aprendendo com Exemplos

Sem se abaterem em frente a nosso desconhecimento do funcionamento cerebral, os pioneiros da IA de redes neurais seguiram seus estudos utilizando versões em quadrinhos de neurônios e suas conexões. Frank Rosenblatt, da Universidade Cornell (Figura 3.4), foi um dos primeiros a imitar a arquitetura de nosso sistema visual para reconhecimento automático de padrões.[7] Ele inventou uma rede enganosamente simples chamada de "perceptron", um algoritmo de aprendizado que pode aprender a classificar os padrões em categorias, como letras do alfabeto. Algoritmos são procedimentos passo a passo que você segue para atingir objetivos específicos, como se fosse uma receita para fazer um bolo (o Capítulo 13 trata dos algoritmos em geral).

Se você entende os princípios básicos que permitem a um perceptron aprender a resolver um problema de reconhecimento de padrões, está a meio caminho de entender como o aprendizado profundo funciona. O objetivo do perceptron é determinar se um padrão de entrada em uma imagem é membro de uma categoria, como gatos. O Quadro 3.1 explica como as entradas para um perceptron são transformadas por um conjunto de pesos das unidades de entrada para as de saída. Os pesos são a medida da influência que cada entrada tem na decisão final feita pela unidade de saída. Mas como encontramos um conjunto de pesos que classifiquem corretamente as entradas?

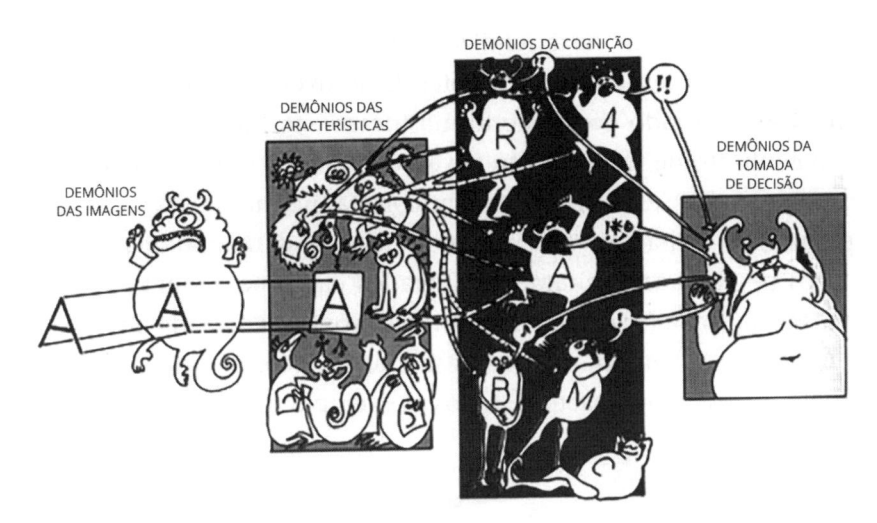

Figura 3.3
Pandemonium. Oliver Selfridge imaginou demônios no cérebro responsáveis por extrair características e abstrações sucessivamente mais complexas de entradas sensoriais, resultando em decisões. Os demônios de cada nível ficam agitados se houver uma correspondência com a entrada do nível anterior. O demônio da tomada de decisão pesa o grau de agitação e a importância de seus informantes. Essa avaliação de evidências é uma metáfora para as atuais redes de aprendizado profundo, que têm muito mais níveis. De Peter H. Lindsay e Donald A. Norman, *Human Information Processing: An Introduction to Psychology*, 2ª ed. (New York: Academic Press, 1977), Figura 3-1. Wikipedia Commons: https://commons.wikimedia.org/wiki/File:Pande.jpg.

O modo tradicional como um engenheiro resolve esse problema é manipulando os pesos com base na análise ou em um procedimento específico; um trabalho extenuante, que muitas vezes depende tanto da intuição quanto da engenharia. Uma alternativa é usar um procedimento automático que aprenda com exemplos, da mesma forma que aprendemos sobre os objetos no mundo. Muitos exemplos são necessários, incluindo os que não pertencerem à mesma categoria, especialmente se forem semelhantes, como cães se o objetivo for reconhecer gatos. Os exemplos são sequencialmente passados para o perceptron, e as correções dos pesos são feitas automaticamente se houver erros de classificação.

A vantagem do algoritmo de aprendizado do perceptron é que, se houver um conjunto de pesos, e exemplos suficientes disponíveis, ele certamente será encontrado. O aprendizado ocorre de forma incremental após cada um dos exemplos no conjunto de treinamento ser apresentado e a saída, comparada com a resposta correta. Se a resposta estiver correta, nenhuma alteração será feita nos pesos; mas, se não estiver (1 quando deveria ser 0, ou 0 quando deveria ser 1), os pesos serão ligeiramente alterados para que, na próxima vez em que a mesma entrada for dada, estarem mais próximos de obter a resposta correta (Quadro 3.1). É importante que as mudanças ocorram gradualmente para que os pesos sintam o impacto de todos os exemplos de treinamento, não apenas do último.

NEW NAVY DEVICE LEARNS BY DOING

Psychologist Shows Embryo of Computer Designed to Read and Grow Wiser

WASHINGTON, July 7 (UPI) —The Navy revealed the embryo of an electronic computer today that it expects will be able to walk, talk, see, write, reproduce itself and be conscious of its existence.

The embryo—the Weather Bureau's $2,000,000 "704" computer—learned to differentiate between right and left after fifty attempts in the Navy's demonstration for newsmen.

The service said it would use this principle to build the first of its Perceptron thinking machines that will be able to read and write. It is expected to be finished in about a year at a cost of $100,000.

Dr. Frank Rosenblatt, designer of the Perceptron, conducted the demonstration. He said the machine would be the first device to think as the human brain. As do human beings, Perceptron will make mistakes at first, but will grow wiser as it gains experience, he said.

Dr. Rosenblatt, a research psychologist at the Cornell Aeronautical Laboratory, Buffalo, said Perceptrons might be fired to the planets as mechanical space explorers.

Figura 3.4

Frank Rosenblatt na Cornell, imerso em pensamentos. Ele inventou o perceptron, um dos precursores das redes de aprendizado profundo, que tinha um algoritmo simples para classificar as imagens em categorias. Artigo do *New York Times*, de 8 de julho de 1958, de um relatório da UPI. Esperava-se que a máquina do perceptron custasse US$100 mil, em 1959, quando fosse concluída, ou cerca de 1 milhão em dólares de hoje; o computador IBM 704, que custava US$2 milhões em 1958, ou, em dólares de hoje, 20 milhões, realizava 12 mil multiplicações por segundo, o que era incrivelmente rápido na época. Mas o celular Samsung Galaxy S6, bem mais barato, que executa 34 bilhões de operações por segundo, é mais de um milhão de vezes mais rápido. Foto cedida por George Nagy.

Quadro 3.1

O Perceptron

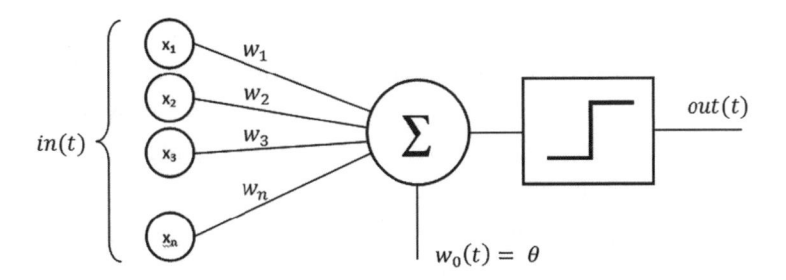

Um perceptron é uma rede neural com um neurônio artificial que possui uma camada de entrada e um conjunto de conexões que ligam as unidades de entrada às de saída. Seu objetivo é classificar os padrões apresentados às unidades de entrada. A operação básica executada pela unidade de saída é a soma dos valores de cada entrada (x_n) multiplicada por sua força de conexão, ou peso (w_n), aos da unidade de saída. No diagrama acima, uma soma ponderada das entradas ($\Sigma_{i=1,...,n} w_i x_i$,) é comparada ao limite θ e passada por uma função de etapa que fornece uma saída "1" se a soma for maior que o limite e a saída, "0". Por exemplo, a entrada poderia ser a intensidade de pixels em uma imagem ou, em geral, as características extraídas da imagem bruta, como o contorno dos objetos na imagem. As imagens são apresentadas sequencialmente, e o perceptron decide se ela integra ou não uma categoria, como a dos gatos. A saída só pode estar em um dos dois estados, "ligado" se a imagem estiver na categoria ou "desligado", se não. "Ligado" e "desligado" correspondem aos valores binários 1 e 0, respectivamente. O algoritmo de aprendizado do perceptron é:

$\delta w_i = \alpha \, \delta \, x_i$

δ = saída — professor,

em que tanto a saída como o professor são binários, de modo que $\delta = 0$ se a saída estiver correta, e $\delta = +1$, ou -1, se não estiver, dependendo da diferença.

Se essa explicação sobre a forma como o perceptron aprende não estiver clara, há um jeito geométrico mais apurado de entender como ele aprende a classificar entradas. Para o caso especial de duas entradas, é possível plotá-las em um gráfico bidimensional. Cada entrada é um ponto no gráfico, e os dois pesos determinam uma reta. O objetivo é mover a linha de forma que ela separe de maneira clara os exemplos positivos e os negativos (Figura 3.5). Para três entradas, o espaço em que estão é tridimensional, e o perceptron especifica um plano que separa os exemplos de treinamento positivo e negativo. Esse mesmo princípio se aplica a casos gerais, em que a dimensionalidade do espaço de entradas pode ser bastante alta e impossível de visualizar.

Se uma solução for possível, os pesos pararão de mudar, o que significa que o perceptron classificou corretamente todos os exemplos no conjunto de treinamento. Mas, no que é chamado de "sobreajuste", também é possível que não existam exemplos suficientes no conjunto, e a rede simplesmente memorizou os exemplos específicos sem ser capaz de generalizar para diferenciar os novos. Para evitar o sobreajuste, é importante ter outro conjunto de exemplos, chamado de "conjunto de teste", que não foi usado para treinar a rede. No final do treinamento, o desempenho de classificação no conjunto de testes é uma medida real de quão bem o perceptron pode generalizar para lidar com novos exemplos, cujas respectivas categorias são desconhecidas. O conceito-chave aqui é a generalização. Na vida real, nunca vemos o mesmo objeto da mesma forma nem nos deparamos com a mesma situação; mas, se pudermos criar generalizações a partir de experiências anteriores para usar com novas visões ou situações, poderemos lidar com uma ampla gama de problemas do mundo real.

Figura 3.5

Explicação geométrica de como duas categorias de objetos são discriminadas por um perceptron. Os objetos têm dois traços distintivos, como tamanho e brilho, que possuem valores (x, y) e são plotados nos gráficos. Os dois tipos de objetos (cruzes e quadrados) no painel à esquerda podem ser separados por uma reta; um perceptron aprende essa discriminação. Os objetos nos outros dois painéis não podem ser separados por uma reta, mas os do painel central podem ser separados por uma curva. Os objetos no painel da direita precisariam ser manipulados para serem separados. As divisões dos três painéis podem ser aprendidas por uma rede de aprendizado profundo se houver dados de treinamento suficientes. De T. Lawrence, B. A. Golomb e T. J. Sejnowski, "A Perceptron Reveals the Face of Sex", Neural Computation 7 (1995): 1160–1164, Figura 1.

SEXNET

Para entender como um perceptron é usado para resolver problemas do mundo real, considere como você diferenciaria um rosto masculino de um feminino, tirando cabelo, acessórios e características sexuais secundárias, como o pomo de Adão, que tende a ser maior nos homens. Beatrice Golomb, pós-doutoranda de meu laboratório em 1990, usou rostos de universitários de um banco de dados que obteve como entrada para um perceptron treinado para classificar o sexo de um rosto com uma precisão de 81% (Figura 3.6).[8] Os seres humanos também tiveram dificuldade em classificar as mesmas faces que o perceptron, e os membros de meu laboratório obtiveram um desempenho médio de 88% no mesmo conjunto de rostos. Beatrice também treinou um perceptron multicamadas (apresentado no Capítulo 8), que alcançou uma precisão de 92%, 9 vezes melhor do que as pessoas do laboratório. Em uma palestra que ela proferiu na Conferência de Sistemas de Processamento de Informações Neurais (NIPS), de 1991, concluiu: "Como a experiência melhora o desempenho, isso sugere que as pessoas do laboratório precisam dedicar mais tempo à diferenciação de sexo." Ela chamou o perceptron multicamadas de "SEXNET". No período de perguntas e respostas, alguém perguntou se o SEXNET poderia ser usado para detectar rostos de drag queens. "Sim", disse Beatrice, ao que Ed Posner, o fundador das conferências NIPS, replicou: "Esse seria o DRAGNET."[10]

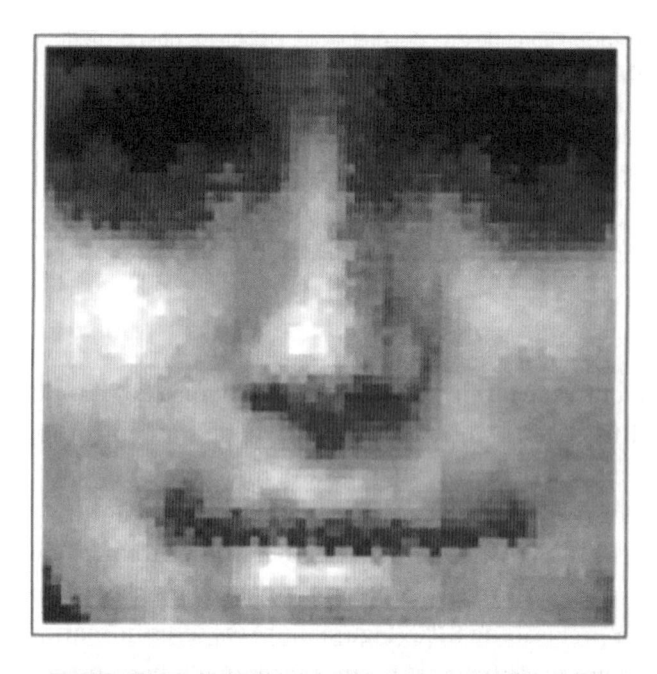

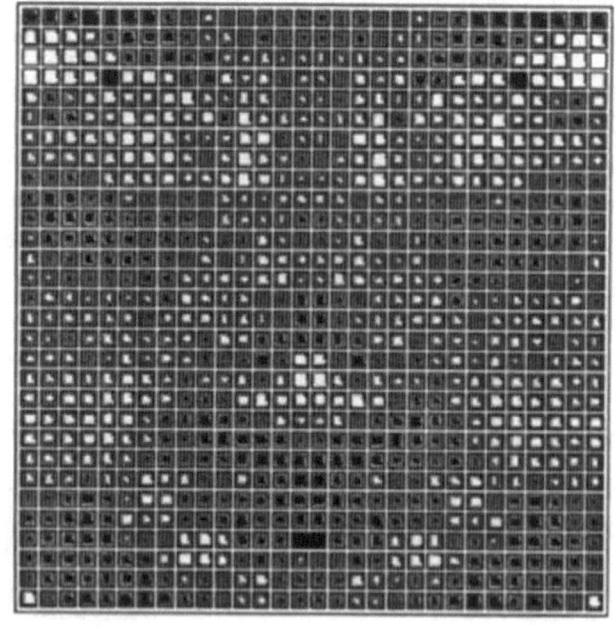

Figura 3.6
Esse rosto pertence a alguém de qual sexo — masculino ou feminino? Um perceptron foi treinado para discriminar rostos masculinos e femininos. Os pixels da imagem de uma face (acima) são multiplicados pelos pesos correspondentes (abaixo), e a soma é comparada a um parâmetro. O tamanho de cada peso é representado como a área do pixel. Pesos positivos (brancos) são

evidências de masculinidade, e os negativos (pretos) associam-se à feminilidade. A largura do nariz, o tamanho do filtro labial e a intensidade da imagem ao redor da região do olho são importantes para identificar os homens; enquanto a intensidade ao redor da boca e da maçã do rosto, as mulheres. De M. S. Gray, D. T. Lawrence, B. A. Golomb e T. J. Sejnowski, "A Perceptron Reveals the Face of Sex", Neural Computation 7 (1995): 1160–1164, Figura 1.

O que torna a distinção de faces de homens e mulheres uma tarefa interessante é que, apesar de sermos bons nisso, não sabemos articular exatamente quais são as diferenças entre os rostos masculinos e os femininos. Como nenhuma característica isolada é determinante, esse problema de reconhecimento de padrões depende da combinação de evidências de um grande número de traços de baixo nível. A vantagem do perceptron é que os pesos lhe fornecem pistas sobre quais partes do rosto têm mais chances de indicar o sexo (Figura 3.6). Surpreendentemente, o filtro labial (o espaço entre o nariz e os lábios) foi a característica mais distintiva, que é visivelmente maior na maioria dos homens. A região ao redor dos olhos (maiores nos homens) e as maçãs do rosto (maiores nas mulheres) também tiveram um alto valor como indicativo do sexo. O perceptron pesa evidências de todos esses locais para tomar uma decisão, e nós também, embora não consigamos descrever como o fazemos.

A comprovação, em 1957, do "teorema da convergência do perceptron", de Rosenblattem, foi um avanço, e suas demonstrações foram impressionantes. Com o apoio do Escritório de Pesquisa Naval, ele construiu um computador analógico de hardware personalizado com 400 fotocélulas como entrada, com pesos que eram potenciômetros de resistência variável ajustados por motores. Os sinais analógicos variam continuamente com o tempo, assim como os sinais dos registros do fonógrafo de vinil. A partir de uma coleção de fotos com e sem tanques, o perceptron de Rosenblatt aprendeu a reconhecê-los mesmo nas novas imagens. Esse relato saiu no *New York Times* e causou um frisson coletivo (Figura 3.4).[11]

O perceptron inspirou uma boa análise matemática da separação de padrões em espaços de alta dimensão. Quando os pontos estão em um espaço que tem milhares de dimensões, não podemos confiar em nossa intuição para saber a distância entre eles no espaço tridimensional em que vivemos. O matemático russo Vladimir Vapnik criou um classificador baseado nessa análise, chamado de "Máquina de Vetores de Suporte", que generalizou o perceptron e é amplamente utilizado no aprendizado de máquina. Ele achou uma maneira de encontrar automaticamente uma superfície plana que separa ao máximo os pontos das duas categorias (Figura 3.5, linear). Isso torna a generalização mais robusta para medir o erro dos pontos no espaço e, quando acoplada ao "truque de kernel", que é uma extensão não linear, o algoritmo Máquina de Vetores de Suporte se tornou um dos pilares do aprendizado de máquina.[13]

Perceptrons Eclipsados

No entanto, havia uma limitação que tornava a linha de pesquisa do perceptron problemática. A condição "se houver um conjunto de pesos" levantou a questão de quais problemas podem e quais não podem ser resolvidos pelos perceptrons. Distribuições absurdamente simples de pontos em duas dimensões não podem ser separadas por um perceptron (Figura 3.5, não linear). Descobriu-se que o tank perceptron não era um classificador de tanques, mas da hora do dia. É muito mais difícil classificar tanques em imagens; na verdade, isso não pode ser feito com um perceptron. Isso também mostra que, mesmo quando um perceptron aprendeu alguma coisa, pode não ser o que você acha que ele aprendeu. O tiro de misericórdia do perceptron foi um tratado matemático de 1969, *Perceptrons*, de Marvin Minsky e Seymour Papert.[14] Sua análise geométrica definitiva mostrou que a capacidade dos perceptrons é limitada: elas só podem separar categorias linearmente separáveis (Figura 3.5). A capa do livro ilustra um problema geométrico que Minsky e Papert provaram que o perceptron não conseguia resolver (Figura 3.7). Embora, no final de seu livro, Minsky e Papert considerassem a possibilidade de generalizar perceptrons de camada única para múltipla camada, cada uma alimentando a seguinte, eles duvidavam de que houvesse uma maneira de treinar até mesmo esses perceptrons mais poderosos. Infelizmente, muitos consideraram essa dúvida uma sentença definitiva, e o campo foi abandonado até que uma nova geração de pesquisadores de redes neurais reacendeu a discussão, na década de 1980.

Em um perceptron, cada entrada contribui com evidências independentes para a de saída. Mas e se várias entradas precisarem ser combinadas para tornar as decisões dependentes dessa combinação, e não de cada entrada isolada? É por isso que um perceptron não consegue distinguir se um labirinto está ou não conectado: um único pixel não contém informações sobre sua localização, se interior ou exterior. Embora em redes alimentadas adiante (feedforward) com multicamadas combinações de várias entradas possam se formar em camadas intermediárias entre as unidades de entrada e saída, ninguém na década de 1960 sabia como treinar uma rede nem com uma única camada dessas "unidades ocultas" entre as camadas de entrada e as de saída.

Frank Rosenblatt e Marvin Minsky estudaram juntos na Bronx High School of Science, em Nova York. Debateram suas abordagens radicalmente distintas sobre inteligência artificial em reuniões científicas, em que os participantes se inclinavam mais para a de Minsky. Mas, apesar de suas diferenças, ambos contribuíram significativamente com nossa compreensão dos perceptrons, o ponto de partida para o aprendizado profundo.

Quando Rosenblatt faleceu, em um acidente de barco em 1971, aos 43 anos, a reação contra os perceptrons estava a todo vapor, e havia rumores de que ele poderia ter cometido suicídio — ou escolhido uma saída tragicamente errada?[15] O que ficou claro foi que um período heroico de investigação de uma nova abordagem da computação, baseada em redes neurais, encerrava-se; uma geração se passaria antes que a promessa oriunda dos esforços pioneiros de Rosenblatt se realizasse.

Figura 3.7
Capa de uma edição ampliada do livro *Perceptrons*. Os dois labirintos parecem iguais, mas não são. Em cima há dois labirintos desconectados, mas o inferior é um só, o que você verifica traçando seu interior com um lápis. Minsky e Papert provaram que um perceptron não consegue distinguir entre esses dois objetos. E você, consegue distingui-los sem desenhar o traço? Por que não?

4 Computando como o Cérebro

"Ah, se eu tivesse um cérebro" cantava o Espantalho no clássico musical de 1939, *O Mágico de Oz*. O que ele não sabia era que já tinha um, e dificilmente poderia falar ou cantar se não o tivesse; mas seu cérebro tinha apenas dois dias, e seu verdadeiro problema era a falta de experiência. Com o tempo, ele aprendeu informações sobre o mundo e acabou sendo reconhecido como o homem mais sábio de Oz; o suficiente para conhecer as próprias limitações. De outro lado, o Homem de Lata cantava: "Ah, se eu tivesse um coração." Ele e o Espantalho debateram sobre o que seria mais importante, ter um cérebro ou um coração. Em Oz, assim como no mundo real, cognição e emoção, ambos produtos do cérebro, trabalham juntos, em um delicado equilíbrio de aprendizado, para criar inteligência humana. Com base nesse clássico, o tema deste capítulo é: "Se a IA tivesse um cérebro e um coração."

Como o Cérebro Funciona

Quando conheci Geoffrey Hinton (Figura 4.1), em um workshop organizado por ele em 1979, tínhamos crenças semelhantes sobre o que os modelos de redes neurais seriam capazes de fazer. Rapidamente nos tornamos amigos e depois colaboramos na descoberta de um novo tipo de modelo de rede neural, chamado de "máquina de Boltzmann" (discutido no Capítulo 7), que quebrou um impasse que havia atravancado o aprendizado em modelos de redes multicamadas por gerações.

De tempos em tempos, recebo uma ligação de Geoffrey que começa com: "Descobri como o cérebro funciona." Todas as vezes ele me conta sobre um novo esquema inteligente para melhorar os modelos de redes neurais. Foram necessários muitos desses esquemas e refinamentos para o aprendizado profundo em redes neurais de múltiplas camadas alcançar um nível de desempenho comparável ao dos seres humanos no reconhecimento de fala em telefones celulares e de objetos em fotos. Essas capacidades vieram a público poucos anos atrás; elas são agora famosas, mas demoraram a chegar.

Figura 4.1
(A) Geoffrey Everest Hinton no começo da carreira. Seu nome do meio vem de um parente, George Everest, que pesquisou a Índia e descobriu como medir a altura da montanha mais alta do mundo, que agora leva seu nome. (B) Hinton em 1994. As fotos foram feitas com 15 anos de diferença. Cortesia de Geoffrey Hinton.

Geoffrey cursou graduação em psicologia pela Universidade de Cambridge e doutorado em inteligência artificial pela Universidade de Edimburgo. Seu orientador foi Christopher Longuet-Higgins, um renomado químico que inventou um modelo preliminar de rede para memória associativa. Naquela época, o paradigma dominante na inteligência artificial se baseava em programas escritos com símbolos, lógica e regras para codificar o comportamento inteligente; os psicólogos cognitivos adotaram essa abordagem para entender a cognição humana e, especialmente, a linguagem. Geoffrey estava nadando contra a maré. Ninguém poderia prever que um dia ele descobriria o funcionamento do cérebro — ou, pelo menos, o de algo similar a ele. Suas palestras são fascinantes, e ele explica conceitos matemáticos abstratos com tanta clareza que não é preciso muito conhecimento prévio de matemática para entendê-los. Seu humor perspicaz e discreto cativa a todos. Geoffrey também é altamente competitivo por natureza, especialmente quando se trata de estudos atinentes ao cérebro.

Quando nos conhecemos, Geoffrey era pós-doutorando da Universidade da Califórnia, em San Diego (UCSD), do Grupo de Processamento Distribuído Paralelo (PDP), liderado por David Rumelhart e James McClelland. Ele acreditava que as redes de unidades de processamento simples, trabalhando em paralelo e aprendendo com exemplos, eram a melhor maneira de se entender a cognição. Ele era uma figura central do Grupo de PDP, explorava como as palavras e a linguagem podem ser entendidas como a disseminação da atividade distribuída por um grande número de nós em uma rede.

A abordagem tradicional da linguagem na ciência cognitiva se baseia em representações simbólicas. A palavra "xícara", por exemplo, é um símbolo que remete ao conceito de xícara; não a uma em especial, mas a todas as xícaras. A vantagem dos símbolos é que eles nos permitem compactar ideias complexas e manipulá-las; o problema é que eles são tão condensados que é difícil os aplicar no mundo real, em que existem inúmeros tipos de xícaras. Não existe um programa lógico que possa especificar o que é e o que não é uma xícara, ou que as reconheça em imagens, mesmo que nós consigamos fazê-lo. Conceitos abstratos, como justiça e paz, são ainda mais difíceis para um programa lógico. Uma alternativa é representar as xícaras com padrões de atividade em uma população muito grande de neurônios, que capta semelhanças e diferenças entre os conceitos. Isso confere uma estrutura interna rica ao símbolo, que reflete seu significado. O problema era que, em 1980, ninguém sabia como criar essas representações internas.

Nos anos 1980, Geoffrey e eu não éramos os únicos que acreditavam no potencial dos modelos de redes para imitar o comportamento inteligente. Muitos pesquisadores em todo o mundo, a maioria trabalhando de forma isolada, compartilhavam nossa crença e passaram a desenvolver modelos de redes especializados. Christoph von der Malsburg desenvolveu um modelo de reconhecimento de padrões baseado na ligação de neurônios artificiais que disparavam picos[1] e mais tarde demonstrou que esse método poderia reconhecer rostos em imagens.[2] Kunihiko Fukushima, da Universidade de Osaka, inventou o Neocognitron,[3] um modelo de rede de múltiplas camadas baseado na arquitetura do sistema visual que usava filtros convolucionais e um tipo simples de plasticidade hebbiana, e foi um precursor direto das redes de aprendizado profundo. E Teuvo Kohonen, engenheiro elétrico da Universidade de Helsinque, desenvolveu uma rede auto-organizada que poderia aprender a agrupar entradas similares em um mapa bidimensional, representando diferentes sons da fala, por exemplo, em diferentes unidades de processamento no mapa, com entradas semelhantes ativando regiões vizinhas do espaço de saída.[4] Uma grande vantagem da rede neural de Kohonen era que ela não exigia um rótulo de categoria para cada entrada (gerar rótulos para treinar redes supervisionadas é caro). Kohonen tinha apenas uma flecha na aljava, mas era uma flecha certeira.

Em uma promissora tentativa preliminar de sistematizar redes probabilísticas, Judea Pearl, da Universidade da Califórnia, em Los Angeles (UCLA), instituiu redes de crenças que ligavam os itens da rede com probabilidades, como as de a grama estar molhada porque o sprinkler foi acionado ou porque choveu.[5] Embora o modelo de rede de Pearl fosse uma poderosa estrutura para rastrear causa e efeito no mundo, a atribuição manual de todas as probabilidades necessárias se mostrou impraticável. Era necessário um avanço que permitisse encontrar automaticamente as probabilidades com algoritmos de aprendizado (como é discutido na Parte II).

Esses e outros modelos baseados em rede compartilhavam uma falha fatal: nenhum deles funcionava bem o suficiente para resolver problemas no mundo real. Além disso, os pioneiros que os desenvolveram raramente cooperavam, o que dificultava ainda mais o progresso. Como consequência, poucos cientistas dos principais centros de pesquisa em IA, MIT, Stanford e Carnegie Mellon, levaram as redes neurais a sério. O processamento de símbolos baseado em regras recebeu a maior parte do financiamento — e produziu a maioria dos trabalhos.

Os Pioneiros

Em 1979, Geoffrey Hinton e James Anderson, um psicólogo da Brown University, organizaram o workshop de modelos paralelos de memória associativa em La Jolla, Califórnia. A maioria dos participantes estava se encontrando pela primeira vez. Como bolsista de pós-doutorado em neurobiologia pela Harvard Medical School, que escrevera uns poucos artigos altamente técnicos sobre redes neurais publicados em periódicos duvidosos, fiquei surpreso ao ser convidado para o evento. Geoffrey mais tarde disse-me que ele perguntara de mim para David Marr (Figura 4.2, meio), um figurão imponente na modelagem de redes neurais e um visionário líder no MIT AI Lab. Conheci Marr em um pequeno workshop em Jackson Hole, Wyoming, em 1976. Tínhamos interesses semelhantes, e ele me convidou para visitá-lo e palestrar no MIT.

Marr cursou graduação em matemática e doutorado em fisiologia na Universidade de Cambridge. Seu orientador foi Giles Brindley, um fisiologista especializado em retina e visão de cores, igualmente conhecido por seu trabalho em musicologia e pelo tratamento da disfunção erétil. Uma de suas famosas proezas foi arriar as calças durante uma palestra em uma reunião da Associação Americana de Urologia, em Las Vegas, Nevada, para demonstrar a eficácia de uma ereção quimicamente induzida. Sua tese descreveu um modelo de rede neural de aprendizado no cerebelo, uma parte do cérebro envolvida no rápido controle motor. Ele também desenvolveu modelos de redes neurais do hipocampo e do cérebro, descritos em trabalhos densos, que se provaram visionários.[7]

Figura 4.2
(Da esquerda para a direita) Tomaso Poggio, David Marr e Francis Crick caminham na Califórnia em 1974. Francis teve longas discussões com os visitantes sobre muitas questões científicas. Cortesia do Instituto Salk de Estudos Biológicos.

Quando conheci Marr, em Jackson Hole, ele já havia ido para o MIT, onde estava trabalhando com visão; por causa de seu carisma típico, muitos estudantes talentosos procuravam o laboratório, a fim de trabalhar com ele. Adotando uma estratégia de baixo para cima, ele começou pela retina, onde a luz é convertida em sinais elétricos, e se perguntou como esses sinais codificavam as características dos objetos, e como o córtex visual representava suas superfícies e limites. Ele e Tomaso Poggio (Figura 4.2, à esquerda) desenvolveram um engenhoso modelo de rede neural recorrente para visão estéreo, com conexões de realimentação para detectar a profundidade de um objeto a partir de ligeiros deslocamentos laterais das imagens de pontos criadas pelos dois olhos em estereogramas de pontos aleatórios.[8] A percepção da profundidade binocular é a base de como as imagens do Magic Eye o afetam.[9]

Dois anos depois de Marr morrer de leucemia, em 1980, aos 35 anos, o livro em que estava trabalhando na época, *Vision*, teve uma publicação póstuma.[10] Ironicamente, apesar da abordagem de baixo para cima que dedicou à sua pesquisa sobre visão, partindo da retina e modelando cada etapa sucessiva do processamento visual, seu livro é mais conhecido por defender uma estratégia de cima para baixo, começando com uma análise computacional do problema a ser resolvido, seguida da construção de um algoritmo para resolver o problema e da implementação do algoritmo em hardware. Mas, embora essa seja uma boa maneira de explicar os fatos depois que você os descobriu, não é útil para investigar o que está acontecendo no cérebro. A dificuldade está no primeiro passo, na definição de qual problema ele está resolvendo. Nossa intuição é muitas vezes enganosa, particularmente quando se trata da visão; somos excepcionalmente bons em ver, mas o cérebro nos esconde todos os detalhes. Como consequência, uma abordagem puramente de cima para baixo é falha; mas a oposta, também. (Os próximos capítulos exploram como o trabalho com o método de dentro para fora com algoritmos de aprendizado viabilizou o progresso da compreensão do funcionamento da visão.)

Também participou do workshop de Hinton e Anderson em La Jolla Francis Crick (Figura 4.2, à direita), que, com James Watson em 1953, na Universidade de Cambridge, descobriu a estrutura do DNA. Décadas após sua descoberta, em 1977, Crick foi para o Instituto Salk de Estudos Biológicos, também em La Jolla, e elegeu a neurociência como sua nova área de pesquisa. Ele convidava pesquisadores para visitá-lo e ter longas discussões sobre muitos tópicos atinentes ao tema, especialmente visão, e David Marr foi um deles. No final do livro de Marr, há uma discussão reveladora, sob a forma de diálogo socrático, que, mais tarde descobri, originara-se de suas discussões com Crick. Ao me mudar para o Instituto Salk, em 1989, entendi o valor dessas discussões.

George Boole e o Aprendizado de Máquina

Em 1854, um professor britânico autodidata que tinha cinco filhas, algumas inclinadas à matemática, escreveu um livro intitulado *An Investigation of the Laws of Thought*, que foi a base matemática para o que hoje se conhece como "lógica booleana". As ideias de George Boole sobre como manipular expressões lógicas estão no cerne da computação digital e foram um ponto de partida natural para os esforços incipientes da inteligência artificial nos anos 1950. Geoffrey Hinton, bisneto de Boole, vangloria-se de ter uma caneta usada por ele, passada de geração a geração.

Ao preparar uma palestra, descobri que o título completo do famoso livro de Boole é *An Investigation of the Laws of Thought, on Which Are Founded the Mathematical Theories of Logic and Probabilities* (Figura 4.3). Embora mais lembrado por seus conceitos de lógica, *Investigation* também tem muito a dizer sobre a teoria da probabilidade, a alma do aprendizado de máquina moderno, que descreve as incertezas no mundo real muito melhor do que a lógica. Dessa forma, Boole também é um dos pais do aprendizado de máquina. É irônico pensar que uma vertente esquecida de seu pensamento acabara florescendo 250 anos depois, por meio de seu tataraneto. Boole teria ficado orgulhoso.

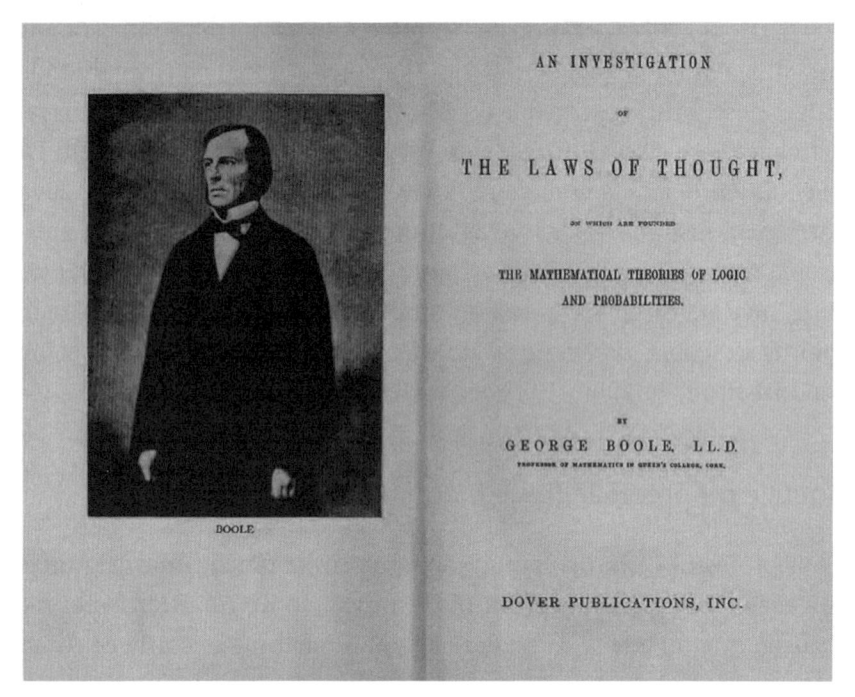

Figura 4.3
Embora *The Laws of Thought*, de George Boole, seja famoso por investigar a lógica como base do pensamento, também trata de probabilidade. Essas duas áreas da matemática inspiraram o processamento de símbolos e as abordagens de aprendizado de máquina para inteligência artificial, respectivamente.

O Projeto Humpty Dumpty

Como pós-graduando do Departamento de Física de Princeton, abordei a questão do entendimento do cérebro escrevendo equações para redes de neurônios que não interagem de maneira linear e as analisando,[11] da mesma forma que os físicos ao longo dos séculos usaram a matemática para entender a natureza da gravidade, luz, eletricidade, magnetismo e forças nucleares. Todas as noites, antes de dormir, eu rezava: "Querido Senhor, que as equações sejam lineares, que o ruído seja gaussiano e as variáveis, separáveis." Essas são as condições que levam a soluções analíticas. Mas, como as equações da rede neural tendem a ser não lineares; o ruído associado a elas, não gaussianos, e as variáveis, não separáveis, elas não têm soluções claras. Além disso, simular as equações em computadores naquela época era incrivelmente lento para grandes redes; ainda mais desanimador, eu não tinha ideia se conhecia as equações certas.

Enquanto estudava em Princeton, descobri que havia progressos interessantes sendo feitos na neurociência, uma área relativamente jovem, fundada há 45 anos. Antes disso, as pesquisas sobre o cérebro eram realizadas por muitas disciplinas: biologia, psicologia, anatomia, fisiologia, farmacologia, neurologia, psiquiatria, bioengenharia e outras. Na primeira reunião da Sociedade de Neurociência, em 1971, Vernon Mountcastle recepcionou todos os participantes.[12] Hoje, a sociedade conta com mais de 40 mil membros, dos quais 30 mil aparecem nas reuniões anuais. Conheci esse lendário neurofisiologista de personalidade marcante, que descobrira a coluna cortical, na Universidade Johns Hopkins, quando entrei para o Departamento de Biofísica, meu primeiro emprego, em 1982.[13] Trabalhei de perto com Mountcastle no planejamento do Instituto da Mente/Cérebro da Johns Hopkins, o primeiro do tipo no mundo, fundado em 1994.

Existem muitos níveis de investigação do cérebro (Figura 4.4), e importantes descobertas foram feitas em cada um deles; integrar todo esse conhecimento é um problema considerável, como uma reminiscência das rimas de berçário, de Humpty Dumpty:

Humpty Dumpty sentou-se em um muro,
Humpty Dumpty caiu no chão duro.
E todos os homens e cavalos do Rei
Não conseguiram juntá-lo outra vez.

Embora os neurocientistas sejam muito bons em desmembrar o cérebro, juntar seus pedaços é um problema mais complexo, que requer síntese, em vez de redução; que é o que eu queria fazer. Mas, primeiro eu tinha que saber quais eram essas partes, e o cérebro tem muitas.

Em um seminário da pós-graduação ministrado por Charles Gross, um psicólogo de Princeton que estudou o sistema visual de macacos, fiquei impressionado com o progresso feito por David Hubel e Torsten Wiesel na Harvard Medical School no registro de neurônios no córtex visual. Se a física não fosse o caminho imperativo para se entender como o cérebro funciona, talvez a neurociência seria. Hubel e Wiesel receberam um Prêmio Nobel de Fisiologia ou Medicina em 1981 por seu trabalho pioneiro sobre o córtex visual primário. (Suas descobertas, discutidas no Capítulo 5, são a base para o aprendizado profundo, assunto do Capítulo 9.)

O que Aprendi em Woods Hole

Em 1978, depois de concluir o doutorado em física em Princeton, fiz um curso de verão, de dez semanas, de aprofundamento em neurobiologia experimental, no Marine Biological Laboratory, em Woods Hole. No primeiro dia, cheguei com um casaco esportivo azul casual e uma calça cáqui bem passada, só para ser confrontado por Story Landis, uma das instrutoras, que me comprou meu primeiro par de jeans. Story era docente do Departamento de Neurobiologia de Harvard na época e tornou-se diretora do Instituto Nacional de Distúrbios Neurológicos e do AVC nos Institutos Nacionais de Saúde. Ela ainda me lembra desse percalço.

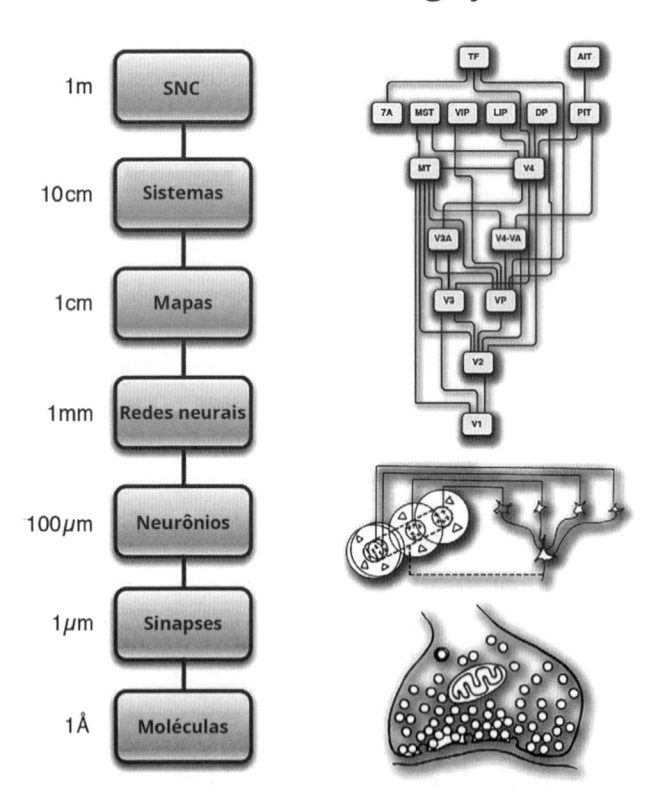

Figura 4.4
Níveis de investigação do cérebro. (Esquerda) A escala espacial varia do nível molecular, na parte inferior, a todo o sistema nervoso central (SNC), no topo. Muito se sabe sobre cada um desses níveis, mas o menos compreendido é o de rede, com seus pequenos grupos de neurônios

altamente interconectados — o nível modelado por redes neurais artificiais. (Direita) Ícones para sinapse (inferior), célula simples no córtex visual (meio) e hierarquia de áreas corticais no córtex visual (superior). Adaptado de P. S. Churchland e T. J. Sejnowski, "Perspectives on Cognitive Neuroscience", *Science*, 242 (1988): 741–745, Figura 1.

Depois do curso de verão, fiquei algumas semanas em setembro para finalizar um projeto que havia iniciado. Tubarões e raias são capazes de detectar campos elétricos muito fracos; na verdade, eles detectam o sinal de uma bateria de 1,5 volts do outro lado do Oceano Atlântico. Com esse sexto sentido, as arraias conseguem navegar usando os sinais elétricos fracos provenientes de seu movimento através do campo magnético da Terra, o que gera sinais de microvolt em seus eletrorreceptores. Meu projeto rendeu espetaculares imagens de microscopia eletrônica do eletrorreceptor das arraias.[14]

Eu estava fazendo fotos no porão de Loeb Hall, em Woods Hole, quando recebi uma ligação inesperada de Stephen Kuffler, o fundador do Departamento de Neurobiologia da Harvard Medical School. Kuffler é uma lenda da neurociência, e receber uma oferta para trabalhar com ele como bolsista de pós-doutorado em seu laboratório mudou minha vida. Fui para Boston depois de concluir um breve projeto de pós-doutorado, do qual eu era bolsista, com Alan Gelperin no mapeamento da atividade metabólica no gânglio pedestre da lesma de jardim *Limax maximus*.[15] Nunca mais vou comer um escargot sem pensar no seu cérebro. Alan se identifica intelectualmente com uma linhagem de neuroetologistas que estudam as bases neurais do comportamento animal. O que aprendi foi que os chamados sistemas nervosos mais simples em invertebrados eram na verdade mais complexos do que aqueles nos organismos superiores na escada evolutiva, já que os invertebrados tinham que sobreviver com muito menos neurônios, cada um deles altamente especializado. Também comecei a entender que nada na neurociência faz qualquer sentido exceto à luz do comportamento.[16]

No laboratório de Kuffler, estudei uma resposta excitatória lenta tardia em uma sinapse no gânglio simpático de rã-touro (Figura 4.5), que era 60 mil vezes mais lenta que a resposta excitatória rápida de milissegundo em outra sinapse no mesmo neurônio.[17] Esses gânglios contêm os neurônios que geram a saída do sistema nervoso autônomo da rã-touro, que regula glândulas e órgãos internos. Depois de estimular o nervo para a sinapse, eu podia andar até a cafeteira e voltar antes que a entrada sináptica para o neurônio atingisse o pico, o que aconteceria em cerca de 1 minuto, com 10 minutos de recuperação. As sinapses são os elementos computacionais fundamentais do cérebro, e a diversidade de tipos de sinapses é reveladora. Essa experiência ensinou-me que a complexidade pode não ser o caminho real para se entender o funcionamento cerebral. Para entendê-lo, tive que compreender como, através da evolução, a natureza havia solucionado um grande número de problemas há muito tempo e passado essas soluções de espécie para espécie na escala evolutiva. Nós temos canais iônicos em nossos cérebros que evoluíram pela primeira vez em bactérias bilhões de anos atrás.

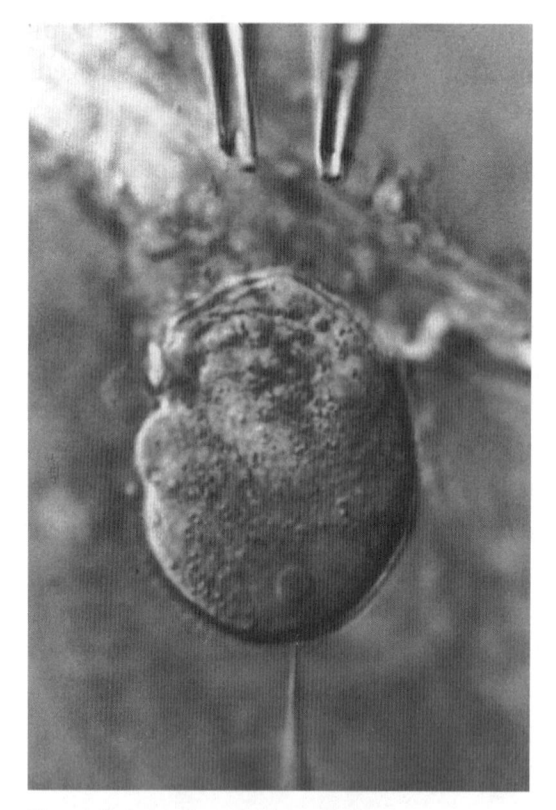

Figura 4.5
Gânglio simpático de uma rã-touro. Como os neurônios, essas células recebem informações da medula espinhal e inervam as glândulas da pele das rãs-touro. Elas são grandes, e seus sinais elétricos são fáceis de gravar com um microelétrodo (parte inferior). Não têm dendritos e podem ser eletricamente estimuladas por um nervo (parte superior, fundo) ou com produtos químicos (parte superior, par de micropipetas). A estimulação do nervo provoca três sinais sinápticos diferentes: uma resposta excitatória rápida em milissegundos, semelhante à da junção neuromuscular; uma resposta excitatória mais lenta, que atinge o pico em 10 segundos e dura 1 minuto; e uma resposta excitatória lenta tardia, que atinge o pico em 1 minuto e dura 10 minutos.

Esses processos ilustram a ampla gama de escalas de tempo que estão presentes até mesmo nos neurônios mais simples. De S. W. Kuffler e T. J. Sejnowski, "Peptidergic and Muscarinic Excitation at Amphibian Sympathetic Synapses", *Journal of Physiology* 341 (1983): 257–278, Lâmina I.

O Elo Perdido

Se a física era muito simples, e a biologia, complexa demais, onde eu deveria procurar orientação? Diferentemente das forças da física, os circuitos cerebrais têm um propósito, que é resolver problemas computacionais, como enxergar e se movimentar, a fim de sobreviver no mundo. Nem um modelo físico perfeito de como um neurônio funciona nos diz seu propósito. O objetivo dos neurônios é processar sinais que transportam informações, e a computação é o elo perdido na tentativa de entender a natureza. Nos últimos 40 anos, tenho me concentrado nesse objetivo, sendo pioneiro em um novo campo, chamado de "neurociência computacional".

Figura 4.6
Terry Sejnowski e Geoffrey Hinton discutindo modelos de redes de visão em Boston, em 1980. Essa foto foi feita um ano depois de Geoffrey e eu termos nos conhecido, no workshop de Modelos Paralelos de Memória de Associação, em La Jolla, e um ano antes de eu fundar meu laboratório na Johns Hopkins, em Baltimore, e Geoffrey começar seu grupo de pesquisa na Carnegie Mellon, em Pittsburgh. Cortesia de Geoffrey Hinton.

Após sua estada como pós-doutorando da UCSD, Geoffrey Hinton retornou à Inglaterra, onde era pesquisador da Unidade de Psicologia Aplicada do Conselho de Pesquisa Médica (MRC — Medical Research Council), em Cambridge. Certo dia, em 1981, recebeu uma ligação às 2h da manhã de alguém que se apresentou como Charles Smith, presidente da System Development Foundation, em Palo Alto, Califórnia.[18] Smith disse que a empresa queria financiar projetos potencialmente promissores, porém arriscados, que dificilmente teriam sucesso, e Geoffrey lhe tinha sido altamente recomendado. Geoffrey não acreditou muito. Bom amigo que é, mencionou minha pesquisa para Smith, dizendo que estava ainda mais distante que a dele de ter sucesso.

A proposta da empresa era séria, e ela nos concedeu nossas primeiras subvenções, o que ajudou muito nossa pesquisa a avançar. Depois disso pudemos comprar computadores mais rápidos e pagar aos alunos que trabalhavam conosco. Geoffrey substituiu seu Apple II por uma sofisticada máquina Lisp[19] quando se mudou para a Carnegie Mellon, em Pittsburgh; não demorou muito para que eu tivesse um poder computacional maior do que todo o Departamento de Ciência da Computação quando me mudei para a Johns Hopkins, em Baltimore.[20] Também comprei o primeiro modem que ligava Hopkins à ARPANET (Rede da Agência para Projetos de Pesquisa Avançada — Advanced Research Projects Agency Network), precursora da internet, para que Geoffrey e eu pudéssemos trocar e-mails. Não poderíamos ter pedido um começo melhor para nossas carreiras quando tomamos esses novos rumos (Figura 4.6). Tive a sorte de ser financiado ao longo dos anos pelo Escritório de Pesquisa Naval, que também apoiou Frank Rosenblatt e muitos outros pesquisadores da área de redes neurais.

5 Pontos de Vista sobre o Sistema Visual

Uma de minhas primeiras lembranças é de quando, antes de ir para o jardim de infância, estava debruçado em um quebra-cabeça combinando suas peças usando forma, cor e contexto como pistas. Meus pais surpreendiam seus amigos nas festas pela rapidez com que seu bebê montava quebra-cabeças. Eu não sabia disso, mas meu cérebro estava fazendo o que faz de melhor — resolvendo problemas com o reconhecimento de padrões. A ciência está cheia de problemas com pedaços faltantes e dicas vagas para a imagem subjacente, como um quebra-cabeça. Mas o derradeiro, que ainda precisamos montar, é a forma como o cérebro resolve problemas.

O Helmholtz Club era um pequeno grupo de cientistas da visão no sul da Califórnia, dos campi de San Diego, Los Angeles e Irvine, da Universidade da Califórnia, Caltech, e da Universidade do Sul da Califórnia, que se reunia todo mês à tarde no campus de Irvine.[1] Hermann von Helmholtz foi um físico e médico do século XIX que desenvolveu uma teoria matemática e uma abordagem experimental da visão que são a base da nossa compreensão atual sobre percepção visual.

Como secretário do clube, cabia a mim recrutar palestrantes de fora para falar para 15 a 20 membros e seus convidados, antes de uma segunda palestra, de um sócio do clube. As sessões foram interativas, com tempo suficiente para uma discussão aprofundada. Um dos palestrantes externos expressou sua surpresa com as perguntas feitas: "Eles realmente queriam saber as respostas." Ápice da intelectualidade para todos que participaram, essas reuniões mensais eram aulas avançadas sobre visão.[2]

A visão é o nosso sentido mais preciso e também o mais estudado. Com dois olhos frontais, temos uma percepção de profundidade binocular requintada, e metade do nosso córtex é visual. O status especial da visão é captado pelo ditado "ver para crer". Ironicamente, a exímia capacidade de enxergar nos cegou para a enorme complexidade computacional da visão, dirimida pela natureza ao longo de centenas de milhões de anos de evolução (como observado no Capítulo 2). A organização do córtex visual serviu de inspiração para as redes de aprendizado profundo mais profícuas.

Em um décimo de segundo, dez bilhões de neurônios trabalhando juntos em nosso córtex visual identificam uma xícara em uma cena desordenada, mesmo que nunca tenhamos visto aquela xícara específica, independente de sua localização, tamanho e orientação. Quando era pós-graduando de Princeton, fiquei fascinado pela visão e trabalhei nela durante um verão no laboratório de Charles Gross, que estudou o córtex inferotemporal de macacos (Figura 5.1), e onde descobrira neurônios que respondiam a objetos complexos, como rostos e, o que ganhou fama, escovas.[3]

No Departamento de Neurobiologia da Faculdade de Medicina de Harvard, trabalhei com Stephen Kuffler, que já havia descoberto como as células ganglionares da retina codificam cenas visuais e quem provavelmente teria recebido o Prêmio Nobel de Fisiologia ou Medicina, com David Hubel e Torsten Wiesel, em 1981, por suas descobertas sobre a retina, se não tivesse morrido um ano antes. Quando fui para o Instituto Salk, em 1989, trabalhei com Francis Crick, que havia mudado seu foco de pesquisa da genética molecular para a neurociência em 1977 e estava empenhado em encontrar os processos neurais relacionados à consciência visual. Assim, tive o privilégio de estar na companhia de alguns dos maiores cientistas da visão da época.

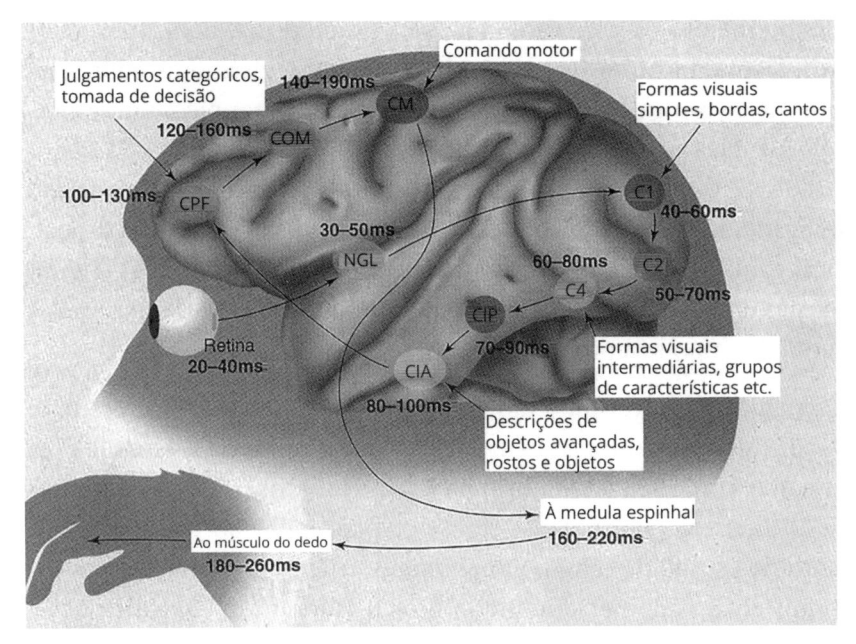

Figura 5.1
Esquema do fluxo de informação no sistema visual de um macaco. As setas indicam projeções entre áreas visuais que começam na retina, com atrasos em milissegundos na chegada da informação em cada estágio do processamento visual. A percepção visual do macaco é semelhante à nossa, e nós temos os mesmos estágios de processamento. NGL: núcleo geniculado lateral; C1: córtex visual primário; C2: córtex visual secundário; A4: 4ª área visual; CIA e CIP: córtex inferotemporal anterior e posterior; CPF: córtex pré-frontal; CPM: córtex pré-motor; CM: córtex motor. De S. J. Thorpe e M. Fabre-Thorpe, "Seeking Categories in the Brain", *Science* 291, n°. 5502 (2001): 261.

Visão de Baixo para Cima

Se seguirmos os sinais gerados por uma imagem dentro do cérebro, veremos como ela é transformada repetidas vezes à medida que passa de um estágio de processamento para o seguinte (Figura 5.1). A visão começa na retina, onde os fotorreceptores convertem a luz em sinais elétricos. Existem duas camadas de neurônios dentro da retina que processam os sinais visuais no espaço e no tempo, terminando com as células ganglionares que se projetam nos nervos ópticos.

Em um experimento clássico de 1953, cujos resultados se aplicam a todos os mamíferos, Stephen Kuffler (Figura 5.2, à esquerda) registrou os neurônios de saída da retina de um gato vivo, estimulando-os a disparar picos em resposta a pontos de luz. Ele relatou que alguns desses neurônios responderam quando os pontos de luz incidindo em seu centro eram ligados, e outros, quando a luz era desligada. Mas, ao redor dos centros, o anel periférico tinha a polaridade oposta: centro (+) com periferia (-), centro (-) com periferia (+) (Figura 5.3). As respostas das células ganglionares aos padrões de luz são denominadas propriedades de "campo receptivo".

Uma vez perguntei a Kuffler, cujo principal interesse científico eram as propriedades das sinapses entre os neurônios, o que o motivou a estudar a retina. Ele disse que, como seu laboratório na Johns Hopkins ficava no Instituto de Olhos de Wilmer na época, ele se sentia culpado por não trabalhar com visão. Pioneiro no estudo de células ganglionares únicas na retina, ele passou o projeto a dois colegas de pós-doutorado de seu laboratório, David Hubel e Torsten Wiesel (Figura 5.2, à direita e ao centro), e os aconselhou a seguir os sinais dentro do cérebro. Em 1966, Kuffler e seus colegas de pós-doutorado mudaram-se para a Harvard Medical School para fundar um novo Departamento de Neurobiologia.

Visão no Córtex Cerebral

Hubel e Wiesel descobriram que os neurônios corticais respondiam muito melhor a barras de luz com uma orientação específica e bordas contrastantes do que a pontos de luz. Os circuitos do córtex transformavam os sinais de entrada. Eles descreveram dois tipos principais de células: as simples, que, como as células ganglionares, têm regiões on e off (Figura 5.4), e as complexas, que respondem de forma homogênea a estímulos orientados em qualquer parte do campo receptivo neuronal (Figura 5.5).

Figura 5.2
Da esquerda para a direita, Stephen Kuffler, Torsten Wiesel e David Hubel. O Departamento de Neurobiologia da Harvard Medical School foi fundado em 1966, e essa foto foi feita em seus primeiros anos. Nunca vi nenhum deles usar gravata no laboratório, então deve ter sido uma ocasião especial. Cortesia da Harvard Medical School.

Todos os neurônios corticais do córtex visual podem ser entendidos como detectores de características visuais que só são ativados quando recebem entradas acima de um certo limite de características preferenciais em um trecho específico do campo visual. As características preferenciais de cada neurônio são determinadas por sua conectividade com os outros. O neocórtex dos mamíferos possui seis camadas especializadas. Hubel e Wiesel também descobriram que as entradas, provenientes da estação retransmissora projetada pelo tálamo, dos dois olhos se organizam em colunas alternadas em esquerda e direita, na camada intermediária (4) do córtex. Os neurônios monoculares da quarta camada se projetam para os das camadas superiores (2 e 3), que recebem entradas binoculares e, por sua vez, projetam-se de forma ascendente para outras áreas corticais e descendente para as camadas inferiores (5 e 6), que se projetam subcorticalmente. A orientação preferencial e a preferência ocular são as mesmas para as células de uma determinada coluna e variam naturalmente pelo córtex (Figura 5.6).

Centro ON   Centro OFF

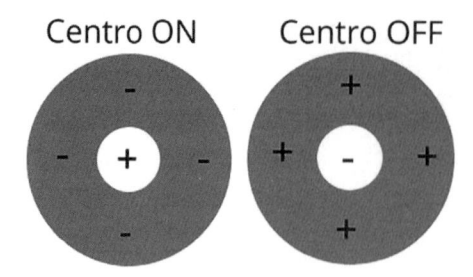

Figura 5.3
Propriedades de resposta dos dois tipos de células ganglionares da retina. Os dois anéis representam essas respostas, que enviam mensagens codificadas ao cérebro para fazer você enxergar. A célula do tipo centro on é ativada quando a luz incide no centro do círculo (+) e inativada quando a luz atinge a periferia do círculo (campo receptivo). O oposto vale para a célula do tipo centro off que é inativada quando um ponto de luz atinge o centro (-) e ativada quando atinge a periferia do campo receptivo (+). As mudanças na iluminação são informações importantes sobre a movimentação dos estímulos e os limites dos contrastes ao redor de um objeto. Essas propriedades foram descobertas por Stephen Kuffler, em 1953.

Plasticidade sináptica

Se um dos olhos de um gato fica fechado durante os primeiros meses de sua vida, os neurônios corticais, que são normalmente orientados por ambos os olhos, tornam-se monoculares, guiando-se exclusivamente pelo olho aberto.[4] A privação monocular acarreta mudanças na força das sinapses do córtex primário, onde as entradas para os neurônios recebem entradas convergentes dos dois olhos pela primeira vez. Após o período crítico de plasticidade cortical no córtex visual primário, o olho fechado não influencia mais os neurônios corticais, o que resulta em uma condição chamada de "ambliopia". Embora esse desalinhamento não corrigido, ou "estrabismo", que é comum em bebês, reduza muito o número de neurônios corticais binoculares e impeça a percepção binocular de profundidade,[5] uma operação dentro do período crítico para alinhar os olhos consegue resgatar os neurônios binoculares.

A privação monocular é uma amostra do alto grau de plasticidade presente nos primeiros estágios de desenvolvimento, à medida que o ambiente molda as conexões sinápticas entre os neurônios do córtex e as outras partes do cérebro. Essas mudanças condicionadas à atividade dependem da renovação contínua, que ocorre em todas as células. Embora nossos neurônios sejam praticamente os mesmos desde o nascimento,[6] quase todos os seus componentes e as sinapses que os conectam mudam todos os dias. As proteínas são substituídas à medida que se desgastam, e os lipídios da membrana também se renovam. Com esse volume tão dinâmico de transformações, é um mistério que as memórias sejam preservadas ao longo de nossas vidas.

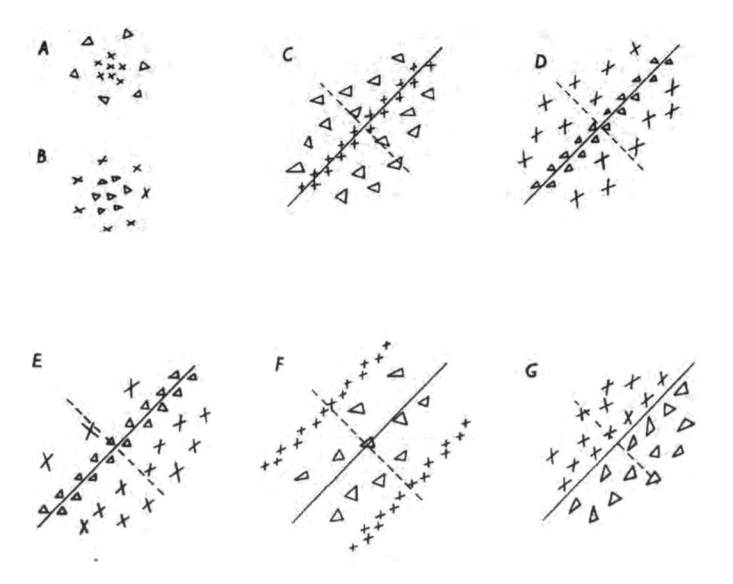

Figura 5.4
Campo receptivo de uma célula simples no córtex visual primário de um gato. Essa imagem é de um artigo de Hubel e Wiesel, de 1962, que descobriu células simples. Os triângulos são locais no campo visual onde a incidência de um ponto de luz produz uma resposta on, e as cruzes são os locais em que a não incidência de ponto de luz produz uma resposta off. (A) Célula centro on na retina (compare com a Figura 5.3, lado esquerdo). (B) Célula centro off na retina (compare com a Figura 5.3, lado direito). (C–G). Variedade de campos receptivos de células simples no córtex visual primário, todos os quais são alongados em comparação com os campos receptivos da retina e com os arranjos mais complexos das regiões on e off. De D. H. Hubel e T. N. Wiesel, "Receptive Fields, Binocular Interaction and Functional Architecture in the Cat's Visual Cortex", *Journal of Physiology* 160, n° 1 (1962): 106–154.2, Figura 2.

Há outra explicação para a longevidade patente das memórias: talvez elas sejam uma espécie de cicatriz que sobreviveu como registro de eventos passados. Essas cicatrizes não devem ser procuradas dentro dos neurônios, onde há constante renovação, mas fora, no espaço entre eles, na matriz extracelular, feita de proteoglicanos, similares ao colágeno do tecido cicatricial, que é feita de um material que dura muitos anos.[7] Se essa conjetura se mostrar válida, significa que nossas memórias de longo prazo estão embutidas no "exoesqueleto" do cérebro, e as temos procurado nos lugares errados.[8]

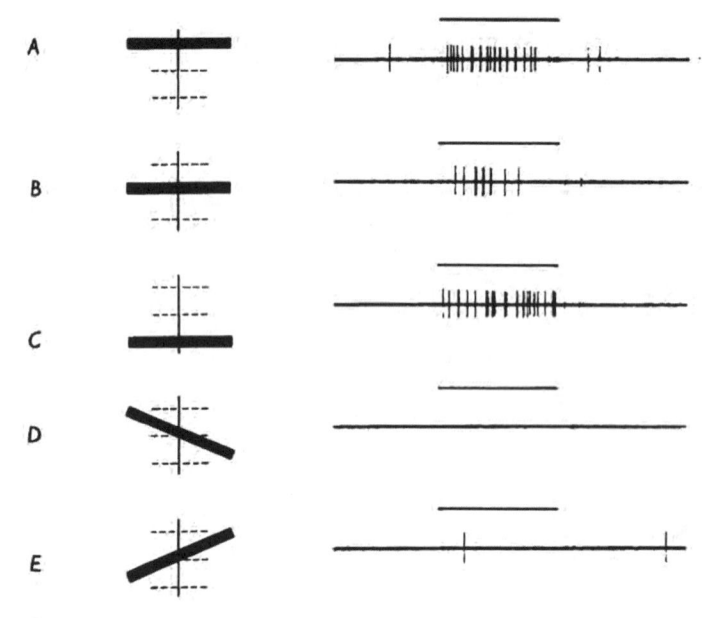

Figura 5.5
Respostas de uma célula complexa no córtex visual primário de um gato. Essa imagem é de um artigo de Hubel e Wiesel, de 1962, relatando sua descoberta das células complexas. A barra alongada e estreita evoca um disparo de picos (tiques verticais) onde quer que seja colocada dentro do campo receptivo (linhas tracejadas) de uma célula complexa, desde que a orientação esteja correta (três registros superiores). Uma orientação não ideal gera uma resposta mais fraca ou nenhuma (dois registros inferiores). De D. H. Hubel e T. N. Wiesel, "Receptive Fields, Binocular Interaction and Functional Architecture in the Cat's Visual Cortex", *Journal of Physiology* 160, n° 1 (1962): 106–154.2, Figura 7.

As sinapses contêm centenas de proteínas específicas que controlam a liberação de neurotransmissores e a ativação dos receptores do neurônio receptor. Na maioria dos casos, as forças sinápticas podem ser seletivamente aumentadas ou diminuídas em uma ampla faixa, que, no córtex, é um fator de 100. (Exemplos de algoritmos de aprendizado sináptico que foram descobertos no cérebro são discutidos nos capítulos posteriores.)

Ainda mais notável, novas sinapses estão constantemente sendo formadas no córtex e as antigas, removidas, o que as torna as organelas mais dinâmicas do corpo. Existem cerca de 100 tipos diferentes de sinapses no cérebro, sendo o ácido glutâmico o neurotransmissor excitatório mais comum no córtex, e o ácido gama-aminobutírico (GABA), o transmissor inibitório. Há também uma ampla gama de duração para as influências eletroquímicas que essas moléculas de neurotransmissores têm em outros neurônios. Por exemplo, a célula ganglionar simpática discutida no Capítulo 4 tem sinapses com escalas de tempo que variam de milissegundos a minutos.

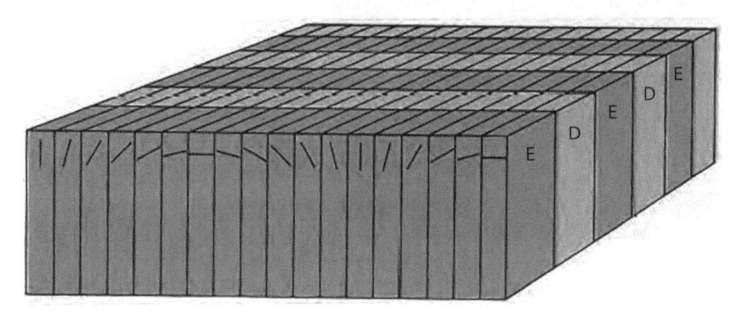

Figura 5.6
Modelo de cubo de gelo de uma coluna de neurônios no córtex visual primário. Em uma infiltração vertical, todos os neurônios têm a mesma preferência de orientação e dominância ocular. Sob cada milímetro quadrado de córtex há um conjunto completo de orientações que mudam lentamente ao longo de sua superfície (lado frontal do cubo) e entradas de ambos os olhos (lado direito do cubo). De D. Hubel, *Eye, Brain and Vision* (Nova York: W. H. Freeman and Company, 1988), 131.

Sombras Criando Formas

Desde que o conheço, há mais de 30 anos, Steven Zucker (Figura 5.7), cujo foco de pesquisa combina a visão computacional e a biológica, está escrevendo um livro para explicar como a visão funciona. O problema é que ele não para de fazer descobertas sobre a visão, e, como aconteceu com Tristram Shandy, o protagonista do romance de Laurence Sterne, quanto mais detalhes descobre, mais a conclusão de seu livro se distancia no horizonte. Sua abordagem da visão baseia-se na estrutura perfeitamente regular do córtex visual primário (Figura 5.6), uma estrutura, diferente de qualquer outra encontrada no córtex, em que os neurônios se organizam como um mosaico, o que pede uma interpretação geométrica. A maioria dos pesquisadores de visão computacional precisa reconhecer objetos destacando-os do plano de fundo e identificando as características passíveis de gerar uma resposta.

Figura 5.7
Foto de Steven Zucker, feita na Universidade de Yale, iluminada a partir do canto superior direito. Você percebe as formas das dobras de seu suéter por causa da variação no sombreamento. As equações no quadro-negro, na parte de trás, baseadas no córtex visual dos macacos, explicam justamente esse fenômeno. Percebemos as formas da mesma maneira, independentemente da fonte de luz. Cortesia de Steven Zucker.

Steve tinha ambições maiores e queria entender como conseguimos distinguir a forma dos objetos a partir do sombreado de suas superfícies e os indicadores de vincos e dobras. Em uma entrevista na reunião anual da Society for Neuroscience, em 2006, perguntaram a Frank Gehry, o arquiteto que projeta prédios que parecem velas de navio (Figura 5.8), como ele desenvolvia as ideias para desenhar os prédios.[9] Ele respondeu que a inspiração se originou do papel amassado. Mas como nosso sistema visual organiza a forma complexa do papel amassado a partir do padrão complexo de dobras e superfícies sombreadas? Como percebemos as formas sinuosas da superfície do Museu Guggenheim, em Bilbao (Figura 5.8)?

Steve Zucker recentemente conseguiu explicar como vemos as dobras em imagens sombreadas, usamos a estreita relação entre os contornos tridimensionais da superfície como visto nos mapas topográficos de montanhas e em imagens de contornos de intensidade constante (Figura 5.9).[10] A geometria das superfícies[11] é responsável por fazer essa conexão. Isso desfaz o mistério de nossa percepção das formas ser tão indiferente às particularidades de iluminação e propriedades das superfícies dos objetos. Também pode explicar por que somos tão bons em entender mapas topográficos, em que os contornos são explicitados, e por que precisamos apenas de algumas linhas internas especiais para interpretar as formas dos objetos nos desenhos animados.

Em 1988, Sidney Lehky e eu perguntamos se poderíamos treinar uma rede neural com uma camada de unidades ocultas para calcular a curvatura de superfícies sombreadas.[12] Conseguimos, e, para nossa surpresa, as unidades ocultas se comportaram como células simples. Mas, em uma inspeção mais detalhada, descobrimos que nem todas essas "células simples" foram criadas da mesma forma. Observando suas projeções na camada de saída, treinada para calcular a curvatura usando um algoritmo de aprendizado (discutido no Capítulo 8), descobrimos que algumas das unidades ocultas estavam sendo usadas para diferenciar a curvatura positiva (relevos; Figura 5.10) e da negativa (concavidade; Figura 5.10). Como algumas células simples, essas unidades eram detectoras; tendiam a ter atividade baixa ou alta, uma distribuição bimodal. Por outro lado, as outras unidades na camada oculta tinham respostas graduadas e funcionavam como filtros que sinalizavam para as unidades de saída a direção e a dimensão da curvatura.

Figura 5.8
Museu Guggenheim, em Bilbao, Espanha, projetado por Frank Gehry. O sombreamento e os reflexos das superfícies curvas provocam uma forte sensação de forma e movimento. O tamanho das pessoas na passarela dá uma ideia das proporções do edifício.

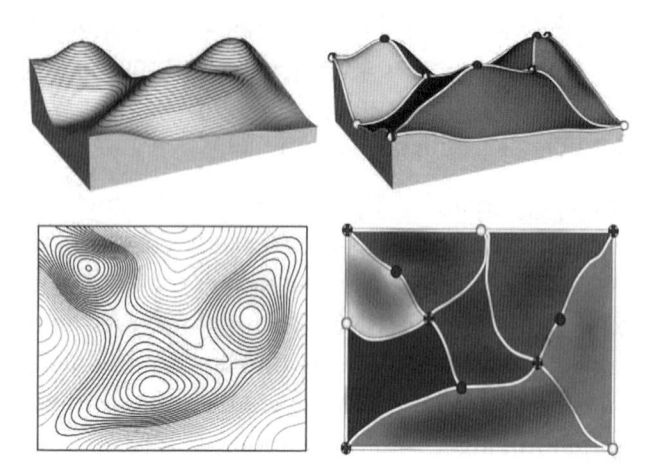

Figura 5.9
Os contornos de altitude de uma superfície (superior esquerdo) comparados com os isófotos (contornos de intensidade constante) de uma imagem da mesma superfície (canto inferior esquerdo). Ambos dão origem à mesma divisão entre os pontos críticos, como mostrado à direita dos contornos. De Kunsberg e Zucker, "Critical Contours: An Invariant Linking Image Flow with Salient Surface Organization", Figura 5. Cortesia do Dr. A. G. Gyulassy.

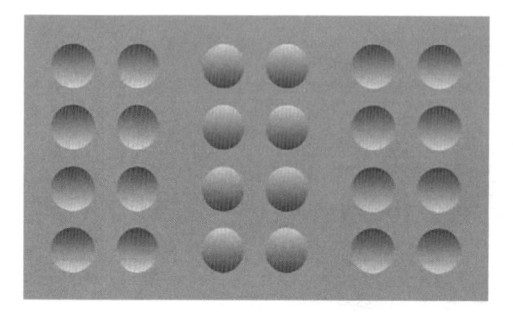

Figura 5.10
Curvatura de sombreamento. Nosso sistema visual define a forma de um objeto a partir das mudanças graduais de variação no brilho de uma imagem dentro do contorno delimitador. Você vê ovos ou caixas de ovos dependendo da direção do sombreamento e da sua suposição sobre a direção da iluminação (presumida, geralmente, como superior). Vire o livro de cabeça para baixo e eles vão se alternar. De V. S. Ramachandran, "Perception of Shape from Shading", *Nature* 331, n°. 6152 (1988), Figura 2.

A conclusão foi surpreendente: a função de um neurônio não é determinada apenas pela forma como ele responde a entradas, mas também pelos neurônios que ativa de forma descendente — por seu "campo projetivo". Até recentemente, a saída de um neurônio era muito mais difícil de determinar do que as entradas, mas novas técnicas genéticas e anatômicas tornaram possível rastrear as projeções axonais descendentes com grande precisão, e novas técnicas optogenéticas tornam possível a estimulação seletiva de neurônios específicos para sondar seu impacto na percepção e no comportamento.[13] Assim, nossa pequena rede só poderia identificar a curvatura dos relevos, ou concavidades, e ainda não sabemos como as percepções globalmente organizadas, chamadas de "gestalts" na literatura da psicologia, são organizadas no córtex.

Certa vez, em 1984, Steve Zucker e eu ficamos presos no antigo Aeroporto Internacional Stapleton, em Denver; nossos voos atrasaram devido a uma nevasca. Entusiasmados com a neurociência computacional, que ainda engatinhava, idealizamos um workshop que reuniria pesquisadores computacionais e experimentais, e decidimos organizá-la no Woods Hole, onde fiz um curso de verão em neurobiologia e retornei durante vários verões para trabalhar com Stephen Kuffler em experimentos de fisiologia no Laboratório de Biologia Marinha.

Woods Hole é uma bela aldeia na costa de Cabo Cod, não muito longe de Boston. Ao longo dos anos, muitos dos principais pesquisadores que estudam a visão frequentaram esses workshops anuais, que têm sido outro ponto alto da ciência para mim. Neles, uma teoria computacional para o córtex visual começou a se formar, mesmo que sua confirmação tenha levado outros 30 anos. (No Capítulo 9, vemos que a arquitetura da rede mais profícua do aprendizado profundo é notavelmente semelhante à do córtex visual.)

Os Mapas Visuais São Organizados no Córtex de Forma Hierárquica

No início dos anos 1970, Jon Kaas e John Allman, do Departamento de Neurofisiologia da Universidade de Wisconsin, exploraram diferentes áreas corticais que recebem informações do córtex visual primário e descobriram que cada uma tem propriedades específicas. Eles descobriram, por exemplo, um mapa do campo visual em uma área que chamavam de "córtex temporal médio" (ou "MT", de "middle temporal"), cujos neurônios respondiam a estímulos visuais orientados que se moviam em uma direção preferencial. Allman confessou-me que eles tiveram dificuldade para convencer o presidente de seu departamento, Clinton Woolsey, a aceitar sua descoberta. Em um experimento anterior, as técnicas mais rudimentares de gravação de Woolsey haviam perdido as áreas do córtex visual extra-estriado que Kaas e Allman descobriram mais tarde com técnicas de registro melhores.[14] Estudos mais recentes encontraram cerca de duas dúzias de áreas visuais no córtex visual dos macacos.

Em 1991, quando trabalhava na Caltech, David Van Essen fez um estudo cuidadoso das entradas e saídas de cada área visual do córtex e organizou-as em um diagrama hierárquico (Figura 5.11). Eventualmente usado apenas para ilustrar a complexidade do córtex, seu diagrama se assemelha ao mapa de metrô das grandes cidades, com caixas representando as paradas e as linhas unindo-as às rotas dos trens de alta velocidade. A entrada visual das células ganglionares da retina (RGC) projeta-se para o córtex visual primário (V1), na parte inferior do diagrama. A partir daí os sinais são transportados pela hierarquia, cada área é especializada em um aspecto da visão, como a percepção das formas.

Perto do topo da hierarquia, no lado direito do diagrama, os campos receptivos dos neurônios nas áreas anterior, central e posterior do córtex inferotemporal (ITA, ITC e ITP) cobrem todo o campo visual e respondem preferencialmente a estímulos visuais complexos, como rostos e outros objetos. Embora não saibamos como os neurônios fazem isso, sabemos que a experiência influencia a força das conexões, assim, os neurônios aprendem a responder a novos objetos. Van Essen, desde então, mudou-se para a Universidade de Washington, em St. Louis, onde é codiretor do Human Connectome Project, financiado pelo National Institutes of Health (NIH).[15] O objetivo de sua equipe de pesquisa é usar técnicas de imagem baseadas em ressonância magnética (RM)[16] para elaborar um mapa de longo alcance das conexões no córtex humano (Figura 5.12).

O Nascimento da Neurociência Cognitiva

Em 1988, atuei em um comitê da McDonnell e da Pew Foundations, que entrevistaram proeminentes cientistas cognitivos e neurocientistas para obter suas recomendações a fim de iniciar um novo campo, chamado de "neurociência cognitiva".[17] O comitê viajou pelo mundo para se reunir com especialistas e ouvir seus conselhos sobre quais tópicos científicos foram os mais promissores e onde estabelecer os novos centros para a neurociência cognitiva. Nós nos encontramos no Harvard Faculty Club em uma tarde quente de agosto para entrevistar Jerry Fodor, especialista na linguagem do pensamento e defensor da mente modular.

Ele começou lançando o desafio: "A neurociência cognitiva não é uma ciência e nunca será." Ele parecia ter lido todos os artigos de neurociência sobre visão e memória, e não deviam ter agradado a seus padrões. Mas quando observou: "a McDonald Foundation está jogando fora seu dinheiro", John Bruer, o então presidente da fundação, foi rápido em apontar que Fodor a estava confundindo com o hambúrguer que devia ter comido na estrada.

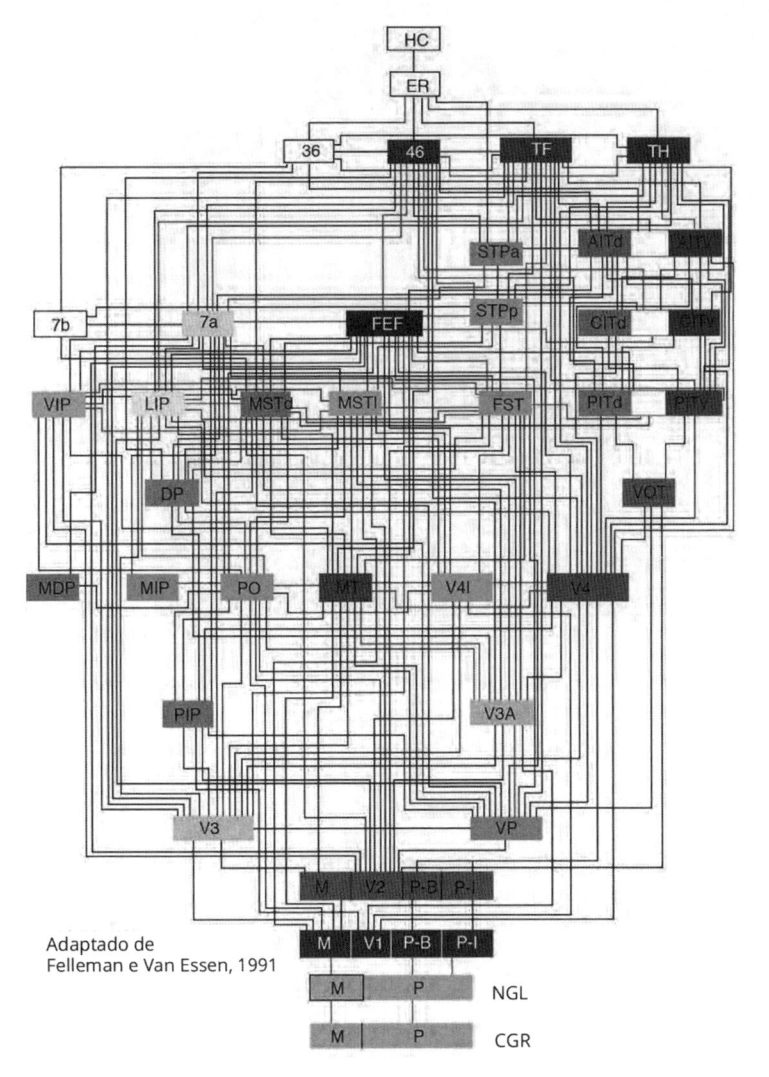

Figura 5.11

Hierarquia de áreas visuais do cérebro de um macaco. Informação visual das células ganglionares da retina (CGR) projetando-se para o núcleo geniculado lateral (NGL) do tálamo, cujas células se projetam para o córtex visual primário (V1). A hierarquia das áreas corticais termina no hipocampo

(HC). Quase todas as 187 conexões no diagrama são bidirecionais, com uma conexão alimentada adiante na área inferior e uma de feedback na superior. De D. J. Felleman e D. C. Van Essen, "Distributed Hierarchical Processing in Primate Visual Cortex", *Cerebral Cortex* 1, nº 1 (1991): 30, Figura 4.

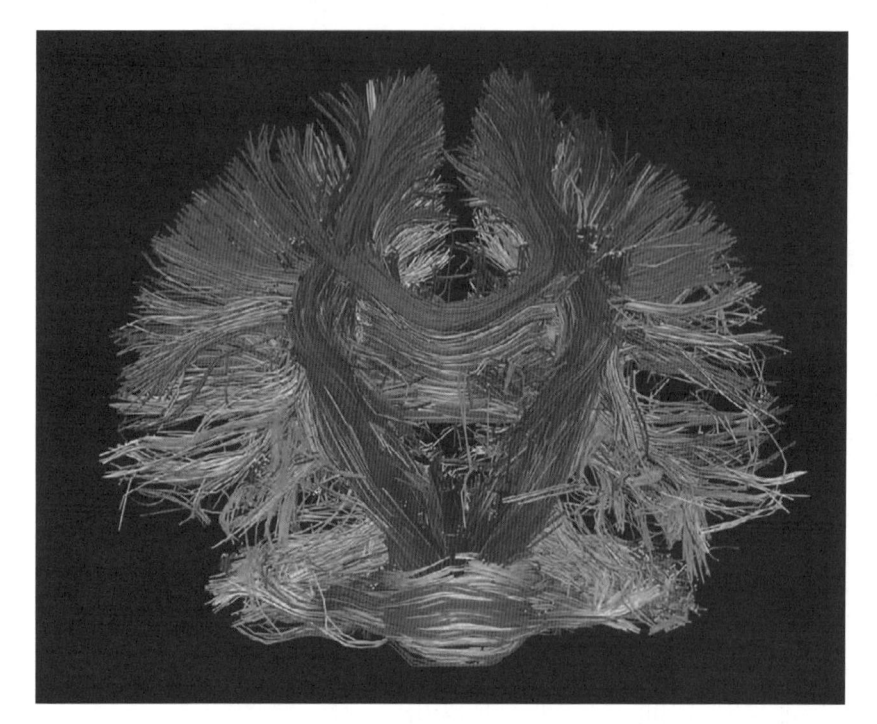

Figura 5.12
Conectoma humano. Tratos de fibras de longo alcance na substância branca do tecido cerebral podem ser rastreados de forma não invasiva com a ressonância magnética (RM) baseada na difusão desigual das moléculas de água. As cores falsas rotulam as direções de diferentes caminhos. Do projeto The Human Connectome.

Indiferente, Fodor explicou por que a mente tinha que ser entendida como um sistema modular de processamento de símbolos executando um programa de computador inteligente. Patricia Churchland, filósofa da Universidade da Califórnia, San Diego, perguntou se sua teoria também se aplicava aos gatos. "Sim", disse Fodor "os gatos estão fazendo o programa dos gatos". Mas quando Mortimer Mishkin, neurocientista do NIH que estuda visão e memória, pediu que ele nos contasse sobre as descobertas feitas no próprio laboratório, Fodor resmungou algo que não consegui acompanhar sobre o uso de potenciais relacionados a eventos em um experimento de linguagem. Graças aos céus, naquele momento, uma simulação de incêndio começou, e todos saímos. De pé, no pátio, ouvi Mishkin dizer a Fodor: "É um zé-ninguém." Quando o treinamento acabou, Fodor havia sumido.

A neurociência cognitiva tornou-se um campo importante, que atraiu pesquisadores de várias áreas, incluindo psicologia social e economia, que anteriormente tinham pouca ou nenhuma conexão direta com a neurociência. O que possibilitou esse trânsito foi a introdução de métodos não invasivos para a visualização da atividade cerebral, no início da década de 1990, especialmente a ressonância magnética funcional (fMRI), que agora tem uma resolução espacial de poucos milímetros. Os grandes conjuntos de dados de fMRI gerados são analisados com novos métodos computacionais, como a análise de componentes independentes (ICA — discutida no Capítulo 6).

Como o cérebro não funciona sem oxigênio e o fluxo sanguíneo é rigidamente regulado em níveis submilimétricos, a fMRI mede o sinal do nível de oxigênio no sangue (NOS) como substituto da atividade cerebral. O grau de oxigenação no sangue muda suas propriedades magnéticas, que podem ser monitoradas de forma não invasiva com fMRI e usadas para produzir imagens dinâmicas da atividade cerebral com uma resolução de tempo de poucos segundos, suficientemente curta para rastrear quais de suas partes são ativadas durante uma experiência. A RM funcional tem sido usada para explorar a escala de tempo de integração temporal em diferentes partes da hierarquia visual.

Uri Hasson, da Universidade de Princeton, realizou uma experiência de ressonância magnética funcional para investigar quais partes da hierarquia visual estão envolvidas no processamento de filmes de diferentes velocidades.[18] Um filme mudo de Charlie Chaplin foi cortado em segmentos, que foram embaralhados em escalas de tempo de 4, 12 e 36 segundos e apresentados aos participantes. Na de 4 segundos, eles reconheceram uma cena; na de 12, ações conectadas; e na de 36, uma história com começo e fim. As respostas de fMRI no córtex visual primário na base da hierarquia eram fortes e confiáveis independentemente da escala de tempo, mas em níveis mais altos da hierarquia visual, apenas as escalas de tempo mais longas evocavam uma resposta confiável, e a ativação das áreas de córtex pré-frontal no topo da hierarquia exigiam intervalos de tempo maiores.

Essas descobertas são condizentes com as de outros experimentos, o que indica que o funcionamento da memória, nossa capacidade de armazenar informações, como números de telefone e elementos de uma tarefa em que estejamos trabalhando, também é organizada de forma hierarquizada, com o maior tempo de memória operacional escalável no córtex pré-frontal.

Uma das áreas mais empolgantes da pesquisa em neurociência, o estudo do aprendizado em cérebros engloba muitos níveis de investigação, desde o molecular até o comportamental.

II Diversas Maneiras de Aprender

Linha do Tempo

1949 — **Donald Hebb** publicou *The Organization of Behavior*, em que apresentou seu postulado sobre a plasticidade sináptica.

1982 — **John Hopfield** publicou "Neural Networks and Physical Systems with Emergent Collective Computational Abilities", que instituiu o modelo de Hopfield.

1985 — **Geoffrey Hinton e Terry Sejnowski** publicaram "A Learning Algorithm for Boltzmann Machines", um contraponto para a crença amplamente aceita de Marvin Minsky e Seymour Papert de que nenhum algoritmo de aprendizado para redes multicamadas era possível.

1986 — **David Rumelhart e Geoffrey Hinton** publicaram "Learning Internal Representations by Error-Propagation", apresentando o algoritmo de aprendizado "backprop", atualmente usado no aprendizado profundo.

1988 — **Richard Sutton** publicou "Learning to Predict by the Methods of Temporal Differences", em *Machine Learning*. Atualmente acredita-se que o aprendizado de diferenças temporais seja o algoritmo implementado em todos os cérebros para o aprendizado por recompensas.

1995 — **Anthony Bell e Terrence Sejnowski** publicaram "An Information-Maximization Approach to Blind Separation and Blind Deconvolution", descrevendo um algoritmo não supervisionado para análise de componentes independentes.

2013 — **Geoffrey Hinton** publicou na NIPS de 2012 o artigo "ImageNet Classification with Deep Convolutional Neural Networks", que propôs um método para reduzir a taxa de erro em 18% na classificação de objetos por imagens.

2017 — **AlphaGo**, um programa de rede de aprendizado profundo, vence o campeão mundial de Go, Ke Jim.

6 O Problema da Festa

Em uma festa lotada, ouvir alguém à sua frente, quando o ar está permeado pela cacofonia das pessoas conversando ao redor, é desafiador. Ter dois ouvidos ajuda a direcionar a audição, e a memória preenche os pedaços faltantes da conversa. Agora imagine uma festa com 100 pessoas em uma sala e 100 microfones omnidirecionais espalhados, cada um captando sons de todos, mas com diferentes proporções de amplitudes para cada um em cada microfone. É possível criar um algoritmo que separe as vozes em canais de saída independentes? Para dificultar ainda mais, e se as fontes do som fossem desconhecidas — como música, palmas, sons da natureza ou até ruídos aleatórios? Isso é chamado de "problema da separação cega de fontes" (Figura 6.1).

Na conferência Redes Neurais para Computação, da AIP, em 1986, precursora das conferências da NIPS, realizada de 13 a 16 de abril em Snowbird, Utah, havia um pôster intitulado "Processamento de Sinal Adaptável ao Espaço ou ao Tempo por Modelos de Redes Neurais". Seus autores, Jeanny Herault e Christian Jutten, usaram um algoritmo de aprendizado para fazer a separação cega da mistura de ondas senoidais (frequências puras) apresentadas a um modelo de rede neural; eles apontaram para uma nova classe de algoritmos de aprendizado não supervisionado.[1] Embora não se soubesse, à época, se havia uma solução geral para fazer a separação cega de outros tipos de sinais, uma década depois, Anthony Bell e eu encontramos um algoritmo que resolveria o problema.[2]

Análise de Componentes Independentes

O perceptron é uma rede neural de apenas um neurônio. A estrutura de rede mais simples seguinte tem mais de um neurônio modelo na camada de saída; com cada neurônio de entrada conectado ao de saída, ela transforma padrões na camada de entrada em padrões na de saída. Essa rede não se limita a classificar entradas. Ela pode aprender a separá-las sem necessariamente reconhecê-las.

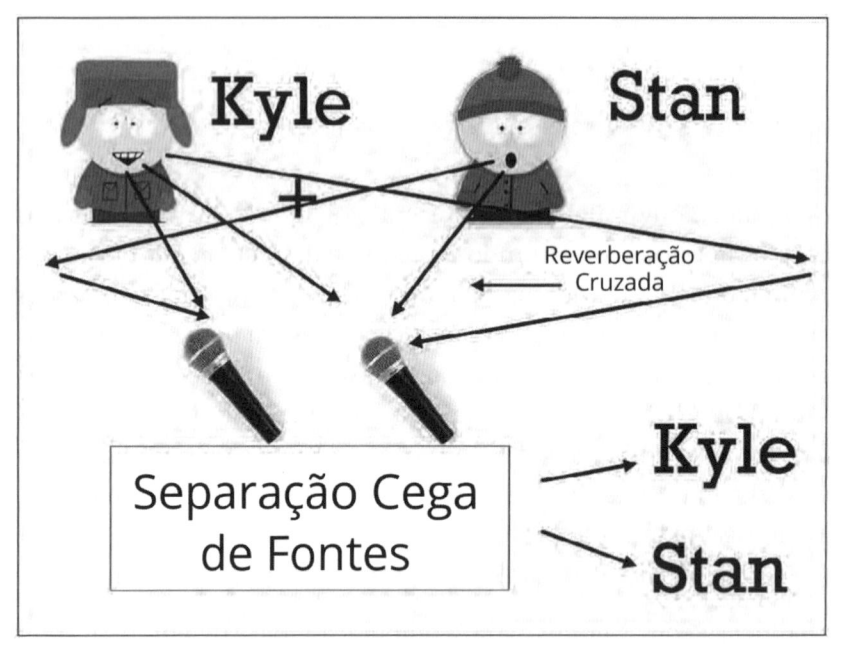

Figura 6.1
Separação cega de fontes. Kyle e Stan estão conversando ao mesmo tempo em uma sala com dois microfones. Cada microfone capta sinais diretos e refletidos nas paredes. O desafio é separar as vozes sem saber nada a respeito dos sinais. A análise de componentes independentes (ACI) é um algoritmo de aprendizado que resolve esse problema sem ter informações sobre as fontes.

Tony Bell (Figura 6.2), que durante sua graduação foi estagiário da ETH Zurich (Instituto Federal Suíço de Tecnologia em Zurique), no verão de 1986, foi um dos primeiros estudiosos de redes neurais e viajou até a Universidade de Genebra para assistir a quatro palestras de pioneiros no assunto. Depois de concluir o doutorado na Universidade de Bruxelas, mudou-se para La Jolla, em 1993, para se juntar ao meu laboratório como bolsista de pós-doutorado.

O "general infomax learning principle" ["princípio infomax de aprendizado geral", em tradução livre] maximiza a informação que passa por uma rede.[3] Tony estava trabalhando na transmissão de sinais em dendritos, que são cabos longos e finos que os neurônios usam para coletar informações de milhares de sinapses ligadas a eles. Ele tinha uma intuição de que deveria ser possível maximizar a informação que vinha de um dendrito, alterando as densidades dos canais de íons no mesmo. Ao simplificar o problema (ignorando os dendritos), Tony e eu encontramos um novo algoritmo de aprendizado teórico-informativo, que chamamos de "análise de componentes independentes", que resolveu o problema da separação cega de fontes (Quadro 6.1).[4]

Figura 6.2
Anthony Bell pensava de maneira autêntica quando trabalhava na análise de componentes independentes, por volta de 1995. Os especialistas conhecem muitas maneiras que fracassarão em resolver um problema, porém, muitas vezes alguém que o avalia pela primeira vez percebe uma nova abordagem e o resolve. Tony e eu descobrimos um algoritmo iterativo para resolver o problema da separação cega de fontes que atualmente faz parte dos manuais de engenharia e possui milhares de aplicações práticas. Cortesia de Tony Bell.

Desde então, a análise de componentes independentes já foi usada para milhares de finalidades e agora está em livros didáticos de processamento de sinais.[5] Quando aplicados a amostras de imagens de paisagens externas, os componentes independentes da ICA atuam como filtros de localização e contornos (Figura 6.3), semelhantes aos das células simples no córtex visual de gatos e macacos (Figura 5.4).[6] Com a ICA, apenas algumas das muitas fontes são necessárias para reconstruir uma amostra de uma imagem; tais reconstruções são chamadas matematicamente de "esparsas".[7]

Quadro 6.1
Como Funciona a Análise de Componentes Independentes

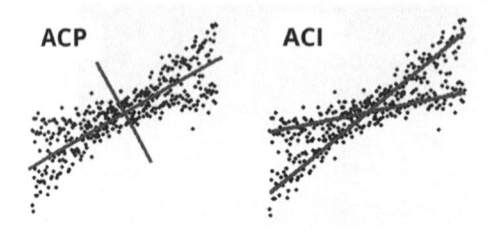

Comparação entre a análise de componentes principais (ACP) e a de componentes independentes (ACI). As saídas dos dois microfones da Figura 6.1 são identificadas, uma contra a outra, nos eixos vertical e horizontal acima. As coordenadas de cada ponto são seus valores em um único ponto no tempo. A ACP é uma técnica popular de aprendizado não supervisionado que seleciona uma direção que bisseca os dois sinais, misturando-os ao máximo, e os eixos da ACP são sempre perpendiculares entre si. A ACI seleciona os eixos ao longo das direções dos pontos, representando os sinais separados, que podem não ser perpendiculares.

Esses resultados confirmaram um pressuposto feito na década de 1960 por Horace Barlow, um cientista visionário, quando David Hubel e Torsten Wiesel descobriram células simples no córtex visual. Uma imagem contém muita informação redundante porque os pixels próximos geralmente possuem valores semelhantes (como pixels no céu). Barlow presumiu que, diminuindo a redundância na representação de cenas naturais,[8] as células simples seriam capazes de transmitir as informações da imagem de maneira mais eficiente. Demorou 50 anos para que as ferramentas matemáticas que confirmaram sua intuição fossem desenvolvidas.

Tony e eu também mostramos que, quando a análise de componentes independentes é aplicada aos sons naturais, eles atuam como filtros temporais com frequências e durações diferentes, semelhantes aos filtros encontrados nos estágios iniciais do sistema auditivo.[9] Isso deu-nos a confiança de que estávamos no caminho certo para entender os princípios fundamentais sobre como os sinais sensoriais eram representados nos estágios iniciais de processamento no córtex visual. Ao expandir esse princípio para subespaços de características independentes de filtros lineares, foi possível copiar células complexas no córtex visual.[10]

Figura 6.3
Filtros de análise de componentes independentes derivados de imagens naturais. Pequenas amostras (12×12 pixels) de imagens de cenas naturais, no painel esquerdo, foram usadas como entradas para uma rede ICA com 144 unidades de saída. Os componentes independentes resultantes, no painel direito, lembram as células simples encontradas no córtex visual primário: são localizados e orientados através de regiões positivas (brancas) e negativas (pretas), em que o cinza vale zero. São necessários apenas alguns dos filtros para representar uma amostra, propriedade chamada de "esparsidade". À esquerda, cortesia de Michael Lewicki; à direita, de Bell e Sejnowski, "Os 'Componentes Independentes' das Cenas Naturais são Filtros de Contorno", Figura 4.

A rede da ICA possui a mesma quantidade de unidades de entrada e saída, e um conjunto de pesos conectados entre elas. Para resolver o problema da separação cega de fontes, os sons dos microfones são interpretados pela camada de entrada, uma unidade de entrada para cada microfone, e o algoritmo de aprendizado da ICA, como o perceptron, modifica iterativamente os pesos para a camada de saída até que eles convirjam. Entretanto, diferentemente do perceptron, que é um algoritmo de aprendizado supervisionado, a análise de componentes independentes é um algoritmo de aprendizado não supervisionado que usa uma medida da independência entre as unidades de saída como função de custo; ele não sabe qual deve ser o alvo de saída.

À medida que os pesos são alterados para tornar as saídas o mais independentes possível, as fontes de som originais vão se distinguindo perfeitamente ou, na medida do possível, sendo "descorrelacionadas", quando não forem independentes. O aprendizado não supervisionado pode descobrir estruturas estatísticas desconhecidas em muitos tipos diferentes de conjuntos de dados.

Componentes Independentes no Cérebro

O algoritmo infomax de ICA de Tony Bell desencadeou uma sequência de momentos surpreendentes, à medida que outros em meu laboratório começaram a aplicá-lo a diferentes tipos de registros cerebrais. Os primeiros sinais elétricos do cérebro foram registrados a partir do couro cabeludo, por Hans Berger, em 1924, e foram chamados de "eletroencefalograma" (EEG). Os neurocientistas usaram sinais complexos e oscilantes para acompanhar os estados cerebrais sob constante mudança, que variam de acordo com as interações de alerta e sensório-motoras. O sinal elétrico em um eletrodo no couro cabeludo recebe sinais de muitas fontes diferentes de dentro do córtex cerebral, bem como dos artefatos dos movimentos musculares e oculares. Cada eletrodo do couro cabeludo recebe uma mistura de sinais do mesmo conjunto de fontes, mas com diferentes amplitudes entre si, de maneira bastante semelhante ao problema da festa.

Scott Makeig, que foi pesquisador do meu laboratório no Salk Institute durante a década de 1990, usou a ICA para analisar dezenas de fontes dipolares do córtex e suas séries temporais em registros de EEG (Figura 6.4). Um dipolo é um dos padrões mais básicos de fonte cerebral, sendo o mais simples um padrão uniforme sobre o couro cabeludo gerado por uma carga pontual estática, e o segundo, o padrão dipolar gerado por uma corrente retilínea, que ocorre em neurônios piramidais corticais. Imagine o dipolo como uma flecha: a superfície do couro cabeludo é positiva na direção da ponta e negativa na das penas; o padrão cobre toda a ponta, e é por isso que é tão difícil separar diversas fontes cerebrais ativadas ao mesmo tempo. Duas fontes extraídas de um EEG, IC2 e IC3, quase dipolares, são mostradas na Figura 6.4. A análise de componentes independentes também separa os artefatos, como os movimentos dos olhos e o ruído dos eletrodos, que poderiam então ser separados com alta precisão (IC1 e IC4 na Figura 6.4). Desde então, milhares de artigos sobre o uso da ICA na observação de gravações de EEG foram publicados, e importantes descobertas foram realizadas através do uso da mesma em análises de uma ampla variedade de estados cerebrais.

Martin McKeown, que à época era bolsista pós-doutorando do meu laboratório e possuía experiência em neurologia, descobriu como alterar o espaço e o tempo para aplicar a análise de componentes independentes às gravações de imagens de ressonância magnética funcional (Figura 6.5).[11] Imagens do cérebro com fMRI medem o nível de oxigenação do sangue, que está indiretamente ligada à atividade neural, em dezenas de milhares de locais dentro do cérebro. Na Figura 6.5, as fontes da ICA eram regiões cerebrais que tinham um curso de tempo comum, mas eram espacialmente independentes das outras. No que diz respeito ao espaço, a esparsidade representa a alta ativação de regiões específicas em momentos determinados.

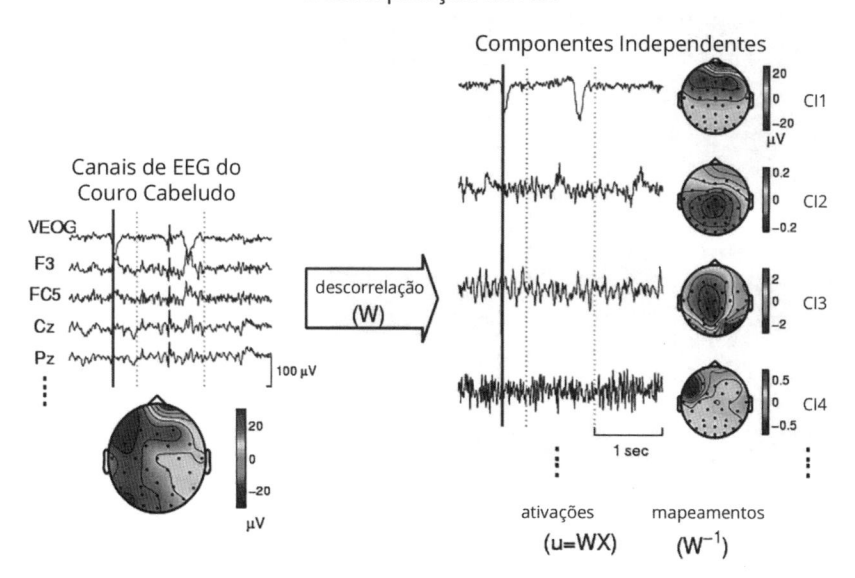

Figura 6.4
Análise de componentes independentes aplicada a registros eletroencefalográficos (EEG) do couro cabeludo. Mapas do couro cabeludo vistos de cima (com o nariz apontando para cima) com eletrodos localizados nos pontos pretos e mapas coloridos das voltagens em microvolts (μV) em um único ponto do tempo. Os sinais de EEG flutuantes mostrados em cinco canais no couro cabeludo, no painel esquerdo, estão contaminados com artefatos como piscar os olhos e sinais musculares. A ICA separa os componentes cerebrais dos artefatos, como se vê no painel direito ("CI" significa "componente independente"). O CI1 é um piscar de olhos baseado no curso de tempo lento e no

mapa do couro cabeludo, que tem os valores mais altos (vermelho) sobre os olhos. O CI4 é um artefato muscular baseado no ruído de alta frequência e de alta amplitude, e na fonte localizada no mapa do couro cabeludo. CI2 e CI3 são fontes cerebrais, indicadas pelo padrão dipolar no couro cabeludo (região vermelha, positiva, em oposição à azul, negativa) em comparação com o padrão mais complexo no couro cabeludo das gravações de EEG, como mostrado no mapa do couro cabeludo, no painel esquerdo. Cortesia de Tzyy-Ping Jung.

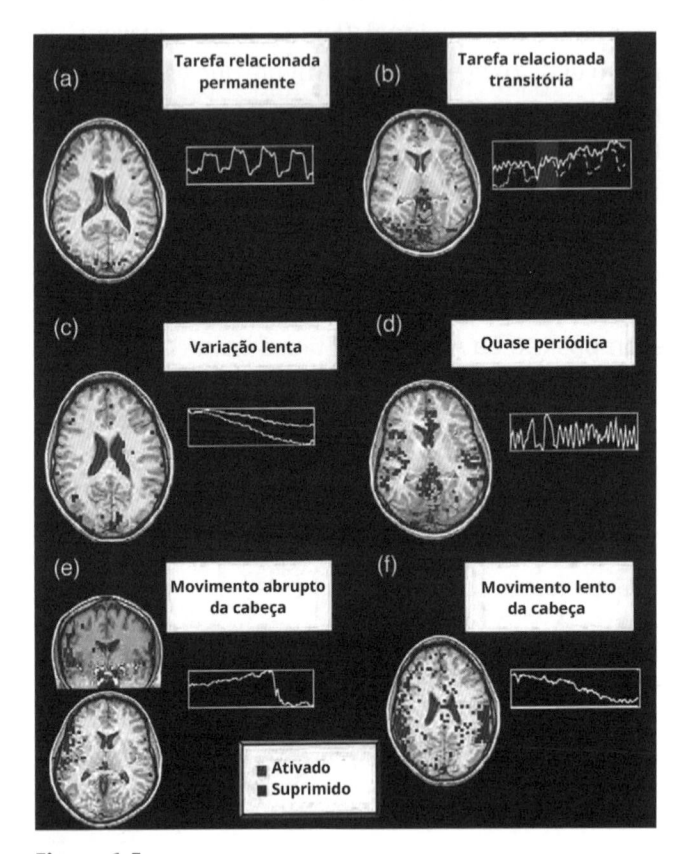

Figura 6.5
Análise de componentes independentes aplicada a dados de ressonância magnética funcional (fMRI). Um componente consiste em um mapa de atividade cerebral e uma série temporal. A imagem ilustra diversos componentes. A tarefa apresenta um estímulo visual durante 5 segundos, captado por componentes relacionados a ela. As séries temporais dos sinais nos quadros equivalem a cerca de um minuto, e a tarefa é repetida quatro vezes, como no painel (a). Outros componentes captam artefatos como movimentos da cabeça. De M.J. McKeown, T.-P. Jung, S. Makeig, G.D. Brown, S.S. Kindermann, T.-W. Lee e T.J. Sejnowski, "Spatially Independent Activity Patterns in Functional MRI Data during the Stroop Color-Naming Task", *Proceedings of the National Academy of Sciences of the United States of America* 95, nº 3 (1998): 806, Figura 1.

Como a análise de componentes independentes não é supervisionada, revela redes de áreas do cérebro que trabalham juntas, o que vai além das técnicas supervisionadas que tentam relacionar a atividade em uma área a um estímulo sensorial ou resposta motora. Por exemplo, a ICA tem sido usada para analisar múltiplos estados de repouso em gravações de fMRI de indivíduos que foram instruídos a ficar parados no scanner e descansar.[12] Ainda não entendemos o que significam esses estados de repouso, mas sabemos que podem representar combinações de áreas do cérebro responsáveis pelo que acontece quando sonhamos acordados, nos preocupamos ou pensamos no que fazer para o jantar.

O princípio da máxima independência está relacionado aos princípios da codificação esparsa. Embora a ICA revele diversos componentes independentes, apenas alguns foram necessários para reconstruir determinada amostra a partir de uma imagem natural. Esse princípio também se aplica ao córtex visual, que tem 100 vezes mais células do que as entradas oriundas da retina. Cada uma de nossas retinas possui um milhão de células ganglionares, e há 100 milhões de neurônios no córtex visual primário, a primeira de muitas camadas na hierarquia visual do córtex. A codificação compacta de sinais visuais nas retinas é expandida no córtex para um novo código amplamente distribuído e esparsado. A expansão para um espaço de maior dimensionalidade é explorada em outros esquemas de codificação, incluindo aqueles encontrados no córtex auditivo e no olfatório, e uma nova classe de algoritmos chamada de "algoritmos sensoriais comprimidos" generalizou o princípio da esparsidade, melhorando a eficiência de armazenamento e a análise de conjuntos de dados complexos.[13]

Além da Análise de Componentes Independentes

A história da ICA mostra a importância das técnicas para as descobertas em ciência e engenharia. Geralmente, pensamos em técnicas como dispositivos de medição, microscópios e amplificadores, contudo, os algoritmos também são técnicas e possibilitam novas descobertas a partir de dados de dispositivos antigos. As gravações de EEG existem há quase 100 anos, mas sem a análise de componentes independentes não era possível desvendar as principais fontes do cérebro. O cérebro em si é um sistema de algoritmos interligados, e eu não ficaria surpreso se um dia alguma de suas partes descobrisse como implementar a ICA por si só.[14]

Durante a década de 1990, houve muitos outros avanços sobre o desenvolvimento de novos algoritmos de aprendizado para redes neurais; muitos deles, como a ICA, agora integram a caixa de ferramentas matemáticas do aprendizado de máquina. Eles estão presentes em diversos dispositivos de uso frequente, e nenhum deles sugere a presença de "redes neurais internas". Considere fones de ouvido ou celulares. Te-Won Lee e Tzyy-Ping Jung, dois ex-bolsistas de pós-doutorado de meu laboratório que lançaram uma empresa chamada "SoftMax", aplicaram a ICA a dois microfones conectados a um fone de ouvido para cancelar o ruído de fundo, possibilitando a distinção de uma conversa em um restaurante barulhento ou evento esportivo. Em 2007, a SoftMax foi comprada pela Qualcomm, que projeta os chips usados em muitos dos celulares atuais. Hoje, soluções semelhantes à ICA operam em um bilhão de celulares. Se você ganhasse apenas um centavo para cada celular que usa o algoritmo, estaria multimilionário.

Tony Bell, há muitos anos, tem se interessado por um problema ainda mais complexo. Como seres humanos, temos muitas redes dentro de nós, cujas informações transitam entre os níveis das redes: de moléculas a sinapses, neurônios, populações neurais até constituírem decisões, tudo explicado pelas leis da física e da bioquímica. (Figura 4.4). Porém, temos a impressão de que nós, e não a física ou a bioquímica, estamos no controle. É um mistério como a atividade interna que emerge das populações neurais em nosso cérebro nos leva a tomar decisões, a ler este livro, por exemplo, ou a jogar tênis. Tomadas bem abaixo do nível da consciência, essas decisões de alguma forma surgem dos neurônios interagindo através de sinapses formadas por experiências baseadas em mecanismos moleculares. Contudo, do ponto de vista humano, foram nossas decisões que influenciaram para que esses eventos ocorressem em nossos cérebros: introspectivamente, a causalidade parece correr na direção oposta à da física e da bioquímica. Como conciliar essas duas perspectivas é uma questão científica profunda.[15]

7 A Rede de Hopfield e a Máquina de Boltzmann

O cientista da computação Jerome Feldman estudava na Universidade de Rochester quando adotou uma abordagem de rede conexionista para a inteligência artificial nos anos 1980. Questionador, Jerry apontou que os algoritmos usados na IA levavam bilhões de etapas para chegar a uma conclusão, muitas vezes incorreta, enquanto o cérebro fazia o mesmo em cerca de 100 etapas.[1] A "regra das 100 etapas" de Feldman não era popular entre os pesquisadores de IA da época, mas alguns, principalmente Allen Newell, da Carnegie Mellon, a usaram como alternativa.

Jerry uma vez me resgatou quando fiquei preso no aeroporto de Rochester, Nova York. Estava voltando para Baltimore de uma visita ao laboratório de pesquisa da General Electric, em Schenectady, quando o piloto começou a nos contar sobre o tempo em Rochester. Eu havia pegado o avião errado. Depois que pousamos e reservei o primeiro voo para Baltimore, que só saía no dia seguinte, encontrei Jerry, que estava voltando para casa depois de uma reunião do comitê em Washington, D.C. Ele fez a cortesia de me oferecer um lugar para passar a noite. Nessa época, Jerry mudou-se para a Universidade da Califórnia, em Berkeley, mas me lembro dele sempre que passo por situações similares em aeroportos.

Jerry distinguiu modelos conexionistas "caóticos" de "ordenados". Os caóticos, como aqueles com que Geoffrey Hinton e eu trabalhamos, distribuem a representação de objetos e conceitos através de muitas unidades na rede, enquanto os ordenados, aqueles com que Jerry se alinhava, forneceram uma representação computacionalmente compacta de objetos e conceitos classificados por unidade. Em um contexto mais amplo, a ciência caótica usa aproximações para obter respostas qualitativas, enquanto a ordenada se esforça para identificar soluções exatas para os problemas. Na realidade, ambas são necessárias ao progresso.[2] Eu não via problema algum em uma abordagem caótica, mas fazia todos os esforços para chegar a uma explicação mais clara, e valeu a pena: Geoffrey e eu estávamos prestes a conquistar o pote de ouro da "ordem".

John Hopfield

Para se tornar doutor em física, você tem que resolver um problema. Um bom físico deve ser capaz de resolver qualquer problema, mas um grande físico sabe qual resolver. John Hopfield é um grande físico. Depois de uma carreira excepcional em física da matéria condensada, voltou seu interesse para a biologia e, em particular, para a questão do "proofreading" ou mecanismos de verificação molecular. Quando o DNA é replicado, durante a divisão celular, erros são inevitáveis e devem ser corrigidos para preservar a fidedignidade das células filhas. John descobriu uma forma inteligente de fazê-lo, e, embora o processo proposto por ele consuma energia, as experiências subsequentes mostraram que ele estava certo. Acertar em cheio na área da biologia é uma conquista espetacular.

John foi meu orientador de doutorado em Princeton quando estava começando a se interessar por neurociência. Entusiasmado, me contava o que aprendera com neurocientistas nas reuniões do Programa de Pesquisa em Neurociências (NRP — Neurocience Research Program), sediado em Boston. As atas dos workshops restritos, publicadas pelo NRP, eram inestimáveis, pois me mostraram quais problemas estavam sendo estudados e o pensamento em vigor na época. Ainda tenho minha cópia de uma sessão sobre codificação neural organizada pelo lendário neuroetologista Theodore Holmes Bullock, que um dia se tornaria meu colega na UC, em San Diego. O livro de Ted com Adrian Horridge sobre o sistema nervoso dos invertebrados é um clássico.[3] Auxiliei Ted na modelagem do comportamento coletivo de recifes de corais e me orgulho de ser coautor de seu último trabalho científico, em 2008.[4]

Redes neurais com conexões de feedback para camadas anteriores e conexões recorrentes entre unidades dentro de uma camada podem ter dinâmicas muito mais complexas do que as redes que só possuem conexões antecipadas. O caso generalizado de redes de unidades arbitrariamente conectadas com pesos positivos (excitatórios) e negativos (inibitórios) apresenta um problema matemático difícil. Embora Jack Cowan, da Universidade de Chicago, e Stephen Grossberg, da Universidade de Boston, tivessem feito progresso no final dos anos 1970, mostrando que tais redes poderiam reproduzir ilusões visuais[5] e alucinações visuais,[6] os engenheiros acharam difícil fazer com que as redes resolvessem problemas complexos de comunicação.

Uma Rede com Memórias de Conteúdo Endereçável

No verão de 1983, Geoffrey Hinton, John Hopfield (Figura 7.1) e eu estávamos em um workshop organizado por Jerry Feldman na Universidade de Rochester. Hopfield contou que havia resolvido o problema da convergência de uma rede fortemente interativa. Ele havia provado que um tipo particular de modelo de rede não linear, hoje conhecido como "Rede de Hopfield", convergiria para um estado estável, chamado de "atrator" (Figura 7.2; Quadro 7.1).[7] (Redes potencialmente não lineares tendem a oscilar ou exibir um comportamento ainda mais caótico.) Além disso, os pesos da rede poderiam ser escolhidos de modo que os atratores fossem memórias. A rede de Hopfield poderia, assim, ser usada para implementar o que é chamado de "memória de conteúdo endereçável", em que uma memória armazenada poderia ser recuperada a partir de parte dela, com a rede preenchendo as lacunas. É assim que nossa memória funciona. Se virmos o rosto de alguém que conhecemos, lembramos o nome da pessoa e as conversas que tivemos com ela.

Figura 7.1
John Hopfield resolvendo um problema na orla de Woods Hole, Massachusetts, por volta de 1986. Ele foi um dos precursores dos estudos de redes neurais, durante a década de 1980, criando uma rede homônima que abriu as portas para o aprendizado profundo. Cortesia de John Hopfield.

O que tornou a rede de Hopfield revolucionária foi a convergência, matematicamente garantida. Os pesquisadores pensavam que analisar uma rede altamente não linear de forma geral era impossível, porque, quando as atualizações são feitas simultaneamente em todas as suas unidades, a dinâmica se torna extremamente complexa, e não há garantia de convergência.[8] Mas Hopfield mostrou que, quando suas unidades são atualizadas sequencialmente, é possível fazer as análises específicas da rede simétrica, em que as conexões recíprocas entre pares de unidades são iguais em força, e que ela de fato converge.

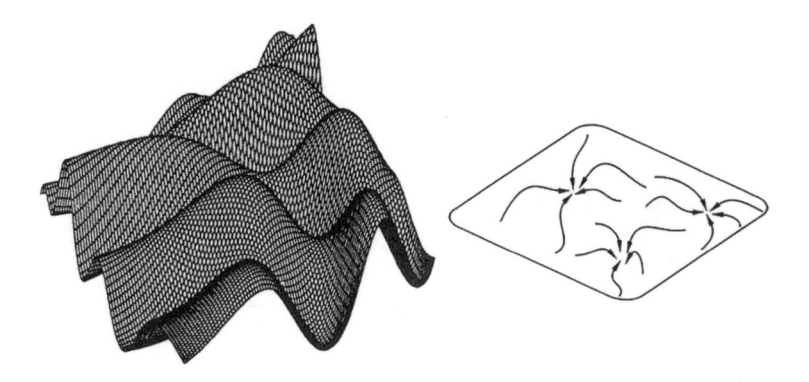

Figura 7.2
Mapeamento das interações moleculares em uma rede de Hopfield. (À esquerda) O estado da rede é demonstrado como um ponto em uma superfície de energia. (À direita) Cada atualização aproxima o estado de um dos mínimos de energia, chamados de "estados de atração". De A. Krogh, J. Hertz e R. G. Palmer, *Introduction to the Theory of Neural Computation* (Redwood City CA: Addison-Wesley, 1991). À esquerda: Figura 2.6; à direita: Figura 2.2.

Há evidências cada vez mais incontestáveis de que as redes neurais do hipocampo (essenciais para armazenar memórias de longo prazo de eventos específicos e objetos únicos) têm estados atrativos como os da rede de Hopfield.[9] Embora o modelo de Hopfield seja altamente abstrato, seu caráter qualitativo é similar ao observado no hipocampo. As redes de Hopfield foram a ponte entre a física e a neurociência que muitos físicos atravessaram nos anos 1980. Sacadas surpreendentes se originaram da análise de redes neurais e algoritmos de aprendizado com ferramentas sofisticadas da física teórica. Na teoria científica, a física, a computação e o aprendizado correlacionam-se profundamente em uma área que esclareceu a função cerebral de forma profícua.

John Hopfield e David Tank, que na época trabalhavam no Bell Laboratories, mostraram que uma variante da rede de Hopfield, na qual as unidades eram continuamente avaliadas entre zero e um, poderia ser usada para obter boas soluções para problemas de otimização, como o "problema do caixeiro-viajante", em que o objetivo é encontrar o caminho mais curto para visitar muitas cidades apenas uma vez.[10] Esse é um problema notoriamente difícil na ciência da computação. A função de energia para as redes inclui a extensão dos caminhos e a restrição de passar apenas uma vez por cada cidade. Após um transiente inicial, a rede de Hopfield e Tank se acomodaria em um estado de mínima energia que representasse uma boa rota, embora nem sempre a melhor.

Quadro 7.1

A Rede de Hopfield

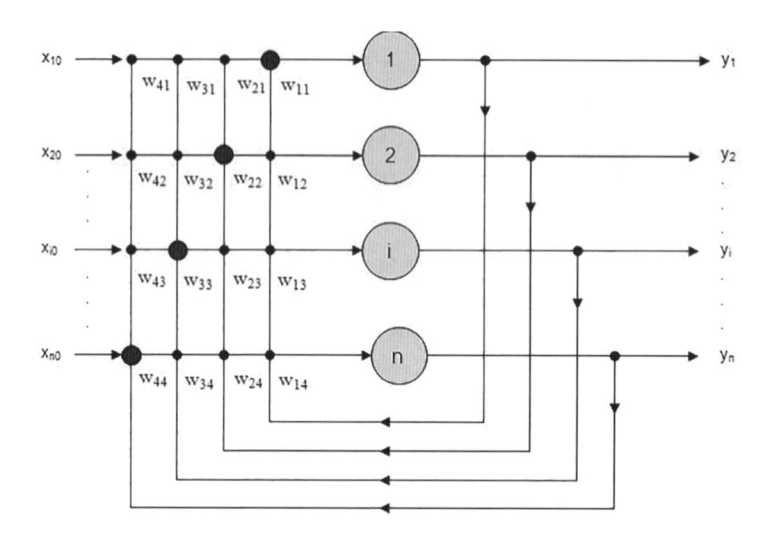

Em uma rede de Hopfield, cada unidade envia um fio de saída a todas as outras. As entradas são xi e as saídas, yj. A força das conexões ou pesos entre as unidades é simétrica: $wij = wji$. Em cada período, uma unidade é atualizada somando as entradas e comparando-as com um limiar: se as entradas excederem o limite, a saída da unidade será 1; caso contrário, 0. Hopfield mostrou que a rede tem uma função de energia que se mantém estável em todas as atualizações de uma unidade na rede:

$$E = \Sigma\, w_{ij}\, x_i\, x_j$$

Em algum momento, a rede de Hopfield acaba chegando a um "estado de atração", quando nenhuma das unidades muda e a função de energia está no mínimo local. Esse estado corresponde a uma memória armazenada, recuperada pela inicialização da rede com uma parte do estado armazenado. É assim que a rede de Hopfield implementa a memória endereçável por conteúdo. Os pesos dos vetores armazenados podem ser aprendidos pela plasticidade sináptica de Hebb:

$$\Delta w_{ij} = \alpha\, x_i\, x_j,$$

em que o lado esquerdo representa a mudança na força do peso, α é a taxa de aprendizado, e x_i, um vetor armazenado.

A imagem é uma cortesia de Dale Heath.

Encontrando o Mínimo Global de Energia

Dana Ballard, que escreveu um livro clássico[11] sobre visão computacional com Christopher Brown, em 1982, também estava no workshop de 1983. Geoffrey Hinton e eu estávamos trabalhando com Dana em uma revisão de uma nova abordagem a fim de analisar imagens para a *Nature*.[12] A ideia era a de que os nós em um modelo de rede representavam características da imagem, e as conexões da rede implementavam as restrições; os nós compatíveis tiveram interações positivas e os conflitantes, negativas. Na visão, deve ser encontrada uma interpretação coerente de todas as características e que satisfaça todas as restrições.

A rede de Hopfield conseguiria satisfazer as restrições? A função de energia avaliou o quanto ela as satisfez (veja o Quadro 7.1). Para solucionar o problema da visão, era preciso o mínimo global de energia, a melhor opção, enquanto a rede de Hopfield, por natureza, encontrava apenas os mínimos locais de energia. Recentemente, topei com um artigo da revista *Science*, de Scott Kirkpatrick, à época atuante no Centro de Pesquisa Thomas J. Watson, da IBM, em Yorktown Heights, Nova York, que achei que poderia ajudar.[13] Kirkpatrick usou um método chamado de "recozimento simulado" para escapar dos mínimos locais. Suponha que você tenha um monte de componentes em um circuito elétrico que tinha que ser montado em duas placas de circuito. Qual seria o melhor posicionamento das peças para reduzir o número de fios necessários para os conectar?

Soluções precárias preliminares são encontradas ao conectar as partes de forma aleatória e, depois, trocar suas posições para descobrir qual opção usa menos fios, porque a rede pode acabar ficando presa no mínimo local quando mover seus componentes não resulta em melhorias. A maneira de escapar do mínimo local é permitir saltos aleatórios para uma configuração com fios maiores. Essa probabilidade de saltar, embora alta no início, diminui gradualmente, de modo que, no final, vira zero. Se a redução da probabilidade for lenta o suficiente, o posicionamento final das peças terá um mínimo global de fios de conexão. Na metalurgia, esse processo é chamado de "recozimento"; aquecer e resfriar lentamente um metal produz grandes cristais com defeitos mínimos, que o deixam quebradiço e propenso a rachaduras.

Máquinas de Boltzmann

Em uma rede de Hopfield, o recozimento simulado "aquece" as atualizações para que a energia flua. Como as unidades mudam aleatoriamente a uma temperatura alta, se ela for gradualmente reduzida, há uma alta probabilidade de que a rede acabe congelada no estado de menor energia, quando a temperatura chegar a zero. Na prática, as simulações começam a uma temperatura constante para permitir que a rede atinja o equilíbrio, para que se possa visitar muitos estados próximos e explorar uma ampla gama de potenciais soluções.

Por exemplo, na Figura 7.3, a silhueta é ambígua e, dependendo de como você a observar, verá um cálice ou duas faces, mas nunca ambos ao mesmo tempo. Considere o problema de ter que decidir qual parte da imagem é a figura e qual é o fundo. Projetamos uma rede de máquinas de Boltzmann que imita essa decisão figura-fundo,[14] com algumas unidades que representam a figura quando são ativadas e outras que representam os contornos. Já vimos que existem células simples no córtex visual que são ativadas pelas bordas, mas a figura pode estar em ambos os lados. Isso foi implementado em nossa rede de máquinas de Boltzmann com duas unidades de borda, cada uma formando uma figura em ambos os lados. Esses neurônios foram posteriormente descobertos no córtex visual e são chamados de "células de propriedade de fronteira".[15]

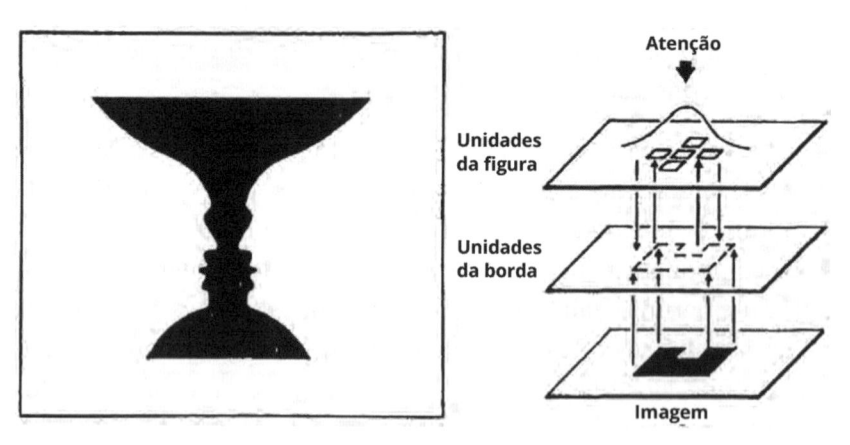

Figura 7.3
Problema de figura-fundo ambíguo. (À esquerda) Quando você foca sua atenção na figura preta, vê um cálice, e o branco se torna o fundo. Mas quando você se concentra nas áreas brancas, percebe dois rostos se encarando. Você pode se mover para frente e para trás, mas não consegue ver as duas interpretações ao mesmo tempo. (À direita) Modelo de rede figura-fundo. Dois tipos de unidades representando as arestas de um objeto (segmentos de linha) e se um pixel é parte da figura ou

do fundo (quadrados). As entradas da imagem acontecem de baixo para cima e as da atenção, de cima para baixo. A atenção é implementada como um viés para a região que deve ser preenchida como uma figura. De P. K. Kienker, T. J. Sejnowski, G. E. Hinton e L. E. Schumacher, "Separating Figure from Ground with a Parallel Network", *Perception* 15 (1986): 197–216. À esquerda: Figura 1; à direita: Figura 2.

Quadro 7.2
A Máquina de Boltzmann

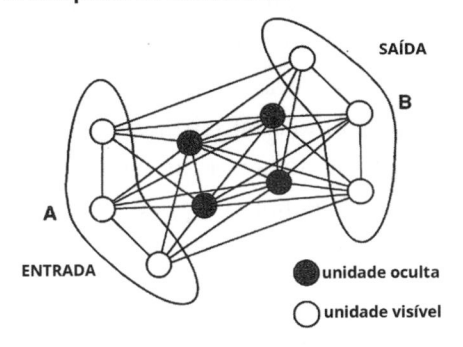

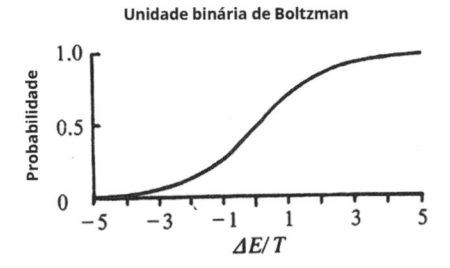

Todas as conexões em uma máquina de Boltzmann, como na rede de Hopfield, são simétricas, e as unidades binárias são atualizadas equiparando $s_i = 1$, com uma probabilidade dada pela função sigmoide anterior, em que as entradas ΔE são escalonadas pela temperatura T. A camada de entrada e a de saída são "visíveis", no sentido de que interagem com o mundo exterior. As "unidades ocultas" representam características com graus internos de liberdade, que afetam as unidades visíveis. O algoritmo de aprendizado da máquina de Boltzmann possui duas fases: na "despertar", as entradas e saídas são fixadas e, depois que a rede atinge o equilíbrio, calcula-se a média da correlação entre os pares de unidades; na fase "dormir", as correlações são novamente computadas com as entradas e as saídas liberadas. Em seguida, os pesos são atualizados de forma gradual:

$$\Delta w_{ij} = \varepsilon \left(\langle s_i s_j \rangle^{despertar} - \langle s_i s_j \rangle^{dormir} \right)$$

Os pesos da rede de Boltzmann foram ajustados manualmente para implementar as restrições (Figura 7.4). Existem conexões excitatórias entre as unidades da figura e inibitórias entre as da borda. As unidades da borda têm conexões excitatórias com as da figura que delimitam, reforçando a figura e as conexões inibitórias com suas unidades na direção oposta. A atenção foi implementada por um viés de algumas das unidades da figura. Quando a rede de Boltzmann usa a regra de atualização de Hopfield para as unidades, recai em mínimos locais de energia que são consistentes em fragmentos locais, mas inconsistentes nos globais. Quando o ruído é adicionado às atualizações, a rede de Boltzmann salta para fora dos mínimos locais e, ao recozer lentamente a temperatura do ruído, relaxa para uma solução globalmente consistente no mínimo global de energia (Figura 7.4). Como as atualizações são assíncronas e independentes, a rede pode ser implementada por um computador com milhões de unidades trabalhando juntas em paralelo e pode convergir para soluções muito mais rapidamente do que um computador digital que executa operações sequencialmente.

Eu já tinha concluído o pós-doutorado, na Harvard Medical School, com Stephen Kuffler, e me mudei para meu primeiro emprego, no Departamento de Biofísica da Johns Hopkins; Geoffrey Hinton trabalhava no Departamento de Ciência da Computação, da Carnegie Mellon, onde teve a sorte de contar com o apoio de Allen Newell, que era favorável aos novos rumos tomados pela inteligência artificial. Pittsburgh e Baltimore ficam perto o suficiente para que Geoffrey e eu nos visitássemos aos finais de semana. Chamamos nossa nova versão da rede de Hopfield de "máquina de Boltzmann", por causa de Ludwig Boltzmann, físico do século XIX que fundou a mecânica estatística, a inspiração para as ferramentas que estávamos usando na análise de nosso modelo flutuante de rede neural, que, estávamos prestes a descobrir, também era uma poderosa máquina de aprendizado.

Mantida a uma temperatura constante, a máquina de Boltzmann atinge o equilíbrio, o que abre um portal quase mágico que todos pensavam estar fechado para sempre: o aprendizado de redes neurais multicamadas. Um dia, Geoffrey ligou para dizer que acabara de derivar um algoritmo de aprendizado simples para a máquina de Boltzmann. O objetivo do algoritmo era realizar um mapeamento das unidades de entrada para as de saída; mas, ao contrário do perceptron, a máquina de Boltzmann também tinha unidades no meio, que chamamos de "unidades ocultas" (Quadro 7.2). Apresentando pares de entrada-saída e aplicando o algoritmo de aprendizado, a rede de Boltzmann aprendeu o mapeamento desejado. No entanto, o objetivo não era apenas memorizar os pares; mas também categorizar corretamente novas entradas que não tinham sido usadas para treinar a rede. Além disso, como é sempre flutuante, a máquina de Boltzmann aprende a distribuição de probabilidade — com a frequência de visitação de cada estado de saída por um determinado padrão de entrada —, o que a torna generativa: após o aprendizado, ela pode gerar novas amostras de entrada fixando todas as categorias de saída.

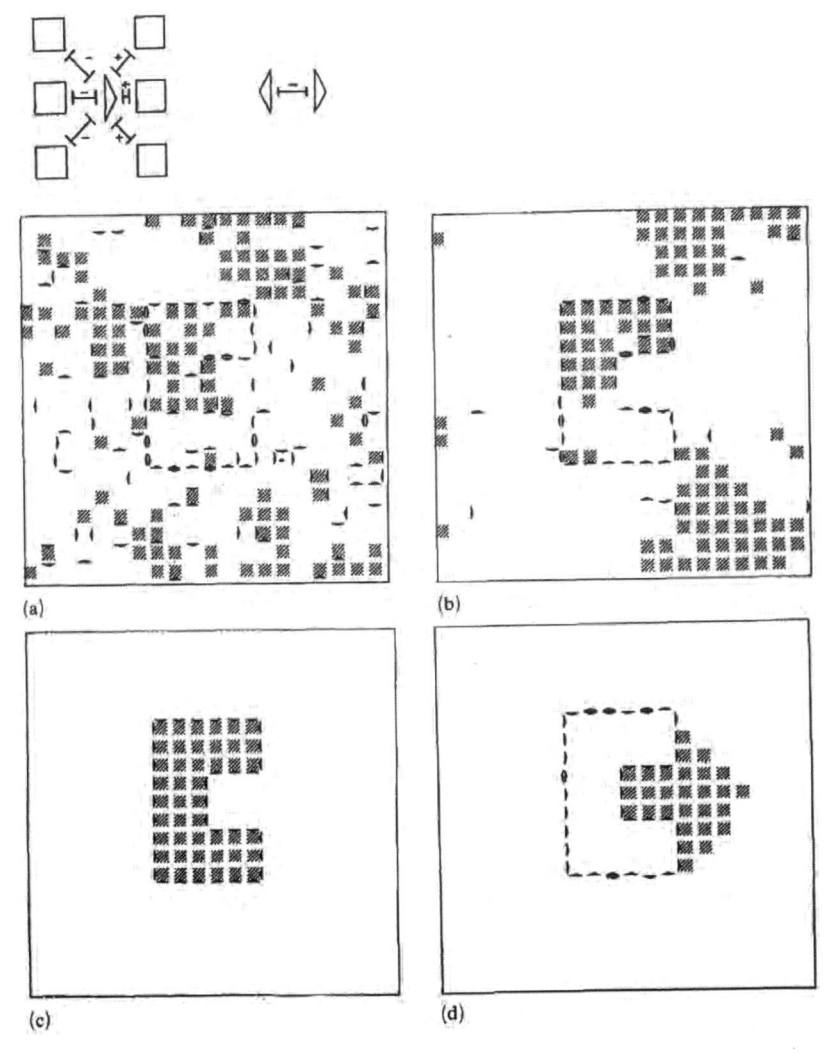

Figura 7.4

Separação de uma figura do fundo com uma máquina de Boltzmann. (Acima) As unidades quadradas na rede identificam a figura e as triangulares, o contorno, com os sinais das conexões indicadas. As unidades de borda podem ou não delimitar a figura. (Abaixo) (a) Instantâneo de uma rede voltada ao interior do "C". A temperatura começa alta, de modo que as unidades oscilam entre ligado e desligado. (b) À medida que a temperatura cai, as unidades no interior do "C" começam a se aglutinar, com o apoio das unidades de borda, que formam seu contorno. As unidades do lado de fora, que não têm atenção nem entrada de borda, desaparecem conforme a temperatura se reduz. (c) A imagem é preenchida quando a temperatura atinge zero. (d) O exterior é preenchido quando o processo é repetido, mas voltado para o exterior. De P. K. Kienker, T. J. Sejnowski, G. E. Hinton e L. E. Schumacher, "Separating Figure from Ground with a Parallel Network", *Perception* 15 (1986): 197– 216, abaixo: Figura 6; acima: Figura 3.

Plasticidade Sináptica Hebbiana

A surpresa foi que o algoritmo de aprendizado da máquina de Boltzmann acabou tendo uma vida longa na neurociência. Voltando ao psicólogo Donald O. Hebb, que em seu livro *The Organization of Behavior* ["A organização do comportamento", em tradução livre] postulou que quando dois neurônios são ativados ao mesmo tempo, a sinapse entre eles deveria os fortalecer:

> Imaginemos que a persistência, ou repetição, de uma atividade reverberatória (ou "traço") tenda a induzir mudanças celulares duradouras que aumentem sua estabilidade. Quando um axônio da célula A está próximo o suficiente para excitar uma célula B e repetida ou persistentemente atua em sua ativação, um tipo de processo de crescimento ou alteração metabólica ocorre em uma ou ambas as células, fazendo com que a eficiência de A, como uma das células que ativam B, aumente.[16]

Essa deve ter sido a previsão mais famosa de toda a neurociência. A plasticidade sináptica hebbiana foi descoberta mais tarde no hipocampo, uma importante área do cérebro para a memória de longo prazo. Quando uma célula piramidal do hipocampo recebe uma entrada potente ao mesmo tempo em que o neurônio está no ápice, a força da sinapse aumenta. Experimentos subsequentes mostraram que esse fortalecimento é causado pela liberação do transmissor, a partir das sinapses, unida à elevação da voltagem no neurônio receptor. Além disso, essa união foi reconhecida por um receptor especial, o de glutamato NMDA (N-metil-D-aspartato), que desencadeia a potenciação de longa duração (LTP — Long Term Potentiation), que é rapidamente ativada e duradoura, uma boa candidata a substrato da memória de longo prazo. A plasticidade de Hebb nas sinapses é regida por concomitâncias entre as entradas e as saídas, assim como o algoritmo de aprendizado da máquina de Boltzmann (veja o Quadro 7.2).

Ainda mais surpreendente, a máquina de Boltzmann teve que dormir para poder aprender. Seu algoritmo de aprendizado tinha duas fases. Na primeira, "despertar", as unidades da rede são atualizadas várias vezes para estabelecer o equilíbrio, com os padrões de entrada e saída fixados no mapeamento desejado, e o período de tempo de cada par de unidades é considerado. Na segunda fase, "dormir", as unidades de entrada e saída são liberadas, e a fração de tempo de cada par de unidades é contada em condições de execução livre. Cada força de conexão é então atualizada em proporção à diferença entre as taxas de concomitância nas fases despertar e dormir (Quadro 7.2). O objetivo da computação na fase dormir é determinar qual parte das correlações fixadas resultou de causas externas. Sem subtrair as correlações geradas internamente, a rede fortaleceria os padrões internos de atividade e aprenderia a ignorar as influências externas, quase como uma *folie à deux* das redes. Curiosamente, a privação extrema do sono em humanos leva a estados delirantes, um problema comum em unidades de terapia intensiva de hospitais que não têm janelas e iluminação constante. Pacientes com esquizofrenia tendem a apresentar distúrbios do sono, o que contribui para seus delírios. Estávamos convencidos de que esse era o caminho certo para entender como o cérebro funciona.

Aprendendo a Simetria dos Espelhos

Um problema que a máquina de Boltzmann poderia resolver, mas um perceptron, não, é como aprender a simetria dos espelhos.[17] O corpo humano é bilateralmente simétrico ao longo de um eixo vertical. Podemos gerar um grande número de padrões aleatórios com esse eixo de simetria, como mostra a Figura 7.5, e também com eixos de simetria horizontais e diagonais. Em nossa rede de máquinas Boltzmann, blocos de entradas binárias 10x10 foram projetados para 16 unidades ocultas, que por sua vez os projetaram para três unidades de saída, uma para cada um dos três eixos possíveis de simetria. A máquina de Boltzmann teve 90% de êxito em classificar o eixo de simetria de novas entradas depois de ser treinada com 6 mil padrões de entrada simétricos. Um perceptron não faz nada melhor do que o acaso permite porque uma única entrada não contém informações sobre a simetria do padrão; as correlações entre os pares de entradas precisam ser inter-relacionadas. O que vale destacar é que o conjunto de entradas que um observador humano vê não é o mesmo que a máquina de Boltzmann vê, uma vez que cada unidade oculta recebe entradas de toda a matriz sem nenhuma ordem específica. A situação equivalente para um observador seria tornar os locais das unidades de entrada na matriz aleatórios, o que a faria parecer aleatória para ele, mesmo havendo uma simetria oculta.

Um dia, eu estava assistindo à exibição e classificando a simetria de cada padrão de entrada a uma taxa de dois por segundo. Neal Cohen, então colega do Departamento de Psicologia da Johns Hopkins, também assistia à exibição, mas não conseguiu categorizar as simetrias sem examinar os padrões e ficou surpreso que eu conseguisse. Assistindo à exibição por dias, enquanto a máquina de Boltzmann aprendia, eu havia treinado meu sistema visual para detectar a simetria automaticamente, sem ter que olhar ao redor da tela. Neal e eu elaboramos um experimento com participantes universitários que não conheciam o projeto, e acompanhamos seu progresso.[18] No início, eles demoravam muitos segundos para classificar corretamente a simetria; mas, depois de alguns dias de treinamento, ficavam muito mais rápidos e, no final do experimento, eles as detectavam de forma tão impecável e rápida que conseguiam conversar conosco durante a tarefa e ainda assim acertar tudo. Esse foi um aprendizado de percepção notavelmente rápido.

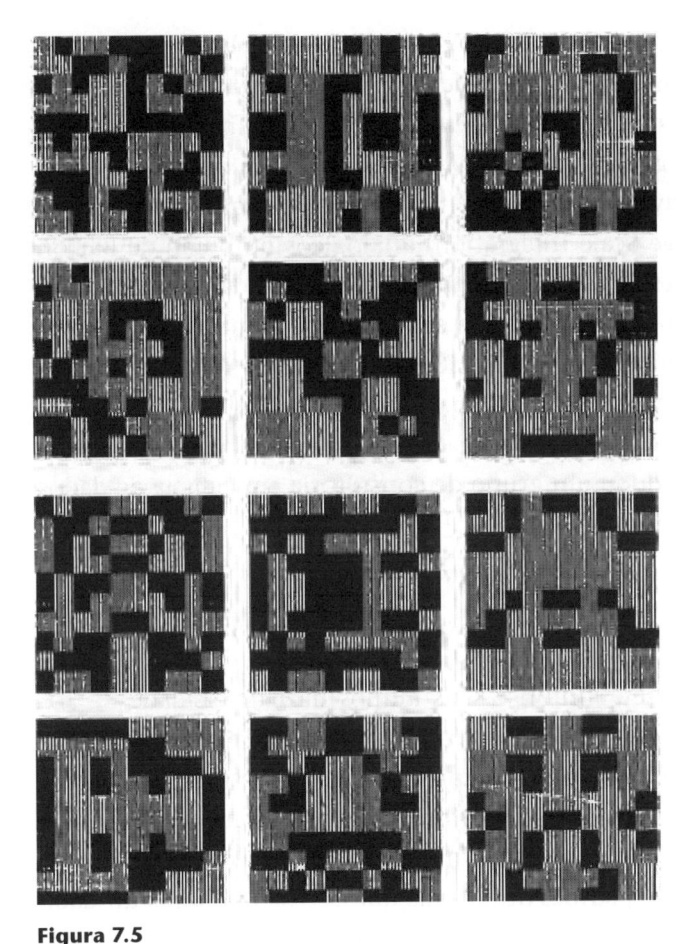

Figura 7.5
Padrões simétricos aleatórios. Cada matriz 10×10 tem um eixo vertical, horizontal ou diagonal de simetria espelhada. O objetivo do modelo de rede é aprender a classificar o eixo de simetria de padrões que não foram utilizados para treiná-lo. De T. J. Sejnowski, P. K. Kienker e G. E. Hinton, "Learning Symmetry Groups with Hidden Units: Beyond the Perceptron", *Physica* 22D (1986): 260–275, Figura 4.

Lecionei "biofísica da computação" na Universidade Johns Hopkins, em um curso que atraiu vários estudantes e pesquisadores talentosos. Ben Yuhas, que era doutorando do Departamento de Engenharia Elétrica, trabalhou comigo e, para sua tese, treinou uma rede neural para ler lábios.[19] Há informações sobre o som de uma voz no movimento dos lábios de uma pessoa. A rede de Ben transformou imagens de bocas no espectro de frequência correspondente ao som sendo gerado em cada fração de tempo. Isso pode ser adicionado ao espectro sonoro, que engloba ruídos incidentais, para melhorar o reconhecimento de fala. Seu colega de doutorado Andreas Andreou, um cipriota grego de voz cavernosa, estava construindo chips de integração em muito larga escala (VLSI — Very Large Scale Integration) analógicos no porão de Barton Hall. (Esses chips são apresentados no Capítulo 14.) Na década de 1980, havia muita hostilidade do corpo docente de seu departamento em relação às redes neurais, o que era comum em muitas instituições, mas isso não deteve nem Ben nem Andreas. De fato, Andreas se tornaria professor titular da Hopkins e cofundador do Centro de Linguagem e Processamento de Fala da Universidade Johns Hopkins. Ben fundou um grupo de consultoria em ciência de dados para clientes políticos e corporativos.

Aprendendo a Reconhecer Códigos Postais Escritos à Mão

Mais recentemente, Geoffrey Hinton e seus alunos da Universidade de Toronto treinaram uma máquina de Boltzmann com três camadas de unidades ocultas para classificar códigos postais manuscritos com alta precisão (Figura 7.6).[20] Como a rede de Boltzmann tinha feedback, bem como conexões de alimentação adiante, era possível rodá-la em sentido inverso, fixando uma das unidades de saída e gerando padrões de entrada que correspondiam à unidade de saída fixada (Figura 7.7). As redes geradoras capturam a estrutura estatística do conjunto de treinamento, e as amostras geradas por eles herdam essas propriedades. É como se essas redes fossem dormir, e a atividade no nível mais alto das redes gerasse sequências de estados oníricos na camada de entrada.

Embora a ascensão das redes neurais na física e na engenharia tenha sido rápida, os cientistas cognitivos tradicionais demoraram a aceitá-la como um formalismo para entender a memória e o processamento da linguagem. Exceto pelo grupo Parallel Distributed Processing (PDP), em La Jolla, e alguns locais periféricos, o processamento de símbolos ainda era a única opção. Em um simpósio organizado pela Sociedade de Ciência Cognitiva em 1983, de que Geoffrey e eu participamos, Zenon Pylyshyn, um psicólogo que estuda memória e imaginação de curto prazo, mostrou seu desdém pela máquina de Boltzmann derramando um copo de água no palco e gritando: "Isso não é computação!" Outros rejeitaram o empreendimento por o considerar como mera "estatística". Mas não Jerome Lettvin, que nos disse que realmente gostava do que estávamos fazendo. Lettvin escreveu o clássico artigo de 1959 "What the Frog's Eye Tells the Frog's Brain", com Humberto Matrana, Warren McCulloch e Walter Pitts,[21] que relatou evidências de neurônios detectores de insetos na retina das rãs que respondiam melhor a pequenas manchas escuras, uma ideia que foi altamente influente na neurociência sistêmica. Seu apoio ao nosso modelo de rede neural incipiente foi um elo importante com a era então embrionária.

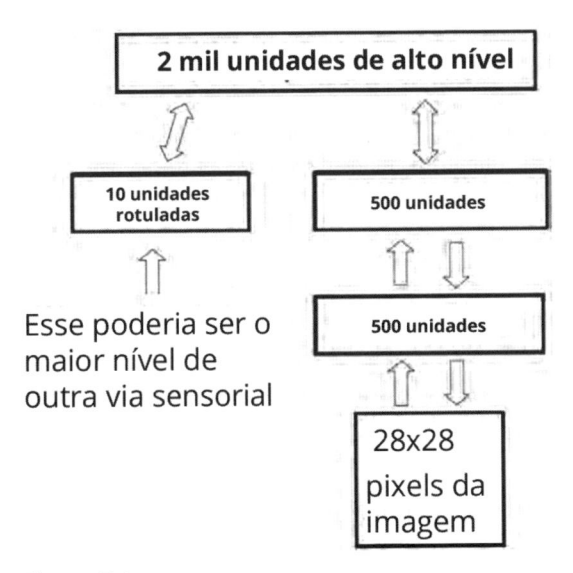

Figura 7.6
Máquina de Boltzmann multicamadas para reconhecimento e geração de dígitos manuscritos. A imagem tem 28×28 = 784 pixels, que podem ser brancos ou pretos. O objetivo é classificar o dígito com base nas dez unidades de saída (0–9). De G. E. Hinton, "Learning Multiple Layers of Representation." *Trends in Cognitive Sciences* 11 (2007): 428–434, Figura 1.

```
0 0 0 0 0 0 0 0 0 0
1 1 1 1 1 1 1 1 1 1
2 2 2 2 2 2 2 2 2 2
3 3 3 3 3 3 3 3 3 3
4 4 4 4 4 4 4 4 4 4
5 5 5 5 5 5 5 5 5 5
6 6 6 6 6 6 6 6 6 6
7 7 7 7 7 7 7 7 7 7
8 8 8 8 8 8 8 8 8 8
9 9 9 9 9 9 9 9 9 9
```

Figura 7.7
Padrões de camada de entrada gerados por uma máquina de Boltzmann multicamadas treinada para reconhecer dígitos manuscritos. Cada linha foi gerada apertando uma das dez unidades de saída (Figura 7.6), e a camada de entrada se transformou continuamente a cada exemplo mostrado acima. Nenhum desses dígitos estava no conjunto de treinamento — eles foram "imaginados" pela estrutura interna da rede treinada. De G. E. Hinton, S. Osindero e Y. Teh, "A Fast Learning Algorithm for Deep Belief Nets". *Neural Computation* 18 (2006): 1527–1554, Figura 8.

Aprendizado Não Supervisionado e Desenvolvimento Cortical

A máquina de Boltzmann tem duas versões, a supervisionada, em que tanto as entradas quanto as saídas são fixadas, e a não supervisionada, em que somente as entradas o são. Geoffrey Hinton usou a versão não supervisionada para construir uma máquina profunda de Boltzmann, uma camada por vez.[22] Começando com uma camada de unidades ocultas conectadas às de entrada, chamada de máquina de Boltzmann restrita, Geoffrey a treinou em dados não rotulados, que são muito mais fáceis de encontrar do que os rotulados (há bilhões de imagens não gravadas e gravações de áudio na internet), e o aprendizado é muito mais rápido. O primeiro passo no aprendizado não supervisionado é extrair dos dados as regularidades estatísticas que são comuns a todos eles, mas a primeira camada de unidades ocultas pode apenas extrair as características simples, que um perceptron consegue interpretar. O próximo passo é congelar os pesos para a primeira camada de unidades e adicionar uma segunda na parte superior. Mais aprendizado não supervisionado de Boltzmann leva a um conjunto mais complexo de características, e esse processo pode ser repetido para se criar uma rede com várias camadas de profundidade.

Como as unidades nas camadas superiores incorporam mais combinações não lineares de características de nível baixo, tornando possível para elas, como população, abstrair o geral do específico, a classificação se torna muito mais fácil nas camadas superiores, o que exige bem menos exemplos de treinamento para atingir a convergência com um nível mais elevado de desempenho. Embora descrever a matemática desse desmembramento ainda seja um problema sem solução, novas ferramentas geométricas têm sido utilizadas nessas redes profundas.[23]

O córtex também parece se desenvolver camada por camada. Nos estágios iniciais do desenvolvimento do sistema visual, os neurônios no córtex visual primário, os primeiros a receber as entradas provenientes dos olhos, são altamente plásticos e podem ser facilmente reconectados pelo fluxo de entrada visual, o que termina com o período crítico. (O sistema visual é descrito no Capítulo 5.) A hierarquia das áreas visuais e outras correntes sensoriais na parte de trás do cérebro amadurecem primeiro; áreas corticais mais próximas de sua parte frontal levam muito mais tempo. O córtex pré-frontal, a parte mais avançada, pode não atingir a maturidade plena até o início da idade adulta. Assim, há uma onda gradual de desenvolvimento, com períodos críticos sobrepostos, quando as conexões de uma área cortical são as mais influenciadas pela atividade neural.

Trabalhando com outros colegas, os cientistas cognitivos Jeffrey Elman e Elizabeth Bates, da UC, em San Diego, formularam explicações de redes conexas envolvendo como o desenvolvimento progressivo do córtex pode ser o responsável pelas habilidades surgidas à medida que as crianças aprendem sobre o mundo.[24] Essa abordagem levou a um novo viés de pesquisa sobre como uma infância mais longa possibilitou que os humanos se tornassem melhores aprendizes e colocou as reivindicações anteriores em prol do inatismo de alguns comportamentos sob uma nova perspectiva.

Em *Liars, Lovers and Heroes* ["Mentirosos, amantes e heróis", em tradução livre],[25] que escrevi com Steven Quartz, ex-pesquisador de pós-doutorado em meu laboratório que agora integra o corpo docente da Caltech, defendemos que, durante o longo período de desenvolvimento cerebral na infância e adolescência, a experiência influencia profundamente a expressão dos genes nos neurônios, o que altera os circuitos neurais responsáveis pelo comportamento. A interação entre as particularidades genéticas e as influências ambientais é uma área fértil de pesquisa, que tem lançado nova luz sobre a complexidade do desenvolvimento cerebral, uma área que transcende o debate natureza versus cultura e o reestrutura com base na biologia cultural. Segundo essa perspectiva, nossa biologia direciona e, ao mesmo tempo, é definida pela cultura.[26] Um novo capítulo nessa história foi escrito graças a uma descoberta recente: quando há um rápido aumento na formação de sinapses entre os neurônios nos primeiros estágios do desenvolvimento, o DNA dentro dos neurônios é modificado de forma epigenética após o nascimento por meio de uma forma de metilação que regula a expressão gênica e é exclusiva do cérebro.[27] Essa modificação poderia ser o elo entre os genes e a experiência que Steve Quartz e eu imaginamos.

Na década de 1990, a revolução das redes neurais já estava em andamento. A neurociência cognitiva se expandia, e os computadores ficavam mais rápidos — mas ainda não o suficiente. A máquina de Boltzmann era tecnicamente incrível, mas terrivelmente lenta para fazer simulações. O que de fato nos ajudou a progredir foi um algoritmo de aprendizado mais rápido, que caiu do céu justamente quando mais precisávamos.

8 Retropropagação de Erros

A Universidade da Califórnia, em San Diego, fundada em 1960, tornou-se um centro expressivo de pesquisa biomédica. Seu Departamento de Ciência Cognitiva, inaugurado em 1986, foi o primeiro do gênero no mundo.[1] David Rumelhart (Figura 8.1) já era um matemático e psicólogo cognitivo notável, que trabalhava em consonância com a tradição simbólica e regrada, dominante nas pesquisas sobre inteligência artificial durante a década de 1970. Quando conheci David, em 1979, no workshop organizado por Geoffrey Hinton na UC, em San Diego, ele era pioneiro em uma abordagem da psicologia humana que ele e James McClelland chamaram de "processamento paralelo e distribuído" (PDP — Parallel and Distributed Processing). David pensava profundamente nos problemas e seus comentários eram altamente perspicazes.

Foi comprovado que o algoritmo de aprendizado da máquina de Boltzmann conseguia aprender a resolver problemas que exigem unidades ocultas, o que contrariava a opinião de Marvin Minsky, Seymour Papert e da maioria dos pesquisadores da área de que era impossível treinar uma rede multicamadas e superar as limitações do perceptron. Não havia limites para o número de camadas de uma rede nem para a conectividade de qualquer camada. Mas havia um problema: atingir o equilíbrio e coletar estatísticas tornou-se algo cada vez mais lento de simular, principalmente para as redes maiores.

A princípio, é possível construir um computador com uma estrutura massivamente paralela, que é muito mais rápida do que a tradicional de von Neumann, que só faz atualizações sequenciais. Os computadores digitais dos anos 1980 podiam realizar apenas um milhão de operações por segundo. Os de hoje realizam bilhões por segundo e, unindo milhares de núcleos, os de alto desempenho são um milhão de vezes mais rápidos do que antes — um aumento sem precedentes do poder da tecnologia.

O Projeto Manhattan foi uma aposta de US$26 bilhões, em dólares de 2016, feita pelos Estados Unidos sem qualquer garantia de que a bomba atômica funcionaria, e o maior segredo era que funcionava. Uma vez que o segredo de que as redes multicamadas poderiam ser treinadas usando uma máquina de Boltzmann fora revelado, houve uma explosão de novos algoritmos de aprendizado. Ao mesmo tempo em que Geoffrey Hinton e eu trabalhávamos na máquina de Boltzmann, David Rumelhart desenvolvia outro algoritmo de aprendizado para redes multicamadas que se mostrou ser ainda mais produtivo.[2]

Figura 8.1
David Rumelhart na Universidade da Califórnia, San Diego, por volta de 1986, época em que os dois volumes de *Parallel Distributed Processing* foram publicados. Rumelhart influenciou o desenvolvimento técnico de algoritmos de aprendizado para modelos de redes multicamadas e os usou para nos ajudar a entender a psicologia da linguagem e do pensamento. Cortesia de David Rumelhart.

Otimização

A otimização é um conceito matemático crucial para o aprendizado de máquina: para muitos problemas, pode-se encontrar uma função de custo cuja solução seja o estado do sistema com o menor custo. No caso da rede de Hopfield, a função de custo é a energia, e o objetivo é encontrar um estado da rede que reduza seu consumo (como descrito no Capítulo 6). Para uma rede alimentada adiante, uma função de custo popular para o aprendizado é o erro de soma quadrada na camada de saída do conjunto de treinamento. "Gradiente descendente" é um método genérico que reduz uma função de custo através de mudanças incrementais nos pesos nas redes.[3] Pense na função de custo como uma cadeia de montanhas e no gradiente descendente como o caminho mais curto que você segue para esquiar em um declive.

Quadro 8.1

Retropropagação de erros

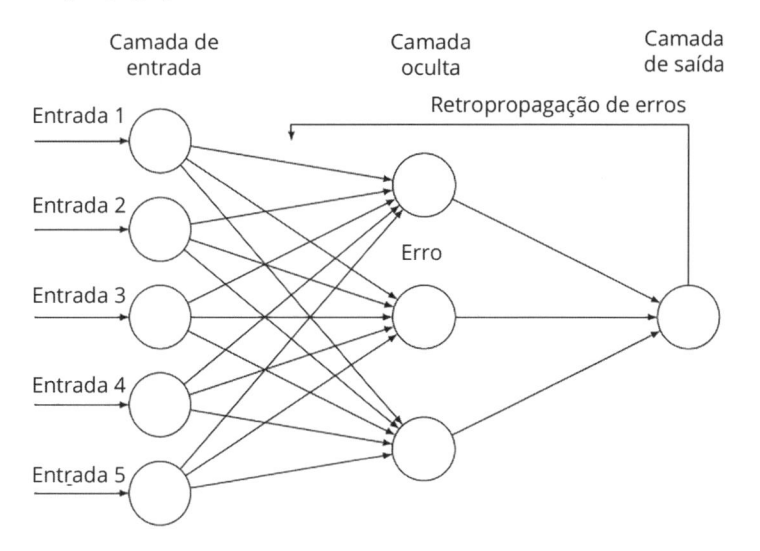

Entradas para a rede de retropropagação são propagadas por alimentação adiante: no diagrama acima, as entradas à esquerda se propagam para frente por meio de conexões (setas) com a camada oculta de unidades, que por sua vez projeta-as para a de saída. A saída é comparada ao valor dado por um treinador, e a diferença é usada para atualizar os pesos na unidade de saída para reduzir erros. Os pesos entre as unidades de entrada e a camada oculta são atualizados com base na retropropagação do erro conforme a contribuição de cada peso. Ao treinar com muitos exemplos, as unidades ocultas desenvolvem características seletivas que distinguem entre os diferentes padrões de entrada, de modo que eles possam ser separados em categorias distintas na camada de saída. Isso é chamado deepresentação".

Cortesia de Dr. Mahmoud.

Rumelhart descobriu como calcular o gradiente de cada peso na rede por meio de um processo chamado de "retropropagação de erros" (ou "backprop") para ler um resumo, veja o Quadro 8.1. Começando na camada de saída, em que o erro é conhecido, é fácil calcular o gradiente nos pesos de entrada para as unidades de saída. O próximo passo é usar os gradientes da camada de saída para calcular os da camada anterior, e assim por diante, camada por camada, todo o caminho de volta até a de entrada. Essa é uma maneira altamente eficiente de calcular gradientes de erros.

Embora não tenha o aperfeiçoamento nem o arcabouço da física como o algoritmo de aprendizado da máquina de Boltzmann, o backprop é mais eficiente e possibilitou um progresso muito mais rápido. O clássico tratado sobre o tema, escrito por David Rumelhart, Geoffrey Hinton e Ronald Williams, apareceu na *Nature* em 1986,[4] e, desde então, já foi citado mais de 40 mil vezes em outras pesquisas. (Metade dos artigos publicados não é citada sequer uma vez, nem mesmo por seus autores; assim, um artigo com 100 citações já causa um impacto significativo na área, portanto, esse artigo foi um sucesso estrondoso.)

NETtalk

Em 1984, em Princeton, assisti a uma palestra de Charles Rosenberg, então pós-graduando, sobre a máquina de Boltzmann. Embora geralmente fosse o único a palestrar sobre aquele tema, fiquei impressionado. Charlie perguntou se poderia visitar meu laboratório para trabalhar em um projeto de verão. No momento em que chegou a Baltimore, nosso foco se tornou o backprop, o que nos possibilitou pensar em um problema do mundo real, em vez de nos voltar para demonstrações conceituais, em que eu havia trabalhado anteriormente. Como Charlie era aluno de George Miller, um especialista em idiomas lendário, procuramos um problema do tipo Cachinhos Dourados no âmbito da linguagem, algo que não fosse tão difícil a ponto de nos estagnar nem tão fácil para dispensar abordagens ainda não propostas. A linguística é um campo vasto, com muitas subáreas: fonética, que estuda os sons da fala; sintaxe, que estuda a função das palavras e das orações no período; semântica, o significado de palavras e frases; e pragmática, que estuda como o contexto contribui para o significado da linguagem — para citar apenas algumas. Decidimos começar com a fonética e estudá-la do nosso jeito.

O inglês é uma língua particularmente difícil de pronunciar, porque as regras são complexas e têm muitas exceções. Por exemplo, as vogais são em geral longas se a consoante final de uma palavra for seguida por um "e" silencioso, como em "gave" [deu] e "brave" [valente]; mas há exceções, como "have" [ter], que se comportam de forma irregular. Fui à biblioteca e encontrei um livro em que os foneticistas tinham compilado centenas de páginas dessas regras e exceções. Muitas vezes havia regras dentro das exceções e, às vezes, exceções a essas regras excepcionais. Em suma, para os linguistas, são "regras dentro de regras" *ad infinitum*.[5] Para piorar as coisas, nem todos pronunciam uma palavra da mesma maneira. Existem muitos dialetos, cada um com suas regras específicas.

Geoffrey Hinton visitou Charlie e a mim no Johns Hopkins durante esse período de planejamento e nos disse que achava que a pronúncia inglesa seria muito difícil de abordar. Então reduzimos nossas ambições e encontramos um livro para crianças que estão aprendendo a ler que continha 100 palavras. A rede que projetamos tinha uma janela de 7 letras, cada uma representada por 29 unidades, incluindo espaço e pontuação, para um total de 203 unidades de entrada. O objetivo era prever o som da letra do meio na janela. As unidades de entrada foram conectadas a 80 unidades ocultas e essas, projetadas para 26 unidades de saída, uma para cada um dos sons elementares, chamados de "fonemas", encontrados no inglês. Chamamos nossa rede "letra para som" de "NETtalk" (Figura 8.2).[6] Havia 18.629 pesos na rede, um bom número de acordo com os padrões de 1986, e desproporcionalmente grande para os padrões da estatística matemática da época. Com esses muitos parâmetros, disseram-nos que iríamos sobreajustar o conjunto de treinamento, e a rede não conseguiria generalizar.

Quando as palavras passavam sequencialmente pela janela de 7 letras, a rede atribuía um fonema à letra no meio da janela. A parte do projeto que levou mais tempo alinhava manualmente o fonema com a letra da direita, uma vez que o número de letras não era igual ao de fonemas nas palavras. Em contrapartida, o aprendizado ocorria diante de nossos olhos, ficando cada vez melhor à medida que as frases passavam pela janela, e, quando ele convergia, o desempenho da rede era quase perfeito no conjunto de treinamento de 100 palavras. Os testes com palavras novas foram ruins; mas, como era esperado que a generalização fosse baixa em um conjunto de treinamento tão pequeno, esse resultado preliminar foi encorajador.

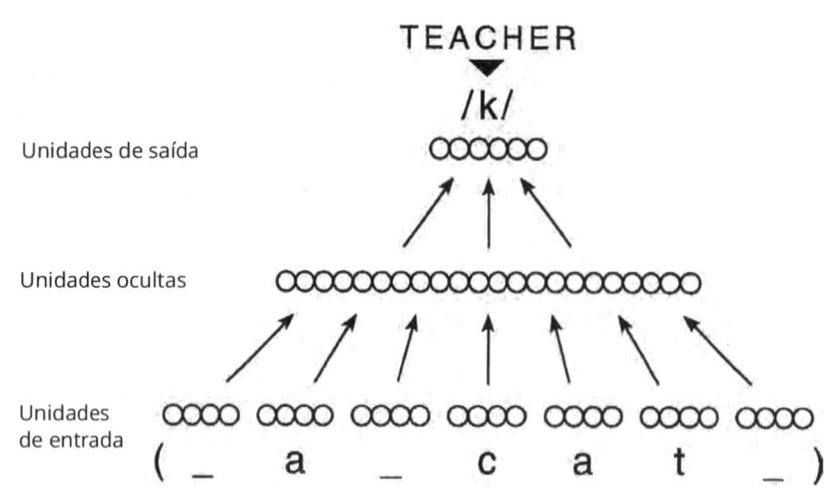

Figura 8.2
Modelo de rede de alimentação adiante da NETtalk. Os sete grupos de unidades na camada inferior representam letras em uma janela móvel através do texto, uma letra por vez. O objetivo da rede é prever corretamente o som da letra do meio, que nesse exemplo é o do fonema "c". Cada unidade da camada de entrada conecta-se a todas as unidades ocultas, que por sua vez projetam-se para todas as unidades na de saída. O algoritmo de aprendizado de retropropagação foi usado para treinar os pesos com base no feedback de um professor. O padrão de saída correto é comparado com a saída da rede, que nesse caso é o fonema "k", opção incorreta. Os erros são retropropagados para os pesos das camadas anteriores.

Em seguida, usamos o corpus da Brown,[7] com 20 mil palavras e os fonemas correspondentes, bem como suas tônicas. O alinhamento de letras e sons levou semanas, mas, uma vez iniciado o aprendizado, a rede absorveu todo o corpus em uma única noite. Mas o quanto ela conseguiria generalizar? De forma surpreendente, tudo. A rede descobriu as regularidades da pronúncia inglesa e reconheceu as exceções, todas com o mesmo algoritmo de arquitetura e aprendizado. Ínfima se comparada aos padrões atuais, nossa rede foi uma prova de que uma rede de retropropagação poderia representar a fonética inglesa. Essa foi nossa primeira sugestão de que as redes neurais aprendem a linguagem — a garota-propaganda das representações simbólicas — de forma análoga à dos humanos.

À medida que adquiria a capacidade de ler em voz alta, a NETtalk passou pela fase do balbucio, na qual reconhecia a diferença entre consoantes e vogais, mas atribuía o fonema "b" a todas as consoantes e o fonema "a" às vogais.

Tudo que falava era um "ba ba" e, depois de mais aprendizado, mudava para "ba ga da". Esse comportamento era assustadoramente parecido com o dos bebês na mesma fase. Então ela começou a formar palavras pequenas e, no final do treinamento, entendíamos a maioria das palavras.

Para testar a eficácia da NETtalk com pronúncias destoantes das padrões, encontramos uma transcrição fonética de uma entrevista com um jovem latino morador de um bairro de Los Angeles. A rede treinada recriou seu inglês com sotaque espanhol baseada na história que contou sobre como, quando visitava sua avó, ele às vezes comprava doces. Gravei segmentos durante os estágios sucessivos de aprendizado, reproduzindo o resultado da NETtalk em um sintetizador de fala chamado de "DECtalk", que convertia uma série de marcas fonéticas em fala compreensível. Quando toquei essa fita durante uma palestra, o público ficou atordoado — a rede literalmente falou por si mesma.[8] Esse projeto de verão superou todas as nossas expectativas e se destacou como a primeira aplicação real do aprendizado de redes neurais. Participei com a NETtalk do *Today*, em 1986, que foi assistido por um público surpreendentemente grande. Até esse ponto, as redes neurais tinham sido um assunto acadêmico misterioso. Ainda encontro pessoas que ouviram sobre redes neurais pela primeira vez quando assistiram ao programa.

Embora a NETtalk fosse uma demonstração poderosa de como uma rede pode representar alguns aspectos da linguagem, não era um bom modelo para a forma como os humanos aprendem a ler. Primeiro, aprendemos a falar antes de ler. Em segundo lugar, aprendemos algumas regras fonéticas que nos ajudam a iniciar a difícil tarefa de nos tornar proficientes em ler em voz alta. Mas ler em voz alta velozmente se torna um rápido reconhecimento de padrões, sem a necessidade de um esforço consciente para aplicar as regras. A maioria dos falantes de inglês pronunciará palavras sem sentido como "brillig", "slithy" e "toves", de "Jabberwocky", de Lewis Carroll, sem esforço, da mesma forma que as palavras normais, assim como a NETtalk. Essas pseudopalavras não estão em nenhum dicionário, mas desencadeiam fonemas constituídos a partir dos padrões das letras relacionadas em inglês.

A NETtalk causou um impacto desmedido no público, mas agora Charlie Rosenberg e eu precisávamos analisá-la para descobrir seu funcionamento. Para fazer isso, aplicamos a análise de cluster aos padrões de atividade nas unidades ocultas e descobrimos que a NETtalk descobrira o mesmo agrupamento de vogais e consoantes similares aos que os linguistas haviam identificado. Mark Seidenberg e James McClelland usaram uma abordagem semelhante como ponto de partida para uma comparação detalhada com a sequência de etapas pelas quais as crianças passam quando aprendem a ler.[9]

A NETtalk abalou o mundo de maneiras que ninguém poderia prever. Como membro do corpo docente do Departamento de Biofísica Thomas C. Jenkins, da Universidade Johns Hopkins, fiquei interessado pelo enovelamento de proteínas. Proteínas são cadeias de aminoácidos que se enovelam em formas complexas, com uma ampla gama de funções, como a hemoglobina, que se liga ao oxigênio dos glóbulos vermelhos. É difícil prever a forma 3D das proteínas a partir de sua cadeia de aminoácidos, um problema sem resposta para a maioria delas, mesmo com os computadores mais poderosos. No entanto, há algumas formas previsíveis, as chamadas estruturas secundárias, em que os aminoácidos se juntam no formato de hélice, folha pregueada ou bobina. Os algoritmos usados pelos biofísicos levaram em conta a natureza química dos diferentes aminoácidos, mas suas previsões não foram boas o suficiente para ajudar com o problema de dobra 3D.

Ning Qian era um estudante de física do primeiro ano que atuava em meu laboratório, um dos poucos escolhidos entre os estudantes da China para estudar nos EUA, em 1980. Nós nos perguntamos se a NETtalk poderia ser usada para avaliar uma cadeia de aminoácidos e prever estruturas secundárias de proteínas, designando quais eram alfa-hélice, folha-beta ou bobina. Esse é um problema importante porque a estrutura 3D de uma proteína determina sua função. Em vez de letras, a entrada é uma cadeia de aminoácidos, e, em vez de prever fonemas, a rede preveria a estrutura secundária. O conjunto de treinamento foi composto de estruturas 3D determinadas por cristalografia de raios X. Para nossa surpresa, as predições da estrutura secundária de novas proteínas foram muito superiores aos melhores métodos baseados em biofísica.[10] Esse estudo de referência foi a primeira aplicação do aprendizado de máquina em sequências moleculares, um campo que agora é chamado de bioinformática.

Uma rede que aprendeu a formar o pretérito dos verbos do inglês chamou muita atenção no mundo da psicologia cognitiva, à medida que a velha guarda, baseada em regras, batalhava com o grupo de vanguarda do PDP.[11] O modo regular de formar o pretérito de um verbo em inglês é adicionar o sufixo "ed", como na formação de "trained", a partir de "train". Mas existem as formações irregulares, como "ran", de "run". As redes neurais não têm nenhum problema em acomodar regras e exceções. Embora esse não seja mais um debate frequente, a questão fundamental sobre o papel da representação expressa das regras no cérebro permanece em aberto. Experimentos recentes sobre o aprendizado de redes neurais corroboram a aquisição gradual da morfologia flexional, processo condizente com o do aprendizado humano.[12] O êxito do aprendizado profundo com o Google Translate e outras aplicações da linguagem natural na captura das nuances da linguagem reforçam ainda mais a possibilidade de o cérebro não precisar usar regras expressas para linguagem, ainda que o comportamento sugira que sim.

Geoffrey Hinton, David Touretzky e eu organizamos o primeiro curso de verão sobre conexionismo, em Carnegie Mellon, em 1986 (Figura 8.3), em uma época em que apenas algumas universidades tinham professores que ofereciam cursos sobre redes neurais. Como uma referência à NETtalk, os alunos se alinharam em camadas, e cada um representava uma unidade na rede (embora eles tenham registrado um erro quando propagaram o "j" de "Sejnowski", que é pronunciado como "y", e não segue o padrão do inglês). Muitos desses alunos fizeram importantes descobertas e consolidaram carreiras importantes. Um segundo curso de verão foi realizado na Carnegie Mellon em 1988 e um terceiro, na UC, em San Diego, em 1990. É preciso uma geração de novas ideias para se dominar a abordagem convencional. Esses cursos de verão foram experiências intensas, e o melhor investimento que poderíamos ter feito nos primeiros dias para promover a área.

Figura 8.3
Alunos do curso de verão sobre conexionismo da Carnegie Mellon, em 1986. Geoffrey Hinton está na primeira fileira, o terceiro da direita para a esquerda, cercado por Terry Sejnowski e James McClelland. Essa foto corresponde à nata da computação neural de hoje. Nos anos 1980, as redes neurais foram um pouco da ciência do século XXI no XX. Cortesia de Geoffrey Hinton.

O Renascimento das Redes Neurais

Parallel Distributed Processing (PDP), o agora clássico livro editado por Rumelhart e McClelland, publicado em dois volumes em 1986, foi o primeiro material a apresentar as implicações das redes neurais e dos algoritmos de aprendizado de multicamadas na compreensão dos fenômenos mentais e comportamentais. Ele vendeu mais de 50 mil cópias, um best-seller para os padrões acadêmicos. As redes neurais treinadas pelo backprop não só tinham unidades ocultas com propriedades semelhantes às dos neurônios corticais do sistema visual;[13] seus padrões de colapso também tinham muito em comum com os deficits humanos decorrentes de danos cerebrais.[14]

Francis Crick integrou o grupo PDP e compareceu à maioria de suas reuniões e seminários. No debate sobre o quanto os modelos de processamento distribuído e paralelo eram "biológicos", ele defendeu a posição de que eles deveriam ser considerados demonstrações, em vez de modelos literais do cérebro. Ele escreveu um capítulo para o livro do PDP sobre o que então se conhecia sobre o córtex cerebral, e eu, sobre o que não sabíamos. Se esses capítulos fossem ser escritos hoje, seriam muito mais extensos.

Há histórias de sucesso da década de 1980 que não são amplamente conhecidas. Uma das empresas mais lucrativas que atua com redes neurais foi a HNC Software, Inc., fundada por Robert Hecht-Nielsen; ela as usava para evitar fraudes com cartões de crédito. Hecht-Nielsen integrava o Departamento de Engenharia Elétrica e de Computação da UC, em San Diego, e ministrou um famoso curso sobre aplicações práticas de redes neurais. Todos os dias, os cartões de crédito são comprometidos pelos cibercriminosos em todo o mundo. Essas transações alimentam um rio de dados, e selecionar as suspeitas é uma tarefa assustadora. Na década de 1980, os seres humanos que dirimiam oportunamente sobre sua aprovação ou negação. Isso gerava mais de US$150 bilhões em fraudes por ano. A HNC Software Inc. usou algoritmos de aprendizado de redes neurais para detectar fraudes em cartões de crédito com muito mais precisão do que os humanos o faziam, economizando bilhões de dólares por ano para as empresas de cartões. A HNC foi adquirida por US$1 bilhão pela Fair Isaac and Company (FICO) em 2002, famosa por emitir notas de crédito.

Há algo de mágico em assistir a uma rede aprender à medida que se aprimora, paulatinamente. Esse pode ser um processo lento; mas, se houver exemplos de treinamento e a rede for grande o suficiente, os algoritmos de aprendizado chegam a uma boa representação, passível de se generalizar para entender as novas entradas. Quando o processo é repetido a partir de um conjunto de pesos preliminares escolhidos aleatoriamente, as redes aprendem cada uma de uma vez, mas todas terão desempenhos semelhantes. Muitas redes podem resolver o mesmo problema; isso influencia nossas expectativas ao reconstruir o conjunto completo de conexões dos cérebros de diferentes indivíduos. Se muitas redes demonstram o mesmo comportamento, o segredo para entendê-las são os algoritmos de aprendizado usados pelos cérebros, que, tecnicamente, são mais fáceis de descobrir.

Entendendo o Aprendizado Profundo

Considerando que, em problemas de otimização convexa, não há mínimos locais, e a convergência ao mínimo global é garantida, em problemas de otimização não convexa, não é esse o caso. Os especialistas em otimização dizem que, como o aprendizado das redes com unidades ocultas era um problema não convexo, estávamos desperdiçando nosso tempo — nossa rede ficaria presa em mínimos locais (Figura 8.4). Evidências empíricas sugeriam que eles estavam errados. Mas por quê? Sabemos agora que, em espaços de dimensões muito altas, os mínimos locais da função de custo são raros até os estágios finais do aprendizado. Nos estágios iniciais, quase todas as direções são descendentes, e, na descida, há pontos de sela, em que algumas direções apontam para cima erroneamente, e outras para baixo. A intuição de que as redes ficariam presas nos mínimos locais baseia-se na solução de problemas em espaços de baixa dimensão, com menos instruções para escapar.

Os modelos de rede profunda atuais têm milhões de unidades e bilhões de pesos. Para os estatísticos, que tradicionalmente analisam modelos simples com apenas alguns parâmetros a fim de provar teoremas a partir de pequenos conjuntos de dados, um espaço com bilhões de dimensões era um pesadelo. Eles asseguraram que, com tantos parâmetros, irremediavelmente sobreajustaríamos os dados de treinamento: nossa rede simplesmente os memorizaria e pararia de generalizar para entender as novas entradas de teste. Porém, com técnicas de regularização, como forçar os pesos a se deteriorarem se não estivessem fazendo nada de útil, minimizamos o sobreajuste.

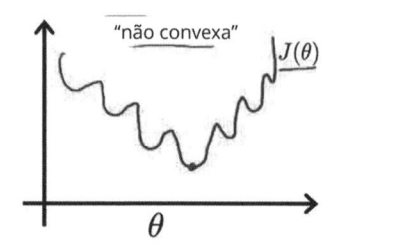

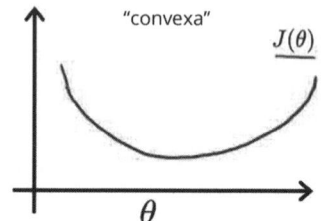

Figura 8.4

Funções de custo não convexas e convexas. Esses gráficos desenham as funções de custo, $J(\theta)$, como uma função de parâmetro θ. Uma função convexa tem apenas um mínimo (à direita), um mínimo global que pode ser alcançado movendo-se para baixo a partir de qualquer local na superfície. Imagine que você é um esquiador que sempre aponta os esquis para a direção mais íngreme da descida. Você vai chegar até o final. Por outro lado, uma função de custo não convexa pode ter mínimos locais (à esquerda), que são armadilhas que impedem que o mínimo global seja encontrado na descida. Como consequência, as funções de custo não convexas são difíceis de otimizar. No entanto, esse exemplo unidimensional é enganoso. Quando existem muitos parâmetros (normalmente milhões em uma rede neural), pode haver pontos de sela, que são convexos em algumas dimensões e côncavos em outras. Quando você está em uma sela, há sempre uma direção para descer.

Geoffrey Hinton inventou uma técnica de regularização particularmente inteligente, chamada de "dropout".[15] A cada época de aprendizado, quando o gradiente é estimado a partir de vários exemplos de treinamento e uma etapa no espaço dos pesos é realizada, metade das unidades é aleatoriamente cortada da rede — o que significa que uma rede diferente é treinada em cada época. Como consequência, há menos parâmetros para treinar em cada época, e a rede resultante tem menos dependências entre as unidades do que seria o caso se a mesma rede de grandes dimensões fosse treinada em todas as épocas. O dropout diminui a taxa de erro em redes de aprendizado profundo em 10%, o que é uma grande melhoria. Em 2009, a Netflix promoveu uma competição pública, oferecendo um prêmio de US$1 milhão para quem conseguisse reduzir os erros de seu sistema de recomendação em 10%.[16] Quase todos os pós-graduandos em aprendizado de máquina participaram. A Netflix provavelmente provocou o equivalente a cerca de US$10 milhões em pesquisa pelo custo do prêmio, e as redes profundas são agora uma tecnologia crucial para a transmissão online.[17]

Curiosamente, as sinapses corticais caem a uma taxa elevada. Em cada pico, ao longo de uma entrada, a sinapse excitatória típica do córtex tem uma taxa de falha de 90%.[18] Essa situação é análoga a quase todos os jogadores de um time de beisebol baterem .100. Como o cérebro pode funcionar de forma confiável se tais sinapses corticais não são confiáveis? Quando há milhares de sinapses probabilísticas em um neurônio, a variabilidade de sua atividade somada é relativamente baixa,[19] o que significa que o desempenho não pode ser tão degradado como você imagina. O benefício de aprender com o dropout ao nível das sinapses compensa o custo em detrimento da precisão. E, como as sinapses consomem muita energia para operar, o dropout também economiza energia. Por fim, como o córtex usa probabilidades para calcular resultados prováveis — incertos —, usar componentes probabilísticos é uma maneira eficiente de representar uma probabilidade.

Por mais que não sejam confiáveis, as sinapses corticais são surpreendentemente precisas em sua força. Seus tamanhos e forças correspondentes variam ao longo de um fator de 100, e as intensidades das sinapses únicas podem ser aumentadas ou diminuídas dentro dessa faixa. Trabalhando com Kristen Harris, uma neuroanatomista da Universidade do Texas, em Austin, meu laboratório recentemente reconstruiu um pequeno pedaço do hipocampo de ratos, uma área do cérebro necessária para constituir memórias de longo prazo, que contém 450 sinapses. A maioria dos axônios forma apenas uma sinapse em um ramo dendrítico; mas, em alguns casos, duas sinapses de um único axônio acionam o mesmo dendrito. Para nossa surpresa, esses são quase idênticos em tamanho; de estudos anteriores, sabíamos que isso significava que eles tinham a mesma força. Muito se sabe sobre as condições que alteram a força dessas sinapses, que dependem do histórico dos picos das unidades de entrada e da atividade elétrica correspondente do dendrito, a mesma para o par de sinapses do axônio no mesmo dendrito. A partir dessas observações, inferimos que a precisão com que a informação é armazenada na força das sinapses é alta, suficiente para armazenar pelo menos cinco bits de informação.[20] Pode não ser coincidência o fato de que os algoritmos de aprendizado para redes profundas recorrentes precisam de apenas cinco bits para alcançar altos níveis de desempenho.[21]

A dimensionalidade das redes cerebrais é tão alta que nem sequer conseguimos estimá-la. O número total de sinapses no córtex cerebral é de cerca de 100 trilhões, um limite astronomicamente alto. Uma vida humana não tem mais do que alguns bilhões de segundos de duração. A esse ritmo, você poderia dedicar 100 mil sinapses a cada segundo de sua vida. Na prática, os neurônios tendem a ter conexões locais agrupadas, como aquelas dentro de uma coluna cortical de 100 mil neurônios conectados por um bilhão de sinapses. Embora esse ainda seja um bom número, não é astronômico. Conexões de longo alcance são muito menos comuns do que as locais porque os fios neurais ocupam um volume precioso e consomem muita energia.

É importante definir o número de neurônios que representam um objeto ou conceito no córtex. Uma estimativa aproximada do número de sinapses necessárias é de cerca de um bilhão, e do de neurônios, de cerca de 100 mil, distribuídos em dez áreas corticais,[22] permitindo que cerca de 100 mil classes de objetos e conceitos separados não interpostos sejam armazenadas em 100 trilhões de sinapses. Na prática, as populações de neurônios que representam objetos semelhantes estão se sobrepondo, o que aumenta muito a capacidade do córtex de representar objetos relacionados e as correspondências entre eles. Essa capacidade é muito maior em seres humanos do que em outros mamíferos, devido à extraordinária expansão do córtex associativo (no topo das hierarquias sensoriais e motoras) no cérebro humano ao longo da evolução.

O estudo das distribuições de probabilidade em espaços de alta dimensão foi uma área da estatística relativamente inexplorada nos anos 1980. Havia alguns estatísticos que estudavam os problemas surgidos quando percorremos espaços e conjuntos de dados de alta dimensão, como Leo Breiman, de Stanford, que encontrou abrigo na comunidade de Sistemas de Processamento de Informações Neurais (NIPS). E alguns integrantes dessa comunidade, como Michael Jordan, da UC, em Berkeley, foram recrutados para os departamentos de estatística. Contudo, na maioria das vezes, o aprendizado de máquina na era do big data avançou para searas aonde os estatísticos temiam ir. Mas a possibilidade de treinar grandes redes para fazer coisas incríveis não é suficiente; também precisamos analisar e entender seu funcionamento. Os físicos assumiram a liderança nesse aspecto, usando métodos da física estatística para analisar as propriedades do aprendizado à medida que o número de neurônios e sinapses se torna cada vez maior.

Na Conferência NIPS de 2017 em Long Beach, o prêmio Teste do Tempo foi concedido a Benjamin Recht, da UC, de Berkeley, e a Ali Rahimi, do Google, pelo artigo da NIPS de 2007[23] que mostrou que características aleatórias são eficazes como método de aprimoramento do desempenho das redes com uma camada de pesos ensinados, algo que Frank Rosenblatt descobriu empiricamente para o perceptron, em 1960. Após a premiação, a apresentação feita por Rahimi foi uma defesa apaixonada do rigor no aprendizado de máquina, e ele lamentou a ausência de rigor no aprendizado profundo, o que ironicamente chamou de "alquimia". Eu estava sentado ao lado de Yann LeCun, que estava bufando. Depois da palestra, Yann escreveu no Facebook: "Classificar maldosamente uma comunidade inteira (e incrivelmente bem-sucedida no que faz) como praticante de 'alquimia' simplesmente porque nossas atuais ferramentas teóricas ainda não condizem com nossa prática é perigoso. Por que perigoso? Porque foi exatamente esse tipo de atitude que fez a comunidade do aprendizado de máquina abandonar as redes neurais por mais de dez anos, *apesar* das amplas evidências empíricas de que funcionaram muito bem em inúmeras situações."[24] Sua crítica representa a rixa clássica entre as abordagens caótica e ordenada da ciência. Ambas são necessárias para progredirmos.

Limitações das Redes Neurais

Embora possam dar a resposta correta para um problema, atualmente não sabemos como as redes neurais chegam a ela. Por exemplo, suponha que uma paciente chegue a um pronto-socorro com uma dor aguda no peito. Trata-se de um infarto agudo do miocárdio, o que precisa de intervenção imediata, ou simplesmente um caso grave de indigestão? Uma rede treinada para diagnosticar pode ser mais precisa do que o médico responsável pela triagem; mas, sem uma explicação sobre como a rede tomou a decisão, a relutância em confiar nela seria plausível. Os médicos também são treinados para acompanhar o que equivale a algoritmos, séries de testes e pontos de decisão que os orientam em casos de rotina. O problema é que há casos raros, que estão fora do escopo de seus "algoritmos", enquanto uma rede neural treinada com muito mais casos, mais do que a média dos médicos verá em toda uma vida, pode muito bem dirimir sobre esses casos raros. Mas você confiaria mais no diagnóstico estatisticamente mais sólido de uma rede neural, sem explicação de como foi feito, do que no de um médico com um diagnóstico plausível? Na verdade, os médicos que são altamente precisos em fazer um diagnóstico raro tiveram uma experiência ampla, e a maioria usa o reconhecimento de padrões em vez de algoritmos.[25] Provavelmente, isso é algo reservado aos especialistas de mais alto nível, independentemente da área em que atuem.

Assim como é possível treinar redes para fornecer diagnósticos especializados, seria possível treiná-las para dar explicações, como parte de seus conjuntos de treinamento? Isso até melhoraria o diagnóstico. Mas o ponto problemático é que muitas das explicações dadas pelos médicos são incompletas, reducionistas ou erradas. A prática médica muda drasticamente de uma geração para a outra, porque a complexidade do corpo excede em muito o entendimento que temos dele em determinada época. Se pudéssemos analisar os estados internos dos modelos de rede para extrair explicações causais, obteríamos novos insights e hipóteses, que poderiam ser testadas para avançar na medicina.

A objeção de que uma rede neural é uma caixa-preta cujas conclusões não podem ser compreendidas também pode ser feita a respeito do cérebro, e, de fato, há uma grande variabilidade nas decisões tomadas por indivíduos que recebem os mesmos dados. Ainda não sabemos como o cérebro faz inferências a partir da experiência. Como mostrado no Capítulo 3, as conclusões nem sempre são baseadas na lógica, e há vieses cognitivos.[26] Além disso, as explicações que aceitamos não são muitas vezes mais do que racionalizações ou histórias plausíveis. Não podemos excluir a possibilidade de que alguma rede geradora muito grande algum dia comece a falar, e poderemos lhe pedir explicações. Deveríamos esperar melhores histórias e racionalizações de tal rede do que as que recebemos de humanos? Lembre-se de que a consciência não tem acesso ao funcionamento interno do cérebro.

As redes de aprendizado profundo normalmente fornecem não apenas uma, mas várias previsões principais na ordem de classificação, o que nos dá algumas informações sobre a confiança de uma conclusão. As redes neurais supervisionadas só podem resolver problemas que se enquadrem no intervalo de dados usado para treiná-las. Se ela foi treinada com casos ou exemplos similares, faz um bom trabalho na interpolação dos casos novos. Mas, se uma entrada nova estiver fora do intervalo de dados de treinamento, a extrapolação é perigosa. Isso não deve surpreender, uma vez que a mesma limitação se aplica aos humanos; não se deve esperar que um físico dê bons conselhos sobre questões políticas, nem mesmo sobre uma subárea da física alheia à de sua especialização. Mas, desde que o conjunto de dados seja grande o suficiente para abranger toda a gama de potenciais entradas, a generalização de uma rede para novas entradas deve ser boa. Na prática, os humanos tendem a usar analogias para extrapolar de um domínio conhecido para um novo, mas essas podem ser falsas analogias se os dois domínios forem fundamentalmente diferentes.

Todas as redes neurais que classificam as entradas são tendenciosas. Em primeiro lugar, a escolha das categorias de classificação incorpora um viés que reflete o preconceito humano na forma como esmiuçamos o mundo. Por exemplo, seria útil treinar uma rede para detectar ervas daninhas em gramados. Mas como identificá-la? A erva daninha de um homem pode ser a flor silvestre de outro. A classificação é um problema muito mais amplo, que reflete vieses culturais. Essas ambiguidades precisam integrar os conjuntos de dados usados para treinar a rede. Por exemplo, várias empresas fornecem às agências de aplicação da lei sistemas que identificam criminosos com base no reconhecimento facial. Há mais falsos positivos entre faces negras do que brancas, porque os bancos de dados usados para treinar as redes têm muito mais faces brancas, e, quanto mais dados você tem, mais precisamente consegue ser.[27]

Vieses de bancos de dados podem ser corrigidos rebalanceando os dados, mas há inevitavelmente vieses ocultos dependendo de onde eles são obtidos e das decisões para as quais são usados.[28]

Outra objeção à confiança nas redes neurais é que elas podem otimizar os lucros à custa da imparcialidade. Por exemplo, suponha que uma minoria sub-representada solicite um financiamento e tenha o empréstimo negado por uma rede neural treinada com milhões de aplicações. Entradas para a rede incluem o endereço e outras informações altamente correlacionadas às minorias. Portanto, mesmo que haja uma lei contra a discriminação expressa das minorias, a rede, por meio dessas informações, tacitamente as discrimina. O problema aqui não é com a rede neural, mas com a função de custo que lhe fornecemos para a otimizar. Se o lucro é o único objetivo, a rede usará todas as informações dadas para maximizá-lo. A solução para esse problema é incorporar a justiça como outro termo da função de custo. Embora a solução ideal seja encontrar um equilíbrio criterioso entre lucro e justiça, o perde/ganha deve ser explicitado na função de custo, o que requer que alguém decida como ponderar cada meta. A perspectiva ética daqueles nas áreas de humanas e análogas deve ser considerada ao se formular esse perde ganha. Mas devemos sempre ter em mente que escolher uma função de custo que parece justa pode ter consequências impensadas.[29]

A iniciativa para regulamentar o uso da IA partiu de Elon Musk e Stephen Hawking, bem como de legisladores e pesquisadores. Uma carta aberta assinada por 3.722 pesquisadores de IA e robótica, em 2015, pediu a proibição de armas autônomas:

> Em resumo, acreditamos que a IA tem um grande potencial para beneficiar a humanidade de várias maneiras, e que esse deve ser seu objetivo. Começar uma corrida armamentista de inteligência artificial é uma má ideia, e deve ser impedida pela proibição de armas autônomas ofensivas que estejam além do controle humano.[30]

Esse pedido de proibição foi bem-intencionado, mas é uma faca de dois gumes, considerando que nem todas as nações podem aderir à proibição. O presidente russo Vladimir Putin declarou publicamente:

> A inteligência artificial é o futuro, não só para a Rússia, mas para toda a humanidade. Ela surge com oportunidades colossais, mas também

com ameaças difíceis de prever. Quem se tornar líder nessa esfera governará o mundo.[31]

O problema com as restrições em grande escala é que a inteligência artificial não é uma área homogênea, mas possui muitas ferramentas e aplicações diversas, cada uma com as próprias consequências. Por exemplo, a automação da análise da concessão de crédito foi uma aplicação inicial do aprendizado de máquina nos anos 1980. Havia preocupações de que os indivíduos fossem classificados injustamente de acordo com o código postal em que moravam. Isso levou a legislação a limitar os dados usados para fazer as avaliações, e as empresas foram obrigadas a indicar aos indivíduos maneiras de melhorar sua pontuação. Cada aplicação terá um conjunto específico de questões que serão melhor analisadas caso a caso, isso é mais eficiente do que impor uma proibição geral de pesquisa.[32]

Passagem

Durante um período sabático na Caltech, em 1987, como Professor Visitante Cornelis Wiersma de neurobiologia, encontrei Francis Crick no Instituto Salk. Francis estava formando um grupo de pesquisa especialmente forte em visão, um dos meus principais interesses. Toquei minha fita de demonstração da NETtalk em um almoço na universidade, o que gerou uma discussão animada. Minha mudança para La Jolla, em 1989, marcou uma transição empolgante da faculdade Johns Hopkins para o corpo docente do Instituto Salk, e repentinamente muitas oportunidades se abriram, incluindo uma nomeação para o Instituto Médico Howard Hughes, que forneceu um apoio generoso a minha pesquisa, por 26 anos.

Quando me mudei para a UC, em San Diego, em 1989, lamentei que David Rumelhart, que nos ensinara a retropropagar, já tivesse partido para Stanford, e depois disso só o vi esporadicamente. Com o passar dos anos, percebi que o comportamento de David mudou de maneira perturbadora. Ele acabou sendo diagnosticado com demência frontotemporal, uma perda progressiva dos neurônios do córtex frontal, o que afeta a personalidade, o comportamento e a linguagem. Rumelhart morreu em 2011, aos 68 anos, incapaz de reconhecer familiares ou amigos.

9 Aprendizado Convolucional

Nos anos 2000, a febre das redes neurais que ocorrera na década de 1980 havia acabado, e elas voltaram a ser tratadas como ciência comum. Certa vez, Thomas Kuhn caracterizou o tempo entre as revoluções científicas como o trabalho padrão de formular teorias, observar e realizar experimentos dentro de um paradigma consolidado ou de um quadro explicativo.[1] Geoffrey Hinton mudou-se para a Universidade de Toronto, em 1987, e manteve um fluxo constante de melhorias incrementais, embora nenhuma delas produzisse a magia que a máquina de Boltzmann outrora realizou.

Hinton tornou-se líder do Programa de Computação Neural e Percepção Adaptativa (NCAP) do Instituto Canadense para Pesquisa Avançada (CIFAR) na primeira década do novo século, que consistia em cerca de 25 pesquisadores do Canadá e de outros países, concentrados em resolver problemas difíceis com o aprendizado de máquina. Fui membro do Conselho Consultivo do NCAP, presidido por Yann LeCun, e participei das reuniões anuais do programa pouco antes das conferências da NIPS. Fazendo um progresso lento, mas constante, os pioneiros no estudo das redes neurais exploraram muitas novas estratégias para aprendizado de máquina. Embora suas redes tivessem muitas aplicações úteis, as altas expectativas para a área nos anos 1980 não haviam sido atendidas. No entanto, isso não impediu os pioneiros de manterem a fé. Analisando em retrospectiva, eles prepararam o terreno para um avanço drástico.

Progresso Constante no Aprendizado de Máquina

As conferências da NIPS foram a incubadora das redes neurais na década de 1980 e abriram as portas para outros algoritmos capazes de lidar com grandes conjuntos de dados de alta dimensão. A Máquina de Vetores de Suporte ou

SVM (Support Vector Machine), de Vladimir Vapnik, entrou em cena em 1995 para reabilitar as redes do perceptron, relegadas nos anos 1960. O que tornou a SVM um poderoso classificador, ferramenta atualmente obrigatória para todos os que estudam redes, foi o "truque de kernel", uma transformação matemática equivalente a saltar do espaço de dados para o hiperespaço, em que os pontos de dados são remapeados para facilitar a separação. Tomaso Poggio havia desenvolvido uma rede hierárquica chamada de "HMAX", que classificava um número limitado de objetos.[2] Isso sugeriu que o desempenho melhoraria com redes mais profundas.

Nos primeiros anos do novo século, foram desenvolvidos modelos gráficos que entraram em contato com um rico viés de modelos probabilísticos chamados de "redes bayesianas", baseadas em um teorema formulado pelo matemático britânico do século XVIII, Thomas Bayes, que permite às novas evidências atualizarem as crenças prévias. Judea Pearl, da Universidade da Califórnia, em Los Angeles, havia introduzido na inteligência artificial as "redes de crença",[3] baseadas na análise bayesiana, que foram corroboradas e ampliadas pelo desenvolvimento de métodos para o aprendizado das probabilidades nas redes a partir dos dados. Os algoritmos dessas e de outras redes criaram um poderoso arsenal para pesquisadores de aprendizado de máquina.

Conforme a capacidade de processamento dos computadores continuou a aumentar exponencialmente, tornou-se possível treinar redes cada vez maiores. Em geral, pensava-se que as redes neurais mais amplas, com um número maior de unidades ocultas, eram mais eficazes do que as redes mais profundas, com mais camadas; mas esse não era o caso das redes treinadas camada por camada,[4] e o problema do desaparecimento do gradiente foi identificado, o que atrasou o aprendizado próximo à camada de entrada.[5] Quando esse problema foi superado, porém, tornou-se possível treinar redes profundas de retropropagação que se apresentassem favoravelmente em benchmarks.[6] E, quando essas redes começaram a desafiar as abordagens tradicionais da visão computacional, a postura adotada na conferência de 2012 da NIPS foi recolocar o "neural" em "sistemas de processamento de informação neural".

Na visão computacional, o progresso no reconhecimento de objetos em imagens, na última década do século anterior e na primeira do atual, melhorou o desempenho em benchmarks (usadas para comparar métodos diferentes) em uma fração de 1% ao ano. Os métodos melhoram lentamente porque cada categoria de objetos requer um especialista para identificar as características imutáveis necessárias para distingui-los dos outros. Então, em 2012, Geoffrey Hinton e dois estudantes, Alex Krizhevsky e Ilya Sutskever, submeteram um artigo à conferência da NIPS sobre o reconhecimento de objetos em imagens, um trabalho que usou o aprendizado profundo para treinar a AlexNet, uma rede convolucional profunda, que é o foco deste capítulo.[7] Usando o banco de dados da ImageNet, com mais de 15 milhões de imagens de alta resolução classificadas em mais de 22 mil categorias de referência, a AlexNet alcançou uma redução sem precedentes na taxa de erro, de 18%.[8] Esse avanço no desempenho desestabilizou a comunidade de visão computacional, estabelecendo o desenvolvimento de redes cada vez maiores em um curso de progresso controlado que agora está atingindo níveis humanos de desempenho. Em 2015, a taxa de erro no banco de dados do ImageNet havia caído para 3,6%.[9] A rede de aprendizado profundo que Kaiming He e seus colegas usaram para atingir essa redução se assemelha de muitas maneiras ao córtex visual; ela foi lançada por Yann LeCun, que originalmente a chamou de "Le Net".

Quando Geoffrey Hinton e eu o conhecemos, na década de 1980, Yann LeCun (Figura 9.1, à direita) estudava na França; ele foi inspirado a investigar a inteligência artificial quando, aos nove anos, conheceu HAL 9000, o computador de missão do épico da ficção científica *2001: Uma Odisseia no Espaço* (1968). Ele havia descoberto de forma independente uma versão da retropropagação para sua tese de doutorado, em 1987,[10] depois que se mudou para Toronto, para trabalhar com Geoffrey. Mais tarde, mudou-se para o AT&T Bell Laboratories, em Holmdel, Nova Jersey, onde treinou uma rede que lia códigos postais manuscritos, usando o banco de dados do Instituto Nacional de Padrões e Tecnologia (MNIST). Milhões de cartas por dia precisavam ser direcionadas para as respectivas caixas de correio; hoje isso é totalmente automatizado. A mesma tecnologia também possibilitou a leitura automática dos valores em seu cheque pelos caixas eletrônicos. Curiosamente, a parte mais difícil é localizar onde, no cheque, os números são escritos, pois cada cheque tem um formato. Já era patente nos anos 1980 que Yann tinha um talento extraordinário para pegar provas de conceito (algo em que os acadêmicos são bons) e fazê-las funcionar no mundo real. Isso requer que os produtos sejam robustos e testados em campo.

Figura 9.1
Geoffrey Hinton e Yann LeCun dominaram o aprendizado profundo. Essa foto foi feita em uma reunião do Programa de Percepção Adaptativa e Computação Neural do Instituto Canadense de Pesquisa Avançada em 2000, um programa que foi uma incubadora para o que se tornou o aprendizado profundo. Cortesia de Geoffrey Hinton.

Redes Neurais Convolucionais

Quando Yann LeCun se mudou para a Universidade de Nova York, em 2003, continuou a desenvolver sua rede de visão, que agora é conhecida como "ConvNet" (Figura 9.2). Ela se baseia na convolução, que pode ser considerada como um pequeno filtro deslizante passado por toda a imagem, criando uma camada de características. Por exemplo, o filtro poderia ser um detector de borda orientado, como aqueles apresentados no Capítulo 5, que tem uma saída grande somente quando a janela está sobre uma borda de um objeto em uma imagem com orientação, ou textura, correta dentro de um objeto. Embora a janela na primeira camada seja apenas uma pequena parte da imagem, uma vez que pode haver muitos filtros, muitas características podem ser representadas em cada correção. Os filtros na primeira camada, que está envolvida com a imagem, são semelhantes ao que David Hubel e Torsten Wiesel chamavam de "células simples" no córtex visual primário (Figura 9.3).[11] Os filtros nas camadas superiores respondem a características ainda mais complexas.[12]

Nas primeiras versões da ConvNet, a saída de cada filtro era passada através de uma não linearidade, chamada de "função sigmoide", que aumentava paulatinamente de 0 para 1, suprimindo a saída de unidades fracamente ativadas (veja a função sigmoide no Quadro 7.2; Capítulo 7). A janela na segunda camada que recebeu entradas da primeira cobria uma região maior do campo visual, de modo que, após várias outras camadas, havia unidades que recebiam entradas da imagem inteira. Essa camada superior era análoga ao topo da hierarquia visual, o que em primatas se chama "córtex inferotemporal" e tem campos receptivos que cobrem a maior parte do campo visual. A camada superior foi, então, inserida em uma camada de classificação, conectada em tudo, que foi usada para treinar toda a rede para classificar um objeto na imagem usando backprop.

Muitas melhorias incrementais foram feitas na ConvNet ao longo dos anos. Um acréscimo importante foi a reunião das características de uma região, algo conhecido como "pooling". Isso mensura a invariância da tradução e se assemelha às células complexas descobertas por Hubel e Wiesel no córtex visual primário, que respondem a linhas com a mesma orientação em um trecho do campo visual. Uma operação útil foi o ganho de normalização, que ajusta a amplificação das entradas de modo que cada unidade atue dentro de sua faixa de operação, algo que é implementado no córtex através da inibição do feedback. A função de saída sigmoide também foi substituída por unidades lineares recategorizadas (ReLUs), que têm saída zero até um limite agudo e aumentam linearmente acima do limite. Isso tem a vantagem de que unidades abaixo do limite sejam efetivamente cortadas da rede, o que é mais próximo do funcionamento real do limiar de um neurônio.

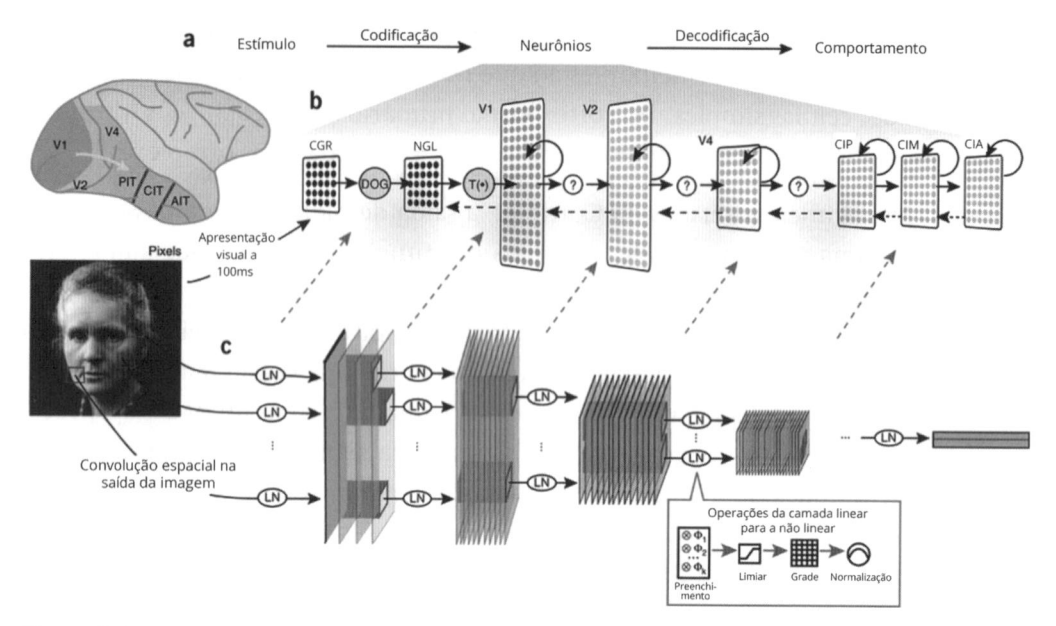

Figura 9.2

Córtex visual comparado com uma rede convolucional para reconhecimento de objetos em imagens. (Em cima) (a, b) Hierarquia de camadas no córtex visual começando com entradas para o córtex visual primário (V1) da retina e do tálamo (CGR, NGL) para o córtex inferotemporal (CIP, CIM, CIA) mostrando uma correspondência entre as áreas corticais e as camadas de rede convolucional. (Embaixo) (c) Entradas da imagem no projeto da esquerda para a primeira camada convolucional, que consiste em vários planos de feições, cada um representando um filtro como as células simples orientadas encontradas no córtex visual. Os filtros são limitados e agrupados na primeira camada e normalizados para produzir respostas invariantes ao longo do patch, semelhantes às células complexas no córtex visual. (Quadro: operações da camada linear para a não linear.) Essa operação é repetida em cada camada convolucional da rede. A camada de saída tem conectividade geral com as entradas da última camada convolucional. De Yamins e DiCarlo, "Using Goal-Driven Deep Learning Models to Understand Sensory Cortex", Figura 1.

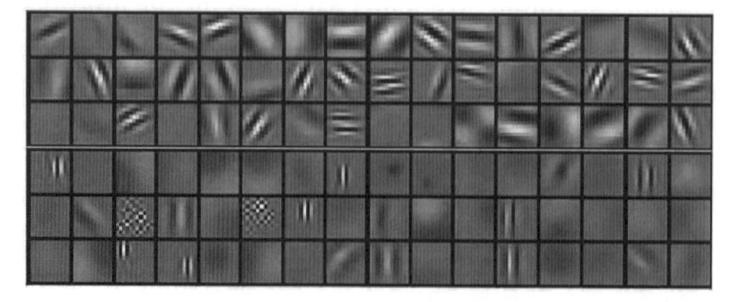

Figura 9.3

Filtros da primeira camada de uma rede convolucional. Cada filtro se localiza em um patch no campo visual. Os estímulos preferidos dos filtros nas três filas superiores são orientados como células simples do córtex visual. Os estímulos preferidos na segunda camada mostrada nas três fileiras inferiores são mais estendidos e possuem formas complexas. De Krizhevsky, Sutskever e Hinton, "ImageNet Classification with Deep Convolutional Neural Networks", Figura 3.

Cada uma das mudanças na ConvNet tinha uma justificativa computacional que melhorava o desempenho da rede de maneiras que um engenheiro podia entender, mas, com essas mudanças, ela se assemelhava cada vez mais ao que conhecíamos sobre a arquitetura do córtex visual na década de 1960, embora na época só pudéssemos adivinhar quais eram as funções de células simples e complexas, ou o que as representações distribuídas no topo da hierarquia deveriam realizar. Isso ilustra a alta produtividade da simbiose entre a biologia e o aprendizado profundo.

O Aprendizado Profundo Atende à Hierarquia Visual

A filósofa da mente Patricia Churchland é especialista em neurofisiologia pela UC, San Diego.[13] Saber que o conhecimento, em última análise, depende da forma como o cérebro o representa claramente não impediu os filósofos de o entenderem como, nas palavras de Immanuel Kant, um "Ding an sich" (algo em si), independente do mundo. Mas, com a mesma clareza, o conhecimento fundamentado é essencial se nós (entre os outros animais) quisermos sobreviver no mundo real. Patricia e eu escrevemos *The Computational Brain*, em 1992, para desenvolver um quadro conceitual para a neurociência baseado em grandes populações de neurônios.[14] Nossa motivação foi a considerável similaridade dos padrões de atividade entre as unidades ocultas de uma rede neural multicamadas treinada e as registradas, uma por vez, em populações de neurônios biológicos. (Agora, em sua segunda edição, nosso livro é uma boa cartilha se você quiser aprender mais sobre computação fundamentada no funcionamento cerebral.) James DiCarlo, do MIT, comparou recentemente as respostas dos neurônios aos diferentes níveis da hierarquia do córtex visual de macacos treinados para reconhecer imagens de objetos com as respostas de unidades em uma rede neural de aprendizado profundo que poderiam reconhecer as mesmas imagens (Figura 9.2).[15] Ele concluiu que as propriedades estatísticas dos neurônios em cada camada da rede combinavam bastante com as dos neurônios da hierarquia cortical.

A semelhança entre o desempenho das unidades em uma rede de aprendizado profundo e dos neurônios do córtex visual do macaco é um enigma, especialmente porque é improvável que o cérebro do macaco use retropropagação para o aprendizado. O backprop requer o feedback de sinais de erro detalhados para cada neurônio em cada camada de uma rede neural com uma precisão muito maior do que a encontrada nas conexões de feedback conhecidas dos neurônios biológicos. Mas outros algoritmos de aprendizado são mais plausíveis do ponto de vista biológico, como o de aprendizado da máquina de Boltzmann, que usa a plasticidade sináptica de Hebb, que foi encontrada no córtex. Isso levanta uma questão interessante sobre a provável existência de uma teoria matemática do aprendizado profundo que se aplique a uma grande classe de algoritmos de aprendizado, incluindo aqueles do córtex. No Capítulo 7, sugiro o desmembramento das superfícies de classificação nas camadas superiores da hierarquia visual, em que as superfícies de decisão são mais planas do que as das camadas inferiores. Uma análise geométrica dessa superfície leva a uma compreensão matemática mais profunda das redes de aprendizado profundo e do cérebro.

Uma das vantagens de uma rede neural de aprendizado profundo é que podemos "registrar" todas as unidades da rede e seguir o fluxo de informações à medida que elas são transformadas em cada camada. Estratégias para a análise de tal rede poderiam então ser aplicadas à análise de neurônios no cérebro. Um aspecto formidável das tecnologias que dão certo é que elas geralmente possuem uma boa explicação adjacente e um forte incentivo para descobri-la. Os primeiros motores a vapor foram construídos por engenheiros que se basearam em sua intuição; a teoria da termodinâmica, que explicou como os motores funcionavam, surgiu mais tarde, junto de melhorias em sua eficiência. A análise das redes de aprendizado profundo por físicos e matemáticos está bem encaminhada.

Memória de Trabalho e Persistência de Atividade

A neurociência percorreu um longo caminho desde a década de 1960, e há muito o que se fazer com o conhecimento que atualmente temos do cérebro. Em 1990, Patricia Goldman-Rakic ensinou um macaco a lembrar-se de um local que foi brevemente iluminado por uma luz e a fazer um movimento ocular para o local lembrado após um período de atraso.[16] Registrando o córtex pré-frontal do macaco, ela relatou que alguns neurônios que inicialmente responderam à sugestão mantiveram sua atividade durante o período de atraso. Em humanos, os psicólogos chamam isso de "memória de trabalho", que é a forma como mantemos 7 ± 2 itens em mente enquanto realizamos uma tarefa, como discar um número de telefone.

A rede de alimentação adiante tradicional propaga entradas na rede, uma camada por vez. A incorporação da memória de trabalho possibilitaria a entrada posterior interagir com o rastro deixado por uma anterior. Por exemplo, ao traduzir uma frase do francês para o inglês, a primeira palavra em francês na rede influencia a ordem das subsequentes em inglês. A maneira mais simples de implementar a memória de trabalho em uma rede é adicionar conexões recorrentes, comuns no córtex humano. Conexões recorrentes em redes neurais dentro de uma conexão direta e de feedback a camadas anteriores permitem que sequências temporais de entradas sejam integradas. Essas redes foram exploradas na década de 1980 e são amplamente utilizadas no reconhecimento de fala.[17] Na prática, isso funciona bem para dependências de curto alcance, mas mal quando a diferença entre as entradas é grande, já que a influência de uma entrada tende a decair com o tempo.

Em 1997, Sepp Hochreiter e Jürgen Schmidhuber encontraram uma maneira de superar o problema do decaimento, que chamaram de "memória longa de curto prazo" (LSTM — Long Short Term Memory).[18] O LSTM passa a atividade para o futuro sem decaimento como padrão, que é o que acontece durante o período de retardo no córtex pré-frontal do macaco, e também tem um esquema complexo para decidir como integrar as novas informações recebidas com as antigas. Como consequência, as dependências de longo alcance são preservadas de forma seletiva. Essa versão da memória de trabalho em redes neurais permaneceu latente por 20 anos, até que foi retomada e implementada em redes de aprendizado profundo, na qual tem sido espetacularmente bem-sucedida em muitos domínios que dependem do aprendizado de sequências de entradas e saídas, como filmes, música, movimentos e linguagem.

O criativo e peculiar Schmidhuber é codiretor do Instituto Dalle Molle de Pesquisa em Inteligência Artificial, em Manno, uma pequena cidade localizada no distrito de Ticino, no sul da Suíça, perto de algumas das melhores rotas de caminhada pelos Alpes.[19] Essa versão criativa e idiossincrática do ator Rodney Dangerfield no âmbito das redes neurais julga que não recebe crédito suficiente por sua inventividade. Em um painel de discussão na conferência de 2015 da NIPS, em Montreal, ele se apresentou ao público como "Você de novo, Schmidhuber" e, na de 2016, em Barcelona, atormentou um palestrante por cinco minutos por não estar prestando atenção suficiente a suas ideias.

Em 2015, Kelvin Xu e seus colegas uniram uma rede de aprendizado profundo, para identificar objetos em imagens, com uma rede recorrente de memória de curto prazo, para legendas. Usando uma primeira passagem de uma rede de aprendizado profundo que identificou todos os objetos na cena como entrada, eles treinaram a rede recorrente LSTM para produzir uma sequência de palavras em inglês que descreviam a cena em uma legenda (Figura 9.4); e também a treinaram para identificar a localização na imagem correspondente a cada palavra na legenda.[20] O que torna essa aplicação impressionante é que a rede de memória de curto prazo nunca foi treinada para entender o significado da sentença na legenda, apenas para produzir uma sequência de palavras sintaticamente correta com base nos objetos e em sua localização na imagem. Com o exemplo da NETtalk, no Capítulo 8, essa é mais uma evidência de que as redes neurais têm uma afinidade com a linguagem por razões que ainda não entendemos. Talvez emerja uma nova teoria da linguagem da análise de redes LSTM que esclareça tanto o funcionamento das redes quanto a natureza da linguagem natural.

Redes Adversárias Generativas

No Capítulo 7, foi apresentada a máquina de Boltzmann como um modelo generativo que pode produzir novas amostras de entrada quando a saída está atrelada a uma categoria que foi treinada para fazer reconhecimento e cujos padrões de atividade são filtrados até a camada de entrada. Ian Goodfellow, Yoshua Bengio e seus colegas da Universidade de Montreal mostraram que era possível treinar redes alimentadas adiante para gerar amostras ainda melhores em um contexto adversarial.[21] Uma rede convolucional generativa pode ser treinada para produzir boas amostras de imagens, tentando enganar outra rede convolucional que tem que decidir se uma entrada é uma imagem real ou falsa. A saída da rede generativa é dada como entrada para uma rede convolucional discriminativa que é treinada para fornecer uma única saída: 1 se a entrada for uma imagem real e 0 se for falsa. Essas duas redes competem entre si. A rede generativa tenta aumentar a taxa de erro da discriminativa, que está tentando reduzir a própria taxa de erro. A tensão entre esses dois objetivos produz imagens fotorrealistas surpreendentes (Figura 9.5).[22]

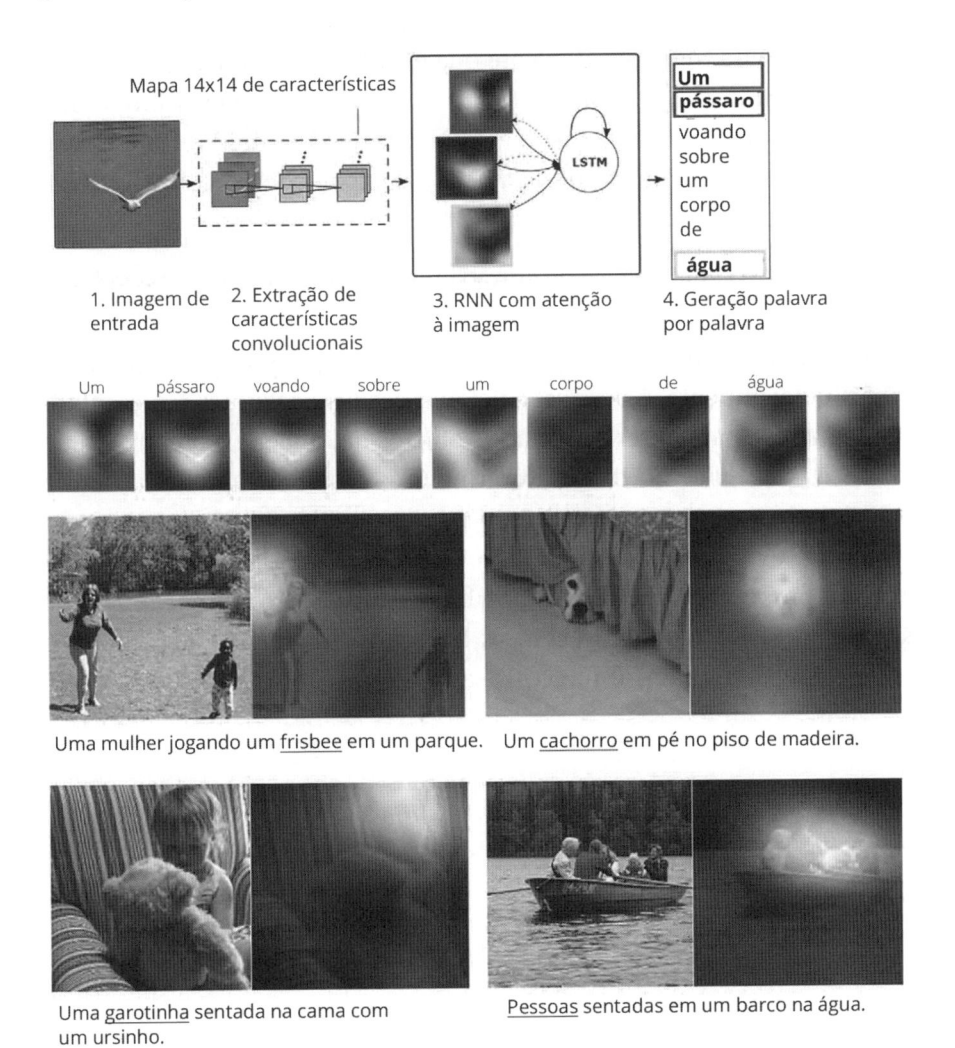

Figura 9.4

Legendagem de imagens com aprendizado profundo. O painel superior ilustra o procedimento que analisa a foto. A ConvNet (CNN) na primeira etapa rotula os objetos na foto e passa essas informações para a rede neural recorrente (RNN). A RNN foi treinada para produzir uma sequência apropriada de palavras em inglês. Os quatro painéis inferiores ilustram um refinamento adicional que usa atenção (nuvem branca) para indicar o referenciamento da palavra na foto. Em cima: de M. I. Jordan e T. M. Mitchell, "Machine Learning: Trends, Perspectives, and Prospects", *Science* 349, n°. 6245 (2015): 255–260, Figura 2. Cortesia de Tom Mitchell. Embaixo: de Xu et al., "Show, Attend and Tell", 2015, rev. 2016, Figuras 1 e 3, https://arxiv.org/pdf/1502.03044.pdf. Cortesia de Kelvin Xu.

Tenha em mente que essas imagens são geradas de forma sintética e os objetos nelas nunca existiram. São versões generalizadas das imagens não rotuladas no conjunto de treinamento. Note que as redes antagônicas generativas são não supervisionadas, o que possibilita que elas usem dados ilimitados. Existem muitas outras aplicações para essas redes, que vão desde a limpeza do ruído em imagens astronômicas de galáxias com super-resolução[23] ao aprendizado de representações em discursos emocionais.[24]

Alterando lentamente o vetor de entrada da rede generativa, é possível mudar gradualmente a imagem, de modo que partes e peças, como janelas, gradualmente apareçam ou se transformem em outros objetos, como gabinetes.[25] Ainda mais notavelmente, é possível adicionar e subtrair vetores representando o estado da rede para obter misturas de objetos na imagem, como ilustrado na Figura 9.6. A implicação desses experimentos é que as representações de imagens na rede generativa representam os quartos da mesma forma como descreveríamos as partes das cenas. Essa tecnologia está avançando rapidamente, e sua próxima fronteira é gerar filmes realistas. Ao treinar uma rede adversarial generativa recorrente com os filmes de uma atriz como Marilyn Monroe, é possível criar performances de atores que já morreram.

É a semana da moda em Milão, e modelos com expressões estapafúrdias pavoneiam nas passarelas (Figura 9.7). Algo está agitando o mundo da moda: "'Muitos empregos estão desaparecendo', disse Silvia Venturini Fendi antes de seu show: 'Os androids vão absorver os antigos trabalhos, mas a única coisa que não podem substituir é nossa criatividade e nossas mentes.'"[26] Agora, imagine redes adversárias generativas que foram treinadas para gerar novos estilos e alta-costura com uma variedade quase infinita. O mundo da moda pode estar à beira de uma nova era, no mesmo barco que muitos outros negócios que dependem da criatividade.

É uma Questão de Escalonamento

A maioria dos atuais algoritmos de aprendizado foi descoberta há mais de 25 anos, então por que demorou tanto para que tivessem um impacto no mundo real? Com os computadores e dados rotulados que estavam disponíveis para os pesquisadores na década de 1980, só foi possível demonstrar as provas de princípios para problemas conceituais. Apesar de alguns resultados promissores, não sabíamos como o aprendizado e o desempenho da rede aumentariam à medida que o número de unidades e o de conexões aumentassem para corresponder à complexidade dos problemas do mundo real. A maioria dos algoritmos em escala de IA mal, ou nunca, foi além de resolver problemas conceituais. Sabemos agora que as redes neurais aprendem bem e que o desempenho continua a aumentar proporcionalmente ao tamanho da rede e ao número de camadas. O backprop, em particular, escalona muito bem.

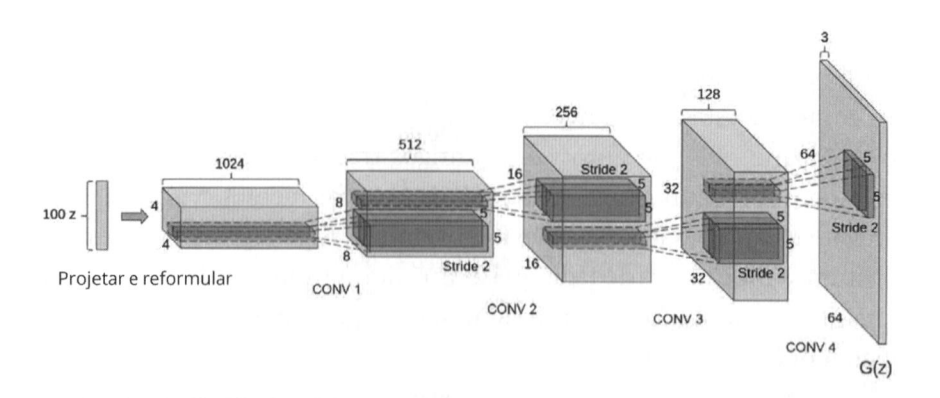

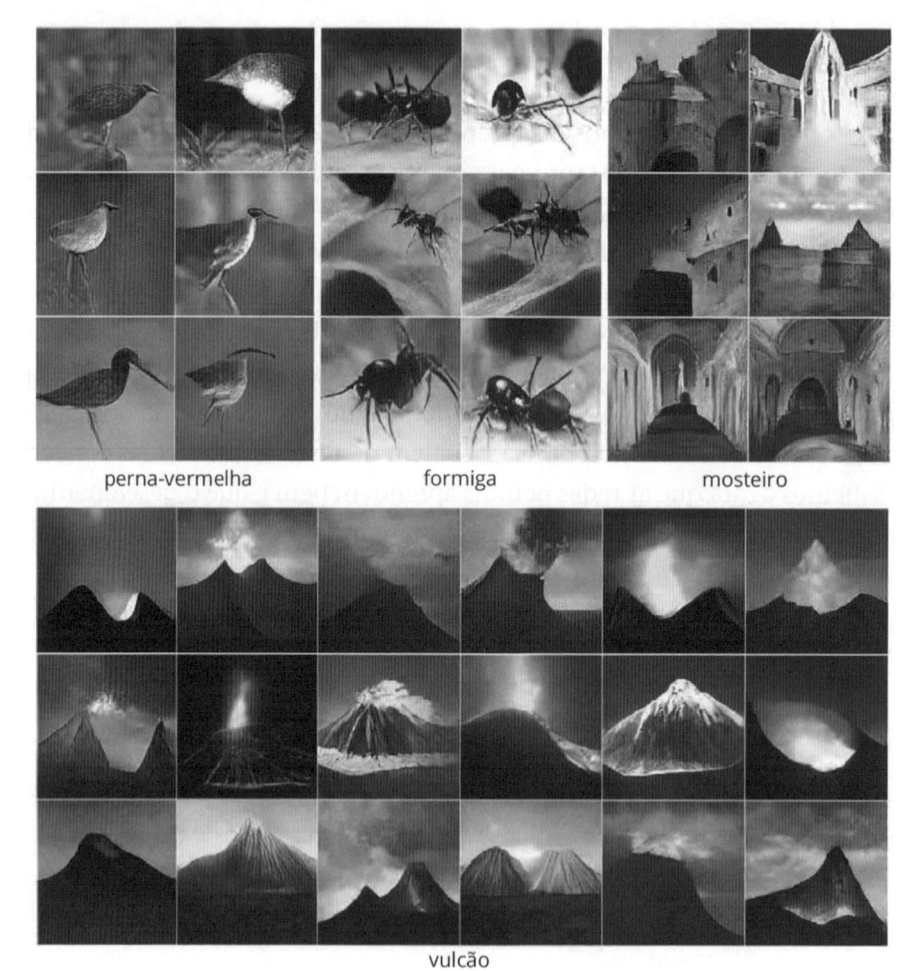

Capítulo 9

Projetar e reformular → CONV 1 → CONV 2 → CONV 3 → CONV 4 → G(z)

perna-vermelha formiga mosteiro

vulcão

Aprendizado Convolucional 153

Figura 9.5
Redes adversárias generativas (GANs). O painel superior ilustra uma rede convolucional usada para gerar uma amostra de imagens treinadas para enganar a rede convolucional discriminativa. A entrada à esquerda são vetores de valor contínuo de 100 dimensões que são escolhidos aleatoriamente para gerar imagens diferentes; o vetor de entrada então ativa as camadas de filtros com uma escala espacial maior e maior. Os painéis inferiores exibem imagens de amostra produzidas treinando uma GAN em fotos de categorias únicas. Em cima: de A. Radford, L. Metz e S. Chintala, "Unsupervised Representation Learning with Deep Convolutional Generative Adversarial Networks", Figura 1, arXiv: 1511.06434, https://arxiv.org/pdf/1511.06434.pdf. Cortesia de Soumith Chintala. Embaixo: de A. Nguyen, J. Yosinski, Y. Bengio, A. Dosovitskiy e J. Clune, "Plug & Play Generative Networks: Conditional Iterative Generation of Images in Latent Space", Figura 1, https://arxiv.org/pdf/1612.00005.pdf. Cortesia de Ahn Nguyen.

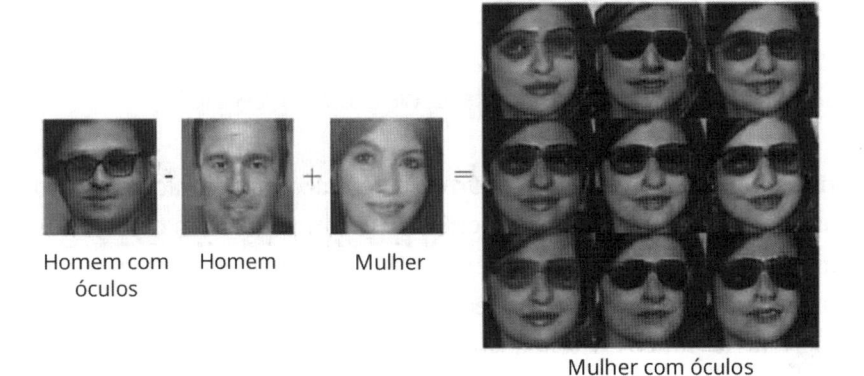

Homem com óculos   Homem   Mulher

Mulher com óculos

Figura 9.6
Aritmética vetorial em redes adversárias generativas. Misturas de entradas para uma rede generativa treinada com faces produziram as saídas à esquerda, que foram então usadas para criar as mesclas à direita, adicionando e subtraindo os vetores de entrada escolhidos. Como as misturas são feitas no nível representacional mais alto, partes e poses são perfeitamente combinadas, em vez de serem calculadas, como ocorre na metamorfose. Adaptado de A. Radford, L. Metz e S. Chintala, "Unsupervised Representation Learning with Deep Convolutional Generative Adversarial Networks", Figura 7, arXiv:1511.06434, https://arxiv.org/pdf/1511.06434/.

Figura 9.7
Show de moda masculina primavera/verão de 2018, de Giorgio Armani, em Milão.

Deveríamos nos surpreender? O córtex cerebral é uma característica dos mamíferos que teve a evolução mais significativa em primatas e especialmente em humanos. E, à medida que se expandiu, sua capacidade se ampliou e mais camadas foram adicionadas às áreas de associação para representações de ordem superior. Há poucos sistemas complexos que se adaptam bem a isso. A internet é um dos poucos sistemas de engenharia cujo tamanho também foi ampliado em um milhão de vezes. Ela evoluiu assim que os protocolos foram estabelecidos para a comunicação de pacotes, da mesma forma que o código genético do DNA possibilitou a evolução das células.

O treinamento de muitas redes de aprendizado profundo com o mesmo conjunto de dados resulta em um grande número de redes diferentes que têm aproximadamente a mesma média no nível de desempenho. O que gostaríamos de saber é o que todas essas redes igualmente boas têm em comum, mas analisar uma única rede não revelará isso. Outra abordagem para entender os princípios por trás do aprendizado profundo é explorar ainda mais o espaço dos algoritmos de aprendizado; apenas testamos algumas localizações de todos os algoritmos de aprendizado. O que poderia emergir de uma exploração muito mais ampla é uma teoria computacional do aprendizado tão profunda quanto as teorias de outras áreas da ciência,[27] uma que esclareceria, de forma muito bem-vinda, os algoritmos de aprendizado descobertos pela natureza.

Yoshua Bengio[28] (Figura 9.8), da Universidade de Montreal, e Yann LeCun sucederam a Geoffrey Hinton como diretores do Programa de Comportamento Neural e de Percepção Adaptativa (NCAP) do CIFAR quando passou pela sua revisão de dez anos e foi renomeado como "Aprendizado em Máquinas e Cérebros". Yoshua liderou uma equipe na Universidade de Montreal que aplicou o aprendizado profundo à língua natural, o que é um novo foco para o Programa de Aprendizado em Máquinas e Cérebros. Nas reuniões a cada dez anos, esse pequeno grupo de cerca de duas dúzias de professores e colegas originou o aprendizado profundo. O progresso substancial dos últimos cinco anos na aplicação do aprendizado profundo a muitos problemas que antes eram intratáveis pode ser atribuído a eles, mas é claro que eles são uma pequena parte de uma comunidade muito maior (que exploro no Capítulo 11).

Embora as redes de aprendizado profundo tenham provado sua eficácia em muitas aplicações, nunca sobreviveriam de forma independente no mundo real.[29] Elas são "mimadas" por pesquisadores que as alimentam e ajustam seus hiperparâmetros, como taxa de aprendizado, número de camadas e de unidades em cada camada para melhorar a convergência e lhes fornecer vastos recursos computacionais. Por outro lado, nem o córtex cerebral sobreviveria no mundo real sem o resto do cérebro e do corpo para fornecer apoio e autonomia, o que, em um mundo incerto, é um problema muito mais difícil do que o do reconhecimento de padrões. O Capítulo 10 apresenta um antigo algoritmo de aprendizado que nos ajudou a sobreviver na natureza, motivando-nos a buscar experiências recompensadoras.

Figura 9.8
Yoshua Bengio é codiretor do programa CIFAR Learning in Machines and Brains. Cientista da computação naturalizado canadense, nascido na França, Yoshua tem liderado aplicações de ensino profundo em problemas de linguagem natural. Os avanços feitos por Geoffrey Hinton, Yann LeCun e Yoshua Bengio foram fundamentais para o sucesso do aprendizado profundo. Cortesia de Yoshua Bengio.

10 Aprendizado por Recompensa

De acordo com uma lenda que remonta à Idade Média, um governante agradecido ofereceu um campo de trigo ao inventor do xadrez. Mas, em vez disso, o inventor solicitou um grão de trigo no primeiro quadrado, dois no segundo, quatro no terceiro e assim por diante, dobrando o número até preencher os 64 quadrados do tabuleiro de xadrez. Achando que era um pedido modesto, o governante prontamente concordou. Na realidade, porém, para atender ao pedido, ele teria que dar ao inventor não apenas todo o trigo de seu reino, mas de todo o mundo por muitos séculos vindouros, considerando que o número de grãos no quadrado 64 seria 2^{64} (cerca de 10^{19}).[1] Isso é chamado de "crescimento exponencial". O número de posições no tabuleiro de jogos como xadrez e Go cresce mais rápido que o de grãos em nossa história. A cada movimento, há em média 35 jogadas possíveis em um jogo de xadrez e, para Go, o fator de aumento é 250. Isso acelera, e muito, o crescimento exponencial.

Aprendendo a Jogar Gamão

Os jogos têm a vantagem de terem regras bem definidas, jogadores exímios e decisões menos complexas que as do mundo real, mas suficientemente para serem desafiadoras. Em 1959, Arthur Samuel, pioneiro em aprendizado de máquina da IBM, nos primórdios dos computadores digitais comerciais, escreveu um programa que podia jogar damas com tanto sucesso que, no dia em que foi anunciado, as ações da IBM tiveram um aumento sem precedentes. Dama é um jogo relativamente fácil, mas o programa de Samuel, baseado em uma função de custo para avaliar as vantagens de diferentes posições do jogo, como nos programas de jogos anteriores, e que era executado no primeiro computador comercial da IBM, o IBM 701, que usava tubos de vácuo, foi impressionante em um aspecto inédito: aprendeu jogando sozinho.

Antes de passar para o Centro de Pesquisa Thomas J. Watson, da IBM, em Yorktown, Nova York, Gerald Tesauro trabalhou comigo quando esteve no Centro de Pesquisas em Sistemas Complexos da Universidade de Illinois, em Urbana-Champaign, sobre o problema de ensinar uma rede neural a jogar gamão (Figura 10.1).[2] Nossa abordagem utilizou supervisão especializada para treinar redes com backprop para avaliar posições de jogo e possíveis movimentos. A falha nessa abordagem era que o programa nunca poderia ser melhor do que nossos especialistas, que não estavam no nível dos campeonatos mundiais. Mas, com o jogo que aprende sozinho, é possível fazer melhor. O problema naquele momento era que o único sinal de aprendizado era ganhar ou perder a partida, mas quais dos muitos movimentos eram responsáveis pela vitória? Isso é chamado de "problema de atribuição de crédito temporal".

Em 1988, Richard Sutton inventou um algoritmo de aprendizado que consegue resolver esse problema.[3] Ele trabalhava com Andrew Barto, seu orientador de doutorado na Universidade de Massachusetts, em Amherst, sobre problemas difíceis do aprendizado por reforço, um ramo do aprendizado de máquina inspirado pelo aprendizado associativo em experimentos com animais (Figura 10.2). Diferente de uma rede de aprendizado profundo, cujo único trabalho é transformar entradas em saídas, uma rede por reforço interage em um circuito fechado com o ambiente, recebendo informações sensoriais, tomando decisões e realizando ações. O aprendizado por reforço é baseado na observação de que os animais solucionam problemas difíceis em condições incertas, explorando as várias opções no ambiente e aprendendo com seus resultados. À medida que o aprendizado melhora, a exploração diminui, levando à pura exploração da melhor estratégia encontrada no processo.

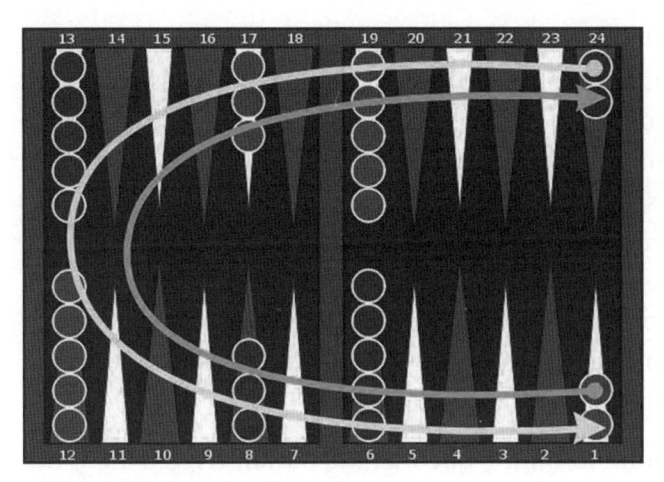

Figura 10.1
Tabuleiro de gamão. O gamão é um jogo em que as peças dos adversários avançam no tabuleiro com base em cada jogada de dados. A posição inicial é mostrada. Dois dados são rolados e os dois números indicam o quanto as duas peças podem avançar.

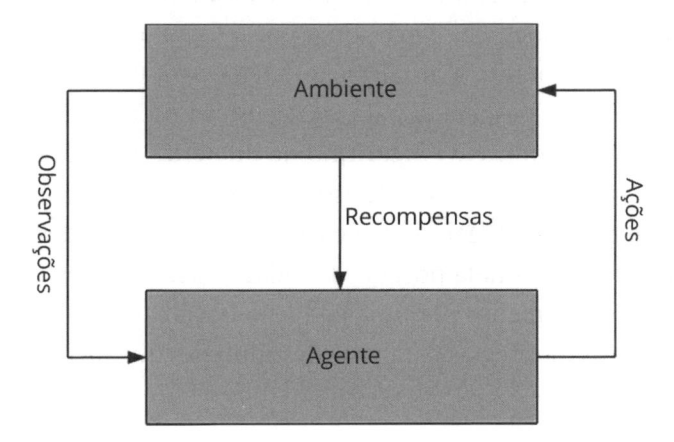

Figura 10.2
Cenário de aprendizado por reforço. O agente explora o ambiente agindo e observando. Se uma ação for bem-sucedida, ele recebe uma recompensa. O objetivo é maximizar futuras recompensas.

Suponha que você tenha que tomar uma série de decisões para atingir uma meta. Se já conhece todas as escolhas e futuras recompensas possíveis, você pode usar um algoritmo de busca — especificamente, o de Richard Bellman para programação dinâmica[4] — para descobrir o conjunto de escolhas que maximiza as recompensas; mas, à medida que o número de escolhas aumenta, o problema cresce exponencialmente, o que se chama "maldição da dimensionalidade", ilustrada no começo deste capítulo. No entanto, se você não tiver previamente todas as informações sobre os resultados das escolhas, terá que aprender a fazer as melhores escolhas possíveis ao longo do processo. Isso se chama "aprendizado online".

O algoritmo de aprendizado online que Richard Sutton (Figura 10.3) desenvolveu dependia da diferença entre as recompensas esperadas e as recebidas (Quadro 10.1). No aprendizado de diferença temporal, você compara a recompensa estimada de longo alcance por se fazer um movimento em um estado atual com uma estimativa melhor, baseado na recompensa obtida e na estimada para o próximo estado. Ao alterar a estimativa anterior para se assemelhar à aprimorada, as decisões que você toma em relação aos movimentos tendem a ser sempre melhores. A atualização é feita para uma rede de valores que estima a recompensa esperada para cada posição no tabuleiro e é usada para decidir a jogada seguinte. O algoritmo de diferença temporal converge para a melhor regra a fim de tomar decisões em um determinado estado depois que você teve tempo suficiente para explorar as possibilidades. A maldição da dimensionalidade é evitada porque, de todas as posições possíveis no tabuleiro, as peças passam apenas por uma pequena fração, mas isso é suficiente para desenvolver boas estratégias para posições similares que surjam em outros jogos.

Figura 10.3
Richard Sutton, na Universidade de Alberta, em Edmonton, em 2006. Ele nos ensinou a aprender o caminho para futuras recompensas. Rich é um sobrevivente do câncer que permaneceu como líder no aprendizado por reforço e continua desenvolvendo algoritmos inovadores. Ele é generoso em compartilhar seu tempo e ideias, o que todos no campo valorizam muito. Seu livro com Andrew Barto, *Reinforcement Learning: An Introduction*, é um clássico da área. A segunda edição está disponível gratuitamente na internet. Cortesia de Richard Sutton.

O programa de Gerry Tesauro, chamado de "TD-Gammon", tinha características importantes do tabuleiro de gamão e das regras inerentes, mas não sabia quais realmente eram boas jogadas a fazer. No início do aprendizado, os movimentos foram aleatórios, mas um dos oponentes acabou vencendo e obteve a recompensa. No gamão, quem conseguir "retirar" todas as peças do tabuleiro primeiro vence.

Quadro 10.1

Aprendizado de Diferença Temporal

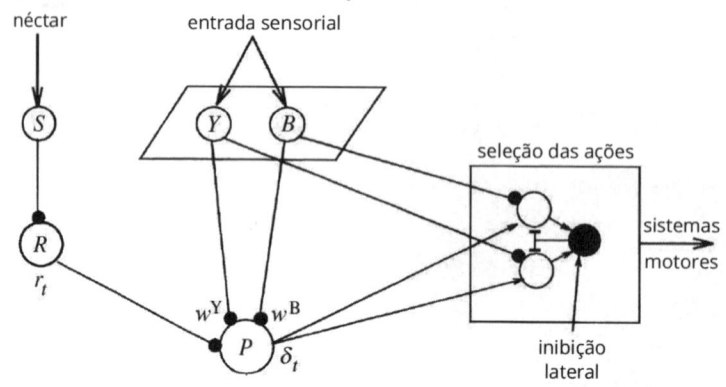

Nesse modelo do cérebro das abelhas, as ações são escolhidas (como aterrissar em uma flor) para maximizar todas as futuras recompensas:

$$R(t) = r_{t+1} + \gamma\, r_{t+2} + \gamma^2\, r_{t+3} + \ldots,$$

em que r_{t+1} é a recompensa do tempo $t+1$ e $0 < \gamma < 1$, o fator de redução. A recompensa prevista com base nas entradas sensoriais atuais, $s(t)$, é computada pelo neurônio P:

$$P_t(s) = w^y s^y + w^b s^b,$$

em que a entrada sensorial das flores amarelas (Y) e azuis (B) é ponderada por w^y e w^b. O erro de previsão de recompensa, $\delta(t)$, no tempo t é dado por

$$\delta_t = r_t + \gamma\, P_t(s_t) - P_t(s_{t-1}),$$

em que rt é a recompensa atual. A alteração em cada peso é dada por:

$$\delta w_t = \alpha\, \delta_t\, s_{t-1},$$

em que α é a taxa de aprendizado. Se a recompensa atual for maior que a recompensa prevista e δ_t for positivo, o peso aumenta na entrada sensorial que estava presente antes da recompensa; mas, se a recompensa atual for menor do que a esperada, e δ_t for negativo, o peso se reduz.

Adaptado de Montague, P. R. e Sejnowski, T. J., *The Predictive Brain: Temporal Coincidence and Temporal Order in Synaptic Learning Mechanisms*, Figura 6A.

Como a única recompensa real ocorre no final do jogo, é justificável imaginar que o TD-Gammon aprende primeiro o final do jogo, depois a metade e, finalmente, o começo. Isso é, de fato, o que acontece no "aprendizado de reforço tabular", em que há uma tabela de valores para cada estado no espaço. Mas com as redes neurais é completamente diferente — elas se conectam rapidamente a sinais simples e confiáveis das características de entrada e posteriormente aos mais complexos e não confiáveis.

O primeiro conceito que o TD-Gammon aprende é "retirar peças", atribuindo peso positivo à característica da entrada que represente o número de peças retiradas. O segundo conceito é "capturar as peças do oponente" — uma heurística razoavelmente boa para todas as fases, aprendida ao se colocar um peso positivo na unidade de entrada que codifica o número de peças adversárias retiradas. O terceiro conceito, "evite ser eliminado", é uma reação natural ao segundo, e é aprendido colocando-se um peso negativo nas peças únicas que podem ser atingidas. O quarto conceito é "construir novos pontos" para bloquear o progresso do oponente, que aprende colocando pesos positivos em entradas com pontos. Adquirir esses conceitos básicos necessita de alguns milhares de jogos de treinamento. Em 10 mil jogos, o TD-Gammon aprende os conceitos intermediários; em 100 mil, os avançados; e, em um milhão, já aprendeu as técnicas superiores, além do conhecimento dos humanos até o início dos anos 1990.

O TD-Gammon surpreendeu a mim e a muitos outros quando Gerry Tesauro o revelou ao mundo, em 1992.[5] A função de valor era uma rede backprop com 80 unidades ocultas. Depois de 300 mil jogos, o programa estava vencendo Gerry, então ele convidou o famoso autor e campeão mundial de gamão Bill Robertie a visitar a IBM, em Yorktown Heights, para jogar TD-Gammon. Robertie venceu a maioria dos jogos, mas ficou surpreso ao perder várias partidas bem jogadas, e declarou que era o melhor programa de gamão com que já havia jogado e que nunca tinha visto algumas de suas jogadas incomuns, o que, em um exame mais detalhado, provaram ser melhorias no jogo humano como um todo. Robertie retornou quando o programa alcançou 1,5 milhão de partidas jogadas sozinho e ficou surpreso quando empataram; ele atingira o nível do campeonato humano. Um especialista em gamão, Kit Woolsey, descobriu que a escolha do TD-Gammon entre uma jogada "segura" (baixo risco/recompensa) e "ousada" (alto risco/recompensa) era melhor que a de qualquer humano que ele tivesse visto. Embora 1,5 milhão pareça jogos de treinamento demais, representa uma fração infinitesimal de todas as 10^{20} possíveis posições no tabuleiro; isso exigia que o TD-Gammon generalizasse as possibilidades para quase todos os movimentos.

O TD-Gammon não alcançou tanta fama quanto o Deep Blue, da IBM, que derrotou Gary Kasparov no xadrez em 1997. O xadrez é muito mais difícil do que o gamão, e Kasparov era o então campeão mundial. De certa forma, porém, o TD-Gammon era uma realização mais impressionante. Primeiro, aprendeu a jogar por meio do reconhecimento de padrões, similar ao modo como os humanos jogam, enquanto o Deep Blue venceu pela força bruta, usando um hardware personalizado para procurar mais movimentos possíveis do que qualquer humano conseguiria. E, segundo, o TD-Gammon foi criativo e surgiu com estratégias sutis e jogadas nunca vistas pelos humanos. Ao fazê--lo, o TD-Gammon elevou o nível do próprio jogo humano. Essa conquista foi um divisor de águas na história da IA porque aprendemos algo novo com um programa que ensinou a si mesmo a dominar uma estratégia complexa em um domínio batido, uma estratégia digna de interesse e dedicação humanos.

Aprendizado por Recompensa no Cérebro

A alma do TD-Gammon é o algoritmo de aprendizado de diferença temporal, inspirado em experimentos de aprendizado com animais. Quase todas as espécies testadas, de abelhas a humanos, podem ser ensinadas de forma associativa, assim como o cachorro de Pavlov. Em seu experimento, um estímulo sensorial, como um sino, antecedia a apresentação de comida, o que provocava a salivação. Após várias associações, o toque do sino já produzia a salivação. Cada espécie tem estímulos incondicionados preferidos para o aprendizado associativo. As abelhas são muito boas em associar o cheiro, a cor e a forma de uma flor à recompensa do néctar e a usar essa associação aprendida para encontrar flores semelhantes conforme a estação.

Deve haver algo importante nessa forma universal de aprendizado, e houve um período na década de 1960, em que os psicólogos estudaram intensamente as condições que originaram o aprendizado associativo e desenvolveram modelos para explicá-lo. Behavioristas, como B. F. Skinner, treinaram pombos para reconhecer humanos em fotos, o que chama a atenção para o que pode ser conseguido com o aprendizado profundo; mas há uma grande diferença. O aprendizado de backprop exige um feedback detalhado para todas as unidades na camada de saída, e o aprendizado associativo fornece apenas um único sinal de recompensa, correto ou incorreto. O cérebro tem que descobrir quais características externas foram responsáveis pela decisão bem-sucedida.

Apenas o estímulo que ocorre imediatamente antes da recompensa é associado a ela. Isso se justifica porque é mais provável que um estímulo a tenha causado se ocorreu um pouco antes de ela ser recebida. A causalidade é um princípio importante na natureza. O inverso ocorre quando o estímulo condicionado é seguido de punição, como um choque no pé, que ensina um animal a evitá-lo. Em alguns casos, o intervalo entre o estímulo condicionado e a punição é bastante longo. Na década de 1950, John Garcia mostrou que, se um rato recebesse água adoçada e sentisse náuseas nas horas subsequentes, evitaria a água adoçada dias depois. Isso se chama "aprendizado aversivo ao sabor" e também ocorre em humanos.[6] Às vezes a náusea será erroneamente associada à comida ingerida, como o chocolate, que infelizmente aconteceu de ser consumido ao mesmo tempo, mas não causou a náusea; a aversão resultante pode durar muitos anos, mesmo que se perceba conscientemente que ele não foi o problema.

A dopamina, um neuromodulador transportado por um conjunto de neurônios difusamente projetados no tronco encefálico (Figura 10.4), fora associada ao aprendizado por recompensa, mas não se sabia exatamente o que indicava para o córtex. Peter Dayan e Read Montague, bolsistas de pós-doutorado em meu laboratório na década de 1990, perceberam que os neurônios dopaminérgicos poderiam implementar o aprendizado da diferença temporal.[7] Em um dos períodos científicos mais emocionantes da minha vida, esses modelos e suas previsões foram publicados e subsequentemente confirmados por Wolfram Schultz e seus colegas em macacos, com registros de neurônios únicos (Figura 10.5)[8] e em humanos com imagens do cérebro.[9] Agora já se sabe que as mudanças transitórias na atividade dos neurônios dopaminérgicos sinalizam erros de previsão de recompensa.

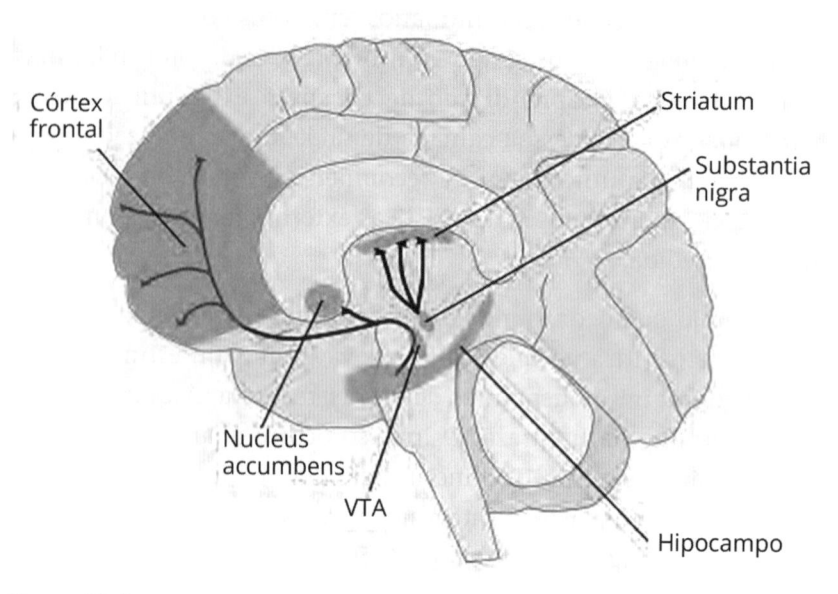

Figura 10.4

Neurônios dopaminérgicos no cérebro humano. Vários núcleos no mesencéfalo (VTA e *substantia nigra*) projetam axônios no córtex e nos gânglios da base (*striatum* e *nucleus accumbens*). Explosões transitórias representam discrepâncias entre as recompensas previstas e as recebidas, que são usadas para escolher ações e modificar previsões.

Estávamos progredindo no estudo do erro de predição de recompensas em primatas quando visitei Randolph Menzel, em Berlim, em 1992, que estudava o aprendizado rápido no cérebro das abelhas. Elas são as aprendizes campeãs do mundo dos insetos. São necessárias apenas algumas visitas a uma flor, que funcione como recompensa, para que uma abelha se lembre dela. O cérebro das abelhas tem cerca de um milhão de minúsculos neurônios, e é muito difícil registrá-los, porque são muito pequenos.

O grupo de Menzel descobriu um neurônio único, chamado de "VUMmx1", que respondia à sacarose, mas não a seu odor. No entanto, se a entrega do odor fosse seguida da sacarose, como recompensa, o VUMmx1 também respondia a ele.[10] O modelo da dopamina de aprendizado de diferença temporal pode ser implementado por um único neurônio no cérebro da abelha. O VUMmx1 libera octopamina, um neuromodulador quimicamente relacionado à dopamina. Esse modelo de aprendizado das abelhas explica alguns aspectos sutis de sua psicologia, como a aversão ao risco.[11] Se uma abelha tiver que escolher entre uma recompensa constante e o dobro, mas apenas pela metade do tempo, ela ficará com a constante, mesmo que a média seja a mesma.[12] Os neurônios dopaminérgicos também são encontrados em moscas e mostraram abranger vários caminhos paralelos de aprendizado por reforço para memórias associativas de curto e longo prazos.[13]

Motivação e Gânglios Basais

Os neurônios dopaminérgicos constituem um sistema central que controla a motivação (Figura 10.4). Todas as drogas que causam dependência aumentam o nível de atividade da dopamina. Quando os neurônios dopaminérgicos morrem, aparecem os sintomas da doença de Parkinson, que incluem tremor motor, dificuldade em iniciar ações e, finalmente, a perda completa do prazer em qualquer atividade ("anedonia"), terminando na completa falta de movimento e de responsividade ("catatonia"). Mas normalmente as células dopaminérgicas se comportam fornecendo breves picos de dopamina para o córtex e outras áreas cerebrais quando ocorre uma recompensa inesperada e quantidades reduzidas quando recebe uma recompensa menor que a esperada. Essa é precisamente a assinatura do algoritmo de diferença temporal (Figura 10.5).

Nossos neurônios dopaminérgicos podem ser interrogados quando precisamos tomar uma decisão. O que devemos pedir no menu? Imaginamos cada item, e nossas células de dopamina fornecem uma estimativa da recompensa. Devemos nos casar com essa pessoa? Nossas células dopaminérgicas nos darão uma opinião de "coragem", que é mais confiável do que o raciocínio. Mas aqui os problemas com dimensões incomensuráveis são os mais difíceis de dirimir. Como trocamos o senso de humor pelo caos ou fazemos centenas de compensações de qualidades positivas e negativas ao escolher um cônjuge? Nosso sistema de recompensas reduz todas essas dimensões a uma moeda comum: o sinal de dopamina transiente. A natureza descobriu o poder econômico de uma moeda universal muito antes de nós.

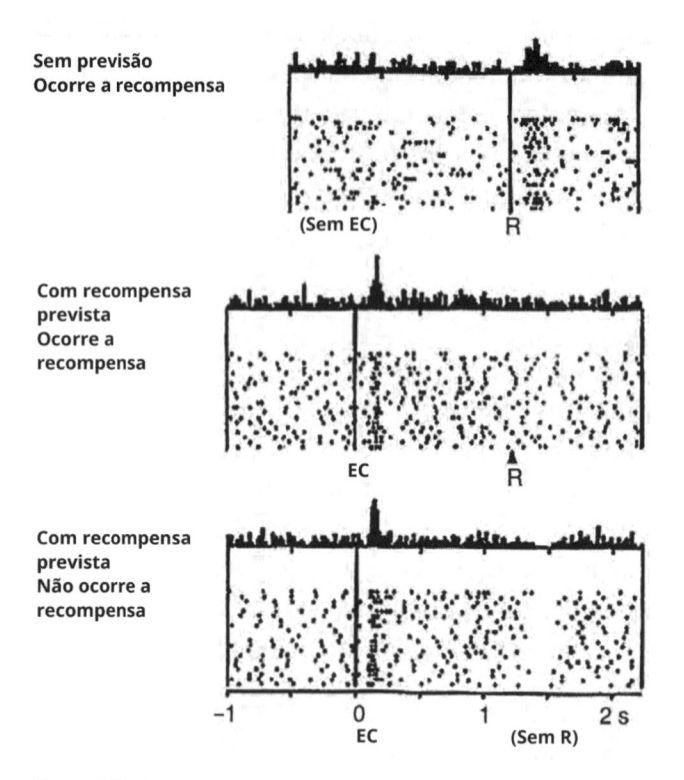

**Sem previsão
Ocorre a recompensa**

(Sem EC)   R

**Com recompensa prevista
Ocorre a recompensa**

EC   R

**Com recompensa prevista
Não ocorre a recompensa**

−1   0   1   2 s
       EC   (Sem R)

Figura 10.5
Resposta de um neurônio dopaminérgico no cérebro de um macaco provando que ele sinaliza um erro de previsão de recompensa para o resto do cérebro. Cada ponto é um pico nos neurônios dopaminérgicos. Cada linha é uma avaliação única do aprendizado. O número de picos em cada intervalo de tempo é mostrado no topo de cada retângulo. (Em cima) No início do aprendizado, a recompensa é inesperada, e a dopamina dispara de forma consistente uma explosão de picos logo após a recompensa. (Meio) Depois de muitos ensaios, quando uma luz (estímulo condicionado, EC) pisca constantemente antes da entrega da recompensa, a célula de dopamina responde ao EC, mas não à recompensa. De acordo com o aprendizado de diferença temporal, a resposta após a recompensa é cancelada pela previsão. (Embaixo) Quando a recompensa é retida em testes de catch, é revelado um mergulho no disparo que representa a recompensa prevista. Adaptado de Schultz, Dayan e Montague, "A Neural Substrate of Prediction and Reward", 1594, Figura 1.

Existem dois parâmetros no algoritmo de aprendizado de diferença temporal: a taxa de aprendizado α e o fator de redução γ, no Quadro 10.1. Enquanto certos insetos têm uma alta taxa de aprendizado, como as abelhas, que aprendem a associar uma flor a uma recompensa após uma única visita, as taxas de aprendizado são mais baixas em mamíferos, que geralmente aprendem ao longo de muitos testes. O fator de redução também varia em um amplo intervalo. Quando γ = 0, o algoritmo de aprendizado é ganancioso, e as decisões são tomadas com base apenas em recompensas imediatas; mas, quando γ = 1, todas as recompensas futuras são ponderadas igualmente. Em um experimento clássico, crianças pequenas optavam por comer um marshmallow imediatamente ou esperar 15 minutos para ganhar 2 marshmallows.[14] A idade foi um forte preditor; as crianças mais novas eram mais imediatistas. Esperar uma grande recompensa em um futuro distante nos leva a fazer escolhas com recompensas negativas a curto prazo, se as considerarmos necessárias para alcançar a esperada.

Os neurônios dopaminérgicos recebem entradas de uma parte do cérebro chamada de "gânglio basal" (Figura 10.4), conhecido por ser importante para o aprendizado sequencial e para a formação de comportamentos habituais. Os neurônios na parte estriada dos gânglios basais recebem informações de todo o córtex cerebral. As entradas da parte de trás do córtex estão especialmente envolvidas com sequências de aprendizado de ações motoras para atingir um objetivo. As entradas para os gânglios da base do córtex pré-frontal estão mais preocupadas com sequências de ações planejadas. O loop do córtex para os gânglios da base e de volta leva 100ms, e circula informações dez vezes por segundo. Isso permite que sequências de decisões rápidas sejam tomadas para atingir um objetivo. Os nêutrons nos gânglios basais também avaliam os estados corticais e atribuem valores a eles.

Os gânglios basais executam uma versão sofisticada da função de valor que Gerry Tesauro usou para treinar o TD-Gammon a fim de prever o valor das posições no tabuleiro. O sucesso surpreendente do AlphaGo, da DeepMind, descrito no Capítulo 1, ao alcançar o nível mais avançado de jogo no Go, baseia-se na mesma estrutura que o TD-Gammon, mas é aprimorada. Uma camada de unidades ocultas na rede de valor do TD-Gammon se tornou uma dúzia de camadas no AlphaGo, que jogou muitos milhões de jogos. Mas os algoritmos básicos eram os mesmos. Essa é uma demonstração extrema de quão bem os algoritmos de aprendizado para redes neurais são escalonados. O quanto o desempenho vai se aprimorar se continuarmos a aumentar o tamanho da rede e o tempo de treinamento?

Os jogos são um cosmos muito mais simples do que o mundo real. Um ponto de partida para ambientes mais complexos e incertos vem do mundo dos videogames. A DeepMind demonstrou em 2015 que o aprendizado de diferença temporal poderia aprender a jogar arcade de Atari, como *Pong*, em níveis sobre-humanos, usando os pixels da tela como entrada.[15] O próximo passo são videogames em ambientes tridimensionais. O *StarCraft* está entre os melhores videogames competitivos de todos os tempos. A DeepMind está usando-o para desenvolver redes autônomas de aprendizado profundo que podem prosperar de forma prática. A Microsoft Research comprou recentemente os direitos do *Minecraft*, outro videogame popular, e tornou-o de código aberto para que outros possam personalizar seu ambiente tridimensional e acelerar o progresso de sua inteligência artificial.

Jogar gamão e Go nos níveis dos campeonatos é uma conquista impressionante, e jogar videogames é um próximo passo importante, mas que tal resolver problemas do mundo real? O ciclo de percepção e ação (Figura 10.2) pode ser aplicado para resolver qualquer problema para o qual ações são planejadas com base em dados sensoriais. O resultado da ação se compara ao resultado previsto e à diferença então usada para atualizar o estado do sistema por meio de previsões; a memória de condições prévias pode ser usada para otimizar o uso de características e antecipar possíveis problemas.

Simon Haykin, da McMaster University, em Hamilton, Ontário, usou esse quadro para melhorar o desempenho de vários sistemas de softwares projetados,[16] incluindo rádio cognitivo, que aloca dinamicamente canais de comunicação; radar cognitivo, que muda dinamicamente as bandas de frequência para reduzir a interferência; e a grade cognitiva, que carrega dinamicamente os balanços de energia elétrica na rede elétrica. O controle de risco também pode ser gerenciado dentro da mesma estrutura de ação e percepção.[17] As melhorias feitas com a estrutura em cada um desses sistemas de software e, portanto, nas áreas que representam são substanciais, aumentando significativamente o desempenho e reduzindo os custos.

Aprendendo a Voar

Em 2016, Massimo Vergassola, físico da UC, de San Diego, e eu imaginamos se seria possível usar o aprendizado de diferença temporal para ensinar um parapentista a planar e permanecer no ar por horas sem gastar muita energia, como muitos pássaros fazem.[18] A ressurgência térmica do ar leva os pássaros a grandes alturas, mas, dentro dela, o ar é turbulento e há bolsões de queda conforme o ar sobe. Os truques que as aves usam para manter sua trajetória ascendente em face a tantas adversidades não são conhecidos. Nosso primeiro passo foi desenvolver uma simulação fisicamente realista do fluxo convectivo turbulento e um modelo da aerodinâmica de um parapentista. Depois, simulamos a trajetória seguida pelo parapentista no fluxo turbulento.

Inicialmente, o parapentista não foi capaz de aproveitar as colunas de ar ascendentes e deslizou para baixo (Figura 10.6). Depois de ser recompensado por subir, começou a aprender uma estratégia, e, após algumas centenas de tentativas, suas trajetórias pareciam as curvas estreitas que os pássaros fazem quando voam (Figura 10.6). O parapentista também aprendeu diferentes estratégias para cada grau de turbulência. Ao analisar essas estratégias, poderíamos desenvolver hipóteses e nos perguntar se as aves de fato as usavam para voar. Então o equipamos com um parapente de 2m e o ensinamos a ganhar altitude e permanecer no ar.[19]

Aprendendo a Cantar

Outro exemplo do poder do aprendizado por reforço é o paralelo que podemos traçar entre a forma como os pássaros aprendem a cantar e as crianças, a falar. Em ambos os casos, um período inicial de aprendizado auditivo antecipa um posterior de aprendizado motor progressivo. Os tentilhões-zebra ouvem a canção de seu pai assim que nascem, mas não produzem sons próprios até meses depois. Mesmo quando estão isolados de seu pai, antes da fase de aprendizado motor, eles passam por um período de experimentação de sons que continua se aprimorando e acaba cristalizando o canto de pássaro com base no dialeto de seu pai. Os tentilhões-zebra sabem de que parte da floresta um membro é apenas ouvindo seu canto, assim como sabemos de onde uma pessoa é pelo sotaque. A hipótese que tem conduzido a pesquisa sobre o canto dos pássaros é a de que, durante a fase de aprendizado auditivo, um modelo é aprendido, que é então usado para refinar os sons produzidos pelo sistema motor na fase subsequente. Os caminhos responsáveis pela fase de aprendizado motor em humanos e aves canoras estão nos gânglios basais, onde, sabemos, o aprendizado por reforço ocorre.

Em 1995, Kenji Doya, um colega de pós-doutorado em meu laboratório, desenvolveu um modelo de aprendizado por reforço para o refinamento motor do canto dos pássaros (Figura 10.7). O modelo melhorou seu desempenho alterando as sinapses no caminho motor para um modelo do órgão vocal em pássaros ("syrinx") e, em seguida, testando para ver se a nova música correspondia melhor ao modelo do que a anterior. Se assim fosse, as mudanças tinham sido mantidas; mas, se fosse pior, as mudanças nas sinapses seriam autorizadas a decair às forças originais.[20] Previmos que, no topo do circuito motor que gera a sequência de sílabas, deve haver neurônios ativos apenas em uma única sílaba da música, a fim de facilitar o ajuste de cada sílaba de forma isolada. Desde então, as descobertas do laboratório de Michale Fee, no MIT, e de outros que se dedicam a estudar o canto dos pássaros confirmaram essa e outras previsões cruciais desse modelo.

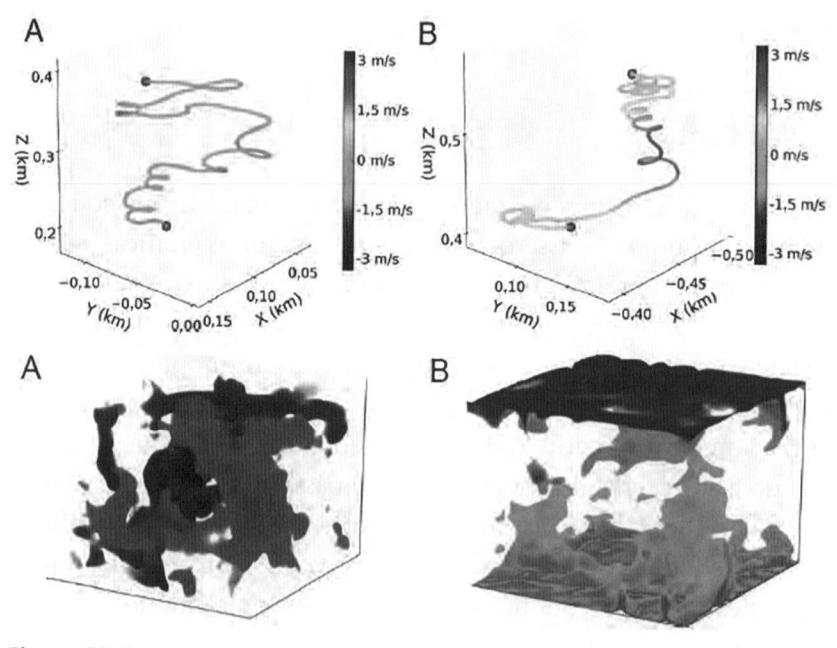

Figura 10.6

Simulações de um parapentista aprendendo a voar em uma ressurgência térmica. (Em cima) (A) trajetórias típicas de um parapentista não treinado (A) e um treinado (B) voando dentro de um fluxo turbulento de Rayleigh-Bénard. As cores indicam a velocidade vertical do vento experimentada por ele. Os pontos verdes e vermelhos indicam o ponto inicial e o final da trajetória, respectivamente. O parapentista não treinado toma decisões aleatórias e desce, enquanto o treinado voa em espiral nos padrões característicos das regiões de fortes correntes ascendentes, como observado na subida térmica de aves e parapentistas. (Embaixo) Instantâneos da velocidade vertical (A) e dos campos de temperatura (B) em nossas simulações numéricas da convecção tridimensional de Rayleigh-Bénard. Para o campo de velocidade vertical, a cor vermelha e a azul indicam regiões de grande fluxo ascendente e descendente, respectivamente. Para o campo de temperatura, a cor vermelha e a azul indicam regiões de alta e baixa temperatura, respectivamente. De G. Reddy, A. Celani, T. J. Sejnowski e M. Vergassola, "Learning to Soar in Turbulent Environments", em cima: Figura 2; embaixo: Figura 11.

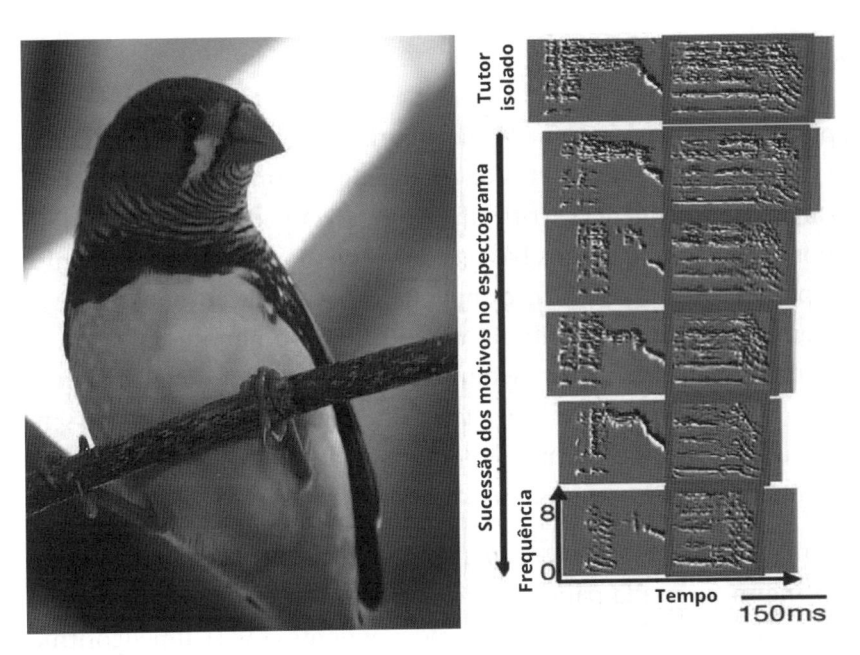

Figura 10.7
Tentilhões-zebra canores. Nos espectrogramas do lado direito da figura, a música do pai (tutor, em cima) ensina a do filho (aluno, segundo de cima para baixo), e o dialeto do canto dos pássaros é transmitido de geração em geração. Observe a semelhança do motivo (caixas vermelhas delineadas) nos espectrogramas (potência espectral em função do tempo). O motivo fica mais curto a cada geração. À esquerda: http://bird-photoo.blogspot.com/2012/11/zebra-finch-bird-pictures.html; à direita: Olga Feher, Haibin Wang, Sigal Saar, Partha P. Mitra e Ofer Tchernichovski, "De novo Establishment of Wild-Type Song Culture in the Zebra Finch", Figura 4.

Allison Doupe, que estudou como as aves aprendem a cantar, na UC, São Francisco, e Patricia Kuhl, que estudou o desenvolvimento da fala em bebês, na Universidade de Washington, em Seattle, traçaram muitos paralelos entre o aprendizado das aves canoras e a emergência da fala em crianças.[21] Tanto as sílabas, para os pássaros, quanto os fonemas, para os bebês, são aprendidos primeiro como sons (aprendizado auditivo), com o aprendizado motor vindo apenas mais tarde; primeiro como subsistência, no caso dos pássaros, e balbucio, dos bebês. Há muitos sistemas de aprendizado e memória para domínios específicos no cérebro que devem trabalhar juntos para a aquisição de novas habilidades, e o algoritmo de aprendizado por reforço para aprender os cantos dos pássaros e o de diferença temporal no sistema de recompensa de macacos, humanos, abelhas e outros animais são apenas dois de muitos.

Outras Formas de Aprendizado

Apesar do progresso feito na automação de algumas funções cognitivas, como ver e ouvir, há muitos outros aspectos da inteligência humana que ainda precisam de avanços da inteligência artificial. O aprendizado de representação no córtex e o por reforço nos gânglios basais complementam-se poderosamente. A IA pode aprender a competir em campeonatos? A tradução pode resolver outros problemas complexos? Muito do aprendizado humano é baseado em observação e mímese, e precisamos de muito menos exemplos do que o aprendizado profundo para aprender a reconhecer um novo objeto. Os dados sensoriais não rotulados são abundantes, e poderosos algoritmos de aprendizado não supervisionados conseguem usá-los antes de a supervisão ocorrer.

No Capítulo 7, uma versão não supervisionada do algoritmo de aprendizado de Boltzmann foi usada para inicializar redes de aprendizado profundo; no Capítulo 6, na análise de componentes independentes (ACI), um algoritmo de aprendizado não supervisionado extraiu códigos populacionais esparsos de imagens naturais; e, no Capítulo 9, as redes adversárias generativas, um sistema de aprendizado não supervisionado, criam imagens fotorrealistas. O aprendizado não supervisionado é a próxima fronteira do aprendizado de máquina. Estamos apenas começando a entender a computação com funcionamento similar ao do cérebro.

O cérebro tem muitos sistemas de aprendizado e muitas formas de plasticidade, que funcionam em sinergia. Mesmo dentro do córtex, existem várias dezenas de formas de plasticidade, incluindo as que atuam na excitabilidade e no ganho neuronal. Uma forma particularmente importante de plasticidade sináptica é a homeostática, que garante que os neurônios mantenham níveis de atividade dentro de sua faixa dinâmica ideal. O que acontece quando a força sináptica chega a zero ou atinge o limite? O resultado é um neurônio novo recebendo entradas suficientes para que alcance o limiar ou recebendo muitas informações, o que o deixaria constantemente em um alto nível de atividade.

No cérebro, uma nova forma de plasticidade sináptica foi descoberta por Gina Turrigiano, que normaliza todas as sinapses de um neurônio para manter um equilíbrio de atividade no neurônio.[22] Se a taxa média de disparo for muito alta, todas as forças sinápticas excitatórias são reduzidas; se for muito baixa, todas as forças são ampliadas. Para entradas inibitórias, o processo se inverte, com as forças sinápticas aumentando se a taxa de disparo for muito alta e se reduzindo se for muito baixa. Formas semelhantes de normalização se mostraram eficazes na modelagem do desenvolvimento de mapas neurais no cérebro.[23] As redes neurais artificiais que são impulsionadas pelo gradiente descendente estocástico se beneficiam do escalonamento homeostático.

O cérebro tem dezenas de canais iônicos dependentes de voltagem e receptores ionotrópicos nas membranas de seus neurônios que regulam a excitabilidade e a sinalização. Há mecanismos baseados em padrões locais de atividade nos dendritos, somas e axônios de neurônios, que regulam dinamicamente as localizações e densidades desses canais. Foram propostos inúmeros algoritmos referentes à execução desses processos.[24] Essa forma de homeostase não é tão bem compreendida quanto a plasticidade sináptica homeostática.

O que Está Faltando?

Demis Hassabis e eu participamos dos debates profícuos sobre o futuro e a próxima prioridade da inteligência artificial que ocorreram durante o Simpósio Brains, Minds and Malins na conferência de 2015 da NIPS, em Montreal, e do workshop Bits and Brains na de 2016, em Barcelona. Ainda há muitas questões sem resposta na IA, que precisam ser abordadas. Acima de tudo, a questão da causalidade, que informa os níveis mais elevados do raciocínio humano, e a da intencionalidade das ações, que pressupõem uma teoria da mente, devem ser consideradas.

Mencionei que nenhum dos sistemas de aprendizado profundo que criamos é capaz de sobreviver por conta própria. A autonomia desses sistemas só será possível se eles incluírem funções similares àquelas de muitas outras partes do cérebro até então ignoradas, como o hipotálamo, que é essencial para alimentação, reprodução, regulação de hormônios e para a homeostase dos órgãos e do cerebelo, que nos ajuda a refinar os movimentos com base no erro de previsão do movimento. Essas estruturas antigas encontradas em todos os vertebrados são vitais.

Hava Siegelmann, cientista da computação da Universidade de Massachussets, em Amherst, mostrou que a computação analógica é superTuring; isto é, capaz de ir além do que pode ser computado com computadores digitais.[25] As redes neurais recorrentes que se adaptam e aprendem com base no ambiente também têm o poder computacional superTuring, enquanto as redes que aprendem com um conjunto de treinamento e são então congeladas, e não aprendem com a experiência real enquanto operam, são simplesmente máquinas de Turing.

No entanto, nossos cérebros devem continuar a se adaptar às condições mutáveis, tornando-nos superTuring. Como isso é feito, mantendo o conhecimento e as habilidades prévias, é um problema não resolvido. Hava é gerente do projeto da DARPA sobre aprendizado ao longo da vida, que financia uma pesquisa avançada dedicada à criação de uma nova estrutura integrada para o aprendizado contínuo em sistemas autônomos.

11 Sistemas de Processamento de Informação Neural

Rastrear as origens das ideias é difícil porque a ciência é uma atividade coletiva, feita por muitos indivíduos, muitas vezes amplamente distribuídos no espaço e no tempo. As conferências da NIPS sobre Sistemas de Processamento de Informações Neurais (Figura 11.1) são o fio da narrativa deste livro, e, a esta altura, deve estar claro que essas conferências tiveram uma enorme influência não apenas sobre mim, mas sobre a área como um todo.[1] Minha esposa, Beatrice Golomb, palestrou sobre o SEXNET em uma das primeiras conferências da NIPS (1990), e foi em outra, pouco depois de nos casarmos, que quase terminamos. As conferências da NIPS são imersivas, com sessões formais durante o dia e exibição de pôsteres à noite, adentrando a madrugada. Quando voltei ao nosso quarto de uma dessas sessões, às 3h, e não encontrei Beatrice, sabia que estava em apuros. Ainda estamos juntos depois de 28 anos.

O aprendizado profundo tem uma linhagem longa, que pode ser atribuída às conferências e aos workshops anuais da NIPS e aos pioneiros, que lhes antecederam. Na década de 1980, um grupo diverso de engenheiros, físicos, matemáticos, psicólogos e neurocientistas reuniu-se nas conferências da NIPS para elaborar uma nova abordagem à inteligência artificial. O progresso rápido foi impulsionado por avanços feitos por físicos que analisavam modelos de redes neurais, psicólogos modelando a cognição humana, neurocientistas modelando sistemas neurais e analisando gravações neurais, estatísticos explorando grandes conjuntos de dados em espaços de alta dimensão e engenheiros construindo dispositivos que viam e ouviam como os humanos.

Havia 400 participantes na primeira conferência da NIPS, em 1987, no Denver Tech Center. As conferências acadêmicas geralmente se concentram em áreas restritas, compreensíveis porque todos falam o mesmo jargão, mas a diversidade científica nas primeiras conferências da NIPS foi de tirar o fôlego.

Os biólogos falam em código quando estão palestrando para outros biólogos.[2] É ainda pior com matemáticos e físicos, que falam apenas em equações. Os engenheiros são um pouco melhores porque constroem coisas que falam por si. Mas, por causa dessas barreiras culturais, a busca interdisciplinar, embora universalmente esperada, raramente é alcançada. As primeiras conferências da NIPS pareciam uma Torre de Babel.

Após a conferência principal, em 1987, os participantes se reuniram em um workshop na Keystone, uma estação de esqui próxima, e se organizaram em reuniões de grupos menores. Aí que a comunicação entre as disciplinas realmente começou, em um ambiente mais informal. Eu me lembro vividamente de um neurocientista sugerindo que falássemos sobre a lesma-do-mar *Aplysia* em uma piscina em Keystone.[3] O pesquisador a meu lado, ligado ao Departamento de Defesa, provavelmente estava se perguntando o que a *Aplysia* tinha a ver com a segurança nacional. Hoje, no entanto, os workshops da NIPS são miniconferências com pôsteres, alguns, inclusive, atraem milhares de participantes.

O que manteve a NIPS unida ano após ano foi, em primeiro lugar, a empolgação de estarmos prestes a resolver intricados problemas computacionais baseados em algoritmos de aprendizado inspirados biologicamente e, segundo, contarmos com Ed Posner (Figura 11.2), teórico da informação da Caltech e principal tecnólogo do Jet Propulsion Lab, que tinha uma visão de longo prazo para a área e fundou a Neural Information Processing Systems Foundation para gerenciar as conferências.

A cultura de uma organização é muitas vezes um reflexo de seu fundador; Ed conferiu à NIPS uma combinação única de sabedoria, inteligência prática e senso de humor. Ele era um professor inspirador e um líder eficiente, e foi amado na Caltech por seu apoio ao programa de bolsas de estudo de verão (SURF — Summer Undergraduate Research Fellowships), uma das "joias da coroa do Caltech". Ed recrutou Phil Sotel como advogado *pro bono*, que manteve a NIPS nos trilhos ao longo das décadas, à medida que se expandia em tamanho e complexidade, mesmo em frente a inúmeras situações que o poderiam ter descarrilado.

Sistemas de Processamento de Informação Neural 179

Figura 11.1
Logo das conferências dos Sistemas de Processamento de Informação Neural. Fundadas há 30 anos, as conferências da NIPS são as principais na área de aprendizado de máquina e profundo. Cortesia da NIPS.

Figura 11.2
Edward "Ed" Posner na Caltech, quem criou as conferências da NIPS, que ainda continuam fortes 30 anos depois, em parte por causa de sua intensa visão de longo prazo. Cortesia da Caltech.

Ed conheceu Beatrice Golomb na juventude e me conheceu depois, através da NIPS; quando, inesperadamente, eu disse a ele em uma conferência que estávamos comprometidos, ele respondeu: "Comprometidos com o quê?" Quando Ed morreu, em um acidente de bicicleta, em 1993, tornei-me presidente da NIPS, que continuou a crescer e prosperar. Temos uma Palestra Ed Posner anual para homenageá-lo. Os palestrantes convidados comumente trabalham em áreas alheias à NIPS, mas a Palestra Ed Posner apresenta alguém da nossa própria comunidade, que fez uma contribuição importante para a área.

Os presidentes-gerais das conferências da NIPS são cientistas e engenheiros de destaque. Para citar apenas alguns, Scott Kirkpatrick (Capítulo 7) é um físico que inventou uma forma de os computadores resolverem problemas computacionais difíceis "aquecendo-os" e lentamente "esfriando-os" em um processo chamado de "recozimento simulado"; Sebastian Thrun (Capítulo 1) é um cientista da computação que ganhou o DARPA Grand Challenge de 2005 por causa de um veículo autônomo, que abriu as portas para os carros autônomos de hoje; e Daphne Koller (Capítulo 12) é uma cientista da computação que cofundou o Coursera, pioneira em grandes cursos online abertos (MOOCs — Massive Open Online Courses).

O que fez o aprendizado profundo decolar foi o big data. Não muito tempo atrás, um terabyte (um trilhão de bytes) de dados ocupava todo um rack de computadores; agora é possível armazená-lo em um único cartão de memória. As empresas de internet têm centros de dados que armazenam muitos petabytes, cada um com mil terabytes (um quatrilhão, ou 10^{15} bytes). A quantidade de dados no mundo tem dobrado a cada três anos desde os anos 1980. Milhares de petabytes de dados são adicionados todos os dias à internet, cuja capacidade total atingiu um zetabyte, que é um milhão de petabytes (um sextilhão, ou 10^{21} bytes). A explosão do big data está influenciando não apenas a ciência e a engenharia, mas também todas as áreas da sociedade. Teria sido impossível treinar redes de aprendizado significativamente grandes sem as milhões de imagens e de outros dados rotulados disponíveis na internet.

As universidades em todo o mundo estão criando novos centros, institutos e departamentos para a ciência de dados. Em 2009, Alex Szalay fundou o Instituto para Engenharia Intensiva de Dados e Ciência (IDIES — Institute for Data Intensive Engineering and Science) na Universidade Johns Hopkins, com base na sua experiência com o Sloan Digital Sky Survey (SDSS; http://www.

sdss.org/ [conteúdo em inglês]), que começou a coletar dados astronômicos em 1998. Ele produziu um aumento de mil vezes na quantidade total de dados que os astrônomos já coletaram, e hoje é a instalação de astronomia mais usada no mundo. Mas os conjuntos de dados em escala de terabytes coletados pelo Sloan Digital Sky Survey serão superados em mil vezes pelos conjuntos de dados a nível dos petabytes a serem coletados pelo Large Synoptic Sky Survey Telescope (https://www.lsst.org/ [conteúdo em inglês]), em construção. Quando Yann LeCun fundou o Centro de Ciência de Dados na Universidade de Nova York, em 2013, todos os departamentos bateram à sua porta com os dados em mãos. Em 2018, a UCSD dedicou um departamento ao estudo do tema, o Instituto de Ciência de Dados Halıcıoğlu. Mestrados em Ciências da Informação (MDSs) têm se popularizado tanto quanto os MBAs.

Aprendizado Profundo em Mesas de Jogos

O aprendizado profundo se consolidou na conferência de 2012 da NIPS, em Lake Tahoe (Figura 11.3). Geoffrey Hinton, pioneiro em redes neurais, e seus alunos apresentaram um artigo relatando que as redes neurais com muitas camadas eram incrivelmente boas no reconhecimento de objetos em imagens.[4] Essas redes não eram apenas melhores que a visão computacional de última geração no reconhecimento de objetos — elas estavam em uma seara distinta, superior, muito mais próxima dos níveis humanos de desempenho. O *New York Times* publicou um artigo sobre aprendizado profundo, e o Facebook anunciou um novo laboratório de IA, tendo Yann LeCun, outro pioneiro da área, como diretor fundador.

O sistema de segurança para a participação de Mark Zuckerberg, o CEO do Facebook, no workshop de aprendizado profundo da NIPS naquele ano causou grandes dores de cabeça, mas ele foi uma grande atração, que precisou de uma sala extra com aparelhagem de vídeo. Na recepção, fui apresentado a Zuckerberg, que me fez perguntas sobre o funcionamento do cérebro. Ele tinha um interesse particular na teoria da mente. Em psicologia, há uma teoria tácita sobre como nossas mentes funcionam, e a usamos como um guia para entender as mentes dos outros. Quando enviamos mensagens a nossos amigos, não temos acesso às muitas decisões que nossos cérebros tomaram sobre o que e como digitar. Zuckerberg fez muitas perguntas. "Como meu cérebro faz um modelo mental de mim mesmo? Como meu cérebro faz modelos mentais de outras pessoas baseado na experiência? Como meu cérebro prevê o comportamento dos outros? Outras espécies têm uma teoria da mente?" Pouco antes disso, eu havia organizado um simpósio no Instituto Salk sobre a teoria da mente, e Zuckerberg queria todas as referências que tínhamos.

Figura 11.3
Realizada em um cassino de Lake Tahoe, a conferência de 2012 da NIPS foi um ponto crítico para a área e recolocou o "neural" em "sistemas de processamento de informação neural". Cortesia da NIPS.

No aprendizado de máquina, quem tiver mais dados ganha, e o Facebook tem mais dados sobre os gostos, amigos e fotos de mais indivíduos do que qualquer outra pessoa. Com todos esses dados, o Facebook poderia criar uma teoria de nossas mentes e usá-la para prever nossas preferências e inclinações políticas. O Facebook pode um dia nos conhecer melhor do que nós mesmos. O Facebook algum dia se tornará a encarnação do Big Brother, de Orwell?[5] Você acha essa ideia assustadora, ou acharia conveniente ter um mordomo digital para atender a suas necessidades? Podemos nos perguntar se o Facebook teria esse poder, mas talvez ainda não tenhamos muito a dizer sobre o assunto.

Embora tenhamos realizado as conferências da NIPS em 2012 e 2013 nos cassinos de Lake Tahoe, os participantes evitaram as mesas de jogo. Eles sabiam que as chances favoreciam a casa, e que suas pesquisas eram muito mais emocionantes. O jogo vicia por causa do sistema, parte de nosso cérebro, de erro de previsão na recompensa da dopamina (discutido no Capítulo 10). Os cassinos otimizaram as condições que favorecem as apostas: a promessa de uma grande recompensa; as pequenas vitórias ocasionais (recompensas) espaçadas ao acaso, que os estudos mostraram ser a melhor maneira de manter ratos de laboratório pressionando as barras em busca de comida; os ruídos e luzes que são acionados quando há uma vitória em uma máquina caça-níqueis; luzes diurnas, dia e noite, que dissociam o circuito circadiano de seu ciclo normal de dia–noite, encorajando-o a apostar até cair. Mas, em longo prazo, é claro, a casa sempre vence.

Na conferência de 2015 da NIPS, em Montreal, 3.800 participantes internacionais superlotaram o Palais des congrès. O tutorial de aprendizado profundo no início da conferência foi tão popular que tivemos que mandar as pessoas embora para nos mantermos nas normas do código de incêndio. O aprendizado profundo foi adotado por quase todas as empresas com grandes volumes de dados no setor de alta tecnologia e está se espalhando em ritmo acelerado. A conferência de 2016 da NIPS, em Barcelona, teve que ser limitada a 5.400 participantes duas semanas antes da conferência. Um transeunte de Nova York ficou desapontado ao saber que não podia se registrar no local. O registro da NIPS em 2017, em Long Beach, foi encerrado 12 dias após a abertura e chegou a 8 mil inscrições. Se o aumento de 50% no atendimento por ano desde 2014 continuar, todos no planeta acabarão desejando comparecer às conferências da NIPS. É claro que a bolha eventualmente explodirá, mas, como acontece com a maioria das bolhas, ninguém sabe quando.

Os pesquisadores de muitas tribos de ciência e engenharia continuam a se reunir nas conferências da NIPS, como fazem anualmente há 30 anos, embora, dos 5.400 participantes de 2016, em Barcelona, 40% fossem novatos. Até 2016, o Conselho de Curadores da Fundação NIPS decidiu sabiamente manter as conferências na mesma sala, o que é raro para conferências muito grandes. A ideia era que todos se sentassem na mesma sala para evitar fragmentação por áreas. Mas, em 2016, a única sala tornou-se duas, porque era difícil encontrar um espaço grande o suficiente para acomodar a todos. Ainda assim, isso era muito menos do que as dez salas comumente usadas na maioria das outras grandes conferências. A taxa de aceitação da NIPS para submissões foi mantida em torno de 20%, o que está abaixo da taxa de aceitação da maioria dos periódicos. A NIPS já hospedou a Women in Machine Learning (WiML),[6] que em 2016 atraiu quase 600 mulheres — 10% de todos os participantes da conferência — para Barcelona e mil para Long Beach em 2017. A diversidade continua a ser uma marca das conferências da NIPS. Nenhuma área homogênea por si só poderia ter reunido o talento diversificado que criou o aprendizado profundo.

Com seu potencial para afetar tantos setores, pode ser surpreendente que haja tão poucas patentes protegendo a propriedade intelectual para o aprendizado profundo. Nos anos 1980, querendo usar os algoritmos de aprendizado como base para um novo campo da ciência, sentimos que proteger as patentes não ajudaria. Sem dúvida, há patentes sendo apresentadas por empresas hoje para aplicações específicas, uma vez que elas não farão grandes investimentos em novas tecnologias sem respaldo.

Preparando-se para o Futuro

Grandes avanços no aprendizado de redes neurais ocorreram a cada 30 anos, começando com a introdução dos perceptrons, na década de 1950; passando pelo aprendizado com os algoritmos para perceptrons multicamadas, nos anos 1980; e o aprendizado profundo, nos anos 2010. Em cada caso, houve um período de exuberância, quando muito progresso foi feito em pouco tempo, seguido por um período mais longo de avanços mais lentos e incrementais. Uma diferença, porém, é que o impacto dos períodos exuberantes vem aumentando a cada recorrência. O último surto de crescimento foi impulsionado pela disponibilidade generalizada de big data, e a história da NIPS preparou os dias que agora vivemos.

III Impacto Tecnológico e Científico

Linha do Tempo

1971 — **Noam Chomsky** publicou "The Case against B. F. Skinner" no *New York Review of Books*, um ensaio que afastou uma geração de cientistas cognitivistas do estudo do aprendizado.

1982 — **Claude Shannon** publicou *A Mathematical Theory of Communication*, o livro seminal que lançou as bases da comunicação digital moderna.

1989 — **Carver Mead** publicou *Analog VLSI and Neural Systems*, fundando a engenharia neuromórfica, que constrói chips de computador com base na biologia.

2002 — **Stephen Wolfram** publicou *A New Kind of Science*, que explorou as capacidades computacionais dos autômatos celulares, algoritmos mais simples que as redes neurais, mas que têm um poder computacional expressivo.

2005 — A equipe de **Sebastian Thrun** vence o Grande Desafio DARPA com um veículo autônomo.

2008 — **Tobias Delbrück** desenvolve um chip de retina altamente bem-sucedido, chamado de "Dynamic Vision Sensor" (DVS), que usa picos assíncronos em vez dos frames sincronizados utilizados nas atuais câmeras digitais.

2013 — A iniciativa **U.S. BRAIN**, dedicada ao desenvolvimento de neurotecnologias inovadoras que aceleram nossa compreensão do funcionamento do cérebro, é anunciada na Casa Branca.

12 O Futuro do Aprendizado de Máquina

A era da computação cognitiva está só começando. Em breve teremos carros autônomos que dirigem melhor do que nós. Nossas casas nos reconhecerão, preverão nossos hábitos e nos alertarão para visitas. Kaggle, um site de crowdsourcing recentemente comprado pelo Google, premiou com US$1 milhão um programa de detecção de câncer de pulmão em tomografias computadorizadas e está oferecendo US$1,5 milhão, para o Departamento de Segurança Interna, para um programa que detecte itens ocultos no corpo em escâneres nos aeroportos.[1]

Com a computação cognitiva, os médicos poderão diagnosticar até doenças raras e aumentar o nível de cuidados. Há milhares de aplicações como essas, e muitas outras ainda precisam ser imaginadas. Alguns empregos se extinguirão, outros serão criados. Embora essas tecnologias sejam disruptivas e vá demorar para a sociedade as incorporar e se adaptar, não são ameaças existenciais; pelo contrário, estamos entrando em uma era de descobertas e esclarecimentos, que nos tornará mais inteligentes, longevos e prósperos.

Palestrei em uma conferência sobre computação cognitiva patrocinada pela IBM em São Francisco, em 2015.[2] A IBM investiu pesado no Watson, um programa baseado em coleções de grandes bancos de dados de fatos sobre tudo, de história a cultura popular, que poderiam ser interrogados com uma ampla gama de algoritmos usando uma interface de linguagem natural. Quando Ken Jennings, que vencera 74 jogos seguidos ao longo de 192 dias em *Jeopardy!*, a maior série de vitórias na história do game show, foi derrotado por Watson, em 2011, o mundo deu atenção ao programa.

Quando fui pegar o táxi do hotel para a conferência, entreouvi dois executivos da IBM. A empresa estava lançando uma plataforma baseada no Watson que poderia ser usada para organizar e responder a perguntas de bancos de dados não estruturados em áreas especializadas, como serviços de saúde e financeiros. O Watson responde a perguntas e faz recomendações baseadas em mais dados do que qualquer ser humano poderia saber, embora, é claro, como ocorre com outros programas de aprendizado de máquina, ainda seja preciso fazer as perguntas e escolher entre as recomendações.

A IBM há muito tempo se separou de sua divisão de hardware, e a de serviços de informática deixou de ser competitiva. Ao investir no Watson, contava com a divisão de software para substituir um fluxo de receita de US$70 bilhões. A empresa investiu US$200 milhões em uma nova sede global para Watson Internet das Coisas, em Munique,[3] um dos maiores investimentos que fez na Europa, em resposta à crescente demanda de mais de 6 mil clientes por inteligência artificial — e apenas uma parte do plano global da empresa de investir US$3 bilhões em computação cognitiva. Mas muitas outras empresas também estão fazendo grandes investimentos em IA, e ainda é cedo para dizer quais apostas terão êxito e quais fracassarão.

A Vida no Século XXI

Na medicina tradicional, tipicamente, um tratamento similar se adéqua a todos os pacientes que sofrem de uma determinada condição ou doença; mas agora, graças à computação cognitiva, o tratamento se tornou personalizado e preciso. A evolução dos melanomas, que costumava ser uma sentença de morte, agora pode ser interrompida, e até revertida, por meio do sequenciamento das células cancerígenas de um paciente e da elaboração de um tratamento imunoterápico específico. Embora esse tratamento hoje custe cerca de US$250 mil, acabará se tornando acessível a quase todos os pacientes, já que o custo base de sequenciar o genoma do câncer de um paciente é de apenas alguns milhares de dólares e o dos anticorpos monoclonais necessários, de apenas algumas centenas.

A tomada de decisão, no âmbito médico, será melhor e menos dispendiosa, uma vez que dados suficientes tenham sido coletados de pacientes com uma ampla gama de mutações e resultados. Alguns tipos de câncer de pulmão também são tratáveis com a mesma abordagem. As empresas farmacêuticas têm investido em pesquisa de imunoterapia contra o câncer, e muitos outros tipos de câncer em breve também serão tratáveis. Nada disso teria sido possível sem métodos de aprendizado de máquina para analisar grandes quantidades de dados genéticos.

Integrei o comitê que assessorou o diretor dos Institutos Nacionais de Saúde (NIH — National Institutes of Health) nas recomendações para iniciativa U.S. Brain Research through Advancing Innovative Neurotechnologies (BRAIN). Nosso relatório enfatizou a importância de técnicas probabilísticas e computacionais para nos ajudar a interpretar os dados sendo gerados pelas novas técnicas de registro neural.[4] Os algoritmos de aprendizado de máquina são agora usados para analisar registros simultâneos de milhares de neurônios, analisar dados comportamentais complexos de animais em movimento livre e automatizar reconstruções de circuitos anatômicos 3D a partir de imagens digitais de microscopia eletrônica serial. Ao realizarmos a engenharia reversa do cérebro, descobriremos muitos novos algoritmos encontrados pela natureza.

O NIH financia pesquisas básicas em neurociência há 50 anos, mas a tendência é direcionar cada vez mais seu apoio a pesquisas traducionais com aplicações imediatas na saúde. Embora certamente queiramos implementar o que já foi descoberto, se não financiarmos novas descobertas agora, haverá pouco ou nada a ser aplicado à prática clínica daqui a 50 anos. É também por isso que é tão importante iniciar programas de pesquisa como a Iniciativa BRAIN hoje, a fim de encontrarmos curas futuramente para distúrbios cerebrais debilitantes, como a esquizofrenia e a doença de Alzheimer.[5]

O Futuro da Identidade

Em 2006, dados de números da previdência social e de datas de nascimento de 26,5 milhões de veteranos foram roubados da casa de um funcionário do Department of Veterans Affairs. Os hackers nem precisariam decifrá-los, pois a Veterans Administration usava os números da previdência como identificadores em seu sistema. Com esse número e a data de nascimento, um hacker roubaria completamente sua identidade.

Na Índia, mais de um bilhão de cidadãos são identificados exclusivamente por impressões digitais, imagens de íris, fotografias e pelos 12 dígitos da identidade (três a mais do que o identificador da previdência social). O Aadhaar, da Índia, é o maior programa de identidade biométrica do mundo. No passado, um cidadão indiano que quisesse tirar um documento público enfrentava atrasos indevidos e numerosos intermediários, cada um exigindo tributos. Hoje, com um rápido bioscan, obtém direitos alimentares subsidiados e outros benefícios sociais diretamente, e muitos cidadãos de baixa renda que não têm certidão de nascimento agora têm uma ID portátil que os identifica a qualquer momento, em qualquer lugar, em segundos. O roubo de identidade não desvia mais o apoio social. A identidade de uma pessoa não pode ser roubada, a menos que o ladrão corte seus dedos e enucleie seus olhos.[6]

O registro nacional indiano foi um projeto de sete anos para Nandan Nilekan,[7] o bilionário cofundador da Infosys, uma empresa de terceirização. O enorme banco de dados digital de Nilekani ajudou a Índia a ultrapassar muitos países desenvolvidos. Segundo ele: "Uma pequena mudança incremental multiplicada por um bilhão é um grande salto... Se um bilhão de pessoas conseguir seu celular em 15 minutos, em vez de em uma semana, isso é uma injeção maciça de produtividade na economia. Se um milhão de pessoas conseguir dinheiro em suas contas automaticamente, isso é um enorme salto de produtividade na economia."[8]

A vantagem de um banco de dados de identidade digital é compensada pela perda da privacidade, especialmente quando a ID biométrica se vincula a outros bancos de dados, como contas, prontuários e registros criminais, além de programas públicos, como transporte. As questões de privacidade já são uma prioridade em muitos países em que os bancos de dados são vinculados, mesmo quando seus dados são anônimos.[9] Assim, nossos celulares rastreiam nosso paradeiro, queiramos ou não.

A Ascensão dos Robôs Sociais

Os filmes geralmente retratam a inteligência artificial como um robô humanoide, que anda e fala. Não espere uma IA que se pareça com Arnold Schwarzenegger, como em *O Exterminador do Futuro*. Mas você vai se comunicar com vozes de IA como a de Samantha do filme *Ela* e interagir com droides como R2-D2 e BB-8 de *Star Wars: O Despertar da Força*. A IA já faz parte do cotidiano. Aplicações cognitivas, como a Alexa, no Echo da Amazon, já falam com você, felizes em tornar sua vida mais fácil e gratificante, assim como o relógio e o jogo de chá do conto de fadas *A Bela e a Fera*. Como será viver em um mundo com criaturas assim? Vamos analisar nossos primeiros passos na construção de robôs sociais.

Os atuais avanços na inteligência artificial têm ocorrido principalmente nos vieses sensoriais e cognitivos da inteligência, com avanços na inteligência motora e de ação ainda por vir. Às vezes começo minhas palestras dizendo que o cérebro é o dispositivo mais complexo do universo conhecido, mas minha esposa, Beatrice, que é médica, muitas vezes me lembra de que o cérebro é apenas uma parte do corpo, que é ainda mais complexo que ele, embora a complexidade do corpo seja diferente, em decorrência da evolução da mobilidade.

Nossos músculos, tendões, pele e ossos se adaptam às vicissitudes do mundo, à gravidade e a outros seres humanos. Internamente, nossos corpos são maravilhas do processamento químico, transformando os alimentos em partes do corpo requintadamente elaboradas. São as melhores impressoras 3D, que funcionam de dentro para fora. Nossos cérebros recebem entradas de sensores viscerais e todas as partes de nossos corpos, e monitoram constantemente a atividade interna, inclusive nos mais altos níveis de representação cortical, e tomam decisões sobre prioridades internas e mantêm um equilíbrio entre todas as exigências conflitantes. Na prática, nossos corpos são partes integrantes do cérebro, que é o princípio central da cognição incorporada.[10]

Rubi

O espanhol Javier Movellan (Figura 12.1) foi membro do corpo docente e codiretor do Laboratório de Percepção de Máquina do Instituto de Computação Zero da UC, San Diego. Ele acreditava que aprenderíamos mais sobre a cognição construindo robôs que interagissem com humanos do que realizando experimentos tradicionais de laboratório. Ele construiu um bebê robô que retribuía sorrisos, o que se tornou bastante popular entre os transeuntes. O que Javier concluiu após estudar bebês interagindo com as mães foi que eles fazem as mães sorrirem mais, minimizando o próprio esforço.[11]

O mais famoso robô social de Javier, Rubi, parece um Teletubbie, com um rosto expressivo, sobrancelhas que se levantam para mostrar interesse, olhos de câmera que se movem e braços que seguram (Figura 12.2). No Centro de Educação Infantil da UCSD, crianças de 18 meses interagiram com Rubi usando o tablet que serve como barriga.

Crianças são difíceis de agradar. Elas têm limiar de atenção muito curtos; brincam com um brinquedo por alguns minutos, depois perdem o interesse e o jogam fora. Como interagem com Rubi? No primeiro dia, os garotos arrancaram seus braços, que, por uma questão de segurança, não eram muito pesados. Depois de algum reparo e um patch de software, Javier tentou novamente. Dessa vez, o robô foi programado para gritar quando seus braços fossem arrancados. Isso fez os meninos pararem e as meninas correrem para abraçá-lo. Essa foi uma lição importante em engenharia social.

Figura 12.1
Javier Movellan sendo entrevistado pelo *The Science Network* em seu workshop de robôs na UC, em San Diego. Javier foi pioneiro em robôs sociais em salas de aula e programou um robô social, Rubi, para prender a atenção de crianças de 18 meses. Cortesia de Roger Bingham.

Figura 12.2
Rubi interagindo com crianças em sala de aula. A cabeça de Rubi pode girar, os olhos são câmeras, e a boca e as sobrancelhas são expressivas. As fibras de luz espessas no topo da cabeça mudam de cor conforme o humor de Rubi. Cortesia de Javier Movellan.

As crianças brincavam com Rubi apontando para um objeto na sala, como por exemplo um relógio; se ela não respondesse olhando aquele objeto em uma janela estreita de 0,5 a 1,5 segundo, as crianças perdiam o interesse e se afastavam. Se fosse muito rápido, Rubi seria mecânico demais; muito lento, chato. Após estabelecer uma relação recíproca, as crianças o tratavam como um ser sensível em vez de um brinquedo.

As crianças ficaram aborrecidas quando Rubi foi levado (para ser aprimorado em uma oficina de reparos), então lhes disseram que ele estava passando mal e ficaria em casa por um dia. Em um estudo, Rubi foi programado para ensinar às crianças palavras em finlandês, que aprenderam com o mesmo entusiasmo que tinham por palavras em inglês; uma canção popular foi um reforço poderoso.[12]

Uma das preocupações de integrar Rubi a um ambiente de sala de aula era de que os professores se sentissem ameaçados por um robô que um dia poderia os substituir. Mas aconteceu exatamente o contrário: os professores o receberam como um assistente que ajudou a manter a turma sob controle, especialmente quando havia visitantes na sala.

Um experimento que revolucionaria a educação primária foi o "projeto mil Rubis". A ideia era produzir Rubis em massa, colocá-los em mil salas de aula e coletar dados na internet de milhares de experimentos todos os dias. Um dos problemas da educação é que o que funciona em uma escola pode não funcionar em outra porque existem muitas diferenças entre elas, especialmente entre os professores. O mil Rubis testaria muitas ideias para melhorar a prática educacional e sondaria as diferenças entre as escolas que servem a diferentes grupos socioeconômicos em um país. Embora os recursos para executar o projeto não tenham sido obtidos, ainda é uma ótima ideia, que alguém poderia implementar.

Robôs de duas pernas são instáveis e exigem um sistema de controle sofisticado para evitar que caiam. E, de fato, leva cerca de 12 meses até que um bebê bípede comece a andar sem cair. Rodney Brooks (Figura 12.3), que fez uma breve aparição no Capítulo 2, queria construir robôs de seis patas, que andassem como insetos. Ele inventou um novo tipo de controlador que poderia sequenciar as ações das seis pernas para mover sua robô-barata para frente e permanecer estável.

Sua ideia original era permitir que as interações mecânicas das pernas com o ambiente tomassem o lugar da computação e do planejamento abstratos. Ele argumentou que, para os robôs realizarem tarefas cotidianas, suas habilidades cognitivas mais elevadas deveriam se basear na interação sensório-motora com o ambiente, e não no raciocínio abstrato. Os elefantes são altamente sociais, têm ótimas lembranças e são gênios mecânicos,[13] mas não jogam xadrez.[14] Em 1990, Brooks fundou a iRobot, que vendeu mais de 10 milhões de Roombas para limpar ainda mais os andares.

Figura 12.3
Rodney Brooks supervisiona Baxter, que está se preparando para colocar uma tampa em um buraco na mesa. Brooks é empreendedor em série, fundador da iRobot, que fabrica o Roomba, e agora da Rethink, que produz Baxters. Cortesia de Rod Brooks.

Os robôs industriais têm juntas rígidas e servomotores potentes, o que os faz parecer mecânicos. Em 2008, Brooks fundou a Rethink Robotics, uma empresa que construiu um robô chamado "Baxter" com articulações flexíveis, para que seus braços pudessem se mover (Figura 12.3). Em vez de ter que escrever um programa para mover seus braços, cada um poderia fazer os movimentos desejados e se programar para repetir a sequência.

Movellan foi um passo além de Brooks e desenvolveu um bebê robô chamado de "Diego San" (fabricado no Japão),[15] cujos motores eram pneumáticos (acionados por pressão de ar) e todas as 44 juntas complacentes, em comparação com os motores de torque rígido usados na maioria dos robôs industriais (Figura 12.4).

A motivação para fazê-los assim é que, quando seguramos algo, todos os músculos do nosso corpo estão envolvidos até certo ponto (quando movemos apenas uma articulação de cada vez, parecemos robôs). Isso nos torna mais capazes de nos adaptarmos às mudanças nas condições de carga e interação com o mundo. O cérebro controla suavemente todos os graus de liberdade do corpo — todas as articulações e músculos — ao mesmo tempo, e o objetivo do projeto Diego San era descobrir como.

O rosto de Diego San tinha 27 partes móveis e podia expressar uma ampla gama de emoções humanas.[16] Os movimentos feitos pelo robô bebê eram incrivelmente vivos. Embora Javier tivesse vários projetos de robôs de sucesso no currículo, Diego San não era um deles. Ele simplesmente não sabia como tornar os movimentos do robô tão fluidos quanto os de um humano.

As Expressões Faciais São a Janela da Alma

Imagine como seria ver de seu iPhone os preços das ações caírem e ele lhe perguntar por que você está chateado. Suas expressões faciais são uma janela para o estado emocional de seu cérebro, e o aprendizado profundo consegue, hoje, ver por essa janela. A cognição e a emoção têm sido tradicionalmente consideradas como funções separadas do cérebro. Em geral, pensava-se que a cognição era uma função cortical, e as emoções, subcorticais. Na verdade, existem estruturas subcorticais que regulam os estados emocionais, como a amígdala, que exerce uma função biológica quando os níveis emocionais estão elevados, especialmente o medo; mas essas estruturas interagem fortemente com o córtex cerebral. O engajamento da amígdala na interação social, por exemplo, levará a uma lembrança mais forte do evento. A cognição e as emoções estão interligadas.

Figura 12.4
Diego San, um robô bebê. Os ativadores pneumáticos permitiram que todas as articulações se movessem com naturalidade, para que você pudesse apertar a mão do robô. Face produzida por David Hanson e Hanson Robotics. Para a animação facial, veja "Diego Installed", cortesia de Javier Movellan. https://www.youtube.com/watch?v=knRyDcnUc4U/.

Na década de 1990, colaborei com Paul Ekman (Figura 12.5), psicólogo da UC, São Francisco, maior especialista do mundo em expressões faciais, que inspirou o Dr. Cal Lightman da série *Lie to Me*, embora Paul seja muito mais legal que Cal. Ekman foi a Papua-Nova Guiné, para descobrir se as culturas pré-industriais respondem emocionalmente com as mesmas expressões faciais que nós. Ele encontrou seis expressões universais de emoção em todas as sociedades humanas que estudou: felicidade, tristeza, raiva, surpresa, medo e repulsa. Desde então, outras expressões faciais universais têm sido sugeridas, mas não há um acordo unânime, e algumas expressões, como o medo, são interpretadas de maneira diferente em algumas sociedades isoladas.

Figura 12.5
Paul Ekman com o povo Fore, de Papua-Nova Guiné em 1967. Ele encontrou evidências de seis expressões faciais universais referentes a emoções: felicidade, tristeza, raiva, surpresa, medo e repulsa. Paul foi consultado para a série *Lie to Me*, e revisou todos os episódios para garantir a validade científica. O personagem Dr. Cal Lightman foi baseado nele. Cortesia de Paul Ekman.

Em 1992, Ekman e eu organizamos um workshop de planejamento sobre compreensão de expressão facial, patrocinado pela National Science Foundation.[17] Na época, era muito difícil obter apoio para pesquisas sobre expressões faciais. Nosso workshop reuniu pesquisadores de neurociência, engenharia elétrica, visão computacional e psicologia, área que conferiu uma nova abordagem para a análise de rostos. Foi um choque descobrir que a análise, apesar de ser crucial para inúmeras áreas da ciência, medicina e economia, estivesse sendo negligenciada pelas agências de fomento.

Ekman desenvolveu o Facial Action Coding System (FACS) para monitorar o status de cada um dos 44 músculos da face. Especialistas em FACS treinados por Ekman levam uma hora para rotular um minuto de vídeo, um quadro por vez. Expressões são dinâmicas e podem se estender por muitos segundos, mas Ekman descobriu que havia algumas expressões que duravam apenas alguns quadros.

Essas "microexpressões" eram vazamentos emocionais de estados de cérebros reprimidos e muitas vezes revelavam reações emocionais inconscientes. As microexpressões de repulsa durante uma sessão de aconselhamento matrimonial, por exemplo, eram um sinal confiável de que o casamento acabaria.[18]

Na década de 1990, usamos gravações em vídeo de atores treinados que conseguiam controlar todos os músculos da face, assim como Ekman, para treinar redes neurais com backprop para automatizar o FACS. Em 1999, uma rede treinada com backprop pela minha aluna de pós-graduação Marian Stewart Bartlett (Figura 12.6) teve uma precisão de 96% no laboratório, com iluminação perfeita, faces totalmente frontais e segmentação temporal manual para vídeo,[19] um desempenho tão bom que nos rendeu uma aparição no *Good Morning America*, com Diane Sawyer, em 5 de abril de 1999.

Marian continuou a desenvolver a Computer Recognition Expression Toolbox (CERT) como membro do corpo docente do Institute for Neural Computation da UC, San Diego,[20] e, à medida que os computadores se tornaram mais rápidos, a CERT abordou a análise em tempo real, para que pudesse rotular as transformações das expressões faciais em um fluxo de vídeo de uma pessoa.

Figura 12.6
Marian Stewart Bartlett demonstrando análises de expressão facial. As linhas do tempo são a saída das redes de aprendizado profundo que estão reconhecendo a expressão facial para felicidade, tristeza, surpresa, medo, raiva e repulsa. Cortesia de Marian Stewart Bartlett. Robert Wright/LDV Vision Summit 2015.

Em 2012, Marni Bartlett e Javier Movellan fundaram uma empresa chamada de "Emotient" para comercializar a análise automática de expressões faciais. Paul Ekman e eu integramos seu conselho científico. A Emotient desenvolveu redes de aprendizado profundo com uma precisão de 96% em tempo real e com comportamento natural, sob uma ampla gama de condições de iluminação e com faces não frontais.

Em uma das demonstrações da Emotient, suas redes detectaram em poucos minutos que Donald Trump estava tendo o maior impacto emocional em um grupo focal no primeiro debate republicano. Demorou dias para que os pesquisadores, especializados em eleições, chegassem à mesma conclusão e meses para que os especialistas em mídias de massa percebessem que o envolvimento emocional era o segredo para alcançar os eleitores. As expressões faciais mais fortes no grupo focal foram alegria e depois medo. As redes de aprendizado profundo da Emotient também previam quais séries de TV seriam sucessos meses antes de as classificações da Nielsen serem publicadas. A Emotient foi comprada pela Apple em janeiro de 2016, e Marni e Javier agora trabalham para a Apple.

Em um futuro não muito distante, seu iPhone pode não apenas perguntar por que você está chateado; mas também ajudá-lo a se acalmar.

A Ciência do Aprendizado

Na conferência de 2005 da NIPS, em Vancouver, sentei-me para tomar café da manhã com Gary Cottrell, um colega do Departamento de Ciência da Computação e Engenharia, da UC, em San Diego. Gary fazia parte do grupo original de processamento distribuído e paralelo (PDP) dos anos 1980 e é um dos seus últimos sobreviventes na UCSD. Ele também é um dos últimos defensores da moda da década de 1960, ostentando um rabo de cavalo e uma barba agora grisalha.

Ele se deparou com um anúncio da National Science Foundation solicitando propostas para os Centros de Ciência e Aprendizado. O que chamou sua atenção foi o orçamento anual de US$5 milhões por cinco anos, renovável por mais cinco. Ele queria enviar uma proposta e perguntou se eu poderia ajudar. Quando ele disse que, se fosse bem-sucedido, nunca mais teria que escrever outra proposta, eu disse a ele que, se tudo desse certo, seria uma concessão de fim de carreira. Ele riu, e começamos a trabalhar na proposta.

Por fim, nossa proposta foi bem-sucedida e, como eu havia previsto, foi esmagadora, com relatórios anuais de 300 páginas, mas a ciência era espetacular. Nosso Centro de Dinâmica Temporal de Aprendizado (TDLC — Temporal Dynamics of Learning Center) inclui mais de 100 pesquisadores em 18 instituições de todo o mundo. Dos seis Centros de Ciência da Aprendizado financiados pela NSF, o nosso foi o mais voltado à neurociência e à engenharia, e incorporamos os mais recentes avanços em aprendizado de máquina em nossos projetos (Figura 12.7).[21]

Rubi e CERT foram dois dos projetos financiados. Também tínhamos um laboratório de EEG móvel, onde os sujeitos ficavam livres para vagar em um ambiente virtual enquanto suas ondas cerebrais eram registradas. Na maioria dos laboratórios de EEG, o sujeito é obrigado a ficar parado e a não piscar para evitar artefatos. Usamos a análise de componentes independentes (ACI) para cancelar os artefatos do movimento, permitindo-nos observar a atividade cerebral enquanto os sujeitos exploram o ambiente e interagem com outros seres humanos. Aqui estão alguns dos muitos projetos que foram realizados pelos pesquisadores do TDLC:

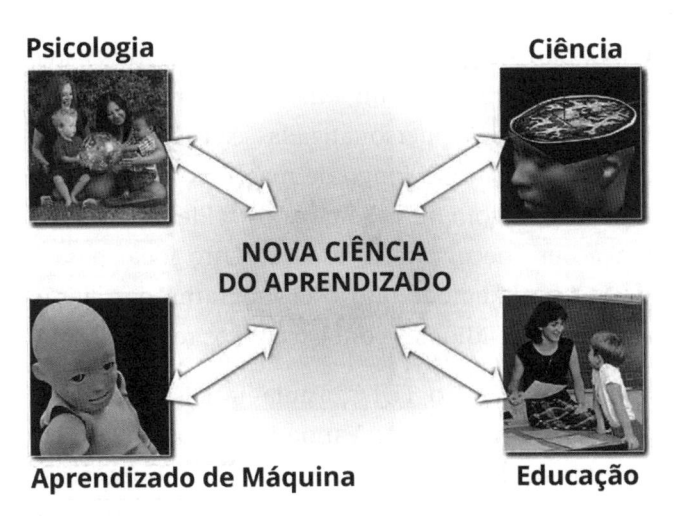

Figura 12.7
A Nova Ciência do Aprendizado inclui aprendizado de máquina e neurociência, além de ideias da psicologia e da educação. De Meltzoff, Kuhl, Movellan e Sejnowski, "Foundations for a New Science of Learning", Figura 1.

- April Benasich, do Center for Molecular and Behavioral Neuroscience, da Rutgers, desenvolveu um teste que prevê se um bebê terá deficits na aquisição e aprendizado da linguagem com base em sua percepção auditiva; ela mostrou que esses deficits poderiam ser corrigidos manipulando-se adaptativamente o tempo dos sons e recompensando o feedback para permitir que o bebê desenvolvesse audição, fala e aprendizado normais.[22] Os experimentos que produziram esses resultados acompanharam os bebês de três meses a cinco anos. Até mesmo o desenvolvimento normal de bebês foi beneficiado pelo ambiente interativo. Em 2006, April lançou o AAB Research LLC para esmiuçar a tecnologia de processamento auditivo rápido (RAPT — Rapid Auditory Processing Technology), a fim de melhorar a capacidade de aprendizado das crianças.

- Marian Stewart Bartlett e Javier Movellan usaram o aprendizado de máquina para registrar expressões faciais de estudantes automaticamente,[23] o que serviria para alertar o professor quando o aluno parecesse frustrado e dispersa. Com o aprendizado profundo, hoje, pode-se analisar de forma automática e precisa todos os alunos de uma turma ao mesmo tempo. Há inúmeras aplicações inexploradas da análise em marketing, psiquiatria e perícia forense.

- Harold Pashler, da UC, San Diego, e Michael Mozer, da Universidade do Colorado, em Boulder, investigaram a melhoria na retenção do aprendizado confrontando revisões personalizadas esporádicas e estudos extenuantes de universitários ao longo de meses, e de alunos do ensino fundamental e médio, com duração de anos.[24] Eles mostraram que, quando a retenção era necessária, o espaçamento ideal para o aprendizado era maior, e implementaram o cronograma de revisão ideal para alunos em cursos de idiomas com excelentes resultados.

- Beth Rogowsky, pós-doutoranda do TDLC, Paula Tallal, da Rutgers, e Barbara Calhoun, da Universidade de Vanderbilt, mostraram que não havia diferença estatística entre o aprendizado usando materiais falados ou escritos e nenhum elo entre o estilo de aprendizado preferido e o método instrucional em relação à compreensão imediata ou tardia.[25] Adaptar-se ao estilo de aprendizado preferido do aluno não gera nenhum benefício, o que significa que a grande indústria que promove materiais de treinamento e testes para estilos de aprendizado individuais não agrega valor à sala de aula.

- Paula Tallal foi fundamental para o lançamento, em 2014, do superprêmio Global Learning, de US$15 milhões, que incentiva a inovação na educação e cujo objetivo é desenvolver software de código aberto e escalonável que viabiliza para as crianças de países em desenvolvimento o aprendizado de leitura básica, redação e habilidades aritméticas em 18 meses. O impacto da pesquisa feita para o prêmio reverberará por todo o mundo pelas próximas décadas.

- Andrea Chiba, diretora científica do TDLC, apresentou uma pesquisa sobre como todo o aprendizado muda a estrutura do cérebro na convenção internacional de 2014 sobre a ciência do aprendizado, em Xangai,[26] para surpresa de muitos estudiosos que acreditavam que as crianças chegam ao mundo com um potencial definido e que a educação é desperdiçada para aqueles que seriam menos capazes ou velhos demais para aprender. Existe em todo mundo um vasto reservatório de potencial humano, que não está sendo aproveitado.

Descobrimos que os maiores problemas da educação não eram científicos, mas socioculturais. Há 13.500 distritos escolares nos EUA, cada um com o próprio conselho escolar, que delibera sobre o currículo, as qualificações dos professores e as melhores práticas; levaria décadas para se chegar a todos eles e abordar suas especificidades. Antes de o professore ensinar, precisa administrar a sala de aula, o que é especialmente desafiador nas séries iniciais e nas escolas públicas. Os pais que fazem exigências às vezes ignoram o alto desgaste do professor devido à falta de recursos e à baixa influência do sindicato, que muitas vezes impede as iniciativas em prol do progresso.

Ensinar é uma atividade hercúlea. A melhor e mais eficaz maneira de ensinar é através das interações diretas entre professores exímios e alunos.[27] Estamos atolados em um sistema de linha de montagem que foi projetado para a educação de massa, no qual os alunos são separados por idade em grandes turmas e aprendem as mesmas lições. Essa pode ser uma boa maneira de construir um automóvel e pode ter sido adequada em um momento em que a educação básica bastava para a força de trabalho, mas esse sistema é falho hoje, porque os trabalhos exigem um nível mais alto de treinamento e aprendizado vitalício para renovar as habilidades profissionais. Voltar à escola depois de adulto pode ser doloroso e impraticável. A revolução da informação que estamos vivendo ultrapassou a escala de tempo geracional. Felizmente, novas tecnologias online têm surgido, o que muda a forma como aprendemos. A internet está mudando o panorama do aprendizado de maneiras que nunca previmos quando nosso Centro de Ciência do Aprendizado foi lançado, em 2006.

Aprendendo a Aprender

Os cursos online massivamente abertos (MOOCs) invadiram a cena em 2011 com um artigo de alta visibilidade no *New York Times* sobre a popularidade de um curso sobre inteligência artificial em Stanford.[28] O grande número de alunos que se inscreveram nos MOOCs e seu alcance sem precedentes através da internet chamaram a atenção do mundo. Repentinamente, foram fundadas empresas para desenvolver e distribuir gratuitamente as lições online por alguns dos melhores educadores do mundo.

Elas estão disponíveis a qualquer momento e lugar, basta uma conexão com a internet. Além das palestras, os cursos incluem questionários, testes, fóruns, tutores e "reuniões" nas quais os alunos discutem os tópicos do curso em um ambiente informal. O público dos MOOCs expandiu-se bastante — em 2015, o número de inscritos dobrou, de estimados 17 milhões para mais de 35 milhões. Os MOOCs expandem as fronteiras da cultura educacional tradicional.

Conheci Barbara Oakley em uma reunião patrocinada pela National Academy of Sciences na UC, Irvine, em janeiro de 2013. Ela é professora de engenharia elétrica da Universidade de Oakland, em Auburn Hills e Rochester Hills, Michigan, apesar de não ter sido boa em matemática e ciências na escola. Sua formação é em humanas, ela foi capitã do Exército dos EUA e trabalhou como tradutora inglês/russo em navios soviéticos no Mar de Bering antes de voltar para a universidade, quando superou seu bloqueio mental com matemática e fez doutorado em engenharia elétrica. Durante o jantar, descobri que Barbara e eu tínhamos opiniões semelhantes sobre o aprendizado e que ela estava escrevendo um livro, *A Mind for Numbers: How to Excel at Math and*

Science (Even If You Flunked Algebra). Convidei-a para a UC, em San Diego, para palestrar no TDLC para alunos do ensino médio e professores.

Os alunos amavam Barbara, e ficou claro que ela era uma professora talentosa. Sua abordagem e ideias práticas tinham raízes no que sabemos sobre o cérebro, por isso nos unimos para desenvolver um MOOC para o Coursera chamado de "Learning How to Learn: Powerful Mental Tools to Help You Master Tough Subjects" (Figura 12.8; https://www.coursera.org/learn/learning-how-to-learn/), que estreou em agosto de 2014. Atualmente, ele é o MOOC mais popular do mundo, tendo mais de 3 milhões de alunos registrados em seus primeiros quatro anos, e continua a atrair mil novos alunos por dia de mais de 200 países.

O "Learning How to Learn" oferece as ferramentas necessárias para você se tornar um aprendiz melhor com base em nosso conhecimento sobre como o cérebro aprende. O feedback dos nossos alunos foi extremamente positivo, e desenvolvemos um segundo MOOC, chamado de "Mindshift", para ajudar aqueles que querem mudar para novos empregos ou seu estilo de vida. Ambos os MOOCs estão disponíveis gratuitamente.

O "Learning How to Learn" fornece conselhos práticos sobre como se tornar um aprendiz melhor, lidar com a ansiedade que antecede as provas, evitar a procrastinação e o que sabemos sobre como o cérebro aprende. É um curso gratuito de um mês de duração, com vídeos de 5 a 10 minutos, questionários e testes que foram traduzidos para mais de 20 idiomas. Um dos pilares do curso é o que a parte inconsciente de seu cérebro pode fazer enquanto você está fazendo outra coisa.

Henri Poincaré foi um eminente matemático do século XIX que certa vez descreveu como ele finalmente resolveu um problema difícil em que vinha trabalhando intensamente por semanas sem sucesso. Ele tirou férias. Ao embarcar em um ônibus no sul da França, a solução para o problema de repente lhe ocorreu, espontaneamente, de uma parte de seu cérebro que continuara a trabalhar no problema enquanto ele estava curtindo suas férias. Ele sabia que tinha encontrado o jeito certo de resolver a prova e a concluiu quando retornou a Paris. Seu intensivo trabalho prévio sobre o problema preparara seu cérebro para que seu inconsciente trabalhasse enquanto ele relaxava. Ambas as fases são igualmente importantes para a criatividade.

Figura 12.8
Barbara Oakley apresentando o MOOC "Learning How to Learn". Mais de 3 milhões de alunos fizeram o curso, tornando-o o mais popular do mundo. Cortesia de Barbara Oakley.

Surpreendentemente, seu cérebro pode trabalhar em um problema mesmo enquanto você está dormindo e não está ciente de nada. Mas isso só acontece se você se concentrar em tentar resolvê-lo antes de adormecer. De manhã, sempre que necessário, uma nova percepção surgirá em sua mente, o que poderá ajudá-lo a resolver o problema. O esforço intenso antes de um período de férias ou de adormecer é importante para preparar seu cérebro; caso contrário, é mais provável que ele trabalhe em algum outro problema. Não há nada de especial na matemática ou na ciência a esse respeito — seu cérebro se empenhará em resolver problemas sociais da mesma forma que os de matemática e ciências, se é isso que tenha passado por sua mente.

Um dos resultados mais satisfatórios de "Learning How to Learn" foi receber cartas de alunos felizes nos agradecendo pelo melhor curso que fizeram ou como influenciou suas escolhas profissionais.[29] Os professores também nos escreveram que estavam incorporando lições de "Learning How to Learn" em suas aulas.

Inicialmente, direcionamos "Learning How to Learn" a estudantes do ensino médio e superior, mas eles eram menos de 1% de todos os alunos que participavam do curso. Como as escolas precisam cumprir um currículo básico, não têm tempo para ensinar seus alunos a aprender, o que seria muito mais útil. E pedir aos distritos escolares para adotar o programa é uma batalha difícil, já que os orçamentos operacionais nas escolas são limitados. Os distritos não estão abertos a reformular seus currículos para incorporar os ensinamentos do programa em grande escala, pois qualquer esforço em escala requer uma reformulação dispendiosa de horários, treinamento de professores e desenvolvimento de materiais didáticos. Mas precisamos, de alguma forma, chegar aos alunos de 12 anos, antes que entrem no ensino médio. Barbara e eu escrevemos um livro voltado a esses alunos mais jovens na esperança de que chegasse a eles antes de se depararem com obstáculos nas aulas de matemática, o que geralmente ocorre no ensino médio.[30]

Seguindo um modelo de aprendizado diferente daqueles da sala de aula, considerados "tudo ou nada", os MOOCs se parecem mais com os livros, que você pode ler a qualquer momento, seletivamente: os alunos "escolhem" as aulas que atendem a suas necessidades imediatas. Originalmente pensados como alternativa à sala de aula tradicional, os MOOCs têm encontrado um lugar complementar no âmbito educacional diferente das abordagens convencionais, que não preenchem as necessidades dos alunos.

Assim, os MOOCs funcionam como aulas invertidas, nas quais os alunos escolhem o conteúdo e o horário dos cursos, e o professor conduz uma discussão sobre o material na aula. Nosso sistema educacional foi projetado para a era industrial, e o conhecimento transmitido nas escolas era tudo de que você precisava para ter um emprego e ser um cidadão produtivo para o resto de sua vida. Hoje, o conhecimento transmitido pelas escolas já está obsoleto quando os alunos se formam. Os MOOCs são um caminho alternativo ao sistema educacional, sem sair de casa.

No Coursera, a maior concentração de matrículas está na faixa de 25 a 35 anos, e mais da metade dos inscritos, adultos que precisam de novas habilidades e estão aprendendo online, é graduada. Serão necessárias mudanças mais fundamentais no sistema educacional para adaptar nosso cérebro a empregos em rápida expansão no setor econômico das informações.

Por exemplo, a coleta de informações pela internet exige julgamento e habilidades básicas na formulação de termos de pesquisa e classificação por meio de rastros falsos. Infelizmente, parece não haver tempo no currículo tradicional para ensinar habilidades básicas de internet, embora os alunos se beneficiem de aprender a procurar proativamente as informações, em vez de assistir passivamente a aulas.

Fundada por Sebastian Thrun, a Udacity é outra organização educacional que faz MOOCs. Além do acesso gratuito aos cursos, ela também fecha parcerias com empresas que querem aprimorar as habilidades de seus funcionários. A Udacity cria MOOCs adaptados às necessidades da empresa, e os colaboradores são motivados a fazê-los, o que beneficia a todos. A Udacity também tem cursos específicos com certificações em tópicos como tecnologia de veículos autônomos (por US$800), que garantem a devolução do dinheiro se o cursista não conseguir um emprego em seis meses.[31] O setor educacional paralelo às escolas tradicionais está evoluindo rapidamente, e os MOOCS produzem inúmeras soluções para o aprendizado vitalício.

O próximo MOOC na sequência, "Mindshift: Break through Obstacles to Learning and Discover Your Hidden Potential" (https://www.coursera.org/learn/mindshift/), foi lançado em abril de 2017. Ele acompanha o livro homônimo de Barbara Oakley,[32] que usa histórias reais (inclusive minhas) para ilustrar os problemas que surgem quando você quer mudar de vida de alguma maneira, com base na experiência que outras pessoas tiveram. No meu caso, mudei de física para neurobiologia; em outro, um solista de sucesso renunciou à sua carreira para se tornar médico. As trocas de área têm se tornado mais comuns, e o "Mindshift", atualmente o 3º MOOC mais popular do mundo, foi projetado para facilitar o processo.

Outra maneira de se tornar um aprendiz melhor é através de jogos de computador interativos. Empresas como a Lumosity oferecem jogos online que alegam melhorar a memória e a atenção. O problema é que a pesquisa para respaldar tais alegações é muitas vezes simples ou de baixa qualidade, especialmente no que diz respeito à transferência de treinamento para tarefas do mundo real. Mas estamos no começo, e pesquisas mais elaboradas estão começando a nos ajudar a saber o que funciona. Os resultados são muitas vezes surpreendentes e controversos.

Treinamento Cerebral

Os videogames mais eficazes para melhorar a função cognitiva são aqueles em que você tem que perseguir zumbis, matar os bandidos e jogos de corrida de carros. Daphne Bavelier, da Universidade de Genebra, mostrou que jogos de tiro em primeira pessoa, como *Medal of Honor: Allied Assault*, aprimoram a percepção, a atenção e a cognição — em particular, visão, capacidade multitarefa e de alternância entre tarefas —, e que também levam a tomadas mais rápidas de decisão.[33]

Ela concluiu que alguns desses jogos de tiro fazem os cérebros mais velhos reagirem tão rapidamente quanto os mais jovens (boas notícias se você já não for tão jovem). Mas alguns jogos de tiro também reduzem a retenção em longo prazo.[34] Cada jogo tem vários benefícios e riscos que precisam ser avaliados de forma isolada.

Adam Gazzaley, da UC, São Francisco, projetou o videogame tridimensional *NeuroRacer*, que melhora sua capacidade multitarefa, com base em pesquisas que mostram que a atividade dos neuromoduladores no cérebro é importante para a atenção, o aprendizado e a memória.[35] Os jogadores do *NeuroRacer* dirigem um carro ao longo de uma estrada sinuosa e montanhosa, mantendo-se atentos a alguns sinais que surgem aleatoriamente enquanto ignoram outros. Isso requer que os jogadores executem múltiplas tarefas usando várias habilidades cognitivas, como atenção e troca de tarefas.

Em testes com o *NeuroRacer*, Adam e seus colegas descobriram que, após o treinamento, os sujeitos melhoraram significativamente essas habilidades e obtiveram pontuações mais altas na memória de trabalho e nas tarefas de atenção permanente que não faziam parte do treinamento. Além disso, seus desempenhos foram melhores que os de jovens de 20 anos sem treinamento, e o aprimoramento de suas habilidades foi mantido por seis meses, mesmo sem prática.[36] O *NeuroRacer* está agora em ensaios clínicos, como terapia para pacientes com deficit de atenção e memória.

Em 1997, Paula Tallal, então na Rutgers, e Michael Merzenich, da UCSF, fundaram uma empresa chamada de "Scientific Learning" para crianças com distúrbios de linguagem e leitura (como dislexia). O entendimento da fala depende da audição de transições acústicas rápidas.

Por exemplo, a diferença entre ouvir "ba", "ga" ou "da" depende das diferenças de tempo na faixa de milissegundos no início da sílaba. As crianças que não conseguem detectar essas diferenças temporais ficam em desvantagem no aprendizado, pois confundem as palavras que possuem esses sons. Para aprender a ler, a criança deve ser capaz de reconhecer e distinguir os breves sons que as letras representam nas palavras.

Tallal e Merzenich desenvolveram o que hoje é uma grande série de jogos de computador, chamada de "Fast ForWord", que melhora a discriminação auditiva, a linguagem e a compreensão de leitura, exagerando primeiro as diferenças acústicas de tempo entre as sílabas, palavras e sentenças, e gradualmente as reduzindo à medida que a criança melhora em cada nível de linguagem e leitura.[37]

Sendo os mais bem cotados entre os jogos educativos, os jogos de computador Fast ForWord foram usados em 6 mil escolas e com mais de 2,5 milhões de crianças. Eles também estão sendo usados para ajudar as crianças a aprender inglês como segunda língua em mais de 55 países. Merzenich elaborou o *BrainHQ* (https://www.brainhq.com [conteúdo em inglês]), um jogo baseado em princípios científicos semelhantes, que visa a reduzir o declínio cognitivo em adultos.

Você também pode melhorar suas habilidades motoras com exercícios cerebrais. Aaron Seitz, da UC Riverside, desenvolveu um programa de computador que melhora a percepção visual e os tempos de reação. Depois de usar esse programa, o time de beisebol relatou melhoras na visão, menos strikeouts e mais runs, e acabaram ganhando 4–5 jogos a mais de uma temporada de 54 jogos.[38]

Seitz desenvolveu um aplicativo barato chamado de "UltimEyes", que disponibilizou sua pesquisa ao público, embora a Federal Trade Commission tenha interrompido sua divulgação até que mais estudos confirmem suas afirmações.[39]

O aprimoramento de certas habilidades cognitivas tende a se transferir para outras habilidades cognitivas quando você joga jogos de tempo de reação, mas não quando joga muitos outros de domínio específico, como jogos de memória. Apesar de estarmos desenvolvendo melhor os videogames interativos, que aperfeiçoam nossos cérebros, são divertidos de se jogar e podem se apresentar como um app, são necessárias mais pesquisas para entender as condições de transferência. O potencial de melhoria cognitiva ao redor do mundo é incomensurável.

A IA nos Negócios

Na sessão de abertura da conferência de 2015 da NIPS, dei as boas-vindas aos participantes, usando uma jaqueta estilo NASCAR com logotipos de todos os nossos 42 patrocinadores (Figura 12.9). Na de 2016, em Barcelona, havia 65 patrocinadores, emblemas demais para caber em uma jaqueta; e 93 patrocinadores apoiaram a conferência de 2017, em Long Beach. Esse crescimento explosivo acabará, mas suas reverberações pela sociedade poderão durar décadas. Essas empresas patrocinadoras enviam recrutadores para as conferências da NIPS, ansiosas em contratar pesquisadores talentosos, que estão em falta. Muitos de meus colegas trabalharam com o Google, a Microsoft, a Amazon, a Apple, o Facebook, o Baidu e muitas startups, o que roubou os talentos que antes ficavam reclusos na academia. Sebastian Thrun estimou que, quando uma empresa autônoma, como a Otto ou a Cruise, é comprada por uma empresa maior, o custo é de US$10 milhões por especialista em aprendizado de máquina.[40]

Figura 12.9
A jaqueta da NASCAR que Terry Sejnowski usou para abrir a conferência de 2015 da NIPS em Montreal. Os patrocinadores variaram de empresas de internet de primeira linha a empresas financeiras e de mídia. Todas se interessam pelo aprendizado profundo. Cortesia da NIPS.

Geoffrey Hinton tornou-se funcionário do Google em 2013, quando o Google adquiriu sua empresa, a DNNresearch, formada por ele e dois de seus alunos de pós-graduação da Universidade de Toronto. Ele agora tem acesso a um potencial computacional que nunca imaginara quando estava em Toronto, mas o que é mais importante é a quantidade expressiva de dados disponibilizados pelo Google.

O Google Brain é uma extraordinária coleção de engenheiros e cientistas altamente talentosos reunidos por Jeff Dean, que projetou o MapReduce, o sistema de arquivos do Google do qual dependem todos os seus serviços. Quando faz o Google traduzir para você, ele usa o aprendizado profundo criado pela equipe de Dean. Quando você pesquisa um termo no Google, o aprendizado profundo classifica os resultados. Quando conversa com o assistente do Google, ele usa o aprendizado profundo para reconhecer as palavras que você está dizendo e para, à medida que conhece o modo como você fala, atender-lhe melhor. O Google, como todo o setor de tecnologia, baseia-se completamente no aprendizado profundo, mas isso é só o começo.

Os Estados Unidos estão perdendo sua liderança em inteligência artificial e, enquanto você lê isso, outros países já ultrapassaram a terra do Tio Sam. O Instituto Vector, de Toronto, foi lançado em março de 2017, com US$175 milhões de dólares do apoio dos governos canadense e de Ontário, da Universidade de Toronto e do setor privado.[41] O objetivo do Vector é ser um centro mundial líder em pesquisa de IA; graduar o maior número de alunos de doutorado e mestrado em aprendizado de máquina; e tornar-se o motor de um superaglomerado de IA que impulsione a economia de Toronto, Ontário e, na verdade, de todo o Canadá.

No entanto, o Canadá terá uma concorrência acirrada da China, que está treinando milhares de engenheiros em aprendizado de máquina, e onde a computação neuromórfica é o braço direito de seu Brain Project. Motivado pela derrota de Ke Jie pelo AlphaGo em 2017, que teve o mesmo impacto na China que o Sputnik nos Estados Unidos em 1957, Pequim lançou uma iniciativa multibilionária de projetos ambiciosos, startups e pesquisa acadêmica, com o objetivo de dominar o mundo até 2030.[42]

Com sua vasta quantidade de dados médicos e pessoais e muito menos preocupação com a privacidade do que nas democracias ocidentais, a China pode saltar à frente de outros países que mantêm dados pessoais em silos privados. A China também tem como alvo a agricultura e a manufatura para coleta de dados. Ganha quem tiver mais dados, o que fará a balança pesar para o lado da China.

A China também quer "integrar a IA a mísseis guiados, usá-la para rastrear pessoas em câmeras de circuito fechado, censurar a internet e até prever crimes", uma postura mais agressiva.[43] Enquanto isso, os líderes políticos dos Estados Unidos planejam reduzir o financiamento para ciência e tecnologia. Na década de 1960, os EUA investiram US$100 bilhões na corrida espacial (valor ajustado pela inflação),[44] que criou uma indústria de satélites, deu aos Estados Unidos a liderança em microeletrônica e materiais e fez uma declaração política sobre os pontos fortes da nação em ciência e tecnologia.

Esse investimento ainda é válido hoje, já que a microeletrônica e os materiais avançados estão entre os poucos setores em que os Estados Unidos ainda são competitivos. Assim, o grande investimento da China na corrida da IA poderia lhe proporcionar a liderança em vários setores importantes até o século XXI. Essa é a nossa chamada de despertar.

A IA está acelerando a economia da informação "intangível". A produção de uma economia é medida pelo seu Produto Interno Bruto (PIB), o valor total de todos os bens e serviços na respectiva moeda. Essa medida foi projetada para uma economia industrial cujos produtos e serviços primários eram tangíveis, como alimentos, automóveis e produtos médicos ou cuidados paliativos. No entanto, cada vez mais o valor de uma empresa de informação não é medido por esses produtos.

Os prédios e equipamentos de propriedade da Microsoft, por exemplo, valem apenas US$1 bilhão, o que representa 1% de seu valor de mercado.[45] O restante de seu valor é baseado no software e na expertise dos programadores da Microsoft. Qual valor você atribuiria às informações que baixou com seu smartphone? Precisamos de uma medida que leve em conta o valor da informação em todas as suas formas: um produto interno intangível, para aumentar o PIB como medida de produtividade.[46]

As aplicações atuais da inteligência artificial são baseadas em pesquisas básicas que foram realizadas há 30 anos. As aplicações daqui a 30 anos dependerão das pesquisas atuais, mas os melhores e mais brilhantes pesquisadores estão trabalhando para o setor focados em produtos e serviços de curto prazo. Isso está sendo equilibrado pelos melhores e mais brilhantes estudantes que têm entrado no aprendizado de máquina, que uma geração atrás teria entrado no banco de investimentos.

Ao pensar sobre o futuro da IA, precisamos ter uma visão de longo prazo, já que estamos muito aquém do poder computacional necessário para alcançar níveis humanos de inteligência. As redes de aprendizado profundo agora possuem milhões de unidades e bilhões de pesos. Esse é um fator 10 mil vezes menor que o número de neurônios e sinapses no córtex cerebral humano, onde há um bilhão de sinapses em $1mm^3$ de tecido. Se todos os sensores do mundo estivessem conectados à internet e interconectados por redes de aprendizado profundo, eles poderiam acordar um dia e dizer:

"Olá, mundo!"[47]

13 A Era dos Algoritmos

Estive em Singapura em junho de 2016 para uma semana de discussões na conferência Grandes Desafios para a Ciência no Século XXI, realizada pela Universidade Tecnológica de Nanyang. Os assuntos foram amplos, de cosmologia e evolução a política científica.[1] W. Brian Arthur, economista interessado em tecnologia,[2] apontou que, no passado, a tecnologia era regida pelas leis da física; no século XX, procuramos entender o mundo físico com equações diferenciais e matemática das variáveis contínuas, que variam paulatinamente no tempo e no espaço. Em contrapartida, a tecnologia atual é regida por algoritmos: no século XXI, procuramos entender a essência da complexidade na ciência da computação e na biologia usando algoritmos e matemática de forma independente. Arthur está na universidade do Instituto Santa Fé, no Novo México, que é um dos muitos centros que surgiram no século XX para investigar sistemas complexos.[3]

Os algoritmos são onipresentes. Nós os usamos toda vez que fazemos pesquisas no Google.[4] As notícias que lemos no feed do Facebook são escolhidas por algoritmos que se baseiam em nosso histórico de cliques no feed, e isso afeta nossas reações emocionais.[5] A invasão dos algoritmos em nossas vidas tem se acelerado à medida que o aprendizado profundo fornece recursos de reconhecimento de voz e linguagem natural aos nossos celulares, por exemplo.

Um algoritmo é um processo com um conjunto de etapas ou regras independentes a serem seguidas para a execução de um cálculo ou solução de um problema. A palavra "algoritmo" vem do latim *algorismus*, homenagem ao matemático persa do século IX al-Khwarizmi e transformado de "algorismo" para "algoritmo" no século XVII por causa da influência do grego *arithmos*, que significa "número". Embora a origem do algoritmo seja antiga, apenas recentemente os computadores digitais lhes concederam uma posição de destaque para a ciência e a engenharia.

Sistemas Complexos

Novas formas de abordar a complexidade surgiram na década de 1980. O objetivo era desenvolver maneiras de entender sistemas como os dos seres vivos, mais complexos que os da física e da química. Diferente da simplicidade da movimentação dos foguetes, que segue as leis do movimento de Isaac Newton, não havia uma maneira simples de descrever como uma árvore cresce. Algoritmos de computador foram usados por um grupo eclético de pioneiros para explorar essas questões antigas sobre os seres vivos.

O médico Stuart Kauffman ficou intrigado com redes de genes nas quais as proteínas chamadas de "fatores de transcrição" se ligam aos genes e influenciam sua ativação.[6] Seus modelos eram auto-organizados e baseados em redes de unidades binárias, semelhantes em alguns aspectos às redes neurais, mas em escalas de tempo muito menores. Christopher Langton cunhou o termo "vida artificial" no final dos anos 1980,[7] o que levou a uma enxurrada de tentativas de compreender os princípios subjacentes à complexidade das células vivas e ao desenvolvimento de comportamentos complexos. Apesar do progresso que fizemos na biologia celular e na genética molecular para esclarecer a complexidade altamente evoluída dos mecanismos moleculares das células, os mistérios da vida continuam a nos escapar.

Os algoritmos viabilizam a criação de cosmos com complexidades comparáveis às nossas. De fato, os algoritmos descobertos no século XX nos fizeram repensar a natureza da complexidade. A revolução das redes neurais, nos anos 1980, foi impulsionada por tentativas semelhantes de entender a complexidade do cérebro, e, embora nossos modelos de redes neurais fossem muito mais simples do que os circuitos neurais do cérebro, os algoritmos de aprendizado que desenvolvemos nos possibilitaram explorar princípios gerais, como o da distribuição de informações pelas grandes populações de neurônios. Mas como a complexidade do funcionamento das redes surge a partir de regras de aprendizado relativamente simples? Há um sistema simplificado, cuja complexidade seja mais fácil de analisar?

Autômatos Celulares

Outro personagem de interesses ecléticos com uma abordagem cientificamente rigorosa da complexidade, Stephen Wolfram (Figura 13.1) é um prodígio, a pessoa mais jovem a concluir um doutorado em física pela Caltech, aos 20 anos, e o fundador do Centro de Pesquisa de Sistemas Complexos da Universidade de Illinois, em 1986. Wolfram achava que as redes neurais eram complexas demais e preferiu explorar os autômatos celulares.

Figura 13.1
Stephen Wolfram em sua casa em Concord, Massachusetts, em pé sobre um piso gerado por algoritmos. Wolfram foi pioneiro na teoria da complexidade e mostrou que mesmo programas simples podem originar complexidades equivalentes às que encontramos no mundo. Cortesia de Stephen Wolfram.

Os autômatos celulares normalmente possuem apenas alguns valores independentes que evoluem com o tempo, conforme os estados das outras células. Um dos autômatos celulares mais simples é um arranjo unidimensional de células, cada uma com valor de 0 ou 1 (Quadro 13.1). Talvez o mais famoso autômato celular seja o chamado "game of life", que foi inventado por John Conway, o professor de matemática John von Neumann em Princeton, em 1968, popularizado por Martin Gardner em sua coluna do *Scientific American* "Mathematical Games", ilustrado na Figura 13.2. A placa é uma matriz bidimensional de células que só podem estar "ligadas" ou "desligadas", e a regra de atualização depende apenas dos quatro vizinhos mais próximos. Em cada etapa de tempo, todos os estados são atualizados. Padrões complexos são gerados no array, alguns dos quais têm nomes, como "planadores", que passam pelo array e colidem com outros padrões. As condições iniciais são extremamente importantes para se encontrar uma configuração que exiba padrões complexos.

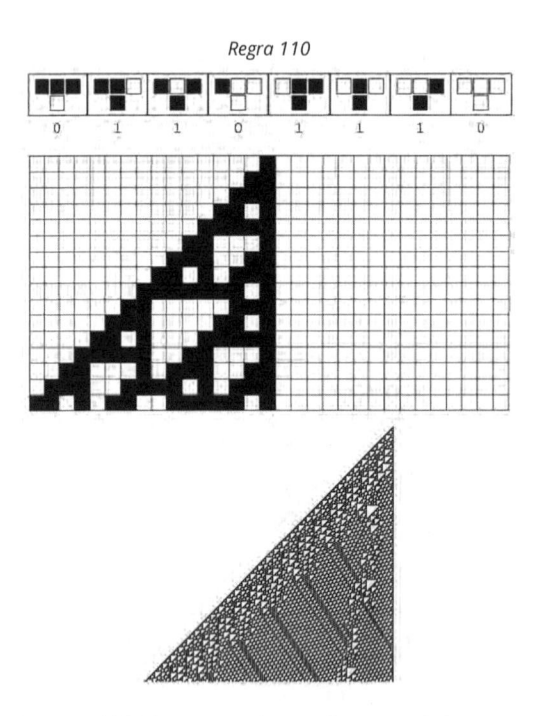

Quadro 13.1

Autômato Celular

Regra 110

Regra 110. Uma regra dos autômatos celulares especifica a cor de uma célula, dependendo da própria e da de seus vizinhos imediatos. Por exemplo, para as oito combinações possíveis de preto e branco para as três células mostradas, a regra 110 especifica a cor seguinte. A evolução dessa regra aplicada a uma linha por vez, começando de uma única célula preta, é mostrada por 15 etapas de tempo e 250 passos abaixo. A condição inicial simples evolui para um padrão altamente complexo, que continua indefinidamente. De onde vem a complexidade? Para saber mais detalhes, acesse: http://mathworld.wolfram.com/Rule110.html [conteúdo em inglês].

Figura 13.2
O game of life. Instantâneo de uma Glider Gun de Gosper (em cima) que emite uma sequência de planadores que viajam na diagonal, da "nave-mãe" (em cima) para a direita inferior. Da Wikipédia: arma (autômato celular), que tem um gif animado da arma planadora em ação.

Quão comuns são as regras que geram a complexidade? Wolfram queria conhecer as regras dos autômatos celulares mais simples que levam a comportamentos complexos e, assim, ele começou a fazer um levantamento de todas. As regras de 0 a 29 produziram padrões que sempre se revertiam em comportamentos entediantes: todas as células acabariam em um padrão de repetição ou em algum padrão fractal aninhado. Mas a regra 30 produziu padrões de desdobramento e a 110 ofuscou os padrões complexos em contínua evolução (Quadro 13.1).[8] Acabou sendo provado que a regra 110 era capaz de realizar computação universal; isto é, alguns dos autômatos celulares mais simples têm o poder de uma máquina de Turing, que pode computar qualquer função, sendo, a princípio, tão poderosos quanto um computador.

Uma das implicações dessa descoberta é que a notável complexidade que encontramos nos seres vivos poderia ter evoluído a partir da amostragem do espaço mais simples das interações químicas entre as moléculas; que as combinações complexas de moléculas que surgiram da evolução devem ser esperadas, e não consideradas um milagre. Mas os autômatos celulares podem não ser bons modelos para explicar o início da vida, e os sistemas químicos simples, capazes de criar moléculas complexas, continuam sendo uma questão em aberto.[9] Talvez apenas os sistemas bioquímicos especiais tenham essa propriedade, o que ajuda a estreitar o possível conjunto de interações das quais a vida teria se originado.

Uma propriedade essencial da vida é a capacidade de uma célula de se reproduzir, uma habilidade explorada pelo matemático húngaro naturalizado norte-americano John von Neumann, do Instituto de Estudos Avançados de Princeton, nos anos 1940, usando autômatos celulares. As obras de von Neumann tiveram um grande impacto em muitas áreas da matemática, especialmente seu trabalho seminal sobre a teoria dos jogos (mencionado no Capítulo 1). Procurando o autômato celular mais simples que poderia se replicar perfeitamente, von Neumann encontrou um complexo com 29 estados internos e uma grande memória que se autorreplicava.[10] Isso era de considerável interesse biológico porque as células que são capazes de se autorreplicar também possuem muitos estados internos e memória sob a forma de DNA. Desde então, foram encontrados autômatos celulares muito mais simples que também se autorreplicam.

O Cérebro É um Computador?

Em 1943, Warren McCulloch e Walter Pitts mostraram que era possível construir um computador digital a partir de unidades simples de limiares binários, como o perceptron, que poderia ser ligado para simular as portas lógicas elementares de um computador.[11] Sabemos agora que os cérebros têm propriedades analógicas e digitais misturadas, e que seus circuitos neurais não geram funções lógicas. Mas o artigo de McCulloch e Pitts, de 1943, recebeu muita atenção na época e, em particular, inspirou John von Neumann a pensar em computadores. Ele construiu um dos primeiros computadores digitais que armazenavam programas, um projeto incomum para um matemático à época; no entanto, em 1957, quando von Neumann morreu, o Instituto de Estudos Avançados descontinuou sua linha de pesquisa e descartou seu computador.[12]

Von Neumann também estava interessado no cérebro. Em suas palestras Silliman de 1956 em Yale,[13] ele questionou como o cérebro poderia funcionar de maneira confiável com componentes tão pouco confiáveis. Quando um transistor comete um erro em um computador digital, todo o sistema pode falhar; mas, quando um neurônio falha, o restante do cérebro se adapta e continua a funcionar normalmente. Von Neumann achava que a redundância era a razão para a robustez do cérebro, já que muitos neurônios estão envolvidos em todas as operações. Ela é comumente baseada em um backup, caso o sistema primário falhe. Mas agora sabemos que a redundância cerebral é baseada na diversidade, e não na duplicação. Von Neumann também estava preocupado com a profundidade lógica: quantos passos lógicos um cérebro segue antes que os erros acumulados corrompam os resultados? Diferentemente de um computador, que pode executar cada passo lógico perfeitamente, o cérebro tem muitas fontes de ruído. Um cérebro pode não alcançar a perfeição; mas, como muitos de seus neurônios trabalham juntos em paralelo, ele realiza muito mais a cada passo do que um computador e precisa de menos profundidade lógica.

O Espaço dos Algoritmos

Imagine o espaço de todos os algoritmos possíveis. Cada ponto nesse espaço é um algoritmo responsável por uma tarefa, e alguns algoritmos são incrivelmente úteis e produtivos. No passado, esses algoritmos eram feitos à mão por matemáticos e cientistas da computação que trabalhavam como artesãos em corporações. Steffen Wolfram automatizou a descoberta de algoritmos para autômatos celulares por meio de uma pesquisa exaustiva, começando com os autômatos mais simples, alguns dos quais produziam padrões altamente complexos. Essa ideia é resumida pela lei de Wolfram, que afirma que você não precisa ir muito longe no espaço dos algoritmos para encontrar um que resolva uma classe de problemas intrigante. Isso é como enviar bots para jogar jogos online como *StarCraft*, a fim de tentar todas as estratégias possíveis. De acordo com a lei de Wolfram, deveria haver uma galáxia de algoritmos em algum lugar no universo dos algoritmos que consiga ganhar o jogo.

Wolfram se concentrou no espaço dos autômatos celulares, um pequeno subespaço de todos os algoritmos possíveis. Mas e se os autômatos celulares forem algoritmos atípicos que exibem mais universalidade do que as outras classes? Agora temos a confirmação da lei de Wolfram no espaço das redes neurais. Cada rede de aprendizado profundo foi encontrada com algoritmos de aprendizado, um meta-algoritmo para encontrar novos. Para uma grande rede e um grande conjunto de dados, aprender a partir de diferentes estados iniciais gera uma galáxia de redes aproximadamente tão boa quanto a outra na solução de um problema. Isso levanta a questão de saber se pode haver uma maneira mais rápida de encontrar a região do espaço do algoritmo do que pelo gradiente descendente, que é lento e requer muitos dados. Um indicativo dessa possibilidade é que cada espécie de organismo vivo é uma nuvem de indivíduos criada por sequências variantes de DNA em um ponto no espaço dos algoritmos vivos, e a natureza conseguiu pular de nuvem em nuvem pela seleção natural, um processo chamado de "equilíbrio pontuado",[14] junto à pesquisa local por mutações aleatórias. Os algoritmos genéticos foram projetados para dar tais saltos, baseados vagamente na forma como a natureza desenvolve novos organismos.[15] Precisamos de uma matemática para descrever essas nuvens de algoritmos. Quem sabe como é o universo dos algoritmos? Existem muitas galáxias de algoritmos que ainda não descobrimos, mas que podem ser encontradas pela descoberta automatizada — a fronteira final.

Um exemplo simples desse processo foi seguido por Klaus Stiefel, pós-doutorando de meu laboratório, que, em 2007, usou um algoritmo que criava neurônios modelo com árvores dendríticas complexas em um computador.[16] Os dendritos são como antenas que coletam informações de outros neurônios. O espaço de possíveis árvores dendríticas é vasto, e o objetivo era especificar a função desejada e pesquisar o espaço das árvores dendríticas para um neurônio modelo que computasse uma função. Uma função útil é decidir a ordem de chegada dos picos de entrada: quando uma determinada entrada chega antes de outra, o neurônio produz um pico; mas, se chegar mais tarde, ele permanece inalterado. Esse modelo de neurônio foi descoberto pela busca em todas as possíveis árvores dendríticas usando um algoritmo genético, e a solução se assemelhava a um neurônio piramidal cortical, com uma sinapse em um dendrito fino saindo do fundo (um dendrito basal) e outra sinapse no dendrito espesso saindo do topo do neurônio (um dendrito apical; veja a Figura 14.6; Capítulo 14). Essa é uma explicação possível para o fato de as células piramidais terem dendritos apicais e basais, uma função que poderia não ter sido imaginada sem a ajuda de uma busca profunda no espaço de todos os possíveis dendritos. Repetindo essa busca a partir de outras funções, um diretório de funções listadas por suas formas dendríticas poderia ser compilado automaticamente; e, quando um neurônio é descoberto, sua forma pode ser procurada no diretório para se encontrarem suas possíveis funções.

Stephen Wolfram deixou a academia para administrar a Wolfram Research, que criou o Mathematica, um programa que suporta uma vasta gama de estruturas matemáticas e é amplamente usado para aplicações práticas. O Mathematica foi escrito na linguagem Wolfram, uma linguagem de programação multiparadigmática que também capacita o Wolfram Alpha, o primeiro sistema de perguntas e respostas para fatos sobre o mundo baseado em uma abordagem simbólica.[17] Na academia, a moeda de troca é o artigo publicado, mas, quando você é um cientista independente, pode se dar ao luxo de negar os espaços pequenos dos artigos e publicar livros, que, bem mais extensos, lhe darão espaço suficiente para explorar completamente uma nova área. Essa foi a norma por muitos séculos, quando apenas os ricos ou aqueles que tinham patronos ricos podiam se dar ao luxo de ser cientistas.

Wolfram escreveu *A New Kind of Science* em 2002.[18] Pesando 2,5kg, tinha 1.280 páginas, das quais 348 eram notas que continham o equivalente a uma centena de novos artigos científicos. O livro causou um grande alarde na imprensa, mas provocou uma resposta mista da comunidade de sistemas complexos, alguns integrantes julgaram não reconhecer plenamente o próprio trabalho. Essa objeção ignorava o mote do livro, que era propiciar um novo contexto para os trabalhos feitos. Carolus Linnaeus havia desenvolvido uma taxonomia moderna para classificar plantas e animais (a "nomenclatura binomial", por exemplo, *E. coli*), que foi um importante precursor da teoria da evolução de Charles Darwin e contextualizou taxonomias anteriores. O caminho que Wolfram trilhou está agora sendo seguido por uma nova geração de pesquisadores.

Na década de 1980, Wolfram estava cético quanto às possíveis decorrências práticas das redes neurais e, na verdade, elas não tiveram muito impacto nos 30 anos seguintes. O progresso nos últimos 5 anos, no entanto, mudou o cenário: Wolfram e muitos outros pesquisadores admitiram que subestimaram o que as redes poderiam realizar.[19] Mas quem poderia prever a proporção do desenvolvimento de seu desempenho? A linguagem da Wolfram, que suporta o Mathematica, agora também suporta aplicações de aprendizado profundo, um dos quais foi o primeiro a fazer online o reconhecimento de objetos em imagens.[20]

Stephen me apresentou a Beatrice Golomb, que estava trabalhando em seu doutorado na UCSD quando visitei San Diego, em 1987. Ele me ligou para dizer que sua amiga Beatrice estaria em minha palestra no PDP (e depois nos ligou para perguntar como foi). Seis anos depois, eu me mudei para San Diego, e Beatrice e eu noivamos. Depois do nosso casamento, no Athenaeum da Caltech, em 1990, fomos ao Beckman Auditorium para um simpósio de casamento, onde Beatrice deu uma palestra ("Casamento: Teoria e Prática") em seu vestido de noiva. Stephen falou com convicção e orgulho sobre como nos apresentara, mas quando Beatrice disse que, se ele ia receber o crédito, também tinha que assumir a responsabilidade, ele disfarçadamente hesitou.

14 Olá, Senhores Chips

Hoje, presenciamos o nascimento de uma nova arquitetura para o setor de chips de computadores. Continua a corrida para projetar e construir uma nova geração de chips que executem algoritmos de aprendizado profundo, por reforço ou de outros tipos, milhares de vezes mais rápidos e eficientes do que os que são atualmente simulados em computadores de uso geral. Os novos chips de integração em larga escala (VLSI) têm arquiteturas paralelas de processamento, com memória onboard para atenuar o gargalo entre a memória e a unidade central de processamento (CPU) nas arquiteturas sequenciais de von Neumann, que dominaram a computação nos últimos 50 anos. Ainda estamos em uma fase exploratória em relação ao hardware, e cada tipo de chip VLSI de propósito especial tem diferentes pontos fortes e limitações. Serão necessárias grandes quantidades de energia computacional para executar as redes de larga escala que estão sendo desenvolvidas para as aplicações de inteligência artificial, e há um tremendo potencial de lucro na construção de hardwares eficientes.

As principais empresas e startups da área têm feito investimentos substanciais no desenvolvimento de chips dedicados ao aprendizado profundo. Em 2016, por exemplo, a Intel adquiriu a Nervana, uma pequena startup de San Diego que projetou chips VLSI de propósito especial para aprendizado profundo, por US$400 milhões; o ex-CEO da Nervana, Naveen Rao, lidera agora o novo AI Products Group da Intel, em contato direto com o CEO da empresa. Em 2017, a Intel adquiriu a Mobileye, empresa especializada em sensores e visão computacional para carros autônomos, por US$15,3 bilhões. A Nvidia, que desenvolveu chips digitais de propósito especial otimizados para aplicações gráficas e jogos, chamados de "unidades de processamento gráfico" (GPUs), está vendendo atualmente mais chips para fins especiais dedicados ao aprendizado profundo e à computação em nuvem. E o Google projetou um chip de propósito especial muito mais eficiente, a unidade de processamento de tensores (TPU), para impulsionar o aprendizado profundo de seus serviços de internet.

No entanto, os softwares especializados são igualmente importantes para o desenvolvimento de aplicações de aprendizado profundo. O Google projetou seu programa TensorFlow para tornar as redes de aprendizado profundo abertas, embora isso não seja tão altruísta quanto parece. Disponibilizar o Android gratuitamente, por exemplo, deu ao Google o controle do sistema operacional agora usado na maioria dos smartphones de todo o mundo. Mas agora existem alternativas abertas disponíveis para o TensorFlow: CNTK da Microsoft, MVNet, apoiado pela Amazon e outras grandes empresas da internet, e outros programas viáveis de aprendizado profundo, como Caffe, Theano e PyTorch.

Chips em Voga

Em 2011, organizei o "Growing High Performance Computing in a Green Environment", um simpósio patrocinado pela Fundação Kavli, realizado em Tromsø, Noruega.[1] Estimamos que, com a atual tecnologia de microprocessadores, a computação exascale (mil vezes mais poderosa que a petascale) exigiria 50 megawatts — mais energia do que o necessário para operar os metrôs de Nova York. A próxima geração de supercomputadores pode, portanto, ter que operar com chips de baixo consumo de energia, como os desenvolvidos e otimizados para celulares pela empresa britânica de semicondutores Arm Holdings (ARM). Em breve, não será mais prático usar computadores digitais de uso geral para as aplicações de computação mais intensivas, e os chips para fins especiais dominarão, como já acontece no âmbito dos celulares.

Existem cerca de 100 bilhões de neurônios no cérebro humano, cada um conectado a milhares de outros, totalizando mil trilhões (10^{15}) de conexões sinápticas. A energia necessária para administrar o cérebro é de cerca de 20 watts, ou 20% da energia necessária para o funcionamento do corpo inteiro, embora o cérebro seja responsável por apenas 3% da massa do corpo. Em contrapartida, um supercomputador petascale, que não é tão poderoso quanto o cérebro, consome 5 megawatts, ou 250 mil vezes mais energia. A natureza realizou essa maravilha da eficiência transformando em miniatura os componentes dos neurônios necessários para sinalizar e levar informações até o nível molecular e interconectando os neurônios em três dimensões (os transistores na superfície dos microchips estão interconectados em apenas dois), o que possibilitou a redução do volume necessário. E, como a natureza desenvolveu essas tecnologias há muito tempo, precisamos correr atrás do prejuízo.

O aprendizado profundo é altamente dependente da computação e agora é executado em serviços centralizados, com os resultados entregues em dispositivos de ponta, como celulares. Em última análise, esses dispositivos devem ser autônomos, o que exigirá hardwares radicalmente diferentes — um hardware muito mais leve e com muito menos consumo de energia do que a computação em nuvem. Mas, felizmente, esse hardware já existe — chips neuromórficos, cujo design foi inspirado pelo cérebro.

Chips Descolados

Conheci Carver Mead (Figura 14.1) em um workshop realizado em um resort nos arredores de Pittsburgh, em 1983. Geoffrey Hinton reuniu um pequeno grupo para explorar os rumos que as redes neurais estavam tomando. Mead era famoso por suas principais contribuições para a ciência da computação. Ele foi o primeiro a perceber que, à medida que os transistores em chips de integração de grande escala se reduziam, os chips se tornavam cada vez mais eficientes e, portanto, a potência computacional deveria continuar aumentando por um longo tempo. Ele cunhou o termo "lei de Moore", com base na observação de Gordon Moore de que o número de transistores em chips dobrava a cada 18 meses. Ele já era lendário por ter inventado, em 1981, o compilador de silício, um programa que detalhava automaticamente o padrão de fios e módulos funcionais em nível de sistema em um chip.[2] Antes do compilador de silício, cada chip era feito manualmente por engenheiros com base na experiência e na intuição. Em essência, a solução da Mead era programar os computadores para projetar os próprios chips. Esses foram nossos primeiros passos em direção à engenharia em nanoescala.

Figura 14.1
Carver Mead em 1976, na época em que criou o primeiro compilador de silício na Caltech. Carver foi um visionário cujas ideias e inovações tecnológicas tiveram um grande impacto na computação digital e analógica. O telefone na mesa indica a época da foto. Arquivos da Caltech. Cortesia da Caltech.

Mead é visionário. Enquanto nossas reuniões ainda ocorriam em torno de uma mesa em uma salinha no workshop nos arredores de Pittsburgh, convenções de supercomputadores estavam sendo realizadas. Grandes empresas de supercomputadores, como Cray Inc. e Control Data Corporation, estavam projetando hardwares para fins especiais com etiquetas de preço de US$100 milhões, que eram centenas de vezes mais rápidos do que os computadores de nossos laboratórios. Os supercomputadores da Cray eram tão rápidos que tinham que ser resfriados com Freon. Mead disse-me que as empresas de supercomputadores ainda não sabiam, mas os microprocessadores ganhariam uma boa fatia de mercado e logo seriam extintos. Embora fossem muito mais lentos do que os chips para fins especiais em supercomputadores, os microprocessadores em computadores pessoais evoluíram mais rápido que os supercomputadores devido a reduções de custo e melhorias de desempenho cada vez maiores decorrentes da diminuição das dimensões básicas do dispositivo. O microprocessador de um celular tem agora dez vezes o poder computacional de um supercomputador Cray XMP da década de 1980, e os supercomputadores de alto desempenho com centenas de milhares de núcleos de microprocessadores já atingiram o nível petascale, tornando-se um milhão de vezes mais rápidos do que os extintos supercomputadores da Cray com o mesmo custo, ajustado pela inflação.

Naquele workshop de 1983, Mead nos mostrou uma retina de silício, que era construída com a mesma tecnologia dos chips VLSI, mas usava circuitos analógicos, e não digitais. Em um circuito analógico, a voltagem dos transistores tende a variar continuamente, enquanto os transistores de um circuito digital aceitam apenas um dos dois valores binários, "ligado" ou "desligado". A retina humana tem uma matriz com 100 milhões de fotorreceptores, mas, ao contrário de uma câmera, que transmite apenas os baldes de fótons para a memória, a retina possui várias camadas de processamento neural que transformam a entrada visual em códigos neurais eficazes. Todo o processamento da retina é analógico até que seus sinais codificados atinjam as células ganglionares, que os transportam para o cérebro sob a forma de picos de tudo ou nada ao longo de um milhão de axônios. Esse caráter tudo ou nada dos picos é como a lógica digital, mas seu tempo é uma variável analógica, e não há relógio, o que faz com que os picos treinem um código híbrido.

No chip de retina de Mead, a parte graduada do processamento foi realizada usando-se voltagens abaixo da articulação do limiar "desligado" para o estado "desligado" seguinte. Em contrapartida, funcionando de modo digital, um transistor pula rapidamente para o estado "ligado", o que demanda muito mais energia. Como consequência, um chip VLSI analógico consome apenas uma pequena fração da potência de um chip digital, variando de nanowatts a microwatts, e não de milliwatts a watts, o que o torna milhões de vezes mais eficiente em termos de energia. Fundador da engenharia neuromórfica, cujo objetivo é construir chips baseados em algoritmos similares aos cerebrais, em 1989, Mead mostrou que os algoritmos neurais embutidos nos circuitos neurais dos olhos de mamíferos e insetos poderiam ser eficientemente replicados em silício.[3]

O chip de retina foi uma incrível proeza, em 1988, da aluna gênio de Mead, Misha Mahowald (Figura 14.2).[4] Suas ideias combinaram sua experiência como bióloga docente da Caltech com sua pesquisa de pós-graduação em engenharia elétrica, o que rendeu quatro patentes. Em 1992, ela recebeu o prêmio Milton and Francis Clauser por sua tese de doutorado sobre um microchip que fazia a combinação binocular em tempo real, o primeiro a usar comportamento coletivo real para uma tarefa desafiadora. E, em 1996, entrou para o Hall da Fama do Women in Technology International (WITI).

Existe uma estreita ligação entre a física dos transistores próxima ao limiar e a biofísica dos canais iônicos nas membranas biológicas. Mahowald trabalhou com os neurocientistas Kevan Martin e Rodney Douglas, da Universidade de Oxford, para desenvolver neurônios de silício[5] e foi com eles para Zurique a fim de ajudar a fundar o Instituto de Neuroinformática da Universidade de Zurique e o Instituto Federal Suíço de Tecnologia em Zurique (Figura 14.3). Em 1996, no entanto, após sofrer de depressão, Misha cometeu suicídio, aos 33 anos; ela se transformou em poeira de estrelas.

Figura 14.2
Misha Mahowald na Caltech em 1982; na época, criou a primeira retina de silício, como aluna de Carver Mead. Suas contribuições para a engenharia neuromórfica foram vitais. Cortesia de Tobias Delbrück.

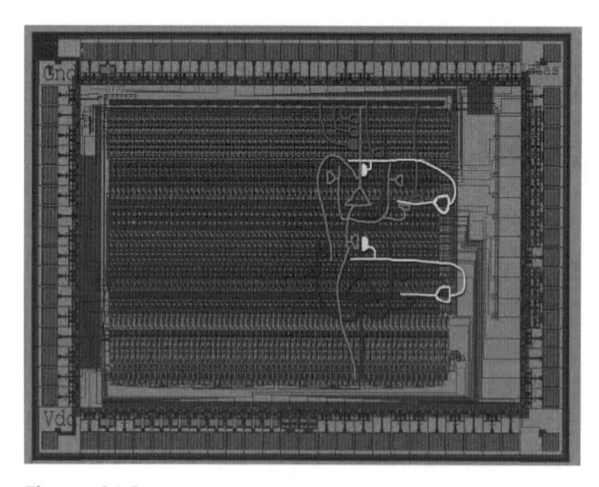

Figura 14.3
Neurônio de silício. Esse chip VLSI analógico tem circuitos que se comportam como canais iônicos em neurônios e são capazes de emular circuitos neurais em tempo real, mostrados como um cartoon desenhado por Misha Mahowald sobre o chip. Cortesia de Rodney Douglas.

Carver Mead se aposentou da Caltech em 1999 e se mudou para Seattle, onde o visitei em 2010. De seu quintal, você vê os aviões aterrissando no Aeroporto de Sea-Tac. Seu pai, que foi engenheiro, trabalhava em uma usina no Projeto Hidrelétrico de Big Creek, um extenso esquema de energia hidrelétrica no alto rio San Joaquin, em Sierra Nevada, Califórnia Central. O salto tecnológico das primeiras hidrelétricas para a microeletrônica em uma geração é de tirar o fôlego. O hobby de Carver é colecionar isoladores de vidro e cerâmica antigos, usados para suspender cabos elétricos. Eles estão por todos os lados, se você souber onde procurar. Carver é visionário (tem um giroscópio a laser que usou para testar uma nova abordagem de física quântica),[6] mas o que o tornou tão representativo foi seu compromisso de construir coisas que não só funcionam, mas também cabiam nas mãos.

Engenharia Neuromórfica

Em 1990, como docente renomado da Fairchild em licença sabática na Caltech, eu gostava de participar das reuniões dos laboratórios, especialmente do de Christof Koch, neurocientista computacional com interesses em comum, de seus colegas e de Carverland — o grupo de pesquisa de Carver Mead —, cujo projeto mais surpreendente era uma cóclea de silicone com circuitos sintonizados por frequência semelhantes aos de nossos ouvidos. Outros pesquisadores estavam preocupados com sinapses de silício, incluindo mecanismos de silício para plasticidade sináptica, para que as mudanças em longo prazo nos pesos fossem implementadas em chips de silício. Desde então, os estudantes de Carverland povoaram os departamentos de engenharia de todo o mundo.

Em 1993, Christof Koch, Rodney Douglas e eu criamos um workshop internacional sobre engenharia neuromórfica, patrocinado pela NSF, que continua a se reunir todo mês de julho durante três semanas em Telluride, Colorado. Ele conta com estudantes e instrutores de diferentes origens e países. Ao contrário da maioria dos workshops, que se concentram mais em discussões do que em trabalhos, o de Telluride tem salas cheias de estudantes trabalhando com microchips e usando-os para construir robôs. Havia um problema, no entanto, ao conectar um chip de retina a um chip de córtex visual e chips de circuito a chips de saída do motor — muitos fios eram necessários.

Uma alternativa muito melhor para conectar chips VLSI analógicos é usar picos, que é o que nossos cérebros fazem através dos axônios de longa distância da matéria branca que compõe a metade de seu córtex. Mas não seria viável conectar um chip de retina e um de córtex com um milhão de fios. Felizmente, a lógica digital rápida torna os fios multiuso, fazendo com que muitas células da retina se comuniquem com inúmeras corticais no mesmo fio. Isso é feito transmitindo ao chip receptor o endereço de cada pico originado no emissor, que é então decodificado e roteado para as unidades às quais ele se conecta no que se chama "representação de evento de endereço".

Tobias Delbrück (Figura 14.4, em cima) foi um dos alunos de pós-graduação de Carver Mead, no Instituto de Neuroinformática da Universidade de Zurique.[7] Em 2008, ele desenvolveu um chip de retina altamente bem-sucedido chamado de "Dynamic Vision Sensor" (DVS) que simplificou muito tarefas como rastrear objetos em movimento e localizar a profundidade de objetos com duas câmeras (Figura 14.4, embaixo).[8] As câmeras digitais convencionais são baseadas em frames, que armazenam uma sequência de instantâneos de 26 milissegundos. Informações são perdidas a cada quadro: imagine um disco, com um ponto sobre ele, fazendo 200 rotações por segundo; o ponto girará cinco vezes por frame, e a reprodução de uma câmera digital parecerá um anel estático (Quadro 14.1). A câmera de Tobias, ao contrário, rastreia o ponto em movimento com precisão de microssegundos com pouquíssimos picos, o que a torna rápida e eficiente. A primeira de uma nova classe de sensores baseados em picos e sincronismo, a câmera DVS tem um grande potencial para melhorar o desempenho de muitas aplicações, incluindo veículos autônomos. Um dos projetos do workshop de 2013 de Telluride foi usá-la para defender um gol (Figura 14.5).

Figura 14.4
Sensor Dinâmico de Visão (DVS). (Em cima) Tobias Delbrück segurando a câmera DVS que inventou no Instituto de Neuroinformática da Universidade de Zurique. A câmera é um chip de finalidade especial que emite picos de forma assíncrona, em vez de frames, como uma câmera digital. (Embaixo) A câmera possui uma lente que focaliza imagens em um chip VLSI analógico, que detecta aumentos incrementais e diminui a intensidade da luz em cada pixel. Picos são emitidos ao longo de um fio "ligado" para incrementos positivos e ao longo de um "desligado" para os negativos. Os picos de saída são processados pela placa de circuito, que exibe os padrões de pico vistos no Quadro 14.1. Sua retina é uma câmera DVS altamente avançada. O cérebro converte o padrão de picos da retina, mas ele continua sendo um padrão de picos — não há imagens em nenhuma parte do cérebro, mesmo que você perceba o mundo assim. Em cima: Cortesia de Tobias Delbrück. Embaixo: Cortesia da Samsung.

Os picos neuronais abrem oportunidades na computação. Por exemplo, o tempo dos picos em uma população de neurônios regula o tipo de informação armazenada. Em 1997, Henry Markram e Bert Sakmann, da Alemanha, relataram que o emparelhamento repetido de um pico de entrada a uma sinapse com um de saída no neurônio pós-sináptico aumenta ou reduz as forças sinápticas.[9] Se a entrada ocorreu em uma janela de 20ms antes do pico de saída, houve uma potencialização de longo prazo, mas se ocorreu em uma janela de 20ms após, houve uma depressão de longo prazo (Figura 14.6). A "plasticidade dependente do tempo de pico" (STDP — Spike Timing Dependent Plasticity), relatada em muitas partes do cérebro de várias espécies, é provavelmente importante para a formação de memórias de longo prazo sobre sequências de eventos — mas, talvez tão importante quanto, também oferece uma melhor interpretação do postulado de Hebb (discutido no Capítulo 7).[10]

A ideia geral da plasticidade hebbiana era de que a força de uma sinapse deveria aumentar quando houvesse um pico simultâneo na entrada e na saída de um neurônio, uma forma de detecção de coincidência. Mas o que Hebb realmente propôs foi: "Quando o axônio de uma célula *A* está perto o suficiente para excitar uma célula *B* e repetida ou persistentemente atua em seu disparo, um processo de crescimento ou alteração metabólica ocorre em uma ou ambas as células, de modo que a eficiência de *A*, como uma das células que disparam *B*, é aumentada."[11] Para que a célula A contribua para o disparo da B, a célula A precisa disparar um pico antes do pico na B. Como descrito por Hebb, essa condição sugere causalidade, não apenas correlação. Embora ele tenha se calado sobre as condições para reduzir a força de uma sinapse, quando ocorre um pico de entrada após o de saída, é menos provável que ele esteja conectado ao neurônio de saída, e essa ausência de conexão se justificaria se o aumento ou a redução da força se equilibrasse no decorrer do processo.

Há um debate em andamento no workshop de Telluride entre os defensores do VLSI analógico e os designers digitais. Os chips VLSI analógicos têm muitas vantagens, como consumir pouquíssima energia com todos os circuitos funcionando em paralelo, mas também apresentam falhas, como a variabilidade do transistor, que resulta em transistores projetados de forma idêntica produzindo correntes que podem diferir em ± 50%. O VLSI digital, em comparação, embora seja mais preciso, rápido e fácil de projetar, requer muito mais energia. A equipe de Dharmendra Modha, da IBM Research, em Almaden, Califórnia, desenvolveu um chip digital com 4.096 núcleos de processamento e 5,4 bilhões de transistores, chamado de "True North".[12] Embora o chip possa ser configurado para simular um milhão de neurônios conectados por 268 milhões de sinapses, consome apenas 70 miliwatts. Mas as forças dessas sinapses são fixas, e essa rigidez limita a implementação de muitas características importantes, como enfraquecimento ou fortalecimento.

Quadro 14.1
Como uma Câmera com Sensor Dinâmico de Visão Funciona

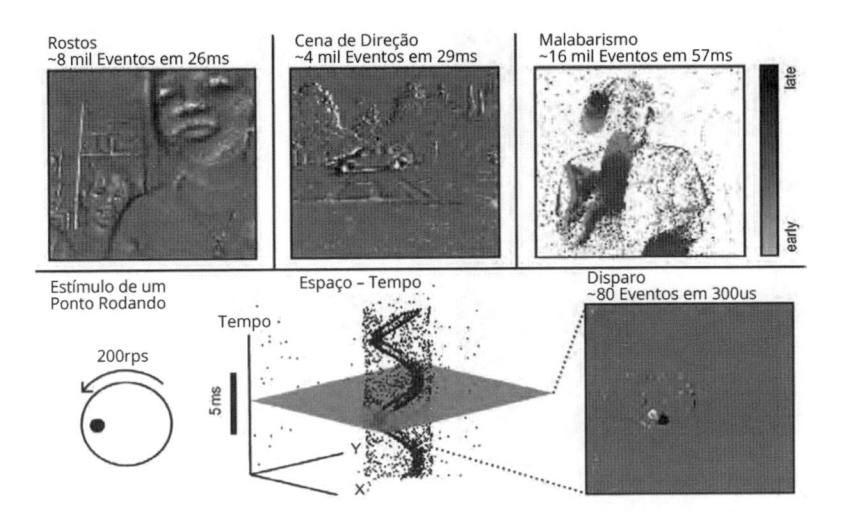

Rostos
~8 mil Eventos em 26ms

Cena de Direção
~4 mil Eventos em 29ms

Malabarismo
~16 mil Eventos em 57ms

Estímulo de um Ponto Rodando
200rps

Espaço – Tempo
Tempo
5ms

Disparo
~80 Eventos em 300us

Nos frames de uma câmera DVS, mostrada na figura acima, os pontos brancos são especificados a partir dos canais "ligados" e os pretos são picos dos canais "desligados". O cinza indica que não há picos. No quadro superior esquerdo, duas faces são detectadas porque se moveram levemente durante o quadro de 26 milissegundos. No quadro superior direito (malabarismo), os pontos têm seu tempo de chegada indicado pelo nível de cinza para que você veja a trajetória. O disco giratório no painel inferior esquerdo faz 200 rotações por segundo (rps). No painel do meio, a trajetória é uma espiral se movendo para cima. Em uma breve fatia de 300 microssegundos da espiral mostrada no painel inferior direito, há apenas 80 picos, e é fácil calcular a velocidade medindo o deslocamento dos picos pretos e brancos divididos pelo intervalo de tempo. Observe que uma câmera digital com um frame que dure 26ms não poderá seguir o ponto de amostragem em 200 Hertz, porque o período de rotação é de 5ms, e cada quadro será um anel. A única saída da câmera é um fluxo de picos, como uma retina. Essa é uma maneira eficiente de representar a cena, já que a maioria dos pixels fica silenciosa a maior parte do tempo, e cada pico contém informações úteis. De P. Lichtsteiner, C. Posch e T. Delbrück, "A 128×128 120 dB 15 μs Latency Asynchronous Temporal Contrast Vision Sensor", *IEEE Journal of Solid-State Circuits* 43, no. 2 (2008): Figura 11. Cortesia de Tobias Delbrück.

Figura 14.5

Goleiro neuromórfico no workshop de 2013 de engenharia neuromórfica, em Telluride. (Em cima) Fopefolu Folowosele (à esquerda) testa o goleiro neuromórfico (à direita). Outros estudantes e seus projetos podem ser vistos em segundo plano. (Embaixo) A câmera DVS, de Delbrück, direciona uma raquete no final de um bastão de tinta. O goleiro é muito mais rápido que os estudantes e agarrou todos os arremessos ao gol. Também tentei e não consegui fazer um gol. Cortesia de Tobias Delbrück.

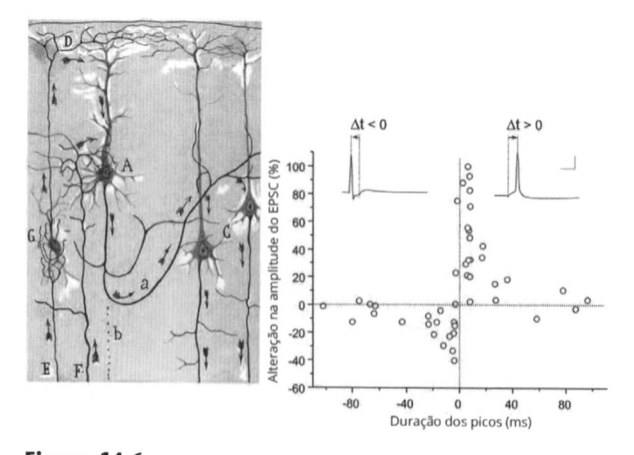

Figura 14.6

Plasticidade dependente do tempo de pico (STDP). (À esquerda) Desenho de neurônios piramidais do córtex feitos pelo grande neuroanatomista espanhol Santiago Ramón y Cajal. O axônio de saída do neurônio A faz contatos sinápticos no dendrito do C (setas). (À direita) Dois neurônios, como os da esquerda, foram espetados com um eletrodo e estimulados a produzir picos com um atraso entre os picos nos dois neurônios. Quando um pico de entrada para um neurônio é repetidamente emparelhado com um de saída, a mudança na força de uma sinapse (eixo vertical) aumenta se a entrada pré-sináptica chegar antes do pico pós-sináptico dentro de uma janela de 20 milissegundos (eixo horizontal) ou diminuir a força de forma oposta. Da esquerda: Ramón y Cajal, S. *Estudios Sobre la Degeneración y Regeneración del Sistema Nervioso* (Moya, Madrid, 1913–1914), Figura 281. Da direita: G. Q. Bi e M. M. Poo, "Synaptic Modifications in Cultured Hippocampal Neurons: Dependence on Spike Timing, Synaptic Strength, and Postsynaptic Cell Type", *Journal of Neuroscience* 18 (1998): 10464–10472, Figura 7. Cortesia de Mu-ming Poo.

Outra deficiência das redes com picos neuronais é que o gradiente descendente, que impulsionou o aprendizado em redes de neurônios continuamente valorados, não é possível devido às descontinuidades nos períodos de pico. Isso limita a complexidade do que pode ser ensinado a uma rede de picos. O gradiente descendente tem tido um sucesso desmedido no treinamento de redes profundas com neurônios modelo, que têm taxas de saída continuamente variáveis, de modo que a função de saída é diferenciável, uma característica essencial para o algoritmo de aprendizado de retropropagação. Embora as redes de picos não diferenciáveis tivessem descontinuidades quando um pico ocorre, essa desvantagem foi recentemente superada por Ben Huh, um colega de pós-doutorado em meu laboratório, que descobriu uma maneira de fazer modelos recorrentes de redes de picos neuronais executarem tarefas complexas em sequências temporais longas usando o gradiente descendente.[13] Isso abre as portas para o treinamento de redes profundas.

Não Há Mais Lei de Moore?

Como previsto pela lei de Moore, o poder computacional aumentou mais de um trilhão de vezes desde que os computadores digitais foram inventados, nos anos 1950. Nunca antes qualquer tecnologia foi capaz de crescer tão exponencialmente, o que resultou na incorporação de computadores em quase todos os dispositivos fabricados, de brinquedos a automóveis. Os computadores podem ajustar automaticamente a ótica adaptativa dos telescópios modernos para maximizar sua resolução; eles podem analisar os fótons capturados pelos microscópios modernos para localizar moléculas com super-resolução. Todas as áreas da ciência e tecnologia dependem agora dos chips VLSI.

Carver Mead previu o aumento desses chips com base no potencial de estreitar sua largura, mas ela agora atingiu um limite físico: há poucos elétrons nos fios e eles tendem a vazar ou ser bloqueados por cargas aleatórias, tornando até mesmo os circuitos digitais não confiáveis.[14] Não há mais lei de Moore? Uma arquitetura radicalmente diferente é necessária para continuar ampliando o poder de processamento, que não depende da precisão dos projetos digitais. Assim como os automóveis híbridos uniram a eficiência dos motores elétricos com o mecanismo dos motores a gasolina, um design híbrido de características digitais e neuromórficas está surgindo, aproveitando a baixa necessidade de energia dos chips neuromórficos para a computação e a alta largura de banda dos chips digitais para a comunicação.

A lei de Moore baseia-se apenas no poder de processamento dos chips. Como as arquiteturas paralelas continuarão a evoluir nos próximos 50 anos, a lei de Moore deve ser substituída por uma que leve em conta tanto a energia quanto o rendimento. Na conferência de 2018 do NICE, promovida pela Intel, em Portland, Oregon, pesquisadores norte-americanos e europeus apresentaram três novos chips neuromórficos, o chip de pesquisa Loihi, da Intel, e dois chips de segunda geração financiados pelo projeto European Human Brain. Com o desenvolvimento de arquiteturas massivamente paralelas, novos algoritmos estão sendo criados para serem executados nelas. Mas, além disso, os chips no interior dessas arquiteturas precisam comunicar informações, que é o foco do Capítulo 15.

15 Informações Privilegiadas

Nunca me ocorreu que algum dia eu me tornaria onisciente, o que, para todos os efeitos práticos, qualquer pessoa com acesso à internet é. A informação flui através da internet à velocidade da luz. É mais fácil obter um fato da internet do que de um livro na minha estante. Estamos vivendo uma explosão de informações de todos os tipos. Instrumentos científicos, de telescópios a microscópios, estão coletando conjuntos de dados cada vez maiores, que são analisados por meio do aprendizado de máquina. A National Security Agency o utiliza para filtrar todos os dados que coleta de todos os lugares. A economia está se tornando digital, e as habilidades de programação estão em grande demanda em muitas empresas. À medida que o mundo passa de uma economia industrial para uma economia da informação, a educação e o treinamento profissional precisam se adaptar. Tudo isso tem impactado profundamente o mundo.

Teoria da Informação

Em 1948, Claude Shannon (Figura 15.1) nos Laboratórios da AT&T Bell, em Murray Hill, Nova Jersey, propôs uma teoria da informação consideravelmente simples, mas sutil, para entender a transmissão de sinais através de linhas telefônicas barulhentas.[1] A teoria de Shannon impulsionou a revolução das comunicações digitais, o que deu origem aos telefones celulares, à televisão digital e à internet. Quando você faz uma ligação via celular, sua voz é codificada em bits e transmitida por ondas de rádio e linhas de transmissão digital a um receptor, que são decodificados e convertidos em sons. A teoria da informação impõe limites à capacidade do canal de comunicações (Figura 15.2), e foram criados códigos que abordam o limite de Shannon.

Apesar dos muitos tipos de informações no mundo, existe uma maneira precisa de avaliar o quanto delas é um conjunto de dados. A unidade de informação é um "bit binário", que pode assumir um valor de 1 ou 0. Um byte equivale a oito bits. O conteúdo informativo de uma foto de alta qualidade é medido em megabytes ou milhões de bytes. A quantidade de informações armazenadas no celular é medida em gigabytes ou bilhões de bytes. Os dados na internet são medidos em petabytes, ou quadrilhões (milhões de bilhões) de bytes.

Figura 15.1
Claude Shannon por volta de 1963 na frente de uma rede de comutação telefônica. Ele trabalhava no AT&T Bell Laboratories quando inventou a teoria da informação. De Alfred Eisenstaed/Coleção de imagens da LIFE/Getty Images.

Teoria dos Números

Em seu simpósio internacional anual, a IEEE Information Theory Society (Sociedade de Teoria da Informação do IEEE; ITS) confere o Prêmio Claude E. Shannon, uma grande honra, em reconhecimento de pesquisas expoentes no campo. No simpósio de 1985, em Brighton, Inglaterra, o Prêmio Shannon foi entregue a Solomon Golomb (Figura 15.3), da Universidade do Sul da Califórnia, cujo trabalho sobre sequências de registro de turnos foi fundamental para a comunicação digital moderna.[2] Uma sequência de registro de turnos é um algoritmo que classifica longas taxas de sequências pseudoaleatórias de 0s e 1s. Toda vez que você faz uma ligação com seu celular, está usando uma sequência de registro de turno. Golomb mostrou como usar uma sequência para codificar de forma eficiente os sinais, que poderiam então ser transmitidos e decodificados para o receptor. Se você tivesse que somar todas as vezes que os telefones celulares e outros sistemas de comunicação tivessem gerado uma sequência de registro de turnos, o número seria desconcertante: mais de um octilhões de vezes, o que é 10^{27}, um bilhão de bilhão de bilhões (1.000.000.000.000.000.000.000.000.000).[3]

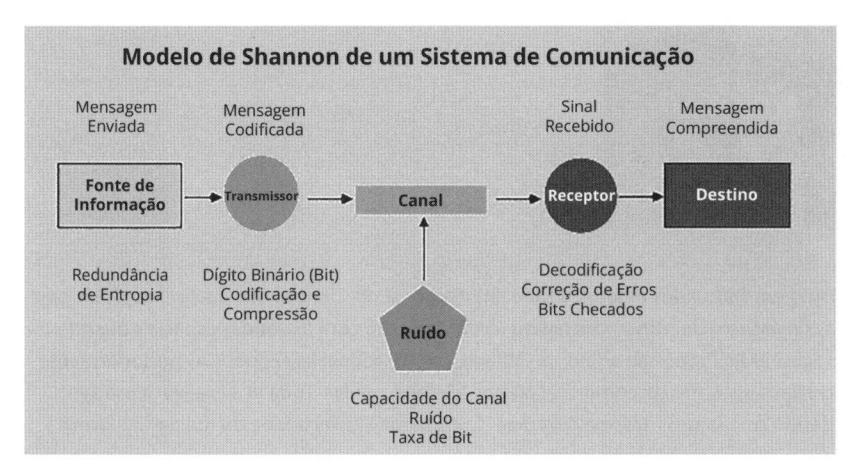

Figura 15.2
O modelo de Shannon de um sistema de comunicação. A mensagem é codificada em bits binários e transmitida por um canal, que pode ser uma linha telefônica ou uma onda de rádio, onde é recebida e decodificada. A capacidade do canal em bits por segundo depende da quantidade de ruído no sistema. De https://dennisdjones.wordpress.com. Cortesia de Dennis Jones.

Uma vez perguntei a Solomon Golomb (que era meu sogro) como ele encontrou uma solução tão aprimorada para o problema da comunicação. Ele disse que ela era proveniente de sua formação em teoria dos números, uma das partes mais abstratas da matemática. Ele foi apresentado às sequências de registro de turno quando era estagiário de verão da Glenn L. Martin Company, em Baltimore. Em 1956, depois de concluir o doutorado em teoria dos números, em Harvard, conseguiu um emprego no Laboratório de Propulsão a Jato da Caltech (JPL), onde chefiou o grupo de comunicações e trabalhou em comunicações espaciais. Sondas espaciais profundas estavam sendo enviadas para os confins do Sistema Solar, mas os sinais que voltavam eram fracos e ruidosos. As sequências de registro de turno e os códigos de correção de erros melhoraram muito a comunicação com as sondas espaciais, e essa mesma matemática lançou as bases para as comunicações digitais modernas.

Figura 15.3
Solomon Golomb em 2013 após receber a Medalha Nacional da Ciência. Sua análise matemática das sequências de registro de turno possibilitou a comunicação com as sondas espaciais quando ele estava no Laboratório de Propulsão a Jato na Caltech, em Pasadena; as sequências posteriormente foram incorporadas a sistemas de comunicação por telefone celular. Toda vez que você usa seu celular, está usando os códigos matemáticos dele. Cortesia da Universidade do Sul da Califórnia.

Golomb contratou Andrew Viterbi no JPL, outro eminente teórico da informação, e apresentou-o a Irwin Jacobs, a quem havia convidado para visitar o JPL em um período sabático do MIT. Décadas mais tarde, em 1985, Viterbi e Jacobs cofundaram a Qualcomm, que revolucionou a tecnologia em telefones celulares usando sequências de registro de turno que espalham a informação através de uma ampla faixa de frequências, em vez de usar uma única frequência como uma maneira mais eficiente de se comunicar. Uma versão mais simples dessa ideia remonta a Hedy Lamarr (Figura 15.4), uma atriz e inventora que, em 1941, compartilhou a patente do salto de frequência, que desenvolveu como um sistema de comunicação seguro para os militares durante a Segunda Guerra Mundial.[4] Quando Solomon Golomb deixou o JPL para integrar o corpo docente da Universidade do Sul da Califórnia, Ed Posner assumiu seu lugar, o mesmo Ed Posner que fundara a NIPS, mas Golomb continuou a fazer aconselhamentos ao grupo.

Figura 15.4
Hedy Lamarr em uma foto publicitária de 1940 da MGM. Estrela dos palcos e das telas durante a Segunda Guerra Mundial, ela inventou o salto de frequência, que está relacionado à comunicação de espectro espalhado usada pelos militares e em muitos telefones celulares.

A matemática por trás das sequências de registro de turno é uma parte profunda da teoria dos números. Quando Golomb concluiu o doutorado, em Harvard, seu orientador, e a maioria dos matemáticos da época, orgulhava-se de acreditar que a matemática pura nunca teria nenhuma aplicação prática. Essa visão foi compartilhada por G. H. Hardy, um docente de Cambridge cujo influente livro *Em Defesa de um Matemático*[5] declarou que a matemática "boa" tinha que ser pura e que a aplicada era "desinteressante". Mas a matemática é o que é, nem pura nem aplicada. Alguns matemáticos podem se voltar às suas áreas mais puristas, mas não podem a impedir de resolver problemas práticos no mundo real. De fato, a carreira de Golomb foi em grande parte definida por encontrar problemas práticos importantes que ele poderia resolver usando as ferramentas certas da "matemática pura".

Golomb também inventou jogos matemáticos. Seu livro *Polyominoes*[6] apresentou ao mundo jogos que envolviam formas compostas por muitos quadrados, uma generalização dos dominós, que têm apenas dois. Martin Gardner popularizou os "polinós" em sua coluna na *Scientific American* "Mathematical Games". Os "tetrinós", formas feitas de quatro quadrados, inspiraram a criação do Tetris, um jogo viciante em que os "tetrinós" caem do alto e precisam ser guiados para se encaixar nas peças de baixo. O "polinós" continua sendo um jogo de tabuleiro popular, que levou a uma ampla gama de problemas combinatórios interessantes em um subcampo da matemática.

Golomb também era um estudioso da Bíblia e falava dezenas de idiomas, incluindo japonês e mandarim. Beatrice uma vez levou para ele uma primeira edição de *Gödel, Escher, Bach: An Eternal Golden Braid*, de Douglas R. Hofstadter. Solomon abriu a capa, onde havia uma legenda indicando as 20 primeiras linhas do Livro de Gênesis em hebraico antigo. "Primeiro de tudo, está de cabeça para baixo", disse ele e, em seguida, virou. "Segundo, isso está escrito em hebraico samaritano antigo, não hebraico. Em terceiro lugar, não são as primeiras 20 linhas do Gênesis, mas apenas as primeiras sete palavras de cada uma das primeiras 20 linhas." Ele começou a ler e depois traduziu o texto.

Claude Shannon participou do simpósio do IST de 1985, em Brighton, onde Golomb ministrou uma Shannon Lecture, a única Shannon Lecture em que o próprio Shannon esteve além da sua, em 1972.

Codificação Preditiva

Em um sistema de comunicação, a mudança tem um alto valor informacional, quer ocorra no espaço ou ao longo do tempo. Uma imagem com intensidade uniforme carrega pouca informação e sequer emite sinais da ausência de mudanças. Os sensores que enviam sinais ao cérebro detectam prioritariamente as mudanças, e já vimos exemplos sobre a retina, no Capítulo 5, e sobre a câmera DVS, de Tobias Delbrück, no Capítulo 14. Uma vez estabilizadas na retina, as imagens desaparecem após alguns segundos.[7] Embora não tenhamos consciência disso, nossos olhos dão pequenos saltos, chamados de "microssacadas", várias vezes por segundo, e cada um deles atualiza o modelo que internalizamos do mundo.

Quando algo se move, as retinas reportam esse fluxo, e seus relatórios atualizam o modelo geral do cérebro, uma operação esquematizada na Figura 15.5. O modelo do cérebro é hierárquico, e a comparação entre as informações sensoriais recebidas e as expectativas do modelo ocorre em múltiplos níveis.[8] Um clarão luminoso ou um ruído alto chama sua atenção imediatamente pela saliência de baixo para cima, mas você percebe que algo em sua mesa mudou em um nível muito mais alto, fazendo comparações na memória que acontecem de cima para baixo. Pensar que tudo isso acontece em tempo real no cérebro nos leva ao lema de Carver Mead: "O tempo é sua própria representação."[9]

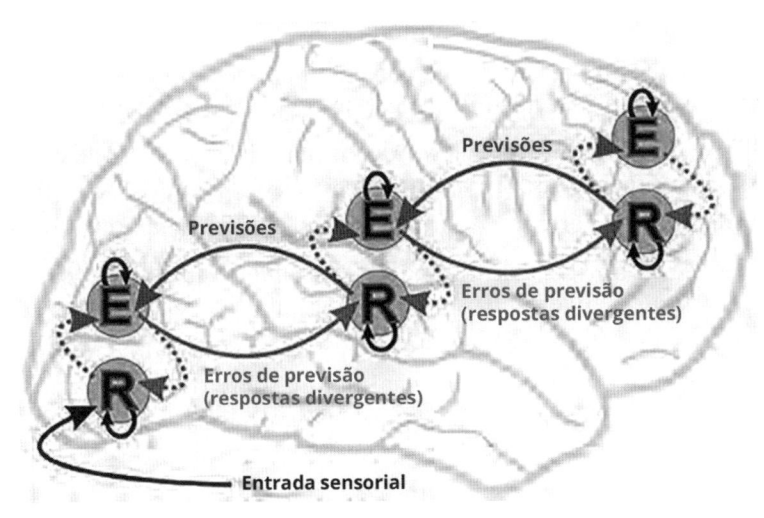

Figura 15.5
Uma estrutura de codificação preditiva hierárquica. A percepção depende de expectativas prévias baseadas em regularidades extraídas de eventos sensoriais anteriores. Nessa estrutura, as previsões sobre os sinais sensoriais atuais feitos por níveis mais altos do córtex surgem da interação entre as populações E e R, e são retroalimentadas para o nível anterior. Apenas os erros de previsão são propagados adiante. Essa é uma implementação da inferência inconsciente de Helmholtz. De Gábor Stefanics, Jan Kremláček e István Czigler, "Visual Mismatch Negativity: A Predictive Coding View", *Frontiers in Human Neuroscience* 8 (2014): 666, Figura 1. doi:10.3389/fnhum.2014.00666.

A codificação preditiva remonta a Hermann von Helmholtz, que explicou a visão como inferência inconsciente, ou geração de informações visuais de cima para baixo para cancelar o ruído, preencher informações incompletas e interpretar a cena visual.[10] Por exemplo, o tamanho da imagem de uma pessoa conhecida em uma de nossas retinas é uma dica monocular para a profundidade, já que estamos familiarizados com o tamanho real dessa pessoa e temos experiência com a variação do tamanho retiniano em função da distância. James McClelland e David Rumelhart descobriram que, em um nível cognitivo mais elevado, quando as letras estavam situadas no contexto de uma palavra, os sujeitos eram capazes de identificá-las mais rapidamente do que quando estavam em uma palavra deslexicalizada e sem contexto semântico.[11] Seu modelo de processamento paralelo exibiu um comportamento semelhante, o que mostrou aos dois pesquisadores que estavam no caminho certo para entender como a informação é representada em nosso cérebro.

O Cérebro Global

Lançada pela Casa Branca em 2 de abril de 2013 (Figura 15.6), a Iniciativa U.S. BRAIN tem produzido novas neurotecnologias para acelerar a taxa na qual aprimoramos nossa compreensão sobre as funções e disfunções da máquina informacional suprema — o cérebro. Assim como as conferências da NIPS reuniram pesquisadores de várias áreas para criar máquinas de aprendizado, a Iniciativa BRAIN tem atraído engenheiros, matemáticos e físicos para a neurociência, a fim de aprimorar as ferramentas para investigar o cérebro. À medida que aprendemos mais sobre o cérebro e, especialmente, sobre os mecanismos subjacentes ao aprendizado e à memória, compreendemos muito mais profundamente os princípios da função cerebral.

Figura 15.6
Representantes das agências e instituições envolvidas, pouco antes do anúncio da Iniciativa BRAIN na Casa Branca, em 2 de abril de 2013. (Da direita para a esquerda) Miyoung Chun, diretor científico da Fundação Kavli, que encabeçou o livro branco da Iniciativa BRIAN; William Newsome, copresidente do Comitê Consultivo do NIH sobre a Iniciativa BRAIN; Francis Collins, diretor da NIH; Gerald Rubin, diretor do Janelia Research Campus, do Howard Hughes Medical Institute; Cora Marrett, diretora da NSF; presidente Barack Obama; Amy Gutmann, presidente do Comitê Presidencial de Bioética; Robert Conn, presidente da Fundação Kavli; Arati Prabhakar, diretor da DARPA; Alan Jones, diretor do Allen Institute for Brain Science; Terry Sejnowski, do Instituto Salk. Cortesia de Thomas Kalil.

Embora haja muitas informações sobre o cérebro nos níveis molecular e celular, ainda não alcançamos uma compreensão equivalente sobre sua organização nos níveis mais altos. Sabemos que diferentes tipos de informação são armazenados em partes amplamente distribuídas do córtex, mas não sabemos como todas as partes díspares de uma informação são recuperadas tão rapidamente para resolver um problema complexo como reconhecer o nome de uma pessoa a partir da imagem de seu rosto, que é armazenada em diferentes partes do córtex. Essa questão está intimamente ligada à origem da consciência nos cérebros.

Meu laboratório descobriu recentemente padrões globais de atividade em cérebros humanos adormecidos que podem nos dar uma ideia de como as informações amplamente distribuídas no córtex cerebral estão interligadas. Em um estágio de sono intermediário entre o restaurador, de ondas lentas, e o sono rápido, dos movimentos oculares dos olhos (REM), oscilações espaço-temporais altamente sincronizadas chamadas de "fusos de sono" dominam a atividade cortical. Essas oscilações de 10 a 14 hertz duram alguns segundos e se repetem milhares de vezes durante a noite.

Há evidências experimentais de que os fusos do sono participam da consolidação da memória enquanto dormimos. Nos registros do corpo humano, Lyle Muller, Sydney Cash, Giovanni Piantoni, Dominik Koller, Eric Halgren e eu descobrimos que os fusos de sono são ondas globais de movimento circular de atividade elétrica que varrem todos os setores do córtex (Figura 15.7).[12] Nós os chamamos de "ondas da Princesa Leia", porque eles se parecem com o penteado dela (Figura 15.8). Especulamos que os fusos de sono sejam uma maneira de o córtex integrar novas informações adquiridas durante o dia com as memórias, distribuídas amplamente no córtex, o que fortalece as conexões de longa distância entre elas. Esse é um dos muitos projetos de pesquisa no nível da neurociência de sistemas fomentados pela Iniciativa BRAIN.

Sistemas Operacionais

A estrutura dos computadores digitais é diferente daquela das redes neurais. Em computadores digitais, a memória e a unidade central de processamento (CPU) são fisicamente separadas, e os dados da memória devem ser movidos para a CPU de forma sequencial. Em redes neurais, o processamento ocorre na memória em paralelo, o que elimina o gargalo digital entre memória e processamento e permite um processamento maciçamente paralelo, já que todas as unidades na rede estão trabalhando ao mesmo tempo. Também não há distinção entre software e hardware em redes neurais. O aprendizado ocorre ao se fazer alterações no hardware.

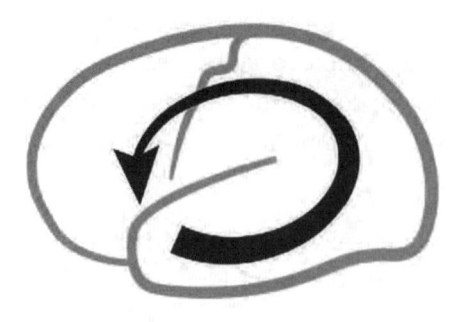

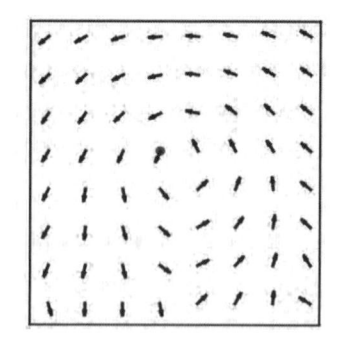

Figura 15.7
Ondas elétricas girando no córtex cerebral humano. Gravações de uma grade de eletrodos 8×8 na superfície cortical durante os fusos de sono, que estão envolvidos na memória de consolidação. (À esquerda) Os fusos são ondas circulares que viajam através da vista lateral do córtex na direção mostrada pela seta, fazendo um loop a cada 80 milissegundos. Isso é repetido milhares de vezes durante a noite. (À direita) As pequenas setas mostram a direção do aumento máximo na fase da onda viajante nos 64 locais de registro na superfície do córtex. De L. Muller, G. Piantoni, D. Koller, S. S. Cash, E. Halgren e T. J. Sejnowski, "Rotating Waves during Human Sleep Spindles Organize Global Patterns of Activity during the Night", suplemento 7, assunto 3, TPF. À esquerda: Figura 2B; à direita: Figura 1.

Figura 15.8
Carrie Fisher interpretando a Princesa Leia consolidando uma memória no épico filme de ficção científica, de 1977, *Star Wars*. Seus cabelos se assemelham aos campos de fluxo circulares que atravessam o córtex durante os fusos do sono. (Compare com a Figura 15.7.) Foto cedida por Sunset Boulevard/Corbis/Getty Images.

A partir da década de 1980, quando clusters de computadores foram montados em um rack, os computadores digitais tornaram-se massivamente paralelos. Um dos primeiros computadores paralelos foi o Connection Machine, projetado por Danny Hillis em 1985 e vendido pela Thinking Machines, Inc.

Engenheiro e inventor, Hillis treinou no MIT na época em que se começou a perceber a necessidade de muito mais poder computacional do que o disponível até então para tornar a inteligência artificial uma solução para problemas imensamente complexos do mundo real. Como o número de transistores em um chip de computador continuou a aumentar de acordo com a lei de Moore, nos anos 1990, tornou-se possível colocar muitas unidades de processamento no mesmo chip, muitas fichas na mesma placa, muitas placas no mesmo gabinete, e muitos gabinetes na mesma sala — resultando na alta capacidade dos atuais computadores mais rápidos do planeta, que possuem milhões de núcleos e executam muitos milhões de bilhões de operações por segundo. A computação exascale está no horizonte com bilhões de bilhões de operações por segundo.

As simulações de redes neurais tiram o máximo proveito do hardware massivamente paralelo. Vários núcleos podem ser programados para trabalhar em paralelo no mesmo modelo de rede, o que acelera bastante o processamento, mas também resulta em atrasos na comunicação entre os processadores. Para reduzir esses atrasos, as empresas estão construindo coprocessadores digitais de propósito especial que acelerarão enormemente as simulações de rede, de modo que tarefas cognitivas como fala e visão se tornarão instruções únicas e poderosas. Nossos smartphones se tornarão muito mais inteligentes quando forem construídos com chips de rede de aprendizado profundo.

Os computadores digitais possuem sistemas operacionais que nos separam do hardware (Quadro 15.1). Quando utilizamos processadores de texto em nossos notebooks ou aplicativos em nossos celulares, os sistemas operacionais cuidam de todos os detalhes relativos a levar o que digitamos à memória e a como exibir a saída em uma tela. Nossas mentes executam o equivalente a aplicativos nos sistemas operacionais de nosso cérebro, que nos omitem o que, onde e como as informações são armazenadas. Não temos consciência da forma como nosso cérebro armazena os vastos bancos de dados de experiências que acumulamos durante nossas vidas, nem de como nosso comportamento é moldado por elas. É possível tornar algumas das experiências expressas, mas estamos conscientes apenas da ponta do iceberg. É um mistério como nossos cérebros gerenciam isso. Se descobríssemos como os sistemas operacionais do cérebro funcionam, poderíamos organizar grandes volumes de dados com base nos mesmos princípios gerais. A consciência seria então explicada como um aplicativo em execução no sistema operacional do cérebro.

> **Quadro 15.1**
>
> **Sistema Operacional de um Computador Digital**
>
> Softwares de Aplicativos
> Planilhas
> Processadores de Texto
> Banco de Dados
> Jogos de Computador
> Navegadores de Internet
> Softwares de Sistemas
> Sistemas Operacionais
> Hardwares
> CPU, Leitores de CDs/DVDs, Mouse, Impressora etc.
> Utilitários
>
> Um sistema operacional controla os programas que são executados no hardware de um computador. Se você estiver usando um PC, o sistema operacional é mais frequentemente o Windows; se estiver usando um iPhone, é o iOS; a maioria dos servidores está executando alguma versão do UNIX. O sistema operacional aloca memória quando os programas exigem; e também trabalha nos bastidores para assistir os programas, usando processos chamados de "daemons", que são executados em segundo plano e rastreiam utilitários como impressoras e displays. O sistema operacional é projetado para funcionar em qualquer hardware, tornando seus aplicativos portáteis entre os computadores.

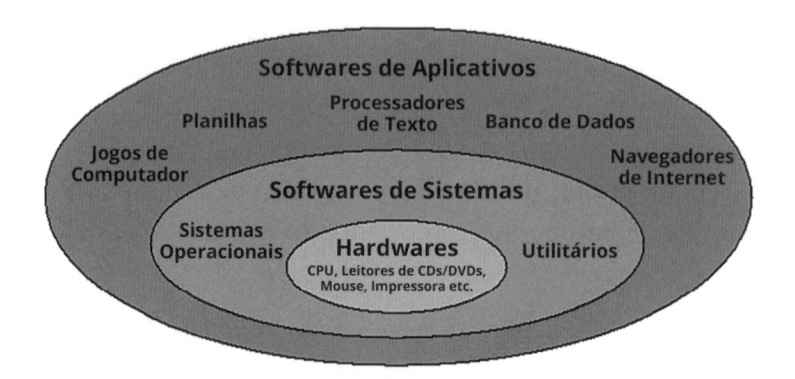

São Informações por Todo o Caminho

O excesso de informações a que hoje temos acesso transformou a biologia em uma ciência quantitativa. Antigamente, os biólogos precisavam de poucas noções de matemática, basicamente de um módulo introdutório de estatística, para analisar seus dados, que eram poucos e arduamente conquistados. Em um simpósio sobre genética molecular realizado pelo Cold Spring Harbor Laboratory em Long Island, em 2002, eu me senti como um peixe fora d'água, porque era o único palestrante com um tema computacional. Falando antes de mim estava Leroy Hood, um geneticista molecular que estava no corpo docente da Caltech havia muitos anos. Enquanto estava em um ano sabático na Caltech, em 1987, fiquei impressionado ao descobrir que o laboratório de Hood ocupava um prédio inteiro. Desde então, ele se mudou para Seattle, onde, em 2000, cofundou o Instituto de Biologia de Sistemas, um novo campo que está tentando entender a complexidade de todas as interações moleculares com células finas.

Em sua palestra, Hood disse que um dia se perguntou por que tinha mais cientistas da computação do que biólogos em sua folha de pagamento. O motivo, concluiu, era que a biologia se tornara uma ciência da informação, e os cientistas da computação sabiam muito mais sobre a análise de informações do que os biólogos, que tinham sido sobrecarregados pela vasta quantidade de dados gerados por técnicas modernas, como o sequenciamento genético. Eu nunca teria imaginado um aquecimento melhor para minha palestra, que abordava como entender o armazenamento das informações nas sinapses entre os neurônios no cérebro.

Hoje, a biologia de sistemas atrai muitos cientistas e físicos da computação para analisar e compreender as informações geradas pelo sequenciamento do DNA e pelos sinais nas células controladas por RNA e proteínas. Os 3 bilhões de pares de bases do DNA de uma célula humana contêm todas as informações de que ela precisa para sobreviver, replicar e especializar-se. Alguns pares de bases são modelos para a produção de proteínas, mas outras partes do genoma contêm um código abstrato para regular genes que são usados durante o desenvolvimento para guiar a formação do corpo e do cérebro. Talvez o projeto de construção mais exigente do universo, o da construção do cérebro, seja guiado por algoritmos embutidos no DNA que orquestram o desenvolvimento de conexões entre milhares de tipos de neurônios em centenas de partes distintas do cérebro.

Pensando em Longo Prazo

A comercialização da tecnologia desenvolvida pela pesquisa científica básica costuma levar cerca de 50 anos. As grandes descobertas que foram feitas sobre relatividade e mecânica quântica durante a primeira década do século XX originaram CD players, GPS e computadores na segunda metade do mesmo século. A descoberta do DNA e do código genético na década de 1950 resultou em aplicações na medicina e no agronegócio que estão tendo um impacto econômico hoje. As descobertas básicas que a Iniciativa BRAIN e outros programas de pesquisa sobre o cérebro ao redor do mundo estão fazendo hoje levarão a aplicações que acontecerão daqui a 50 anos, que hoje talvez sejam consideradas ficção científica.[13] Podemos esperar que em 2050 as IAs tenham sistemas operacionais comparáveis aos do nosso cérebro. Mas saber quais empresas e países controlarão essa tecnologia depende dos investimentos e das grandes apostas que estão sendo feitas agora.

16 Consciência

Quando a mãe perguntou ao jovem Francis Crick quais mistérios científicos ele queria resolver ao longo de sua vida, ele respondeu que havia apenas dois que o interessavam: o da vida e o da consciência.[1] Crick claramente tinha um forte senso do que é importante, mas pode não ter mensurado a complexidade desses problemas. Mal sabia sua mãe que, décadas depois, em 1953, seu filho e James Watson descobririam a estrutura do DNA — o fio do labirinto que acabaria por desvendar um dos grandes mistérios da vida. No entanto, Crick (Figura 16.1) não se contentou com essa conquista.

Depois de se mudar para o Instituto Salk, em 1977, Crick assumiu seu interesse de longa data pela consciência. Ele decidiu se concentrar na questão da percepção visual, uma vez que já se sabia muito sobre as partes cerebrais dedicadas à visão, e entender a base neural da percepção visual serviria como alicerce para explorar as bases neurais de outros aspectos da consciência.[2]

O fato de que o estudo da consciência estava fora de moda entre os biólogos nos anos 1980 não impediu Crick de se voltar a ele. A percepção visual estava cheia de ilusões e mistérios que desafiavam a compreensão. Buscando explicações para eles em mecanismos anatômicos e fisiológicos, ele desenvolveu a "hipótese do holofote".[3] As células ganglionares projetam do nervo óptico para o tálamo, que, por sua vez, retransmite os picos para o córtex visual. Mas por que as células ganglionares não podem projetar diretamente para o córtex? Crick apontou que havia uma projeção de feedback do córtex para o tálamo, que, como um holofote, poderia destacar partes das imagens para se fazer um processamento posteriormente.

Correlatos Neurais da Consciência

O colega mais próximo de Crick na busca pela compreensão da consciência foi o neurocientista Christof Koch, então na Caltech, com quem publicou uma série de artigos explorando os "correlatos neurais da consciência" (NCCs; estruturas cerebrais e atividades neurais responsáveis por gerar estados de percepção consciente).[4] No caso da percepção visual, isso significava encontrar correlações entre as propriedades de disparo dos neurônios em diferentes partes do cérebro e a percepção visual. Crick e Koch propuseram a hipótese de que não estamos cientes do que acontece no córtex visual primário,[5] primeira área do córtex cerebral a receber as informações provenientes das retinas; em vez disso, estamos apenas conscientes do que acontece nos níveis mais altos da hierarquia do córtex visual (Figura 5.11; Capítulo 5). O respaldo para essa possibilidade surgiu do estudo da rivalidade binocular, em que dois padrões diferentes são apresentados aos dois olhos, como listras verticais para um olho e horizontais para o outro: em vez de ver uma mistura das duas imagens, a percepção visual se alterna abruptamente entre as imagens a cada poucos segundos. Neurônios distintos no córtex visual primário respondem aos padrões de cada olho, independentemente do que é percebido de forma consciente. Nos níveis mais altos da hierarquia visual, no entanto, muitos neurônios respondem apenas à imagem percebida. Assim, não é suficiente que um neurônio esteja disparando para ser um correlato neural. Aparentemente, estamos apenas conscientes do que é representado em um subconjunto dos neurônios ativos distribuídos sobre a hierarquia das áreas visuais atuando de forma coordenada.

Figura 16.1
Francis Crick com sua esposa, Odile, e sua filha, Jacqueline, em Cambridge, na Inglaterra, por volta de 1957. Cortesia de Maurice S. Fox.

Célula Avó

Em 2004, foi exibida uma série de fotos de celebridades a pacientes epilépticos do Centro Médico da UCLA, cujos cérebros estavam sendo monitorados para detectar a origem das convulsões. Os eletrodos implantados nos centros de memória do cérebro dos pacientes exibiram picos em resposta às fotos. Em um desses pacientes, um único neurônio respondeu vigorosamente a várias fotos de Halle Berry e a seu nome (Figura 16.2), mas não a fotos de Bill Clinton, Julia Roberts nem aos nomes de outras celebridades.[6] Foram encontrados neurônios que responderam a outras celebridades, objetos específicos e até a prédios, como o Sidney Opera House.

Os neurônios encontrados pela equipe liderada por Itzhak Fried e Christof Koch, da Universidade da Califórnia, em Los Angeles, foram previstos há 50 anos, quando se tornou possível obter registros de um único neurônio no cérebro de gatos e macacos. Os pesquisadores pensavam que as propriedades de resposta dos neurônios tornavam-se cada vez mais específicas quanto mais alto estivessem na hierarquia das áreas visuais do córtex cerebral, talvez tão específicas que um único neurônio no topo da hierarquia respondesse apenas a fotos de uma única pessoa. Isso ficou conhecido como a "hipótese da célula avó", depois do suposto neurônio que "reconheceria" sua avó.

Ainda mais catastróficos foram os experimentos nos quais os pacientes analisaram uma mistura de duas imagens representando indivíduos familiares e foram solicitados a imaginar um indivíduo a partir de outro, de forma concorrente, enquanto registravam a preferência dos neurônios por uma ou outra imagem. Os sujeitos acabaram aumentando as taxas de disparo do neurônio correspondente à face preferida, ao mesmo tempo em que as do neurônio associado à preterida diminuíam, mesmo que o estímulo visual não estivesse mudando. Os experimentadores então fechavam o circuito controlando a proporção das duas imagens de acordo com as taxas de disparo dos neurônios que preferiam cada uma delas, de modo que os sujeitos pudessem controlar a entrada — a proporção entre as duas faces — imaginando uma ou a outra. Isso mostra que o processo de reconhecimento não é passivo, mas depende do engajamento ativo da memória e do controle interno da atenção.

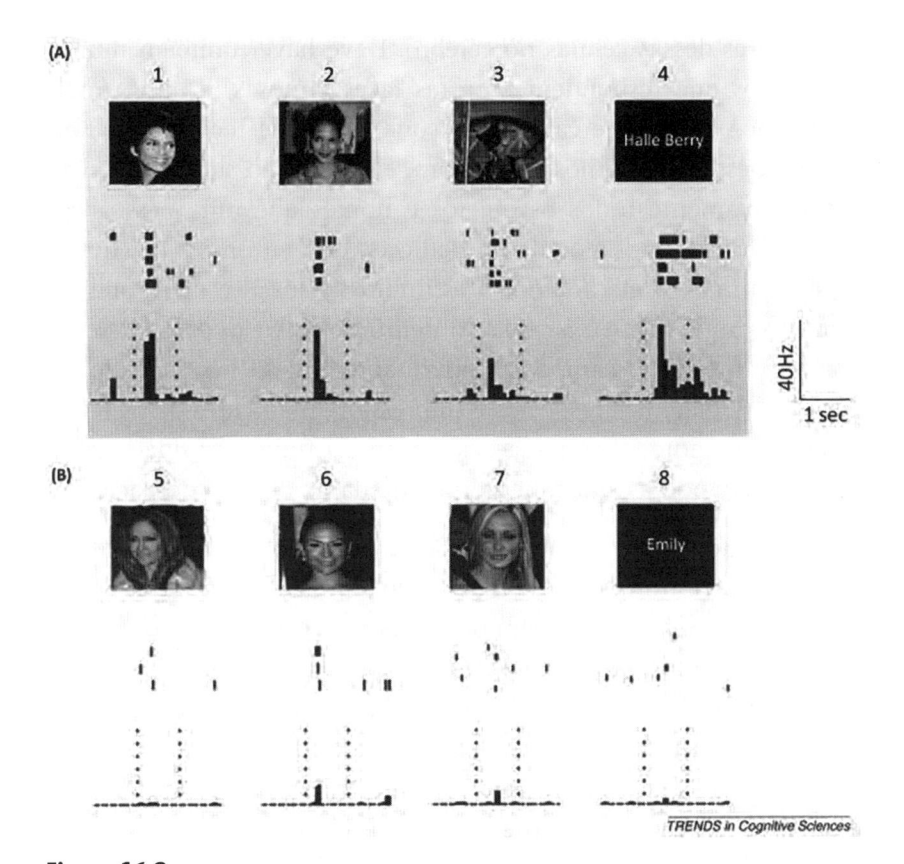

Figura 16.2
Célula Halle Berry. As respostas de um único neurônio a fotos registradas no hipocampo de um paciente. Os picos (tiques azuis) de seis testes individuais são mostrados abaixo de cada foto, com a média (histogramas). (A) Fotos de Halle Berry e seu nome provocaram uma explosão de picos, enquanto (B) fotos de outras atrizes e seus nomes, não. Halle Barry estrelou o filme de super-herói de 2004 *Mulher-gato* (Foto 3). De A. D. Friederici e W. Singer, "Grounding Language Processing on Basic Neurophysiological Principles", *Trends in Cognitive Sciences* 19, no. 6 (2015): 329–338, Figura 1.

Apesar dessa evidência impressionante, é improvável que a percepção visual se resuma à hipótese da célula avó. De acordo com a hipótese, você percebe sua avó quando a célula está ativa, por isso ela não dispara com nenhum outro estímulo. Somente algumas centenas de fotos foram testadas, então realmente não sabemos o quão seletiva é a "célula Halle Berry". Em segundo lugar, a probabilidade de que o eletrodo tenha registrado as atividades do único neurônio Halle Berry no cérebro é baixa; é mais provável que haja muitos milhares dessas células no cérebro. Deve haver também muitas cópias de neurônios que respondem a outras faces famosas, e muito mais para todos que você conhece e cada objeto que consegue reconhecer. Embora existam bilhões de neurônios no cérebro, eles não são suficientes para representar exclusivamente todos os objetos e nomes que uma pessoa conhece a partir de uma grande população dedicada de neurônios. Por fim, a resposta é apenas uma correlação com o estímulo sensorial e não pode ser causal. Igualmente importante é a saída do neurônio e seu impacto descendente no comportamento (o campo projetivo, apresentado no Capítulo 5). No entanto, a seletividade das respostas é impressionante. Antes de os registros começarem, o paciente foi convidado a identificar uma celebridade favorita, então Halle Barry podia estar super-representada no cérebro do paciente.

Gravações de centenas de neurônios corticais, atuando simultaneamente, em ratos, macacos e seres humanos estão levando a uma teoria alternativa de como os neurônios percebem e decidem de forma coletiva.[7] Nos registros dos macacos, estímulos e sinais decorrentes de tarefas são amplamente distribuídos por grandes populações de neurônios, cada um sintonizando-se com uma combinação de características dos estímulos e detalhes das tarefas.[8] Em pouco tempo, será possível registrar milhões de neurônios e manipular suas taxas de disparo, bem como distinguir seus diferentes tipos e como eles estão conectados uns com os outros.[9] Isso leva a teorias que extrapolam a da célula avó e a um entendimento mais profundo de como as atividades nas populações de neurônios originam pensamentos, emoções, planos e decisões. Claro, pode haver mais de uma maneira de os neurônios representarem rostos e objetos. Com novas técnicas de registro chegando, no entanto, devemos em breve saber a resposta.

Desde a década de 1980, conhecemos modelos de redes neurais treinados com uma camada de unidades ocultas e, mais recentemente, com redes profundas, em que os padrões de atividade de cada entrada nas redes neurais são altamente distribuídos de uma forma qualitativamente semelhante à variedade de respostas que foram observadas em populações de neurônios corticais (Figura 9.2; Capítulo 9).[10] Uma representação distribuída pode ser usada para reconhecer muitas versões do mesmo objeto, e o mesmo conjunto de neurônios pode reconhecer muitos objetos diferentes avaliando suas saídas de forma particular. Quando as unidades ocultas da rede neural são testadas isoladamente, da mesma forma que os neurofisiologistas registram os neurônios no córtex visual, às vezes um neurônio simulado encontrado perto do topo da hierarquia tende a desenvolver preferências por um objeto. Mas, como os neurônios remanescentes transportam sinais redundantes para representar o objeto, o desempenho da rede neural não muda significativamente quando uma unidade desse tipo é cortada. O desempenho robusto das redes neurais, apesar desse dano, é uma grande diferença entre sua estrutura e do próprio cérebro e a dos computadores digitais.

Quantos neurônios corticais são necessários para distinguir entre muitos objetos, como rostos? Dos estudos de imagens, sabemos que várias áreas do cérebro humano respondem a rostos, algumas com um alto grau de seletividade. Mas, dentro dessas áreas, as informações sobre quaisquer rostos isolados são amplamente distribuídas entre muitos neurônios. Doris Tsao, da Caltech, registrou neurônios do córtex de macacos que respondem seletivamente a faces e mostrou que é possível reconstruir rostos combinando as entradas de 200 células faciais, um subconjunto relativamente pequeno de todos os neurônios que selecionam a face.[11]

Qual É o Tempo para um Evento Visual Ser Percebido?

Outro aspecto da percepção visual são os esforços do cérebro para registrar eventos, como flashes de luz, que ocorrem em momentos específicos. O tempo de atraso da resposta dos neurônios a um estímulo visual varia de 25 a 100 milissegundos, muitas vezes dentro da mesma região cortical. No entanto, podemos determinar a ordem de dois flashes que ocorrem com uma diferença de 40 milissegundos um do outro, e a de dois sons com uma diferença menor que 10 milissegundos. Para tornar essa ideia ainda mais contraditória, saiba que o processamento nas retinas leva um certo tempo, que não é fixo, mas variável conforme a intensidade do flash, de modo que há um atraso no tempo de chegada do primeiro pico de um flash fraco em comparação com o de um intenso, mesmo que ambos pareçam ter ocorrido simultaneamente. Isso levanta a questão de por que percepções visuais parecem ter uma unidade que não é de todo aparente a partir de padrões de atividades distribuídos por todo o córtex com base no tempo e no espaço.

A questão da simultaneidade torna-se ainda mais incômoda quando fazemos comparações intermodais. Quando assiste a alguém derrubar uma árvore, presumindo que esteja perto o suficiente, você simultaneamente vê e ouve o machado a cada golpe que acerta na árvore, apesar de a velocidade do som ser muito mais lenta que a da luz. Além disso, a ilusão de simultaneidade é mantida à medida que a distância da árvore aumenta,[12] embora o atraso absoluto entre os sinais visuais e auditivos, à medida que chegam ao cérebro, varie mais de 80 milissegundos até que essa ilusão seja desfeita, e a percepção do som se desconecte do golpe do machado (a cerca de 30m de distância). Pesquisadores que estudam os aspectos temporais da visão descobriram um fenômeno chamado de efeito "flash-lag", que pode ser observado quando um avião com uma lanterna traseira sobrevoa, e os flashes e a cauda não se alinham — parece que os flashes ficam atrás dela. Outra ocorrência comum é em partidas de futebol, quando um jogador correndo parece estar à frente da bola que acabou de chutar (o flash), o que pode provocar um impedimento por um árbitro assistente que não compensou a ilusão. Isso pode ser estudado em laboratório por meio do estímulo visual ilustrado na Figura 16.3. No efeito flash-lag, um flash e um objeto em movimento no mesmo local parecem estar desconectados.

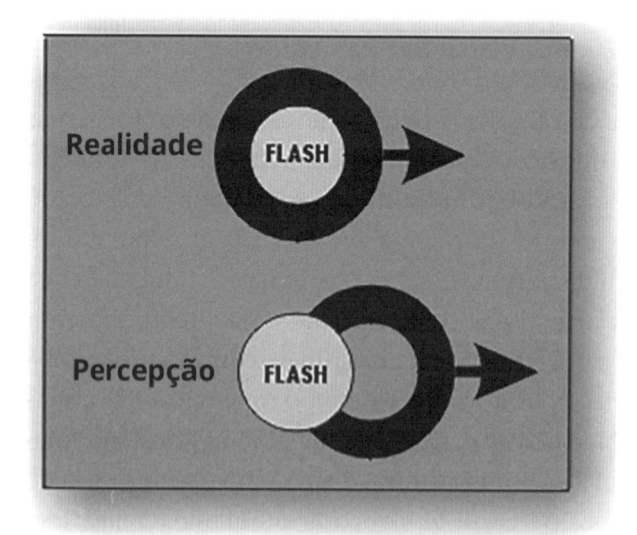

Figura 16.3
Efeito flash-lag. (Topo) Um anel se move da esquerda para a direita (preto). Conforme passa pelo centro uma luz pisca brevemente por baixo (amarelo). (Inferior) Os participantes relatam que o objeto parece se deslocar para a direita no momento do flash. Cortesia de David Eagleman.

Uma explicação fundamental — que além de ser intuitiva existem algumas evidências, a partir de registros cerebrais, que a corroboram — é que o cérebro prevê onde o ponto em movimento estará em seguida. Contudo, os experimentos perceptivos mostraram que ela não dá conta de explicar o efeito flash-lag porque a percepção atribuída ao tempo do flash depende de eventos que ocorrem nos 80 milissegundos após seu disparo, não daqueles que ocorrem antes (que seriam usados para fazer a predição).[13] Essa explicação para o efeito flash-lag significa que o cérebro é "pós-ditivo" em vez de preditivo; isto é, ele revisa constantemente a história para harmonizar o presente consciente com o futuro. Esse é um exemplo de como nossos cérebros geram interpretações plausíveis baseadas em dados ruidosos e incompletos, algo que os mágicos exploraram nos efeitos de ilusionismo.[14]

Como o Cérebro Atua na Percepção Visual de um Objeto?

As imagens do cérebro nos dão uma ideia global da atividade de nossos cérebros quando percebemos algo em comparação aos momentos de repouso. Por meio de evidências experimentais, os pesquisadores desenvolveram a hipótese particularmente atraente de que nos tornamos cientes de algo de forma voluntária quando o nível de atividade cerebral na frente do córtex, crucial para planejar e tomar decisões, atinge um nível limiar e inflama os caminhos de feedback.[15] Apesar de intrigantes, essas observações não são convincentes, considerando que não estabelecem causalidade, mas apenas uma correlação. Se um correlato neural da consciência é responsável por — causa — um estado consciente, deve ser possível alterar o NCC para mudar esse estado. Doris Tsao mostrou que esse realmente era o caso em seu experimento de 2017; ao estimular as áreas responsáveis pelo reconhecimento de rostos no córtex visual dos macacos, ela conseguiu interferir na distinção de rostos.[16] Quando um experimento semelhante foi realizado em humanos, os sujeitos relataram que os rostos pareciam misturados.[17]

Novas técnicas, como a optogenética[18], surgiram recentemente para manipular a atividade dos neurônios, o que permite que a causalidade dos NCCs seja testada. Isso pode ser difícil de fazer se os estados perceptivos corresponderem a padrões de atividade altamente distribuídos; mas, a princípio, essa abordagem poderia revelar como as percepções e outras características da consciência são formadas.[19]

Aprendendo Onde Procurar

A pesquisa sobre visão é uma tarefa que depende tanto do processamento sensorial de baixo para cima quanto do atencional de cima para baixo, impulsionados pela expectativa (Figura 16.4A). Esses dois tipos de processamento estão interligados no cérebro e são difíceis de separar, mas recentemente um novo projeto de pesquisa foi empreendido para desassociá-los.[20] Os participantes sentaram-se em frente de uma tela em branco e foram informados de que precisavam encontrar uma marca escondida, o que dispararia um som de recompensa quando seu olhar se fixasse nela. A marca, que mudava de lugar a cada nova testagem, foi desenhada como uma distribuição gaussiana — uma curva em forma de sino —, que não era conhecida pelos participantes, mas permanecia constante durante uma sessão (Figura 16.4D).

No início da sessão, os participantes não tinham nenhuma informação que lhes indicasse a posição da marca. Assim que eram recompensados por a encontrar, eles podiam usar esse feedback para orientar as tentativas seguintes. À medida que a sessão prosseguia, os participantes melhoravam suas taxas de sucesso prevendo a distribuição das marcas ocultas, e essas suposições guiavam suas futuras buscas. Após cerca de uma dúzia de tentativas, os participantes tendiam a indicar regiões muito próximas à correta. A Figura 16.4D demonstra esse efeito nos participantes. A região de busca, inicialmente ampla, diminuía conforme a sessão progredia. Surpreendentemente, muitos dos sujeitos não conseguiram articular uma estratégia de busca, mesmo que sua primeira sacada (movimento dos olhos), após algumas tentativas, tenha sido invariavelmente o centro da distribuição invisível.

Essas experiências corroboram o controle inconsciente de ações que são guiadas pela experiência. Ao eliminar a entrada visual, os processos inconscientes podem ser estudados de forma isolada. As áreas cerebrais envolvidas nessa tarefa de busca incluem o córtex, que controla o mapa topográfico do campo visual, e o colículo superior, que direciona as sacadas para alvos visuais, ambos trabalhando de forma solidária com as partes do sistema oculomotor. O aprendizado também envolve os gânglios basais, uma importante parte do cérebro dos vertebrados que aprende sequências de ações através do aprendizado por reforço.[21] A diferença entre a recompensa esperada e a recebida é sinalizada por um aumento transitório na taxa de disparo dos neurônios dopaminérgicos no mesencéfalo, que regula a plasticidade sináptica e influencia como as decisões são tomadas e os planos, estruturados a nível inconsciente (como discutido no Capítulo 10).

Passagem

No final de sua vida, Francis Crick me convidou para visitá-lo em sua casa para discutir o claustro, uma misteriosa camada fina de células logo abaixo do córtex que recebe projeções de muitas áreas corticais e as projeta de volta. Crick, mesmo consciente de sua doença terminal, concentrou-se em terminar seu último trabalho sobre a hipótese de que o claustro seria o responsável pela unidade da consciência em virtude de sua posição central. Apenas poucos pesquisadores já haviam trabalhado com o claustro, e ele ligou para quase todos eles para pedir informações. Essa minha visita foi a última vez que o vi. Francis morreu em 28 de julho de 2004, enquanto se dedicava a completar o manuscrito de seu último trabalho[22] e concluir sua busca pelas origens da consciência.

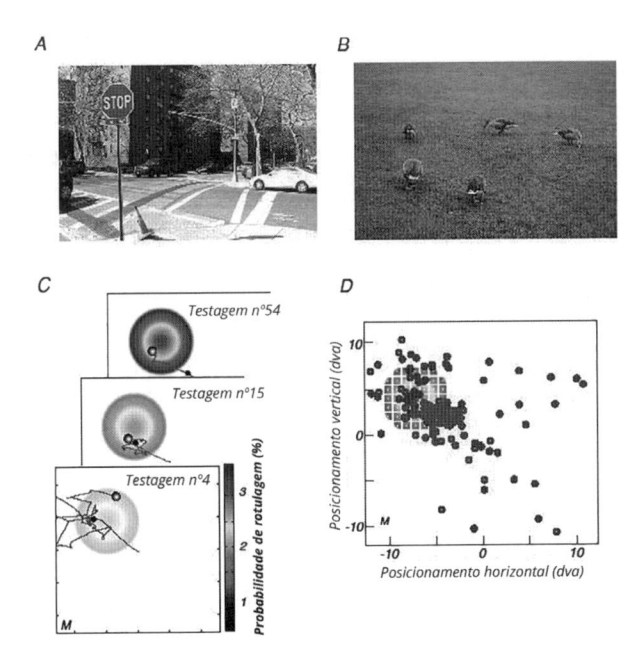

Figura 16.4
Aprendendo onde procurar. (A) Um pedestre experiente, de acordo com sua experiência, sabe onde procurar por sinais, carros e calçadas nessa imagem de uma rua. (B) Patos se alimentando em

uma grande extensão de grama. (C) Uma representação da tela é sobreposta com a distribuição da marca oculta, que é aprendida durante a sessão, bem como amostras de vestígios de três tentativas para o participante M. A primeira fixação de cada tentativa é marcada com um ponto preto. A fixação final, recompensada, é marcada por um sombreado ponto de escala de cinza. (D) A região da tela amostrada com a fixação encolhe a partir de toda a tela das primeiras testagens (círculos cinza-claro; cinco primeiras testagens) a uma região que se aproxima em tamanho e posição dos locais de alvo distribuídos da integral Gaussiana (quadrados, cor proporcional à probabilidade como dado em (C) em ensaios posteriores (círculos vermelhos; dos ensaios 32-39). De L. Chukoskie, J. Snider, M. C. Mozer, R. J. Krauzlis e T. J. Sejnowski, "Learning Where to Look for a Hidden Target", Figura 1.

Cinquenta anos depois que ele e James Watson descobriram a estrutura do DNA, em 1953, o genoma humano foi sequenciado. Crick disse-me que nunca lhe ocorrera que isso seria possível. Onde estaremos daqui a 50 anos no que diz respeito à consciência? Até lá, teremos máquinas que interagirão conosco, em grande parte, da mesma forma que interagimos, através de fala, gestos e expressões faciais. Pode ser mais fácil criar consciência do que a compreender completamente.

Desconfio que possamos progredir mais rapidamente entendendo primeiro o processamento inconsciente — tudo o que passa batido enquanto vemos, ouvimos e nos movemos. Já fizemos progressos na compreensão dos sistemas motivacionais, que influenciam fortemente nossas decisões; e dos atencionais, que guiam nossa busca por informações que nos fazem entender o mundo. Com uma compreensão mais profunda dos mecanismos cerebrais que governam a percepção, a tomada de decisão e o planejamento, o problema da compreensão da consciência desapareceria como o gato de Cheshire, de *Alice no País das Maravilhas*, deixando apenas um largo sorriso.[23]

17 A Natureza É Mais Esperta do que Nós

Leslie Orgel (Figura 17.1, à direita), químico formado em Oxford que trabalhava com as origens da vida, foi meu colega no Instituto Salk por muitos anos e um dos cientistas mais inteligentes que conheci. Nossas conversas nos almoços de sexta-feira na universidade eram sempre fascinantes. A origem da vida remonta a bilhões de anos, a uma época em que a Terra era tão diferente de hoje que inviabilizaria a vida como a conhecemos. As condições eram severas e havia pouco oxigênio na atmosfera. As bactérias foram precedidas pelas arqueas, mas o que veio antes delas? O DNA é comum a todas as células hoje, mas o que veio antes dele? Em 1968, Leslie Orgel e Francis Crick especularam que o RNA, que é derivado do DNA nas células, poderia ter sido seu precursor, mas isso exigiria que o RNA se replicasse sozinho. A evidência para essa possibilidade foi encontrada na forma de ribozimas, enzimas baseadas em RNA que catalisam suas reações.[1] A partir dessa evidência, hoje a maioria dos pesquisadores acredita que é possível que toda a vida tenha surgido de um "mundo prévio de RNA".[2] Mas e o RNA, de onde veio? Infelizmente, há poucas evidências desse período para investigarmos.

Segunda Regra de Orgel

As verdades universalmente aceitas foram destituídas inúmeras vezes por descobertas surpreendentes. Olhamos para cima e vimos o Sol girando ao redor da Terra, mas é o oposto. A teoria da evolução nos coloca em nosso devido lugar, embora ainda seja difícil para muitos aceitar. Daqui a muitos anos, nossos descendentes olharão para nossa era e dirão que nossas intuições sobre inteligência foram, na melhor das hipóteses, reducionistas demais e impediram o progresso da inteligência artificial por 50 anos. Como afirma a segunda regra de Orgel, a evolução é mais inteligente do que você.

A consciência é a ponta de um iceberg, a maior parte das funções do cérebro é inacessível à reflexão. Usamos palavras como "atenção" e "intenção" para descrever nosso comportamento, mas elas representam conceitos fluidos, que escondem a complexidade dos processos cerebrais subjacentes. E a inteligência artificial baseada na psicologia popular, intuitiva, tem sido insuficiente. Vemos, mas não sabemos como. Pensamos e, portanto, acreditamos que existimos, mas o mecanismo por trás do pensamento é um mistério. Não existe vantagem para a sobrevivência que justifique que a natura nos revele como o cérebro realmente funciona. A segunda regra de Orgel prevalece.

Figura 17.1
Francis Crick (à esquerda) e Leslie Orgel (à direita) no Instituto Salk, em 1992, no encalço das origens da consciência e no das origens da vida, respectivamente. Cortesia do Instituto Salk.

Como observado no Capítulo 2, temos sistemas visuais altamente evoluídos, mas isso não nos faz entender seus processos.[3] Muitas pessoas sequer estão conscientes de que temos uma fóvea para visão nítida com apenas um grau de arco, mais ou menos o tamanho de um polegar em comparação ao comprimento do braço, e que somos praticamente cegos além da fóvea. Quando falei isso para minha mãe, ela disse que não acreditava em mim porque enxergava de forma perfeitamente nítida para qualquer lugar que olhasse. Mas acontece que essa alta resolução generalizada é uma ilusão, porque conseguimos reposicionar rapidamente nossos olhos.

Você está ciente de que quando olha para um objeto seus olhos se movem para frente e para trás sobre ele três vezes por segundo? A visão periférica tem uma baixa resolução espacial, mas é extremamente sensível a mudanças no brilho e no movimento. Um grande fluxo no córtex visual, separado daquele que reconhece os objetos, é dedicado a se movimentar no espaço. Quando os pioneiros da visão computacional se propuseram a projetar a visão, seu objetivo era criar um modelo interno completo do mundo a partir de uma imagem, um objetivo que se mostrou difícil de alcançar. Mas um modelo completo e preciso pode não ser necessário para a maioria dos propósitos práticos, e pode nem ser possível, dada a baixa taxa de amostragem das câmeras de vídeo atuais.

Com base em evidências da psicofísica, fisiologia e anatomia, Patricia Churchland, neuropsicóloga V. S. Ramachandran, e eu concluímos que o cérebro representa apenas uma parte limitada do mundo, apenas aquela necessária em determinado momento para realizar a tarefa em questão.[4] Isso também facilita que o aprendizado por reforço diminua o número de possíveis entradas sensoriais que levem à obtenção de recompensas. A aparente modularidade da visão (sua separação relativa dos outros sistemas de processamento sensorial) também é uma ilusão. O sistema visual integra informações de outros fluxos, incluindo sinais do sistema de recompensas, indicando os valores dos objetos na cena, e o sistema motor busca ativamente informações por sensores de reposicionamento, como olhos em movimento e, em algumas espécies, ouvidos para coletar informações que gerem recompensas.

Os cérebros evoluíram através de um longo processo de adaptação progressiva ao meio ambiente; a natureza não podia se dar ao luxo de começar com uma tábula rasa, mas tinha que se virar modificando partes e componentes, viabilizando a existência da espécie atual. Em seu livro *Evolving Brains*,[5] John Allman ilustra a evolução progressiva em escala humana urbana recontando uma visita à sala da caldeira de uma antiga usina de energia em San Diego, onde notou uma série intricada de pequenos tubos pneumáticos próxima a um banco de tubos a vácuo, ao lado de várias gerações de sistemas de controle por computador.

Como a usina era necessária para a produção contínua de energia, não podia ser desligada e adaptada a cada nova tecnologia, de modo que os antigos sistemas de controle eram mantidos enquanto os novos iam sendo integrados. Os cérebros em evolução funcionam da mesma forma: a natureza não pode se dar ao luxo de descartar um sistema cerebral antigo, então conserta o atual plano de desenvolvimento, ocasionalmente adicionando uma nova camada de controle. A duplicação de genes é a via preferida para se introduzir uma cópia de um gene que possa sofrer mutação para exercer uma nova função. A duplicação total do genoma também acontece, o que pode levar a uma espécie inteiramente nova.

A Oposição a Noam Chomsky

Os psicólogos que estudaram o aprendizado na década de 1930 abordaram o comportamento como uma transformação das entradas sensoriais em saídas motoras e, assim, foram chamados de "behavioristas" [em inglês, a palavra para "comportamento" é *behavior*]. O aprendizado associativo foi o foco do behaviorismo, e muitas leis de aprendizado foram descobertas pelo treinamento de animais sob diferentes programações de recompensa. B. F. Skinner, da Universidade de Harvard, um dos líderes dessa corrente teórica, escreveu vários livros populares para explicar à sociedade as consequências de suas descobertas.[6] Naquela época, o interesse pelo behaviorismo era alto na imprensa massiva.

Em 1971, o eminente linguista Noam Chomsky (Figura 17.2) escreveu uma crítica devastadora ao behaviorismo e a B. F. Skinner no *New York Review of Books* (Figura 17.3).[7] Aqui está um trecho de sua crítica, especificamente no que tange à linguagem:

> O que significa dizer que uma frase do inglês que nunca ouvi ou produzi pertence ao meu "repertório", mas nenhuma do chinês (a primeira opção tem uma "probabilidade" maior)? Os skinnerianos, nesse ponto, apelam para "similaridade" e "generalização", mas não caracterizam precisamente o que torna uma sentença "similar" a exemplos

familiares ou "generalizada" a partir deles. A razão é simples. Até onde se sabe, as propriedades relevantes são expressas apenas pelo uso de teorias abstratas (por exemplo, uma gramática) descrevendo estados internos postulados no organismo, e tais teorias *a priori* são excluídas da "ciência" de Skinner. A consequência imediata é que os skinnerianos caem no misticismo ("similaridades" inexplicáveis e "generalizações" de um tipo que não pode ser especificado) assim que a discussão chega ao mundo dos fatos. Embora a situação seja talvez mais clara no caso da linguagem, não há razão para supor que outros aspectos do comportamento humano caiam nas garras da "ciência" limitadas pelas restrições *a priori* propostas por Skinner.[8]

Figura 17.2
Noam Chomsky em 1977, depois que escreveu "The Case against B. F. Skinner" para o *New York Review of Books*. O ensaio de Chomsky teve um impacto incomensurável em uma geração de psicólogos cognitivistas, que abraçariam o processamento de símbolos como uma estrutura conceitual para a cognição e o papel essencial do desenvolvimento do cérebro e do aprendizado a respeito da cognição e inteligência. Hans Peters/Anefoto.

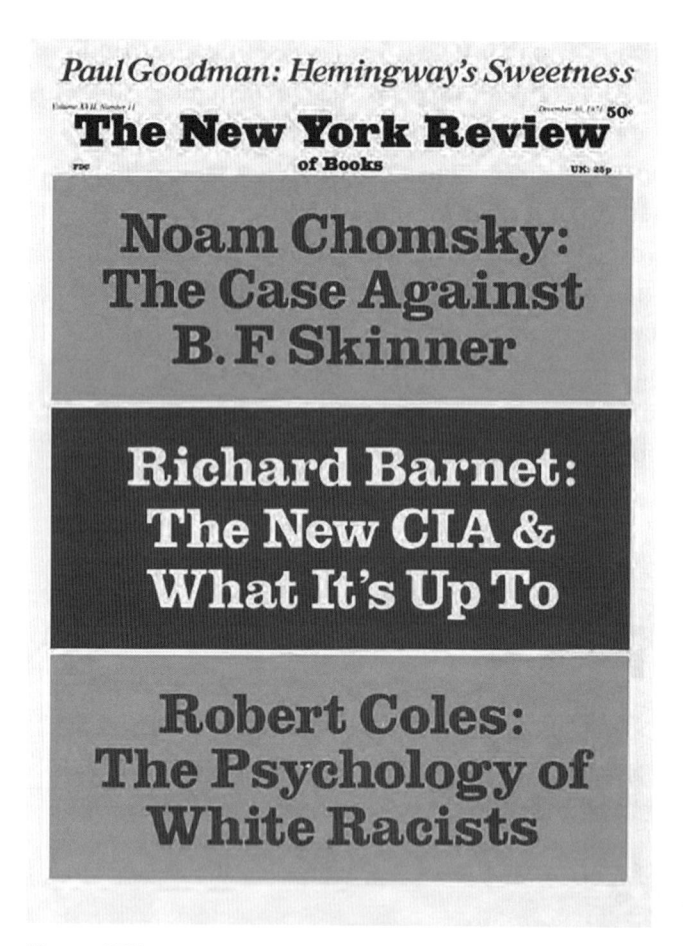

Figura 17.3
Título de capa da crítica de Noam Chomsky, em 1971, a B. F. Skinner no *New York Review of Books*. O ensaio de Chomsky influenciaria uma geração de cientistas a abandonar o aprendizado comportamental e usar o processamento de símbolos como uma maneira de explicar a cognição. Mas, com a abordagem simbólica, a inteligência artificial nunca alcançou os níveis cognitivos de desempenho. B. F. Skinner estava no caminho certo com o aprendizado por reforço, que Chomsky ridicularizou: as melhores aplicações de IA são baseadas no aprendizado, não na lógica. Cortesia do *New York Review of Books*.

Da perspectiva atual, vemos que Chomsky entendeu o que estava em jogo, mas simplesmente não conhecia o poder do aprendizado. O aprendizado profundo mostrou que, como as redes neurais do próprio cérebro, as redes modelo são capazes de fazer a "generalização" do tipo que Chomsky depreciou como "misticismo", e que elas podem ser treinadas para reconhecer seletivamente a fala em muitos idiomas, para traduzir e gerar legendas para imagens, com uma sintaxe perfeitamente boa. A maior ironia é que o aprendizado de máquina resolveu o problema do processamento automático de sentenças, algo que as "teorias abstratas" de Chomsky sobre sintaxe nunca conseguiram, apesar dos esforços extenuantes dos linguistas computacionais. Quando é aliado ao aprendizado por reforço, cujo estudo em animais foi preconizado por Skinner, problemas complexos, que dependem de uma série de escolhas para se atingir um objetivo, podem ser resolvidos. Essa é a essência da resolução de problemas e, em última instância, os fundamentos da inteligência.

A crítica ácida no ensaio de Chomsky foi muito além de derrubar B. F. Skinner: desafiava — e até descartava — a ideia do aprendizado como forma de entender a cognição. Isso teve uma influência decisiva na psicologia cognitivista da década de 1970. O fato de que o aprendizado associativo poderia originar um comportamento cognitivo tão complexo quanto a linguagem, o cerne da crítica de Chomsky, era simplesmente inimaginável (pelo menos para ele). Note, no entanto, que essa ideia se baseou no desconhecimento. Só porque o principal linguista do mundo diz que não consegue imaginar algo, isso não o torna impossível. Mas a retórica de Chomsky, que se alinhava ao *zeitgeist* dos anos 1970, foi persuasiva. Na década de 1980, a abordagem do processamento de símbolos para a cognição tornou-se unânime e formou a base de uma nova área, chamada de "ciência cognitiva", um amálgama de psicologia cognitivista, linguística, filosofia e ciência da computação. A neurociência era considerada inferior à ciência cognitiva e foi mais ou menos ignorada até a neurociência cognitiva surgir, na década de 1990.

Pobreza de Imaginação

Desde então, Chomsky usou os mesmos argumentos retóricos muitas vezes, mais notavelmente em sua discussão sobre o inatismo da linguagem baseado na "pobreza de estímulo",[9] em que afirma que um bebê não ouve exemplos suficientes de frases para aprender as regras da sintaxe. Mas um bebê não é um computador recebendo uma série de símbolos alheios ao mundo. Um bebê está imerso em um mundo de experiências sensoriais ricas e está aprendendo sobre ele em um ritmo intenso.[10]

O mundo é conduzido por experiências significativas que estão ligadas a sons, que começam no útero, uma forma de aprendizado não supervisionado, e é somente após essa base estar formada que a aquisição da linguagem começa, primeiro com o balbucio, então com as palavras isoladas, e muito mais tarde com sequências sintaticamente corretas. O que é inato não é a gramática, mas a capacidade de aprender a linguagem a partir da experiência e absorver as propriedades estatísticas de ordem superior das enunciações em um rico contexto cognitivo.

O que Chomsky não considerou foi que, quando associado a um aprendizado profundo do ambiente e a uma função de valor profundamente aprendida com uma vida inteira de experiências, um sistema de aprendizado fraco como aquele por reforço originaria, sim, comportamentos cognitivos, incluindo a linguagem. Isso não era completamente óbvio para mim nos anos 1980, embora eu devesse ter percebido que, se uma rede simples como a NETtalk conseguia lidar com a pronúncia inglesa, era provável que, em suas representações de palavras, as redes de aprendizado, modelo ou corticais, tivessem uma afinidade natural com a linguagem. O posicionamento de Chomsky baseou-se em uma pobreza de imaginação, mas é uma decorrência lógica da segunda regra de Orgel: a evolução é mais esperta do que nós, e isso inclui especialistas como Chomsky. De fato, quando um especialista lhe disser que algo na natureza é impossível, tome cuidado — não importa quão plausível ou convincente seja.

O foco de Chomsky na ordem e sintaxe das palavras tornou-se a abordagem dominante na linguística na segunda metade do século XX. Mas mesmo um modelo de rede neural "saco de palavras", que descarta a ordem, consegue determinar o tema de um artigo, como esportes ou política, e seu desempenho pode ser melhorado levando-se em conta as palavras próximas no artigo. A lição do aprendizado profundo é que, embora a ordem das palavras contenha informações, a semântica, que se baseia no significado e nas suas relações com as outras palavras, é mais importante.

As palavras são representadas no cérebro por uma rica estrutura interna. E, à medida que aprendemos mais sobre como são semanticamente representadas em redes de aprendizado profundo, uma nova linguística se inicia. Assim como não há razão para que a natureza nos sobrecarregue com o conhecimento sobre o funcionamento da visão, não há razão para que nossa intuição a respeito do modo como usamos a linguagem seja melhor.

Consideremos a estrutura interna das palavras em uma rede de modelos treinada com uma tarefa de linguagem natural. Embora uma rede possa ser treinada com um problema específico, a forma como representa suas entradas pode ser usada para resolver outros. Um bom exemplo é uma rede treinada para prever a palavra seguinte de uma frase. As representações de palavras na rede treinada têm estrutura interna, sob a forma de padrões de atividade para todas as unidades da rede, que pode ser usada para estabelecer analogias entre pares de palavras.[11]

Por exemplo, quando esses padrões de atividade são projetados em um plano, os vetores que conectam os países às suas capitais são todos iguais. A rede aprendeu a organizar automaticamente conceitos e a aprender tacitamente as relações entre eles, sem ter nenhuma informação supervisionada sobre o que significa uma capital (Figura 17.4). Isso mostra que a semântica de países e capitais pode ser extraída do texto com aprendizado não supervisionado.

Certa vez, abri uma apresentação no MIT declarando: "A linguagem é importante demais para ser deixada para os linguistas."[12] O que eu quis dizer é que não devemos parar de a descrever a um nível comportamental. Devemos procurar entender sua biologia, os mecanismos biológicos subjacentes e como o domínio da linguagem se desenvolveu no *Homo sapiens*.

Tudo isso se tornou possível com imagens cerebrais não invasivas e registros feitos diretamente do cérebro de pacientes com epilepsia. Igualmente importantes são os estudos do cérebro para entender as diferenças que tornaram a linguagem possível comparando o dos humanos com o dos chimpanzés e de outros primatas superiores; a habilidade do uso da linguagem aconteceu em um instante evolutivo em comparação com a aquisição, mais precoce e muito mais lenta, das habilidades sensório-motoras. Poderosas ferramentas genéticas nos permitirão dissecar o desenvolvimento do cérebro e entender como a evolução originou nossa habilidade inata de aprender línguas de acordo com o desenvolvimento.

A linguagem pode ser usada para enganar e controlar ao se apelar para ideias admissíveis e usar a ignorância como base da argumentação, atitudes que têm consequências infelizes, para além da ciência. A história está cheia de demagogos, cujo pensamento acaba sendo abandonado quando sua falta de imaginação é exposta. Felizmente, os cérebros existem há muito mais tempo do que a linguagem, e teremos um material mais confiável se nos concentrarmos nas partes que evoluíram muito antes da linguagem.[13]

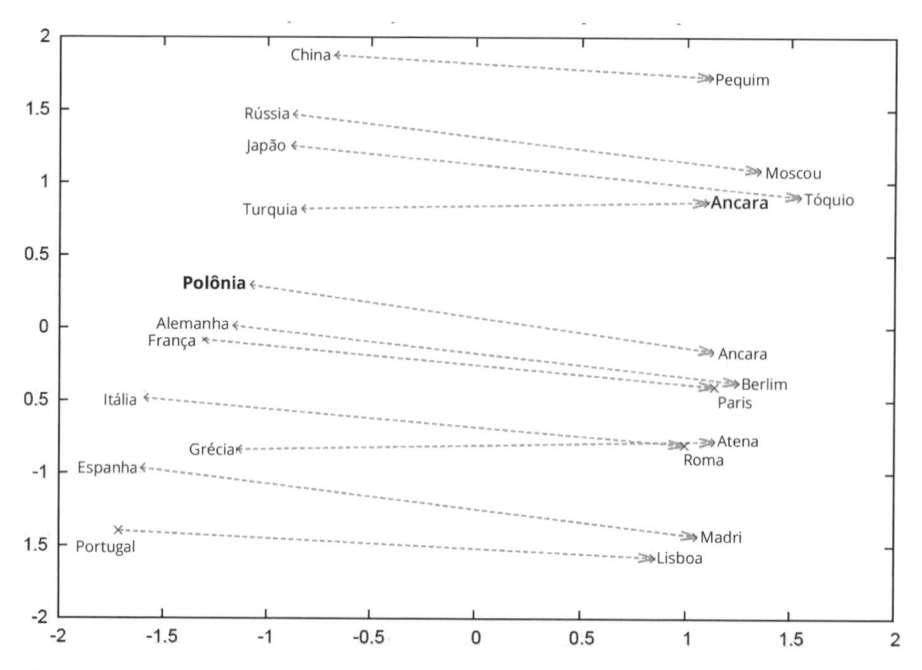

Figura 17.4
Representação interna de palavras em uma rede treinada para prever a palavra seguinte de uma frase. Cada palavra é um vetor de atividade na rede, que pode ser projetada até o plano bidimensional, como mostrado acima. As setas conectam os países às suas capitais. Como todas essas setas são paralelas e aproximadamente do mesmo tamanho, os pares de palavras são representados de forma similar. Por exemplo, se você quiser descobrir a capital de um país diferente, adicione essa seta para o vetor do país e obtenha o da capital. De T. Mikolov, I. Sutskever, K. Chen, G. Corrado e J. Dean, "Distributed Representations of Words and Phrases and Their Compositionality", Figura 2. Cortesia de Jeffrey Dean.

A Oposição às Caixas-pretas

Fazendo uma análise em retrospectiva, o behaviorismo e o cognitivismo, que no século XX adotaram abordagens opostas ao comportamento, cometeram o mesmo erro ao ignorar o cérebro. Os behavioristas não queriam ser enganados pela introspecção, então fizeram questão de não buscar orientações no cérebro. Eles acreditavam que seria possível descobrir leis comportamentais para qualquer contingência controlando cuidadosamente as entradas e saídas da caixa-preta.

Os cientistas cognitivistas funcionalistas, por sua vez, rejeitaram o behaviorismo, acreditando que poderiam descobrir as representações internas da mente; mas, como também acreditavam que detalhes sobre como o cérebro implementava as representações eram irrelevantes,[14] as representações internas que desenvolveram foram baseadas na intuição, uma postura não confiável, e na psicologia popular. A natureza era mais esperta do que eles.

Os estados internos da caixa-preta são tremendamente complexos; descobrir representações internas e as leis do comportamento é, portanto, algo extremamente difícil. Se, algum dia, descobrirmos as leis do comportamento, poderemos usar uma abordagem funcional para estudá-lo, embora essa descrição seja provavelmente tão controversa quanto os mecânicos quânticos eram para os físicos. Para descobrir as leis do comportamento, precisamos de toda a ajuda que pudermos obter do cérebro. As redes de aprendizado profundo são bons exemplos do progresso que pode ser feito prestando atenção a algumas características gerais da estrutura do cérebro e dos princípios gerais de seu funcionamento.

Não tenho dúvidas de que os funcionalistas mais puristas protestarão, mas precisamos caminhar para frente, não para trás. A cada passo do caminho, a adição de uma nova característica da estrutura cerebral aumenta a funcionalidade das redes de aprendizado profundo: a hierarquia das áreas corticais; a associação do cérebro ao aprendizado profundo por reforço; o funcionamento da memória nas redes corticais recorrentes; e a memória de longo prazo de fatos e eventos — para citar apenas alguns. Existem muitos outros princípios computacionais do cérebro que podemos aprender e aproveitar ao máximo.[15]

Em seus experimentos, os neurocientistas que estudam a percepção, a memória e a tomada de decisão normalmente usam tarefas baseadas em ensaios, nas quais os animais do laboratório são treinados para dar a resposta desejada a um estímulo. Após meses de treinamento, essas respostas impulsionadas por estímulo tornam-se reflexas, em vez de reflexivas, o que sugere mecanismos subjacentes aos comportamentos habituais, mas não aos cognitivos. Pensar não é um reflexo; também ocorre na ausência de qualquer estímulo sensorial; mas a forma tradicional de se projetar os experimentos ignora a atividade espontânea contínua, presente na ausência de estímulos sensoriais.

Novos métodos são necessários para estudar a atividade interna que não é nem sensorial nem motora, o que inclui o pensamento consciente e o processamento inconsciente. Isso está começando a acontecer agora que os experimentos com imagens cerebrais revelaram estados de repouso que ocorrem espontaneamente quando alguém é colocado em um scanner e solicitado a "descansar". A mente vagueia se não tem nada para fazer, e os pensamentos aparecem como um padrão variável de atividade cerebral que podemos ver, mas ainda não compreendemos.

As imagens cerebrais, especialmente as de ressonância magnética funcional não invasiva (fMRI), propiciaram novas maneiras de estudar as interações sociais e a tomada de decisão, gerando um campo chamado de "neuroeconomia".[16] Como os seres humanos não são o foco geralmente tratado na economia clássica, precisamos construir uma economia comportamental baseada no julgamento e na motivação humanos não idealizados, à medida que surgem a partir de estados cerebrais internos complexos.[17]

Como observado no Capítulo 10, os neurônios dopaminérgicos têm uma poderosa influência na motivação, representando o erro de previsão da recompensa. As imagens do cérebro referentes a interações sociais investigam a motivação humana de maneiras que experimentos puramente comportamentais não conseguem. O objetivo é substituir uma teoria das decisões racionais, baseadas na lógica, por uma teoria das decisões probabilísticas, baseadas na experiência.

A Oposição a Marvin Minsky

A história dos primórdios das redes neurais é um estudo de caso sobre como um grupo pequeno, mas influente, inviabilizou a exploração de um viés rival de pesquisa. Perto do final de *Perceptrons*, Marvin Minsky e Seymour Papert (Figura 17.5) opinaram que o algoritmo de aprendizado do perceptron não poderia ser estendido a perceptrons multicamadas:

> O problema da extensão não é meramente técnico. É também estratégico. O perceptron mostrou-se digno de ser estudado apesar de (e até por causa de!) suas severas limitações. Ele tem muitas características que chamam atenção: a linearidade; o intrigante teorema de aprendi-

zado; a clara simplicidade paradigmática como um tipo de computação paralela. Não há razão para supor que qualquer uma dessas virtudes seja transferida para a versão multicamadas. No entanto, consideramos um problema de pesquisa importante elucidar (ou rejeitar) nosso julgamento intuitivo de que a extensão é improdutiva. Talvez algum teorema de convergência poderoso seja descoberto, ou alguma razão profunda para a falha em produzir um interessante "teorema de aprendizado" para que a máquina multicamadas seja encontrada.[18]

Figura 17.5
Marvin Minsky e Seymour Papert em 1971, pouco depois de escreverem *Perceptrons*. Essa excelente análise matemática de redes simples teve um efeito inibidor sobre uma geração de pesquisadores que buscam abordagens para a inteligência artificial baseada no aprendizado em redes multicamadas. Cynthia Solomon/cortesia do MIT.

Improdutiva, de fato. Essa "intuição" não fundamentada do excelente livro de Minsky e Papert teve uma influência assustadora no desenvolvimento do aprendizado em redes neurais e atrasou a pesquisa por uma geração, embora eu tenha me beneficiado desse atraso, porque foi o que tornou minha carreira possível. Mas tive a oportunidade de olhar por trás das cortinas o declínio da carreira de Minsky.

Fui convidado para participar da Conferência de Inteligência Artificial de Dartmouth, de 2006, "AI@50", uma retrospectiva do inspirador Projeto de Pesquisa de Verão de 1956 sobre inteligência artificial em Dartmouth e uma expectativa para o futuro da inteligência artificial.[19] Cinco dos dez pioneiros do projeto de 1956 estavam presentes: John McCarthy (Stanford), Marvin Minsky

(MIT), Trenchard More (IBM), Ray Solomonoff (Universidade de Londres) e Oliver Selfridge (MIT). Foi uma reunião fascinante, tanto científica quanto sociologicamente.

Em sua palestra "Artificial Intelligence Vision: Progress and Non-Progress", Takeo Kanade (da Carnegie Mellon) observou que as memórias dos computadores na década de 1960 eram minúsculas para os padrões de hoje e suportavam apenas uma imagem por vez. Em 1974, para sua tese, Takeo havia mostrado que, embora seu programa pudesse encontrar um tanque em uma imagem, era muito difícil fazê-lo em outras imagens em que o tanque estava em uma posição ou com iluminação diferente.

No entanto, quando seus primeiros alunos se formaram, os programas que projetaram reconheciam tanques sob condições mais genéricas, porque os computadores eram mais poderosos. Hoje, os programas de seus alunos reconhecem tanques em qualquer imagem. A diferença é que hoje temos acesso a milhões de imagens que mostram uma grande variedade de posições e condições de iluminação, e os computadores são milhões de vezes mais poderosos.

Em "Intelligence and Bodies", Rodney Brooks (do MIT) falou sobre sua experiência em construir robôs que rastejam e serpenteiam. A inteligência evoluiu no cérebro para controlar os movimentos, e os corpos evoluíram para interagir com o mundo por meio dela. Brooks partiu dos controladores tradicionais usados pelos roboticistas e usou o comportamento em vez da computação como base simbólica para projetar robôs. À medida que aprendemos mais com a construção de robôs, fica evidente que o corpo é uma parte da mente.

Em "Why Natural Language Processing is Now Statistical Natural Language Processing", Eugene Charniak explicou que uma parte básica da gramática é marcar partes do discurso em uma frase, algo que os humanos podem ser treinados para fazer muito mais do que os programas de análise existentes. O campo da linguística computacional inicialmente tentou aplicar a abordagem de gramática gerativa desenvolvida por Noam Chomsky nos anos 1980, mas os resultados foram decepcionantes.

O que eventualmente funcionou foi contratar universitários Brown para rotular manualmente os discursos diretos em milhares de artigos do *Wall Street Journal* e depois aplicar técnicas estatísticas para identificar as partes mais prováveis para uma palavra particular nas proximidades com outras específicas. Muitos exemplos são necessários porque a maioria das palavras tem vários significados e existem muitos contextos diferentes para cada uma delas. A marcação automática de partes da fala em frases é agora um problema resolvido com base no aprendizado de máquina.

Essas histórias de sucesso têm uma trajetória comum. No passado, os computadores eram lentos e só conseguiam explorar modelos conceituais com poucos parâmetros. Mas esses modelos generalizaram mal para lidar com dados do mundo real. Quando dados abundantes estavam disponíveis e os computadores eram muito mais rápidos, foi possível criar modelos estatísticos mais complexos e extrair mais recursos e relações entre eles. O aprendizado profundo automatiza esse processo. Em vez de ter especialistas em domínio criando manualmente os atributos de cada aplicação, o aprendizado profundo pode extraí-los de conjuntos de dados muito grandes. Como a computação substitui o trabalho e tem ficado cada vez mais barata, tarefas cognitivas mais trabalhosas serão realizadas por computadores.

Em sua palestra resumida, no final da conferência, Marvin Minsky começou dizendo que estava decepcionado tanto pelas palestras quanto pelos rumos que a IA havia tomado. Ele explicou por quê: "Você não está trabalhando no problema da inteligência geral, mas apenas em suas aplicações." A conferência deveria ser uma celebração do progresso que fizemos, por isso sua repreensão nos afetou. Minha palestra sobre o progresso recente com o aprendizado por reforço e os resultados notáveis alcançados pelo TD-Gammon em ensinar redes a jogar gamão em um nível avançado não o impressionaram. Ele desqualificou esses avanços tratando como um mero jogo.

O que Minsky quis dizer com "inteligência geral"? Em seu livro *The Society of Mind*,[20] a premissa é de que a inteligência geral emerge das interações entre agentes prosaicos. Minsky disse uma vez que a maior fonte de ideias sobre sua teoria foi a tentativa de criar uma máquina que usasse um braço robótico, uma câmera de vídeo e um computador para construir uma estrutura com blocos de brinquedo (Figura 2.1, Capítulo 2),[21] o que parece uma aplicação suspeita. Mas uma aplicação concreta o obriga a se concentrar e chegar ao fundo de um problema de forma que a teorização abstrata não consegue. Os sucessos relatados pelos palestrantes na conferência de Dartmouth eram acompanhados de grandes ideias sobre problemas concretos que abriram caminho para um entendimento teórico mais generalizado. Talvez uma teoria melhor da inteligência geral emerja desses parcos sucessos da IA.

Nossos cérebros não ficam simplesmente parados gerando pensamentos abstratos. Eles estão intimamente conectados com todas as partes de nossos corpos, as quais, por sua vez, ligam-se ao mundo através de nossas entradas sensoriais e efetores. A inteligência biológica é, portanto, inerente. Ainda mais importante, nossos cérebros se desenvolvem através de um longo processo de amadurecimento enquanto interagem com o mundo. O aprendizado é um processo que coincide com o desenvolvimento e continua muito depois de atingirmos a idade adulta; ele é, portanto, fundamental para o desenvolvimento da inteligência geral.

É interessante que um dos problemas mais difíceis não resolvidos sobre a inteligência artificial seja o senso comum, algo tão visivelmente ausente em crianças e que surge lentamente na maioria dos adultos somente após uma prolongada experiência com o mundo. Emoções e empatia, que muitas vezes são ignoradas na IA, também são um aspecto essencial da inteligência.[22] As emoções são sinais globais que preparam o cérebro para ações que não podem ser escolhidas por estados cerebrais locais.

Houve um banquete no último dia da AI@50. No final do jantar, os cinco membros que retornaram do Projeto de Pesquisa de Verão de 1956 sobre Inteligência Artificial de Dartmouth fizeram breves observações sobre a conferência e o futuro da IA. No período de perguntas e respostas, levantei-me e, voltando-me para Minsky, disse: "Há uma crença na comunidade de redes neurais de que você é o demônio que foi responsável pelo inverno das redes neurais na década de 1970. É verdade?" Minsky iniciou um longo discurso sobre como não entendemos as limitações matemáticas de nossas redes. Eu o interrompi: "Dr. Minsky, eu esperava uma reposta sim ou não. Você é ou não é o demônio?" Ele hesitou por um momento e depois gritou: "Sim, eu sou o demônio!"

Em 1958, Frank Rosenblatt construiu um computador analógico que foi projetado para emular um perceptron, porque os computadores digitais eram terrivelmente lentos na simulação de modelos de rede, altamente dependentes da computação. Na década de 1980, a potência dos computadores havia aumentado muito, e pudemos explorar algoritmos de aprendizado por meio de simulações de pequenas redes. Mas foi somente na década de 2010 que sua potência se tornou suficiente para ampliar as redes de forma que resolvessem problemas do mundo real.

A tese de doutorado em matemática que Minsky defendeu em Princeton, em 1954, foi um estudo teórico e experimental sobre computação com redes neurais. Ele até construíra pequenas redes de peças eletrônicas para avaliar como se comportavam. A história que ouvi quando era pós-graduando em física, também em Princeton, era que não havia ninguém no Departamento de Matemática que estivesse qualificado para avaliar sua tese,[23] então a enviaram para os matemáticos do Instituto de Estudos Avançados de Princeton, que segundo rumores falavam com Deus. A resposta foi: "Se isso não é matemática hoje, algum dia será", o que foi bom o bastante para Minsky receber o título de doutor. E as redes neurais deram origem, de fato, a uma nova classe de funções matemáticas que têm motivado novos estudos e estão a caminho de se tornar um novo ramo da matemática. O jovem Minsky estava à frente de seu tempo.

Passagem

Marvin Minsky morreu em 2016, firme em sua crença de que as redes neurais eram um beco sem saída no caminho para se chegar à inteligência artificial geral. Em um ensaio minucioso sobre sua amizade com Minsky, Stephen Wolfram escreveu: "E embora eu não ache que alguém conseguiria saber disso àquela época, agora sabemos que as redes neurais que Marvin investigava já em 1951 estavam no caminho que, em última análise, leva às capacidades impressionantes de IA que ele esperava. É uma pena que eu tenha demorado tanto, e que Marvin não tenha conseguido ver."[24]

Pouco depois da morte de Minsky, Alex Graves, Greg Wayne e seus colegas, pesquisadores da DeepMind, deram o próximo passo rumo a uma inteligência artificial geral baseada no aprendizado profundo, adicionando uma memória externa dinâmica.[25] Os padrões de atividade só podem ser armazenados temporariamente em uma rede neural recorrente profunda, o que dificulta simular o raciocínio e a inferência.

Ao adicionar uma memória estável à rede que pode ser gravada e lida de volta com a mesma flexibilidade que uma memória de computador digital, os pesquisadores demonstraram uma rede treinada com aprendizado por reforço que respondia a perguntas que exigiam raciocínio. Por exemplo, uma dessas redes discutiu caminhos no metrô de Londres e outra respondeu a perguntas sobre as relações em uma árvore genealógica. A rede de memória dinâmica também foi capaz de dominar a tarefa de transferência do Blocks World que desafiara o MIT AI Lab nos anos 1960 (Figura 2.1; Capítulo 2). Isso nos leva de volta ao começo.

Francis Crick morreu em 2004, e Leslie Orgel, pouco depois, em 2007, marcando o fim de uma era no Instituto Salk. Agora que esses gigantes da ciência não estão mais entre nós, uma nova geração toma a frente. Estou no Instituto Salk há 30 anos, metade de sua existência. Tendo começado como uma família, em 1960, com professores e funcionários no mesmo barco, o Salk era pequeno o suficiente para que todos se conhecessem. Mas, mesmo hoje, com uma tropa de mil pessoas, o sentimento de família permanece, testemunho da cultura duradoura de uma instituição.

Somos uma única espécie nessa incrível cadeia da existência, voltando às bactérias e ao inescrutável que as precedeu. É um milagre que tenhamos chegado à beira da compreensão do cérebro e de sua evolução, o que mudará para sempre a maneira como pensamos sobre nós mesmos.

18 Inteligência Profunda

Francis Crick in Paradiso

Nascido e formado na África do Sul, Sydney Brenner atuou nos primórdios da genética molecular da Universidade de Cambridge (Figura 18.1). Ele compartilhou com Francis Crick um escritório no Laboratório de Biologia Molecular (LMB). Qual seria o seu próximo projeto depois de descobrir a estrutura do DNA e elaborar o código genético? Francis decidiu se concentrar no cérebro humano, e Sydney instituiu um novo organismo modelo, o *Caenorhabditis elegans* (*C. elegans*), uma minhoca que vive no solo, tem apenas 1mm de comprimento e 302 neurônios. Esse nematelminto serviu como ponto de partida para muitos avanços na compreensão de como uma criatura se desenvolve a partir de um embrião, acompanhando cada célula do corpo ao longo do tempo, pesquisa pela qual Sydney ganhou o Prêmio Nobel de Fisiologia ou Medicina em 2002 (compartilhado com H. Robert Horvitz e John E. Sulston). Brenner também é famoso por sua inteligência. Em seu discurso no Nobel, ele exaltou o verme: "O título do meu discurso é 'O presente da natureza para a ciência'. Não é uma palestra sobre um periódico científico a respeito de outro, mas sobre como a grande diversidade do mundo vivo inspira e serve à inovação na pesquisa biológica."[1] Sydney Brenner, ao que parece, estava presente na Criação.

As três palestras proferidas por Brenner em 2009, no Instituto Salk, da série "Lendo o Genoma Humano"[2] foram *tour de forces*, feitas sem um único slide ou qualquer tipo de mídia. Observando que nenhum humano, apenas computadores, já lera o genoma humano completo, par de bases por par de bases, Sydney definiu como objetivo fazer exatamente isso e, quando o fez, descobriu todos os tipos de semelhanças interessantes entre trechos de DNA em diferentes genes de várias espécies.

Sydney é um andarilho. Ele tem um projeto experimental em Singapura; foi presidente fundador do Instituto de Ciência e Tecnologia de Okinawa; e é membro sênior do Janelia Research Campus, no Howard Hughes Medical Institute, perto de Ashburn, Virgínia, e do Crick-Jacobs Centre for Theoretical and Computational Biology, que coordeno no Instituto Salk, em La Jolla (resumi a lista de afiliações). Brenner contratou David Marr no LMB para trabalhar na computação depois que Marr completou seu doutorado, e mais tarde arranjou um cargo para Marr no Laboratório AI do MIT através de seu amigo e colega sul-africano Seymour Papert. Os laços entre a genética molecular e a neurofisiologia eram profundos, e Sydney estava no centro de ambas as áreas.

Figura 18.1
Sydney Brenner é um personagem lendário na biologia. Ele trabalhou com o código genético, com a forma como pares de bases no DNA são transcritos em proteínas, e recebeu um Prêmio Nobel por seu trabalho pioneiro em um novo organismo modelo. Essa foto foi feita em 2010, em uma entrevista para *The Science Network,* http://thesciencenetwork.org/programs/the-science-studio/sydney-brenner-part-1.

Em um jantar, em uma de suas visitas a La Jolla, contei a Sydney uma história que ouvira muitos anos antes, quando era pós-doutorando na Harvard Medical School. Francis Crick morre e vai para o céu. São Pedro fica surpreso ao ver esse ateu convicto, mas Francis está lá para fazer uma pergunta a Deus. Levado a um barraco de madeira em meio a um campo cheio de rodas e engrenagens — experiências fracassadas —, Francis encontra Deus em sua bancada com um avental de couro, consertando um novo organismo. "Francis", diz Deus, "prazer em vê-lo. O que posso fazer por você?" "Por toda a minha vida", diz Francis, "quis saber a resposta desta pergunta: por que as moscas têm discos imaginais?"[3] "Querido Francis", responde Deus, "que surpresa! Ninguém nunca me fez essa pergunta antes. Tenho colocado discos imaginais em moscas há centenas de milhões de anos e nunca tive uma única reclamação".

Sydney ficou em silêncio, e me perguntei se uma piada sobre seu amigo próximo tinha sido uma boa ideia. "Terry", disse ele, "posso contar a você o momento em que essa história me ocorreu. Francis e eu estávamos sentados juntos em nosso escritório e Francis estava lendo um livro sobre biologia desenvolvimental quando de repente levantou as mãos e disse: 'Deus sabe por que as moscas têm discos imaginais!'"

Fiquei chocado. Com que frequência você se depara com a origem de uma história que conheceu há décadas e contou inúmeras vezes? Pedi a Sydney para me contar a versão original. Ele disse que se chamava "Francis Crick in Paradiso"; sua história tinha a mesma estrutura básica da minha, mas os detalhes eram diferentes[4] — assim como a evolução mantém o núcleo básico de sua história enquanto muda muitos dos detalhes.

Visitei Sydney em Singapura em janeiro de 2017 para comemorar seu nonagésimo aniversário. Ele não viaja mais por causa de problemas de saúde e está confinado a uma cadeira de rodas, mas estava mais animado do que nunca. Theodosius Dobzhansky disse uma vez que nada na biologia faz qualquer sentido, exceto à luz da evolução.[5] Sydney ministrou uma palestra fascinante em 21 de fevereiro de 2017, como parte de uma série, "10-on-10: The Chronicle of Evolution", sobre evolução bacteriana na Universidade Tecnológica de Nanyang, em Singapura.[6] Minha palestra dessa mesma série, em 14 de julho de 2017, sobre a evolução do cérebro começou com uma variação deste tema: nada em biologia faz qualquer sentido, exceto à luz do DNA.[7]

A Evolução da Inteligência

A inteligência evoluiu de muitas maneiras para resolver os problemas que enfrentava a fim de sobreviver em seus nichos ambientais. Os animais que evoluíram no oceano tinham problemas diferentes para resolver daqueles que o fizeram na terra. A percepção visual nos permite sentir o mundo a nosso redor a fim de desenvolver a inteligência visual de que precisamos para interpretar esses sinais. Os etologistas, que estudam o comportamento de animais irracionais em seus ambientes, descobriram habilidades e técnicas que são estranhas aos seres humanos, como a ecolocalização: os morcegos enviam sinais auditivos para sondar seus ambientes e analisar os ecos que de lá retornam. Isso cria uma representação interna do mundo externo, que é, em todos os aspectos, tão vívida quanto nossa experiência visual. Os morcegos têm uma inteligência auditiva que ordena os sinais de insetos esvoaçantes (a serem caçados) e de obstáculos (a serem evitados).

Thomas Nagel, um filósofo da Universidade de Nova York, escreveu um artigo em 1974 intitulado "What Is It Like to Be a Bat?" no qual defende que não podemos imaginar como é o mundo dos morcegos sem a experiência direta da ecolocalização.[8] A falta de tal experiência não nos impediu de inventar o radar e o sonar, tecnologias que nos permitem investigar ativamente o mundo que não podemos ver, nem impede que as pessoas cegas experienciem o mundo, sintonizando-se com reflexos sonoros. Podemos não saber como é ser um morcego, mas podemos construir uma inteligência parecida com a de um para que veículos autônomos dirijam usando o radar e o lidar.

Nós, humanos, somos aprendizes campeões da natureza. Mais do que qualquer outra espécie, aprendemos rapidamente uma ampla gama de tópicos, lembramo-nos e acumulamos mais conhecimento ao longo de inúmeras gerações. Criamos uma tecnologia chamada de "educação" para aprimorar o quanto podemos aprender em nossas vidas. As crianças e os adolescentes passam seus anos de formação nas salas de aula e aprendem sobre coisas do mundo que nunca experimentaram diretamente. Invenções humanas relativamente recentes, a leitura e a escrita precisam de muitos anos para serem dominadas; no entanto, permitem um maior acúmulo de conhecimento e que ele seja passado para a próxima geração — como por meio de livros a serem escritos, impressos ou exibidos digitalmente, e lidos — do que era possível na tradição oral. É a escrita, a leitura e o aprendizado, não a língua falada, que viabilizaram a civilização moderna.

De Onde Viemos?

Quais são nossas origens evolutivas? O Grupo La Jolla para Explicar a Origem dos Seres Humanos, que ajudei a fundar, em 1998, começou com poucas pessoas que se reuniam regularmente para discutir as muitas fontes de evidências que poderiam nos ajudar a responder a essa pergunta: paleontologia, geofísica, antropologia, bioquímica e genética, até a neurociência comparativa. Gradualmente, atraiu membros internacionais, tornando-se o Centro UCSD/Salk de Pesquisa Acadêmica e Treinamento em Antropogenia (CARTA) em 2008.[9] E, assim como a NIPS reuniu todas as tribos de ciência e engenharia para entender a computação neural, explorando de onde viemos e como chegamos aqui, e treinar uma nova geração de pensadores para buscar respostas a essas questões antigas, o CARTA se inspirou em ideias de todas as áreas da ciência.[10]

A linhagem que acabou gerando o gênero *Homo* se separou da que levou aos chimpanzés, há cerca de seis milhões de anos (Figura 18.2). Os chimpanzés são uma espécie altamente inteligente, mas sua inteligência é bem diferente da nossa. As tentativas de ensinar noções básicas de linguagem a eles fizeram com que aprendessem não mais do que algumas centenas de sinais, que usavam para expressar necessidades simples, embora essa não seja uma medida justa de sua inteligência. Quão bem nos sairíamos se tivéssemos que sobreviver em uma tropa de chimpanzés? Todas as espécies são voltadas ao endogrupo, como a nossa?

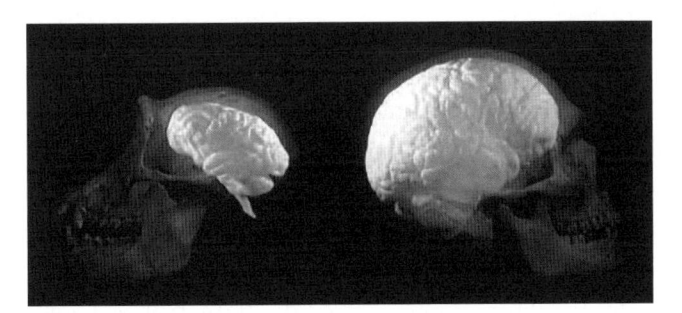

Figura 18.2
Comparação entre o cérebro do chimpanzé e o humano, muito maior, que evoluiu com um córtex cerebral bastante expandido, com muito mais convoluções. De Allman, *Evolving Brains*, p. 164. Cortesia de John Allman.

Um ponto no qual se encontram diferenças entre humanos e chimpanzés está em nosso DNA. Sabemos há algum tempo que apenas 1,4% dos nossos três bilhões de pares de bases de DNA são diferentes daqueles dos chimpanzés. Quando o genoma do chimpanzé foi sequenciado pela primeira vez, pensamos que seríamos capazes de ler o livro da vida e descobrir o que diferencia os humanos dos chimpanzés. Infelizmente, ainda não aprendemos a ler cerca de 90% desse livro.[11] Nosso cérebro é notavelmente semelhante ao dos chimpanzés; neuroanatomistas identificaram as mesmas áreas cerebrais em ambas as espécies. Mas a maioria das diferenças entre humanos e chimpanzés está no nível molecular e é sutil, se comparada às diferenças drásticas em nossos comportamentos. Mais uma vez, a natureza é mais inteligente do que nós.

A Lógica da Vida

A primeira regra de Orgel, disse-me Leslie, afirma que todas as reações essenciais de uma célula fizeram com que uma enzima evoluísse para catalisá-las. A enzima não apenas acelera a reação, mas também a regula por meio de interações com outras moléculas, de modo que a célula seja mais eficiente e adaptável. A natureza começa com um caminho de reação inteligente, e então gradualmente a refina adicionando enzimas e caminhos auxiliares, mas nada disso funcionaria na ausência de certos processos centrais, que para as células são a manutenção e replicação do DNA, as líderes da bioquímica celular.

As células individuais se adaptaram a muitas condições diferentes e evoluíram para muitos nichos. Por exemplo, as bactérias se adaptaram a ambientes extremos, que variam de fontes hidrotermais no leito oceânico a camadas de gelo na Antártica, e a muitos ambientes mais moderados, como nossos estômagos e intestinos, que abrigam milhares de espécies delas. Bactérias como *Escherichia coli* (*E. coli*; Figura 18.3) desenvolveram algoritmos para nadar por gradientes em direção a fontes de alimento. Por serem pequenas demais para sentir um gradiente diretamente (alguns micrômetros de diâmetro), as bactérias usam a quimiotaxia, que envolve periodicamente tombar e partir em uma direção aleatória.[12] Isso parece contraproducente; mas, ao ajustar seus tempos de nado às concentrações mais altas, as bactérias podem subir o gradiente de forma confiável. Elas são uma forma primitiva de inteligência, mas são mais inteligentes do que os melhores biólogos, que ainda não descobriram como as bactérias conseguem sobreviver em uma ampla gama de ambientes. As formas mais complexas de inteligência são encontradas em animais multicelulares.

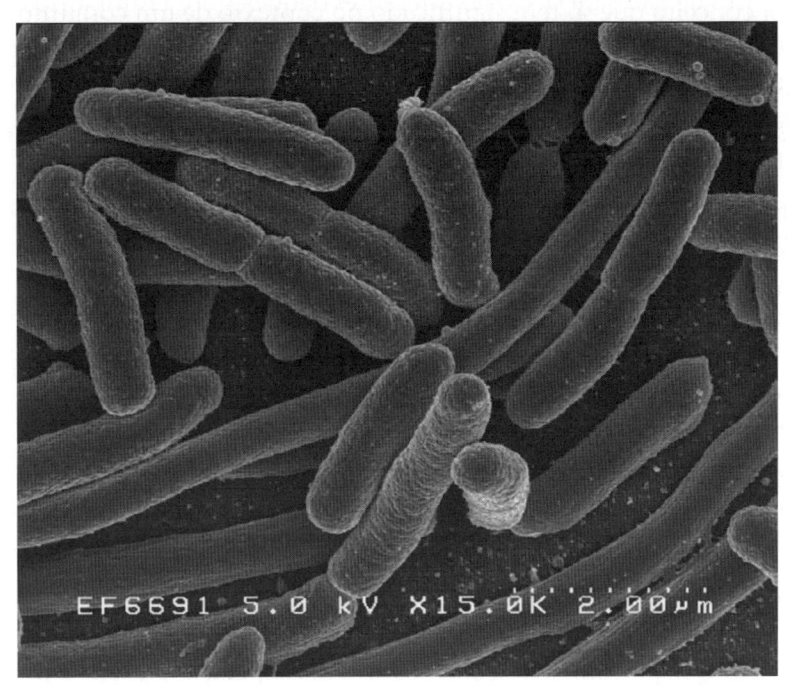

Figura 18.3
Micrografia eletrônica de varredura de *E. coli*. Bactérias são as formas de vida mais diversificadas, robustas e bem-sucedidas da Terra. Podemos aprender muito sobre inteligência artificial autônoma através de seu estudo. (NIAID, NIH)

Vimos que o algoritmo de aprendizado de diferença temporal, que fundamenta o aprendizado por reforço, pode levar a comportamentos altamente complexos, tornados ainda mais complexos em humanos pelo aprendizado profundo no córtex cerebral. Existe um espectro de comportamento inteligente na natureza que os sistemas artificiais podem aprender. Um novo campo da ciência que abrange a ciência da computação e a biologia, a biologia algorítmica, usa a linguagem dos algoritmos para descrever estratégias de resolução de problemas usadas por sistemas biológicos.[13] O que se espera é que a identificação desses algoritmos biológicos inspire novos paradigmas computacionais em engenharia e propicie a compreensão a nível de sistemas de redes biológicas. Essa é a ponta do iceberg que explicaria os níveis aninhados de complexidade em sistemas biológicos em escalas espaciais e temporais: redes de genes, metabólicas, imunológicas, neurais e sociais — são redes em toda parte!

O aprendizado profundo depende da otimização de uma função de custo. Quais são elas na natureza? O inverso do custo na evolução é chamado de aptidão, mas é um conceito que só tem significado no contexto de um conjunto concreto de restrições, seja do ambiente ou do sistema que está sendo otimizado. No cérebro, existem alguns custos inatos que regulam o comportamento, como a necessidade de comida, calor, segurança, oxigênio e procriação. No aprendizado por reforço, são tomadas ações para otimizar as futuras recompensas. Mas além das recompensas que garantem a sobrevivência, uma ampla gama delas pode ser otimizada, como é evidente na gama desconcertante dos comportamentos humanos. Existe alguma função de custo universal subjacente que seja responsável por essa diversidade?

Ainda estamos procurando os conceitos centrais que darão a esse cenário as mais altas formas de inteligência. Identificamos alguns princípios cruciais, mas não temos uma estrutura conceitual que explique como o cérebro funciona de forma tão refinada quanto o DNA explica a essência da vida. Os algoritmos de aprendizado são um bom ponto de partida para procurarmos conceitos unificadores. Talvez o progresso que estamos fazendo na compreensão de como as redes de aprendizado profundo resolvem problemas práticos trará mais pistas. Talvez possamos descobrir os sistemas operacionais em células e cérebros que possibilitam a evolução. Os benefícios decorrentes de uma possível solução desses problemas são inimagináveis. A natureza pode ser mais inteligente do que nós de maneira isolada, mas não vejo razão que nos impeça, como espécie, de algum dia resolver o enigma da inteligência.

Agradecimentos

O Instituto Salk de Estudos Biológicos, onde trabalho, é um lugar especial. Por fora, parece uma fortaleza de concreto; mas, quando você adentra o pátio central, uma vasta passarela de travertino se estende até o Pacífico, com torres laterais erguendo-se pelo espaço transcendental (Figura 19.1).[1] Meu laboratório fica no Edifício Sul, ladeando o pátio (lado esquerdo da foto). À esquerda, uma foto feita a partir de um microscópio eletrônico de um hipocampo, que parece um corte transversal de um prato de espaguete e ocupa toda a parede, que o recepciona; a entrada desemboca no salão de chá, o coração do laboratório de neurobiologia computacional.

Alguns dos cientistas mais ilustres do mundo, incluindo Francis Crick, que adoravam conversar com alunos e colegas, reuniam-se em torno da mesa de chá branca circular para discutir sobre tudo o que o mundo científico abarca (Figura 19.2). De fato, o salão de chá acabou se tornando uma cena do livro de Crick, *A Hipótese Espantosa*:

> O grupo de Terry Sejnowski, do Instituto Salk, reúne-se para um chá informal quase todas as tardes. Esses chás são ocasiões ideais para discutir os últimos resultados de experimentos, lançar novas ideias ou apenas fofocar sobre ciência, política e notícias em geral. Fui ao chá um dia e anunciei a Pat Churchland e Terry Sejnowski que a sede da vontade fora descoberta! É no cingulado anterior ou próximo dele. Quando discuti o assunto com Antonio Damasio, descobri que ele havia chegado à mesma conclusão.[2]

Eu me lembro especialmente do dia em que Francis Crick chegou ao chá com Beatrice Golomb, em 1989. Ele me disse que ela queria trabalhar com redes neurais, e eu deveria contratá-la.[3] Beatrice fazia doutorado em medicina na UC, em San Diego, e trabalhara brevemente com Crick durante sua graduação.

Ela queria trabalhar com redes neurais para sua tese, mas o Departamento de Biologia negou a solicitação. Aceitei o conselho de Crick e aprendi tanto com Beatrice quanto ela comigo — e continuo aprendendo com ela desde que nos casamos, no Ateneu da Caltech, em 1990.

Figura 19.1
A vista para o Pacífico do Instituto Salk de Estudos Biológicos, em La Jolla, Califórnia. Esse edifício histórico, projetado por Louis Kahn, é um templo da ciência. É aqui que venho trabalhar todos os dias. Cortesia de Kent Schnoeker, Instituto Salk de Estudos Biológicos.

A mesa de chá viera comigo da Universidade Johns Hopkins; foi o primeiro item que comprei para meu laboratório, no meu primeiro emprego, no Departamento de Biofísica Thomas C. Jenkins, em 1981. O departamento era como uma família tradicional, e eu era o filho jovem e aficionado; eles confiaram em mim para explorar novas possibilidades, e sou eternamente grato por isso. Adotei a tradição do chá da tarde quando cursava o pós-doutorado no Departamento de Neurobiologia da Harvard Medical School. Em um departamento grande e diversificado, essa era uma maneira de manter contato e ouvir sobre os experimentos que estavam sendo realizados. Meu laboratório no Instituto Salk é uma universidade em miniatura, com estudantes advindos das áreas de ciência, matemática, engenharia e medicina, e a hora do chá é o momento para nos reunirmos.

Eu tenho sorte. Meus pais valorizavam a educação e confiaram em mim desde cedo; vivi em uma época de crescimento econômico e oportunidades sem precedentes, que abriram meus horizontes; tive mentores e colaboradores que compartilharam generosamente suas ideias e conselhos; e tive o privilégio de trabalhar com uma geração de estudantes excepcionalmente talentosos. Sou especialmente grato a Geoffrey Hinton, John Hopfield, Bruce Knight, Stephen Kuffler, Michael Stimac e John Wheeler, assim como a meu sogro, Solomon Golomb, que em vários momentos da minha carreira me ajudou a voltar aos eixos. Beatrice Golomb é uma pensadora crítica, e aprendi com ela como evitar o senso comum. Algo não é verdadeiro só porque todos acreditam que sim. Às vezes, leva gerações para que uma comunidade se desapegue de certas crenças compartilhadas.

Figura 19.2
Salão de chá do Laboratório de Neurobiologia Computacional, do Instituto Salk, em 2010. Os chás têm sido uma incubadora social para o desenvolvimento dos muitos algoritmos de aprendizado e descobertas científicas descritos neste livro. Cortesia do Instituto Salk de Estudos Biológicos.

Sou grato a muitos outros que me ajudaram a escrever este livro. Discussões com Patricia Churchland, colaboradora de longa data, e Roger Bingham, fundador do *The Science Network* digital, foram uma fonte de inspiração. As ideias de John Doyle sobre a teoria do controle iluminaram minhas considerações sobre o sistema operacional do cérebro. Uma longa caminhada com Cary

Staller nas montanhas ao redor de Klosters e Davos, na Suíça, esclareceu o universo dos algoritmos. Barbara Oakley me ensinou como alcançar um público muito maior do que a sala de aula. Cary e Barbara ajudaram a definir a maneira como contei a história do aprendizado profundo. Muitos outros ajudaram com feedback e ideias para o livro, incluindo Yoshua Bengio, Sydney Brenner, Andrea Chiba, Gary Cottrell, Kendra Crick, Rodney Douglas, Paul Ekman, Michaela Ennis, Jerome Feldman, Adam Gazzaley, Geoffrey Hinton, Jonathan C. Howard, Irwin Jacobs, Scott Kirkpatrick, Mark e Jack Knickrehm, Te-Won Lee, David Linden, James McClelland, Saket Navlakha, Barbara Oakley, Tomaso Poggio, Charles Rosenberg, Hava Siegelmann, David Silver, James Simons, Marian Stewart Bartlett, Richard Sutton, Paula Tallal, Gerald Tesauro, Sebastian Thrun, Ajit Varki, Massimo Vergassola, Stephen Wolfram (que sugeriu o título) e Steven Zucker.

O workshop Woods Hole sobre neurociência computacional aconteceu em todos os verões desde 1984 com um pequeno núcleo de frequentadores regulares e novos participantes para discussões profundas nas manhãs e noites, deixando as tardes livres para atividades ao ar livre — uma combinação perfeita. Alguns de seus integrantes alçaram carreiras brilhantes. O Woods Hole ainda existe, mas mudou-se para Telluride em 1999, para coincidir com o workshop anual de engenharia neuromórfica. Sou grato a todos aqueles que o frequentaram nos últimos 30 anos, especialmente John Allman, Dana Ballard, Robert Desimone, John Doyle, Katalin Gothard, Christof Koch, John Maunsell, William Newsome, Barry Richmond, Michael Stryker e Steven Zucker.

Meus colegas do Instituto Salk de Estudos Biológicos e da Universidade da Califórnia, em San Diego, são uma comunidade notável de pesquisadores empresariais e cooperativos que fazem o futuro das ciências biomédicas. Professores e alunos do Instituto de Neurocomputação da UCSD combinaram a neurociência e a computação de maneiras que nunca sonhei que aconteceriam quando a instituí, em 1990.

O Laboratório de Neurobiologia Computacional (CNL) do Instituto Salk tem sido meu lar nos últimos 30 anos, e meus muitos filhos acadêmicos desenvolveram carreiras de sucesso por todo o mundo. Um laboratório é como uma família, e gerações de pós-graduandos entusiastas da área enriqueceram grandemente a minha vida. O projeto CNL foi muito bem guiado por meus gerentes de laboratório, Rosemary Miller e Mary Ellen Perry. Mary Ellen foi diretora administrativa da NIPS durante a última década de crescimento, e Lee Campbell desenvolveu uma plataforma computacional que nos permitiu ampliar dez vezes a amplitude da conferência.

Sou grato à MIT Press, que tem sido uma parceira de confiança por 40 anos, publicando uma série de trabalhos sobre neurociência computacional que editei com Tomaso Poggio; *Neural Computation*, uma revista que fundei em 1989; meu livro *The Computational Brain*, em 1992; e muitos outros livros fundamentais sobre aprendizado de máquina, incluindo *Reforcement Learning: An Introduction*, de Richard Sutton e Andrew Barto, e o didático *Deep Learning*, de Ian Goodfellow, Yoshua Bengio e Aaron Courville. Robert Prior, da MIT Press, guiou este livro pelos contratempos inerentes à longa saga de uma publicação.

Agradeço à comunidade NIPS, sem a qual eu não teria escrito *A Revolução do Aprendizado Profundo*, embora, longe de ser uma história abrangente do campo, enfoque apenas alguns dos tópicos e pessoas envolvidas na pesquisa sobre redes neurais. A revista *Neural Networks*, da Sociedade Internacional de Redes Neurais, tem sido uma grande propulsora do tema. Em parceria com o Instituto de Engenharia Elétrica e Eletrônica (IEEE), a Sociedade realiza anualmente uma Conferência Internacional Conjunta sobre Redes Neurais. O aprendizado de máquina também gerou muitas conferências excelentes, incluindo a Conferência Internacional sobre Aprendizado de Máquina (ICML), equivalente à NIPS. O campo tem se beneficiado amplamente de todas essas organizações e dos pesquisadores que contribuem com ele.

Na sessão de abertura da NIPS 2018, em Long Beach, fiquei encantado com o crescimento da NIPS: "Na primeira conferência da NIPS, 30 anos atrás, eu não imaginava que hoje estaria aqui falando para 8 mil participantes — achei que só levaria 10 anos." Visitei Geoff Hinton em Mountainview em abril de 2016. O Google Brain ocupa um andar inteiro de um prédio. Lembramos os velhos tempos e chegamos à conclusão de que havíamos vencido, mas demorou muito mais do que esperávamos. Ao longo do caminho, Geoff foi eleito para as Royal Societies da Inglaterra e do Canadá; e eu, para a Academia Nacional de Ciências, Academia Nacional de Medicina, Academia Nacional de Engenharia, Academia Nacional de Inventores e para a Academia Americana de Artes e Ciências, uma honra rara. Tenho uma grande dívida de gratidão com Geoffrey Hinton por vir compartilhando suas ideias sobre computação com redes ao longo de muitos anos.

Quando era pós-graduando da Universidade de Princeton, pesquisei sobre buracos negros e ondas gravitacionais na relatividade geral, a teoria da gravidade de Albert Einstein. Depois de concluir o doutorado em física, no entanto, migrei para a neurobiologia, e, desde então, o estudo do cérebro me conquistou. Ainda não sei qual será meu terceiro ato. Solomon Golomb me disse uma vez que as carreiras se desenvolvem de trás para frente, o que comprovei escrevendo este livro. Revisitar meu passado revelou os eventos e decisões que me trouxeram até onde estou hoje; embora, é claro, eu não soubesse disso na época.

Leituras Recomendadas

Uma Introdução à Neurociência

A Revolução do Aprendizado Profundo trata superficialmente da neurociência, que é em si um campo vasto, com limites que têm se expandido rapidamente. Sua área mais relevante para o aprendizado profundo se chama "neurociência de sistemas". Se quiser aprender mais sobre o cérebro e as redes neurais, *The Computacional Brain*, 2ª ed. (MIT Press, 2016), de Patricia S. Churchland e Terrence J. Sejnowski, é um bom começo. O livro apresenta os fundamentos da neurociência e as aplicações das redes neurais a uma ampla gama de estruturas cerebrais, como o sistema visual, o sistema oculomotor que guia nossos movimentos oculares e a maneira como o espaço é representado no córtex.

Voltado para um público amplo, *Liars Lovers, and Heroes: What the New Brain Science Reveals about How We Become Who We Are* (Harper-Collins, 2002), de Steven R. Quartz e Terrence J. Sejnowski, explora como as nossas características mais nobres e as mais sombrias estão enraizadas em sistemas cerebrais tão antigos que os compartilhamos com os insetos — os mesmos algoritmos de aprendizado por reforço que a DeepMind usou para treinar o AlphaGo.

No site http://www.brainfacts.org, da Sociedade de Neurociência, você encontra informações sobre muitos aspectos das funções e dos distúrbios cerebrais [conteúdo em inglês].

Inteligência Biológica

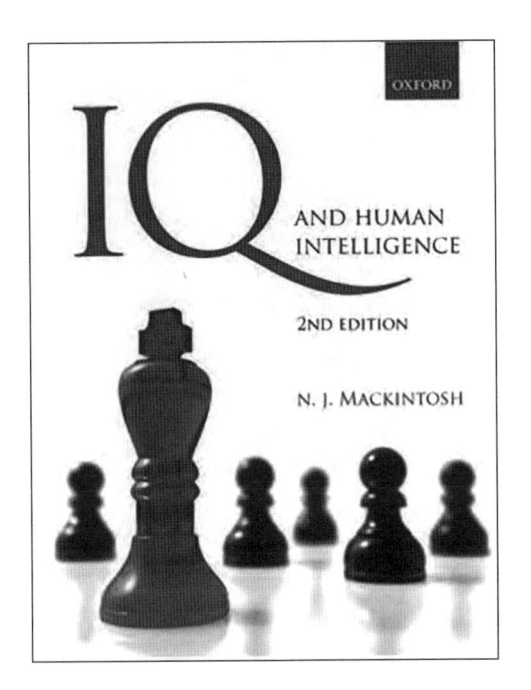

IQ and Human Intelligence (Oxford University Press, 2002), de Nicholas Mackintosh, é uma apresentação abrangente e bem fundamentada da psicologia da inteligência, incluindo a inteligência social e a emocional. A base biológica da inteligência depende da interação do cérebro com o mundo durante seu desenvolvimento. A inteligência animal também tem sido amplamente estudada, e *Animal Minds: Beyond Cognition to Consciousness* (University of Chicago Press, 1992), de Donald R. Griffin, é uma boa introdução.

Aprendizado de Máquina

Neural Networks for Pattern Recognition (Oxford University Press, 1995), de Christopher M. Bishop, é um excelente guia para aprender os fundamentos das redes neurais. A profunda conexão entre a teoria da informação e os algoritmos de aprendizado é muito bem explicada em *Information Theory, Inference, and Learning Algorithms* (Cambridge University Press, 2003), de David J. C. MacKay. O aprendizado profundo está crescendo rapidamente: *Deep Learning: A Practitioner's Approach* (O'Reilly Media, 2017), de Josh Patterson e Adam Gibson, é uma boa apresentação; e *Deep Learning* (MIT Press, 2016), de Ian Goodfellow, Yoshua Bengio e Aaron Courville, cuja versão digital está disponível em http://www.deeplearningbook.org [conteúdo em inglês], é atualmente a bíblia do tema. *Machine Learning: A Probabilistic Perspective* (MIT Press, 2014), de Kevin P. Murphy, é um compêndio que abrange todo o campo dos algoritmos de aprendizado de máquina. O aprendizado profundo por reforço está no foco do interesse investigativo, e o livro definitivo sobre o tema é *Reinforcement Learning: An Introduction* (MIT Press, 1998), de Richard S. Sutton e Andrew G. Barto (a versão digital da segunda edição está disponível em http://www.incompleteideas.net — conteúdo em inglês).

Glossário

Algoritmo: Uma receita passo a passo para atingir um objetivo, quase como assar um bolo.

Algoritmo de aprendizado: Algoritmo que altera os parâmetros de uma função com base nos exemplos. Ele é "supervisionado" quando as entradas e saídas desejadas são conhecidas e "não supervisionado" quando apenas as entradas o são. O aprendizado por reforço é um caso especial de um algoritmo de aprendizado supervisionado cujo único feedback é uma recompensa por bom desempenho.

Aprendizado de máquina: Ramo da ciência da computação que programa os computadores para que aprendam a executar tarefas a partir de dados sem serem expressamente programadas.

Assistente digital: Um assistente virtual para ajudar com tarefas, como a Alexa no Echo, o alto-falante inteligente da Amazon.

Backprop (backpropagation, ou retropropagação de erros): Algoritmo de aprendizado que otimiza uma rede neural por gradiente descendente para minimizar uma função de custo e melhorar o desempenho.

Conjunto de treinamento e conjunto de teste: Como o desempenho em um conjunto de treinamento não é uma boa estimativa de como uma rede neural funcionará com novas entradas, um conjunto de teste não usado durante o treinamento mensura a capacidade de generalização da rede. Quando os conjuntos de dados são pequenos, uma única amostra deixada fora do conjunto de treinamento pode ser usada para testar o desempenho da rede treinada nos exemplos restantes, e o processo repetido para cada amostra, para obter um desempenho médio no teste. Esse é um caso especial de validação cruzada em que $n = 1$ e retém as subamostras.

Convolução: Superposição de uma função a outra, calculando a região entre elas em razão de seu deslocamento.

Dimensionamento: Como a complexidade de um algoritmo é dimensionada conforme a proporção do problema; por exemplo, somando-se n escalas de número com n, mas multiplicando todos os pares de n números de escalas com n^2.

Distribuição de probabilidade: Função que especifica a probabilidade de ocorrência de cada um dos estados possíveis de um sistema ou resultados de um experimento.

Época: A atualização dos pesos durante o aprendizado após o gradiente médio ter sido calculado a partir de um número determinado de exemplos.

Equilíbrio: Estado termodinâmico em que não há fluxos macroscópicos líquidos de matéria ou de energia. Em uma máquina de Boltzmann, em que as unidades são probabilísticas, o sistema atinge o equilíbrio quando as entradas são constantes.

Espinha: Excrescência espinhosa dos dendritos de um neurônio que atua como local pós-sináptico de uma sinapse.

Feedback: Conexões que viajam para trás em uma rede neural de camadas superiores para as inferiores, produzindo um loop na rede que faz com que os sinais circulem dentro dela.

Função de custo: Função que especifica o objetivo de uma rede e quantifica seu desempenho. O objetivo do aprendizado é reduzir a função de custo.

Gradiente descendente: Técnica de otimização na qual os parâmetros são alterados em cada época para reduzir uma função de custo, o que é uma medida do desempenho de um modelo de rede.

Lógica: Inferência matemática baseada em suposições que só podem ser verdadeiras ou falsas. Os matemáticos a utilizam para provar teoremas.

Máquina de Boltzmann: Um modelo de rede neural que consiste em unidades binárias interativas, em que a probabilidade de uma unidade estar no estado ativo depende de suas entradas sinápticas integradas. Foi assim nomeada por causa de Ludwig Boltzmann, um físico do século XIX que lançou as bases para a mecânica estatística.

Máquina de Turing: Computador hipotético criado por Alan Turing (1937) como um modelo simples para cálculo matemático. Ela consiste em uma "fita" retrátil, uma "cabeça" com um "estado" que altera a propriedade da célula ativa abaixo dela e um apanhado de instruções sobre como a cabeça deve modificar a célula ativa e mover a fita. A máquina pode modificar a propriedade da célula ativa e alterar o estado da cabeça em todas as etapas; depois, move a fita uma unidade.

Milissegundo: Um milésimo de segundo (0,001seg). O tempo que um ciclo de um tom de 1 kilohertz leva.

Modelo de Hopfield: Um modelo de rede neural totalmente conectada popularizado por John Hopfield. Ele garante a convergência para um estado de atrator padrão, que depende do estado inicial e pode ser usado para armazenar e recuperar informações. Esse modelo de rede lançou inúmeros documentos.

MOOC (massive open online course — cursos públicos digitais): Curso baseado em palestras sobre diversos tópicos, disponível online gratuitamente. O primeiro MOOC foi oferecido em 2006, e, em janeiro de 2018, havia mais de 9.400 assistidos por 91 milhões de alunos.

Neurônio: Célula cerebral especializada que integra entradas de outros neurônios e lhes envia saídas.

Normalização: Manter a amplitude de um sinal dentro de limites estabelecidos. Uma maneira de normalizar um sinal positivo variável no tempo é dividi-lo por seu valor máximo, que é então limitado por 1.

Otimização: Processo de maximização ou minimização de uma função, pesquisando-se sistematicamente os valores de entrada em um conjunto permitido para se encontrar o valor ideal da função.

Perceptron: Um modelo simples de rede neural que consiste em uma unidade e entradas com pesos variáveis, que podem ser treinados para classificar as entradas em categorias.

Plasticidade: Transformações em um neurônio que alteram sua função, como mudanças em suas forças de conexão ("plasticidade sináptica") ou nas respostas às suas entradas ("plasticidade intrínseca").

Princípio da dispersão: Uma representação esparsa de um sinal, como EEG e fMRI, aproxima dele pela soma ponderada de algumas funções de base fixa, que, para a **análise de componentes independentes**, são chamadas de fontes. Em uma população de neurônios, a representação esparsa de uma entrada é aquela em que apenas alguns neurônios estão altamente ativos. Isso reduz a interferência com outros padrões de atividade, que representam outras entradas.

Processamento adaptativo de sinais: Métodos que aperfeiçoam a qualidade de um sinal, como a automatização da detecção de grãos ou de um filtro ajustável para reduzir o ruído.

Rede alimentada adiante: Rede neural em camadas na qual a conectividade entre elas é unidirecional, iniciando-se na camada de entrada e terminando na de saída.

Rede recorrente: Rede neural cujas conexões de feedback permitem que os sinais circulem dentro dela.

Regra de Bayes: Fórmula que atualiza a probabilidade de um evento com base em novos dados e no conhecimento prévio das condições relacionadas a ele. Comumente, as probabilidades bayesianas são suposições sobre resultados baseadas em dados antigos e atuais.

Regularização: Método para evitar o sobreajuste de um modelo de rede com muitos parâmetros quando os dados de treinamento são limitados, como decaimento do peso, em que todos os pesos na rede diminuem em cada época de treinamento e somente os pesos com amplos gradientes positivos sobrevivem.

Restrições: Condições a que a solução de um problema de otimização deve satisfazer para se obter um valor positivo.

Sinapse: Ponto de contato entre dois neurônios em que um sinal é passado do pré-sináptico para o neurônio pós-sináptico.

Skunk works: Um grupo que trabalha em projetos avançados ou secretos com alto grau de autonomia dentro de uma empresa. A nomenclatura origina-se do nome da fábrica de aguardente no cartoon Li'l Abner.

Sobreajuste: Estado atingido por um algoritmo de aprendizado quando o número de parâmetros ajustáveis em um modelo de rede é muito maior que o de dados de treinamento, e o algoritmo usa o excesso de capacidade para memorizar os exemplos. Embora o sobreajuste reduza enormemente a capacidade de generalização da rede para novos exemplos, pode ser reduzido pela **regularização**.

Notas

Prefácio

1. Estritamente falando, uma rede neural é uma estrutura biológica, e os modelos utilizados no aprendizado de máquina são redes neurais artificiais — ANNies. Entretanto, para fins deste livro, "rede neural" se refere à artificial, a menos que seja indicado de outra forma.
2. Conor Dougherty, "Astro Teller, Google's 'Captain of Moonshots', on Making Profits at Google X", *New York Times*, 6 de fevereiro de 2015, https://bits.blogs.nytimes.com/2015/02/16/googles-captain-of-moonshots-on-making-profits-at-google-x. O aprendizado profundo reduziu os custos de energia de operações dos centros de dados em 15%, o que equivale a centenas de milhões de dólares economizados por ano.
3. Embora a veracidade dessa citação de Watson de 1943 nunca tenha sido confirmada, ela retrata o equívoco quase unânime ao se prever o futuro dos computadores naquela época.

Capítulo 1

1. "O brave new world that has such people in't!" ["Ó, Admirável Mundo Novo, que possui gente assim!"], Miranda, em *The Tempest* [*A Tempestade*], de Shakespeare (5.1.182–183 [Oxford Standard Authors Shakespeare]).
2. Bill Vlasic, "G.M. Wants to Drive the Future of Cars That Drive Themselves", *New York Times*, 4 de junho de 2017, https://www.nytimes.com/2017/06/04/business/general-motors-self-driving-cars-mary-barra.html.
3. "Full Tilt: When 100% of Cars Are Autonomous", *New York Times Magazine*, 8 de novembro de 2017. https://www.nytimes.com/interactive/2017/11/08/magazine/tech-design-autonomous-future-cars-100-percent-augmented-reality-policing.html?hp&action=click&pgtype=Homepage&clickSource=story-heading&module=second-column-region&region=top-news&WT.nav=top-news/.

4. Christopher Ingraham, "The Astonishing Human Potential Wasted on Commutes", *Washington Post*, 24 de fevereiro de 2016, https://www.washingtonpost.com/news/wonk/wp/2016/02/25/how-much-of-your-life-youre-wasting-on-your-commute/?utm_term=.497dfd1b5d9c.
5. Patcharinee Tientrakool, Ya-Chi Ho e N. F. Maxemchuk, "Highway Capacity Benefits from Using Vehicle-to-Vehicle Communication and Sensors for Collision Avoidance", IEEE Vehicular Technology Conference, São Francisco, 5–8 de setembro de 2011.
6. "Google's Waymo Passes Milestone in Driverless Car Race", *Financial Times*, 10 de dezembro de 2017. https://www.ft.com/content/dc281ed2-c425-11e7-b2bb-322b2cb39656/.
7. B. A. Golomb, "Will We Recognize It When It Happens?", em Brockman, J. (ed.), *What to Think About Machines That Think* (Nova York: Harper Perennial, 2015), 533–535.
8. Pierre Delforge, "America's Data Centers Consuming and Wasting Growing Amounts of Energy", Natural Resources Defense Council Issue Paper, 6 de fevereiro de 2015. https://www.nrdc.org/resources/americas-data-centers-consuming-and-wasting-growing-amounts-energy/.
9. W. Brian Arthur, "Where Is Technology Taking the Economy?", *McKinsey Quarterly*, outubro de 2017. https://www.mckinsey.com/business-functions/mckinsey-analytics/our-insights/Where-is-technology-taking-the-economy/.
10. Gideon Lewis-Kraus, "The Great A.I. Awakening", *New York Times Magazine*, 14 de dezembro de 2016. https://www.nytimes.com/2016/12/14/magazine/the-great-ai-awakening.html.
11. Aleksandr Sergeevich Pushkin, *Eugene Onegin: A Novel in Verse*, 2ª ed., trans. Vladimir Nabokov (Princeton: Princeton University Press, 1991).
12. Para uma discussão anterior desse tópico, veja Andrej Karpathy, "The Unreasonable Effectiveness of Recurrent Neural Networks", *Andrej Karpathy Blog*, postado em 21 de maio de 2015. http://karpathy.github.io/2015/05/21/rnn-effectiveness/.
13. G. Hinton, L. Deng, G. E. Dahl, A. Mohamed, N. Jaitly, A. Senior et al., "Deep Neural Networks for Acoustic Modeling in Speech Recognition", *IEEE Signal Processing Magazine* 29, nº. 6 (2012): 82–97.
14. W. Xiong, , J. Droppo, X. Huang, F. Seide, M. Seltzer, A. Stolcke et al., "Achieving Human Parity in Conversational Speech Recognition", Microsoft Research Technical Report MSR-TR-2016-71, revisado em fevereiro de 2017. https://arxiv.org/pdf/1610.05256.pdf.
15. A. Esteva, B. Kuprel, R. A. Novoa, J. Ko J, S. M. Swetter, H. M. Blau e S. Thrun, "Dermatologist-Level Classification of Skin Cancer with Deep Neural Networks", *Nature* 542, nº. 7639 (2017): 115–118.
16. Siddhartha Mukherjee, "A.I. versus M.D: What Happens When Diagnosis Is Automated?", *New Yorker*, 3 de abril de 2017. http://www.newyorker.com/magazine/2017/04/03/ai-versus-md/.

17. Dayong Wang, Aditya Khosla, Rishab Gargeya, Humayun Irshad, Andrew H. Beck, *Deep Learning for Identifying Metastatic Breast Cancer*, arXiv:1606.05718. A medida que eles usam é chamada de área sob a curva da teoria de detecção de sinal, que é sensível tanto a falsos negativos quanto a falsos positivos. https://arxiv.org/abs/1606.05718/.
18. Anthony Rechtschaffen e Alan Kales, eds., *A Manual of Standardized Terminology, Techniques and Scoring System for Sleep Stages of Human Subjects*, National Institutes of Health publicação nº. 204 (Bethesda, MD: U.S. National Institute of Neurological Diseases and Blindness, Neurological Information Network, 1968).
19. Veja Ian Allison, "Former Nuclear Physicist Henri Waelbroeck Explains How Machine Learning Mitigates High Frequency Trading", *International Business Times*, 23 de março de 2016, http://www.ibtimes.co.uk/former-nuclear-physicist-henri-waelbroeck-explains-how-machine-learning-mitigates-high-frequency-1551097/; Bailey McCann, "The Artificial-Intelligent Investor: AI Funds Beckon", *Wall Street Journal*, 5 de novembro de 2017. https://www.wsj.com/articles/the-artificial-intelligent-investor-ai-funds-beckon-1509937622/.
20. Sei Chong, "Morning Agenda: Big Pay for Hedge Fund Chiefs despite a Rough Year", *New York Times*, 16 de maio de 2017. https://www.nytimes.com/2017/05/16/business/dealbook/hedge-funds-amazon-bezos.html.
21. Excluindo a Agência Nacional de Segurança (NSA), que emprega milhares de matemáticos. Alfred W. Hales, comunicação pessoal, 4 de maio de 2016.
22. Sarfaz Manzoor, "Quants: The Maths Geniuses Running Wall Street", *Telegraph*, 23 de julho de 2013. http://www.telegraph.co.uk/finance/10188335/Quants-the-maths-geniuses-running-Wall-Street.html.
23. D. E. Shaw, J. C. Chao, M. P. Eastwood, J. Gagliardo, J. P. Grossman, C. Ho et al., "Anton: A Special-Purpose Machine for Molecular Dynamics Simulation", *Communications of the ACM* 51, nº. 7 (2008): 91–97.
24. D. T. Max, Jim Simons, "The Numbers King", *New Yorker*, 18 e 25 de dezembro de 2017. https://www.newyorker.com/magazine/2017/12/18/jim-simons-the-numbers-king/.
25. Logo, pode também se tornar um grande filme.
26. John von Neumann, como citado em Jacob Bronowski, *The Ascent of Man*, série televisiva de documentários, episódio 13 (1973).
27. Veja M. Moravčík, M. Schmid, N. Burch, V. Lisý, D. Morrill, N. Bard et al., "DeepStack: Expert-Level Artificial Intelligence in Heads-Up No-Limit Poker", *Science* 356, nº. 6337 (2017): 508–513. Um desvio-padrão é a metade da largura de uma curva em forma de sino. Apenas 16% das amostras são maiores que um desvio-padrão da média. Apenas três em 10 mil são mais de quatro vezes a média de desvio-padrão.
28. O cenário do filme de ficção científica *WarGames*, de 1983, vem à mente. Veja https://en.wikipedia.org/wiki/WarGames.

29. Veja D. Silver, A. Huang, C. J. Maddison, A. Guez, L. Sifre, G. v. d. Driessche et al., "Mastering the Game of Go with Deep Neural Networks and Tree Search", *Nature* 529, nº. 7587 (2016): 484–489.
30. "Não sei como agir nem o que dizer hoje", disse Sedol à imprensa, "mas acho que tenho que me desculpar primeiro. Eu deveria ter mostrado resultados, saídas e conteúdo melhores em termos de jogo, e peço desculpas por ter frustrado as expectativas de muitas pessoas. Meio que me senti impotente. Se eu avaliar os três jogos, ainda que voltasse atrás e refizesse o primeiro, acho que não teria sido capaz de vencer, porque naquela época julguei erroneamente as capacidades do AlphaGo". Como citado em Jordan Novet, "Go Board Game Chapion Lee Sedol Apologizes for Losing to Google's AI", *VentureBeat*, 12 de março de 2016. https://venturebeat.com/2016/03/12/go-board-game-champion-lee-sedol-apologizes-for-losing-to-googles-ai/.
31. Surveyor 1 pousou na superfície lunar em 2 de junho de 1966, às 6h17min36 UT (1h17min36 EST). O local de pouso ficava em uma área plana dentro de uma cratera de 100 quilômetros ao norte da cratera de Flamsteed.
32. Ke Jie, como citado em Selina Cheng, "The Awful Frustration of a Teenage Go Champion Playing Google's AlphaGo", *Quartz*, 27 de maio de 2017. https://qz.com/993147/the-awful-frustration-of-a-teenage-go-champion-playing-googles-alphago/.
33. Ke Jie, como citado em Paul Mozur, "Google's A.I. Program Rattles Chinese Go Master As It Wins Match", *New York Times*, 25 de maio de 2017. https://www.nytimes.com/2017/05/25/business/google-alphago-defeats-go-ke-jie-again.html.
34. Paul Mozur, "Beijing Wants A.I. to Be Made in China by 2030", *New York Times*, 20 de julho de 2017. https://www.nytimes.com/2017/07/20/business/china-artificial-intelligence.html.
35. Silver D., J. Schrittwieser, K. Simonyan, I. Antonoglou, A. Huang, A. Guez, T. Hubert, L. Baker, M. Lai, A. Bolton, Y. Chen, T. Lillicrap, F. Hui, L. Sifre, G. van den Driessche, T. Graepel e D. Hassabis, "Mastering the Game of Go Without Human Knowledge", *Nature* 550 (2017): 354–359.
36. David Silver, Thomas Hubert, Julian Schrittwieser, Ioannis Antonoglou, Matthew Lai, Arthur Guez, Marc Lanctot, Laurent Sifre, Dharshan Kumaran, Thore Graepel, Timothy Lillicrap, Karen Simonyan, Demis Hassabis, *Mastering Chess and Shogi by Self-Play with a General Reinforcement Learning Algorithm*, arXiv:1712.01815 (2017).
37. Harold Gardner, *Frames of Mind: The Theory of Multiple Intelligences*, 3ª ed. (Nova York: Basic Books, 2011).
38. J. R. Flynn, "Massive IQ Gains em 14 Nations: What IQ Tests Really Measure", *Psychological Bulletin* 101, nº. 2 (1987): 171–191.
39. S. Quartz e T. J. Sejnowski, *Liars, Lovers, and Heroes: What the New Brain Science Reveals About How We Become Who We Are* (Nova York: Harper Collins, 2002).

40. Douglas C. Engelbart, *Augmented Intelligence: Smart Systems and the Future of Work and Learning*, SRI Summary Report AFOSR-3223 (Washington, DC: Doug Engelbart Institute, outubro de 1962). http://www.dougengelbart.org/pubs/augment-3906.html.
41. M. Young, "Machine Learning Astronomy", *Sky and Telescope*, dezembro (2017): 20–27.
42. "Are ATMs Stealing Jobs?" *The Economist*, 15 de junho de 2011. https://www.economist.com/blogs/democracyinamerica/2011/06/technology-and-unemployment/.
43. John Taggart e Kevin Granville, "From 'Zombie Malls' to Bonobos: What America's Retail Transformation Looks Like", *The New York Times*, 15 de abril de 2017.
44. E. Brynjolfsson e T. Mitchell, "What Can Machine Learning Do? Workforce Implications." *Science* (2017): 358:1530–1534. doi: 10.1126/science.aap8062.
45. "Technology Is Transforming What Happens When a Child Goes to School: Reformers Are Using New Software to 'Personalise' Learning", *Economist*, 22 de julho de 2017. https://www.economist.com/news/briefing/21725285-reformers-are-using-new-software-personalise-learning-technology-transforming-what-happens/.
46. O setor educacional é estimado em mais de US$1,2 trilhão de dólares, com três áreas principais — educação infantil: US$70 bilhões; ensino médio: US$670 bilhões e ensino superior: US$475 bilhões. Veja Arpin Gajjar, "How Big Is the Education Market in the US: Report from the White House", *Students for the Future*, 10 de outubro de 2008. https://medium.com/students-for-the-future/how-big-is-the-education-market-in-the-us-report-from-white-house-91dc313257c5.
47. "Algorithmic Retailing: Automatic for the People", *Economist*, 15 de abril de 2017, 56.
48. T. J. Sejnowski, "AI Will Make You Smarter", em Brockman, J. (ed.), *What to Think About Machines That Think* (Nova York: Harper Perennial, 2015), 118–120.

Capítulo 2

1. Embora não tenha sido oficialmente fundado até 1970, o Laboratório de Inteligência Artificial do MIT iniciou suas pesquisas em 1959, fundindo-se com o Laboratório de Ciência da Computação (LCS) em 2003 para formar o Laboratório de Inteligência Artificial e Ciência da Computação (CSAIL). Por uma questão prática, no entanto, refiro-me a ele como "MIT AI Lab", desde seus primórdios até o presente.
2. Veja Seymour A. Papert, "The Summer Vision Project", AI Memo AIM-100. 1º de julho de 1966, DSpace@MIT. https://dspace.mit.edu/handle/1721.1/6125. De acordo com Michaela Ennis, turma do MIT de 2016: "A história sobre o aluno do MIT que empreendeu um projeto de verão chamado 'visão computacional'

é contada pelo professor Patrick Winston todo ano em suas aulas, e ele também diz que esse aluno foi Gerald Sussman."
3. Veja, por exemplo, Roger Peterson, Guy Mountfort e P. A. D. Hollom, *Field Guide to the Birds of Britain and Europe*, 5ª ed. (Boston: Houghton Mifflin Harcourt, 2001).
4. Bruce G. Buchanan e Edward H. Shortliffe, *Rule Based Expert Systems: The MYCIN Experiments of the Stanford Heuristic Programming Project* (Reading, MA: Addison-Wesley, 1984).
5. S. Mukherjee, "A.I. versus M.D.: What Happens When Diagnosis Is Automated?", *New Yorker*, 3 de abril de 2017.
6. Pedro Domingos, *The Master Algorithm: How the Quest for the Ultimate Learning Machine Will Remake Our World* (Nova York: Basic Books, 2015), 35. Ninguém consegue quantificar todo o conhecimento de senso comum que temos e considerá-lo perene.
7. Os gatos são mais leves que os seres humanos e tendem a amortecer sua queda. J. A. Sechzera, S. E. Folsteina, E. H. Geigera, R. F. e S. M. Mervisa, "Development and Maturation of Postural Reflexes in Normal Kittens", *Experimental Neurology* 86, nº. 3 (1984): 493–505.
8. B. Katz, *Nerve, Muscle, and Synapse* (Nova York: McGraw-Hill, 1996); A. Hodgkin, *Chance and Design: Reminiscences of Science in Peace and War* (Cambridge: Cambridge University Press, 1992).
9. M. Stefik, "Strategic Computing at DARPA: Overview and Assessment", *Communications of the ACM* 28, nº.7 (1985): 690–704.
10. G. Tesauro e T. J. Sejnowski, "A Parallel Network That Learns to Play Backgammon", *Artificial Intelligence* 39 (1989): 357–390.

Capítulo 3

1. A nível local, diferenças nas propriedades celulares e na conectividade são encontradas em partes do córtex distintas; que, presumivelmente, refletem especialização para sistemas sensoriais e níveis específicos nas hierarquias.
2. P. C. Wason, "Self-Contradictions", em P. N. Johnson-Laird e P. C. Wason, eds., *Thinking: Readings in Cognitive Science* (Cambridge: Cambridge University Press, 1977).
3. Norbert Wiener, *Cybernetics, or Control and Communication in the Animal and the Machine* (Cambridge, MA: MIT Press, 1948).
4. O. G. Selfridge, "Pandemonium: A Paradigm for Learning", em D. V. Blake e A. M. Uttley, eds., *Proceedings of the Symposium on Mechanisation of Thought Processes* (1959): 511–529.
5. Veja Bernard Widrow e Samuel D. Stearns, *Adaptive Signal Processing* (Englewood Cliffs, NJ: Prentice-Hall, 1985).

6. Veja Frank Rosenblatt, *Principles of Neurodynamics: Perceptrons and the Theory of Brain Mechanisms* (Washington, DC: Spartan Books, 1962).
7. Um tímido solteirão que gostava de dirigir um carro esportivo no campus de Cornell, Rosenblatt era um polímata com interesses diversificados. Entre eles estava a forma de encontrar planetas orbitando estrelas distantes através da avaliação da ligeira diminuição do brilho das estrelas à medida que os planetas as atravessavam; um método agora comum para detectar exoplanetas que orbitam estrelas em nossa galáxia.
8. M. S. Gray, D. T. Lawrence, B. A. Golomb e T. J. Sejnowski, "A Perceptron Reveals the Face of Sex", *Neural Computation* 7, nº. 6 (1995): 1160–1164.
9. B. A. Golomb, D. T. Lawrence e T. J. Sejnowski, "SEXNET: A Neural Network Identifies Sex from Human Faces", em R. Lippmann e D. S. Touretzky, eds., *Advances in Neural Information Processing Systems* 3 (1991): 572–577.
10. O trocadilho de Posner é uma alusão à Dragnet, uma popular série televisiva dos anos 1950 que mostra criminosos do Departamento de Polícia de Los Angeles.
11. M. Olazaran. "A Sociological Study of the Official History of the Perceptrons Controversy", *Social Studies of Science* 26, nº. 3 (1996): 611–659.
12. Vladimir Vapnik, *The Nature of Statistical Learning Theory* (Nova York: Springer 1995), 138.
13. Weifeng Liu, José C. Principe e Simon Haykin, *Kernel Adaptive Filtering: A Comprehensive Introduction* (Hoboken, NJ: Wiley, 2010).
14. Marvin Minsky e Seymour Papert, *Perceptrons* (Cambridge, MA: MIT Press, 1969). Veja também Marvin Lee Minsky e Seymour Papert, *Perceptrons: An Introduction to Computational Geometry*, ed. ampliada (Cambridge, MA: MIT Press, 1988).
15. De acordo com Harvey Karten, um colega da UCSD, Rosenblatt era um marinheiro experiente, e tinha levado um grupo de estudantes para um cruzeiro. Ele foi atingido por uma explosão e caiu no mar, mas nenhum dos alunos conseguiu salvá-lo (conversa pessoal de 8 de novembro de 2017).

Capítulo 4

1. Christoph von der Malsburg, "The Correlation Theory of Brain Function", relatório interno 81–2 (Göttingen: Max-Planck Institute for Biophysical Chemistry, 1981), https://fias.uni-frankfurt.de/fileadmin/fias/malsburg/publications/vdM_correlation.pdf.
2. P. Wolfrum, C. Wolff, J. Lücke e C. von der Malsburg. "A Recurrent Dynamic Model for Correspondence-Based Face Recognition", *Journal of Vision* 8, nº. 34 (2008): 1–18.
3. K. Fukushima, "Neocognitron: A Self-Organizing Neural Network Model for a Mechanism of Pattern Recognition Unaffected by Shift in Position." *Biological Cybernetics* 36, nº. 4 (1980): 93–202.

4. T. Kohonen, "Self-Organized Formation of Topologically Correct Feature Maps", *Biological Cybernetics* 43, n°. 1 (1982): 59–69.
5. Judea Pearl, *Probabilistic Reasoning in Intelligent Systems: Networks of Plausible Inference* (San Mateo, CA: Morgan Kaufmann, 1988).
6. O que originou o volume compilado: Geoffrey E. Hinton e James A. Anderson, eds., *Parallel Models of Associative Memory* (Hillsdale, NJ: Erlbaum, 1981).
7. Terrence J. Sejnowski, "David Marr: A Pioneer in Computational Neuroscience", em Lucia M. Vaina, ed., *From the Retina to the Neocortex: Selected Papers of David Marr* (Boston: Birkhäuser, 1991), 297–301; veja, por exemplo, D. Marr, "A Theory of Cerebellar Cortex", *Journal of Physiology* 202 (1969): 437–470; D. Marr, "A Theory for Cerebral Neocortex", *Proceedings of the Royal Society of London: B Biological Sciences* 176 (1970): 161–234; D. Marr, "Simple Memory: A Theory for Archicortex", *Philosophical Transactions of the Royal Society of London: B Biological Sciences* 262 (1971): 23–81.
8. D. Marr e T. Poggio, "Cooperative Computation of Stereo Disparity", *Science* 194, n°. 4262 (1976): 283–287; para uma descrição de estereogramas de pontos aleatórios veja também Béla Julesz, *Foundations of Cyclopean Perception* (Chicago: University of Chicago Press, 1971).
9. As imagens do Magic Eye são autoestereogramas com uma estrutura tridimensional escondida dentro do padrão que pode ser vista ao se divergir os olhos. Christopher Tyler criou os primeiros autostereogramas em preto e branco em 1979. Veja http://www.magiceye.com/.
10. David Marr, *Vision: A Computational Investigation into the Human Representation and Processing of Visual Information* (Nova York: W. H. Freeman, 1982).
11. Terrence Joseph Sejnowski, "A Stochastic Model of Nonlinearly Interacting Neurons", (Ph.D. diss., Princeton University, 1978).
12. T. J. Sejnowski, "Vernon Mountcastle: Father of Neuroscience", *Proceedings of the National Academy of Sciences of the United States of America* 112, n°. 4262 (2015): 6523–6524.
13. Há três departamentos de biofísica na Universidade Johns Hopkins, nas Escolas de Medicina, Saúde Pública, e Artes e Ciências. (Eu pertencia ao Departamento de Biofísica Thomas C. Jenkins da Escola de Artes e Ciências, no campus de Homewood.)
14. T. J. Sejnowski e M. I. Yodlowski, "A Freeze-Fracture Study of the Skate Electroreceptor", *Journal of Neurocytology* 11, n°. 6 (1982): 897–912.
15. T. J. Sejnowski, S. C. Reingold, D. B. Kelley e A. Gelperin, "Localization of [^{3}H]-2-Deoxyglucose in Single Molluscan Neurones", *Nature* 287, n°. 5781 (1980): 449–451.
16. Essa frase foi inspirada na famosa citação do geneticista e biólogo evolucionista Theodosius Dobzhansky: "Nada na biologia faz sentido exceto à luz da evolução." Essa versão é devida a Bill Newsome e pode ser encontrada em BRAIN 2025, o roteiro do NIH para a Iniciativa BRAIN. https://www.braininitiative.nih.gov/2025/.

17. S. W. Kuffler e T. J. Sejnowski, "Peptidergic and Muscarinic Excitation at Amphibian Sympathetic Synapses", *Journal of Physiology* 341 (1983): 257–278.
18. A System Development Corporation era uma empresa de software sem fins lucrativos em Santa Mônica, na Califórnia, que prestava serviços para as forças armadas dos EUA. Quando a empresa foi dissolvida, eles liquidaram seus edifícios e acabaram com um grande lucro, o que não é permitido para uma organização sem fins lucrativos. A System Development Foundation, com sede em Palo Alto, Califórnia, foi formada em 1969 para distribuir os rendimentos da venda dos prédios por meio de um programa de doações, de 1980 a 1988.
19. Fabricadas pela Symbolics, as máquinas Lisp foram projetadas para escrever programas de IA de processamento de símbolos, mas não eram tão boas quanto o processamento de números, o que era necessário para simular redes neurais.
20. Em 1984, ao ser premiado como presidential young investigator, pela NSF, recebi um grande desconto da Ridge, uma empresa emergente de computadores, por um computador com o poder do VAX 780, o carro-chefe da computação acadêmica na época.

Capítulo 5

1. Fundado por Francis Crick, V. S. Ramachandran e Gordon Shaw, na década de 1980, o Helmholtz Club resiste há mais de 20 anos. Para conhecer sua história, veja C. Aicardi, "Of the Helmholtz Club, South-Californian Seedbed for Visual and Cognitive Neuroscience, and Its Patron Francis Crick", *Studies in History and Philosophy of Biological and Biomedical Sciences* 45, n°. 100 (2014): 1–11.
2. Nas palavras de um participante satisfeito: "Aprendi muito com todos que conheci. Não tenho vergonha de adotar ideias alheias... Minha experiência de aprendizado mais intensa tem sido com esse tal de Helmholtz Club. Não sei se você já ouviu falar dele... há cerca de 20 pessoas lá. Nunca perco um encontro. Quando cai bem em cima de outro compromisso peço a alguém para anotar para mim. Faço isso porque é importante demais para faltar." Carver Mead, em James A. Anderson e Edward Rosenfeld, eds., *Talking Nets: An Oral History of Neural Networks* (Cambridge, MA: MIT Press, 2000), 138.
3. R. Desimone, T. D. Albright, C. G. Gross e C. Bruce, "Stimulus-Selective Properties of Inferior Temporal Neurons in the Macaque", *Journal of Neuroscience* 4, n°. 8 (1984): 2051–2062. Muitos dos pesquisadores do laboratório de Charles Gross tinham barba, então os neurônios no córtex visual que respondiam a escovas poderiam ter sido células de barba.
4. David Hubel, *Eye, Brain, and Vision* (Nova York: W. H. Freeman, 1988), 191–216.
5. O período crítico em gatos dura de cerca de 3 semanas a vários meses e em seres humanos de alguns meses a 7–8 anos. O final do período crítico pode não ser tão abrupto quanto já se pensou, e a visão estéreo pode ser conseguida em adultos com estrabismo corrigido após prática intensa. Veja Susan R. Barry, *Fixing My Gaze: A Scientist's Journey into Seeing in Three Dimensions* (Nova York: Basic

Books, 2009). Conheci "stereo Sue", como Barry é agora conhecida, quando era graduanda de Princeton.

6. Existem algumas exceções a essa regra: as células granulares no giro dentado do hipocampo e os neurônios no bulbo olfatório são gerados ao longo da vida. Veja Michael Specter, "Rethinking the Brain: How the Songs of Canaries Upset a Fundamental Principle of Science", *New Yorker*, 23 de julho de 2001. http://www.michaelspecter.com/2001/07/rethinking-the-brain/.

7. Terrence Sejnowski, "How Do We Remember the Past?", em John Brockman, ed., *What We Believe but Cannot Prove: Today's Leading Thinkers on Science in the Age of Certainty* (Londres: Free Press, 2005), 97–99; e R. Y. Tsien, "Very Long-Term Memories May Be Stored in the Pattern of Holes in the Perineuronal Net", *Proceedings of the National Academy of Sciences of the United States of America* 110, nº. 30 (2013): 12456–12461.

8. Na doença de Alzheimer, a integridade da matriz extracelular fica comprometida, o que contribui para a perda de memórias de longo prazo. John Allman, comunicação privada, julho de 2017.

9. Para um resumo da palestra de Gehry, veja Shelley Batts, "SFN Special Lecture: Architecture Frank Gehry and Neuro-Architecture", *ScienceBlogs*, publicado em 15 de outubro de 2006. http://scienceblogs.com/retrospectacle/2006/10/15/sfn-special-lecture-architect-1/.

10. B. S. Kunsberg e S.W. Zucker, "Critical Contours: An Invariant Linking Image Flow with Salient Surface Organization", 20 de maio de 2017. https://arxiv.org/pdf/1705.07329.pdf.

11. A conexão entre os contornos tridimensionais da superfície, como vistos nos mapas topográficos de montanhas, e em imagens com contornos de intensidade constante, é explicada pela geometria dos pontos críticos e dos fluxos gradientes nas superfícies, chamados de "complexo Morse-Smale".

12. S. R. Lehky e T. J. Sejnowski, "Network Model of Shape-from-Shading: Neural Function Arises from Both Receptive and Projective Fields", *Nature* 333, nº. 6172 (1988): 452–454.

13. Terrence J. Sejnowski, "What Are the Projective Fields of Cortical Neurons?", em J. Leo van Hemmen e Terrence J. Sejnowski, eds. *23 Problems in Systems Neuroscience* (Nova York: Oxford University Press, 2005), 394–405.

14. C. N. Woolsey, "Cortical Localization as Defined by Evoked Potential and Electrical Stimulation Methods", em G. Schaltenbrand e C. N. Woolsey (eds.), *Cerebral Localization and Organization* (Madison: University of Wisconsin Press, 1964), 17–26; J. M. Allman e J. H. Kaas, "A Representation of the Visual Field in the Caudal Third of the Middle Temporal Gyms of the Owl Monkey (*Aotus trivirgatus*)." *Brain Research* 31 (1971): 85–105.

15. L. Geddes, "Human Brain Mapped in Unprecedented Detail: Nearly 100 Previously Unidentified Brain Areas Revealed by Examination of the Cerebral Cortex", *Nature*, 20 de julho de 2016. doi:10.1038/nature.2016.20285.

16. Uma dessas técnicas, a imagem por tensor de difusão (DTI), rastreia a direção dos axônios que compõem a matéria branca no córtex.

17. Elizabeth Penisi, "Two Foundations Collaborate on Cognitive Neuroscience", *Scientist*, outubro de 1989. http://www.the-scientist.com/?articles.view/articleNo/10719/title/Two-Foundations-Collaborate-On-Cognitive-Neuroscience/.
18. U. Hasson, E. Yang, I. Vallines, D. J. Heeger e N. Rubin, "A Hierarchy of Temporal Receptive Windows in Human Cortex", *Journal of Neuroscience* 28, n°. 10 (2008): 2539-2550.

Capítulo 6

1. J. Herault e C. Jutten, "Space or Time Adaptive Signal Processing by Neural Network Models", em J. S. Denker, ed., *Neural Networks for Computing, AIP Conference Proceedings* 151, n°. 1 (1986): 206-211.
2. A. J. Bell e T. J. Sejnowski, "An Information-Maximization Approach to Blind Separation and Blind Deconvolution", *Neural Computation* 7, n°. 6 (1995): 1129-1159.
3. Ralph Linsker, da IBM, apresentou um algoritmo chamado "infomax" para explicar como o sistema visual permanece conectado durante o desenvolvimento. R. Linsker, "Self-Organization in a Perceptual Network", *Computer* 21, n°. 3 (1988): 105-117.
4. A. J. Bell e T. J. Sejnowski, "An Information-Maximization Approach to Blind Separation and Blind Deconvolution."
5. Outras importantes contribuições para o desenvolvimento da ACI foram feitas por Pierre Comon, Jean-François Cardoso, Apo Hyvarinen, Erkki Oja, Andrzej Cichocki, Shunichi Amari, Te-Won Lee, Michael Lewicki e muitos outros.
6. A. J. Bell e T. J. Sejnowski, "The 'Independent Components' of Natural Scenes Are Edge Filters", *Vision Research* 37, n°. 23 (1997): 3327-3338.
7. Bruno Olshausen e David Field chegaram à mesma conclusão com outro algoritmo de aprendizado baseado na dispersão. B. A. Olshausen e D. J. Field, "Emergence of Simple-Cell Receptive Field Properties by Learning a Sparse Code for Natural Images", *Nature* 38, n°. 6583 (1996): 607-609.
8. Horace Barlow, "Possible Principles Underlying the Transformation of Sensory Messages", em Walter A. Rosenblith, ed., *Sensory Communication* (Cambridge, MA: MIT Press, 1961), 217-234.
9. A. J. Bell e T. J. Sejnowski, "Learning the Higher-Order Structure of a Natural Sound", *Network: Computation in Neural Systems* 7, n°. 2 (1996): 261-267.
10. A. Hyvarinen e P. Hoyer, "Emergence of Phase- and Shift-Invariant Features by Decomposition of Natural Images into Independent Feature Subspaces." *Neural Computation* 12, n°. 7 (2000): 1705-1720.
11. M. J. McKeown, T.-P. Jung, S. Makeig, G. D. Brown, S. S. Kindermann, T.-W. Lee e T. J. Sejnowski, "Spatially Independent Activity Patterns in Functional MRI Data during the Stroop Color-Naming Task", *Proceedings of the National Academy of Sciences of the United States of America* 95, n°. 3 (1998): 803-810.

12. D. Mantini, M. G. Perrucci, C. Del Gratta, G. L. Romani e M. Corbetta, "Electrophysiological Signatures of Resting State Networks in the Human Brain", *Proceedings of the National Academy of Sciences of the United States of America* 104, n°. 32 (2007): 13170–13175.
13. D. L. Donoho, "Compressed Sensing", *IEEE Transactions on Information Theory* 52, n°. 4 (2006): 1289–1306; Sanjoy Dasgupta, Charles F. Stevens e Saket Navlakha, "A Neural Algorithm for a Fundamental Computing Problem", *Science* 358 (2017): 793–796. doi:10.1126/science.aam9868.
14. O cérebro pode ter executado a análise de componentes independentes no cerebelo, a nível das entradas de fibras musgosas que convergem nos dendritos das células granulares. Veja D. M. Eagleman, O. J.-M. D. Coenen, V. Mitsner, T. M. Bartol, A. J. Bell e T. J. Sejnowski, "Cerebellar Glomeruli: Does Limited Extracellular Calcium Implement a Sparse Encoding Strategy?", em *Proceedings of the 8th Joint Symposium on Neural Computation* (La Jolla, CA: Salk Institute, 2001).
15. Tony Bell está estudando a estrutura da água usando análise de componentes independentes e espectroscopia de infravermelho próximo. Ele está tentando provar que a água forma estruturas coerentes que se comunicam por meio da luz e formam um substrato para a vida biomolecular em escalas até então invisíveis aos instrumentos. A ideia é que uma decisão ocorre quando os "esquemas neurais" relaxam em um grau suficiente para permitir o surgimento de informações coerentes das redes atômicas mais distribuídas nas células do corpo.

Capítulo 7

1. O tempo mais curto que a maioria dos neurônios leva para tomar uma decisão é de cerca de 10 milissegundos, e chegar a uma decisão em 1 segundo não permite mais do que 100 etapas.
2. Quando se trata de eletromagnetismo, a física de Michael Faraday é caótica, e a de James Clerk Maxwell, ordenada.
3. Theodore Holmes Bullock e G. Adrian Horridge, *Structure and Function in the Nervous Systems of Invertebrates* (São Francisco: W. H. Freeman, 1965).
4. E. Chen, K. M. Stiefel, T. J. Sejnowski e T. H. Bullock, "Model of Traveling Waves in a Coral Nerve Network", *Journal of Comparative Physiology* A 194, n°. 2 (2008): 195–200.
5. D. S. Levine e S. Grossberg, "Visual Illusions in Neural Networks: Line Neutralization, Tilt after Effect, and Angle Expansion", *Journal of Theoretical Biology* 61, n°. 2 (1976): 477–504.
6. G. B. Ermentrout e J. D. Cowan, "A Mathematical Theory of Visual Hallucination Patterns", *Biological Cybernetics* 34, n°. 3 (1979): 137–150.
7. J. J. Hopfield, "Neural Networks and Physical Systems with Emergent Collective Computational Abilities", *Proceedings of the National Academy of Sciences of the United States of America* 79, n°. 8 (1982): 2554–2558.

8. Embora a rede neural do modelo de Marr-Poggio, de 1976, para visão estéreo (mencionada no Capítulo 4) fosse simétrica, porque Marr e Poggio usavam atualizações síncronas de todas as unidades, a dinâmica da rede era muito mais complexa do que a da rede de Hopfield, com suas atualizações assíncronas. D. Marr, G. Palm e T. Poggio T, "Analysis of a Cooperative Stereo Algorithm", *Biological Cybernetics* 28, n°. 4 (1978): 223-239.
9. L. L. Colgin, S. Leutgeb, K. Jezek, J. K. Leutgeb, E. I. Moser, B. L. McNaughton e M.-B. Moser, "Attractor-Map versus Autoassociation Based Attractor Dynamics in the Hippocampal Network", *Journal of Neurophysiology* 104, n°. 1 (2010): 35-50.
10. J. J. Hopfield e D. W. Tank, "'Neural' Computation of Decisions in Optimization Problems", *Biological Cybernetics* 52, n°. 3 (1985): 141-152. O problema do caixeiro-viajante é famoso na ciência da computação como um exemplo de uma classe de problemas para os quais o tempo necessário para resolvê-los aumenta muito rapidamente, à medida que suas proporções se ampliam.
11. Dana H. Ballard e Christopher M. Brown, *Computer Vision* (Englewood Cliffs, NJ: Prentice Hall, 1982).
12. D. H. Ballard, G. E. Hinton e T. J. Sejnowski, "Parallel Visual Computation", *Nature* 306, n°. 5938 (1983): 21-26; R. A. Hummel e S. W. Zucker, "On the Foundations of Relaxation Labeling Processes", *IEEE Transactions on Pattern Analysis and Machine Intelligence* 5, n°. 3 (1983): 267-287.
13. S. Kirkpatrick, C. D. Gelatt Jr. e M. P. Vecchi, "Optimization by Simulated Annealing", *Science* 220, n°. 4598 (1983): 671-680.
14. P. K. Kienker, T. J. Sejnowski, G. E. Hinton e L. E. Schumacher, "Separating Figure from Ground with a Parallel Network", *Perception* 15 (1986): 197-216.
15. H. Zhou, H. S. Friedman e R. von der Heydt, "Coding of Border Ownership in Monkey Visual Cortex", *Journal of Neuroscience* 20, n°. 17 (2000): 6594-6611.
16. Donald O. Hebb, *The Organization of Behavior: A Neuropsychological Theory* (Nova York: Wiley & Sons., 1949), 62.
17. T. J. Sejnowski, P. K. Kienker e G. E. Hinton, "Learning Symmetry Groups with Hidden Units: Beyond the Perceptron", *Physica* 22D (1986): 260-275.
18. N. J. Cohen, I. Abrams, W. S. Harley, L. Tabor e T. J. Sejnowski, "Skill Learning and Repetition Priming in Symmetry Detection: Parallel Studies of Human Subjects and Connectionist Models", em *Proceedings of the 8th Annual Conference of the Cognitive Science Society* (Hillsdale, NJ: Erlbaum, 1986), 23-44.
19. B. P. Yuhas, M. H. Goldstein Jr., T. J. Sejnowski e R. E. Jenkins, "Neural Network Models of Sensory Integration for Improved Vowel Recognition", *Proceedings of the IEEE* 78, n°. 10 (1990): 1658-1668.
20. G. E. Hinton, S. Osindero e Y. Teh, "A Fast Learning Algorithm for Deep Belief Nets", *Neural Computation* 18, n°. 7 (2006): 1527-1554.
21. J. Y. Lettvin, H. R. Maturana, W. S. McCulloch e W. H. Pitts, "What the Frog's Eye Tells the Frog's Brain", *Proceedings of the Institute of Radio Engineers* 47, n°. 11 (1959): 1940-1951. http://hearingbrain.org/docs/letvin_ieee_1959.pdf.

22. R. R. Salakhutdinov e G. E. Hinton, "Deep Boltzmann Machines", em *Proceedings of the 12th International Conference on Artificial Intelligence and Statistics, Journal of Machine Learning Research* 5 (2009): 448-455. Paul Smolensky apresentou esse caso especial da máquina de Boltzmann, que ele chamou de Harmonium: P. Smolensky, "Information Processing in Dynamical Systems: Foundations of Harmony Theory", em David E. Rumelhart e James L. McLelland (eds.), *Parallel Distributed Processing: Explorations in the Microstructure of Cognition, Volume 1: Foundations* (Cambridge, MA: MIT Press, 1986), 194-281.
23. B. Poole, S. Lahiri, M. Raghu, J. Sohl-Dickstein e S. Ganguli, "Exponential Expressivity in Deep Neural Networks through Transient Chaos", em *Advances in Neural Information Processing Systems* 29 (2016): 3360-3368.
24. Jeffrey L. Elman, Elizabeth A. Bates, Mark H. Johnson, Annette Karmiloff-Smith, Domenico Parisi e Kim Plunkett, *Rethinking Innateness: A Connectionist Perspective on Development* (Cambridge, MA: MIT Press, 1996).
25. Steven R. Quartz e Terrence J. Sejnowski, *Liars, Lovers, and Heroes: What the New Brain Science Reveals about How We Become Who We Are* (Nova York: Harper-Collins, 2002).
26. S. Quartz e T. J. Sejnowski, "The Neural Basis of Cognitive Development: A Constructivist Manifesto", *Behavioral and Brain Sciences* 20, nº. 4 (1997): 537-596.
27. Isso é chamado de "metilação não CG". Veja R. Lister, E. A. Mukamel, J. R. Nery, M. Urich, C. A. Puddifoot, N. D. Johnson, J. Lucero, Y. Huang, A. J. Dwork, M. D. Schultz, M. Yu, J. Tonti-Filippini, H. Heyn, S. Hu, J. C. Wu, A. Rao, M. Esteller, C. He, F. G. Haghighi, T. J. Sejnowski, M. M. Behrens, J. R. Ecker, "Global Epigenomic Reconfiguration during Mammalian Brain Development", *Science* 341, nº. 6146 (2013): 629.

Capítulo 8

1. O Departamento de Ciência Cognitiva da UCSD foi fundado por Don Norman, um especialista em fatores humanos e ergonomia, e oferecia uma faculdade interdisciplinar.
2. A matemática usada no algoritmo de aprendizado com backpropagation já existia há algum tempo, remontando à década de 1960 na literatura da teoria do controle, mas seu maior impacto ocorreu na aplicação para perceptrons multicamadas. Veja Arthur E. Bryson e Yu-Chi Ho, *Applied Optimal Control: Optimization, Estimation, and Control* (University of Michigan, Blaisdell, 1969).
3. Veja a palestra magistral de Michael Jordan sobre a moderno gradiente descendente estocástica: "On Gradient-Based Optimization: Accelerated, Distributed, Asynchronous, and Stochastic", 2 de maio de 2017, Simons Institute for the Theory of Computing, UC, Berkeley. https://simons.berkeley.edu/talks/michael-jordan-2017-5-2/.

4. D. E. Rumelhart, G. E. Hinton e R. J. Williams, "Learning Representations by Backpropagating Errors", *Nature* 323, nº. 6088 (1986), 533–536.
5. Há uma história que sempre se conta sobre uma palestra pública proferida por Bertrand Russell sobre astronomia. No final da palestra, uma senhora idosa, no fundo da sala, levantou-se e disse: "O que você nos disse é um disparate. O mundo está sobre o casco de uma tartaruga gigante." Russell sorriu e respondeu: "E a tartaruga está sobre o quê?" "Você é muito inteligente, jovem, muito esperto", disse a velha senhora. "Mas eu sei a resposta. São tartarugas até o infinito!" A idosa havia resolvido seu problema com a recursão, embora à custa da regressão infinita. Na prática, o loop precisa terminar.
6. C. R. Rosenberg e T. J. Sejnowski, "Parallel Networks That Learn to Pronounce English Text", *Complex Systems* 1 (1987): 145–168.
7. W. Nelson Francis e Henry Kucera, "A Standard Corpus of Present-Day Edited American English, for Use with Digital Computers", Brown University, 1964; revisado e ampliado em 1979, http://clu.uni.no/icame/manuals/BROWN/INDEX.HTM.
8. Uma gravação de como a rede soa durante os diferentes estágios do aprendizado pode ser baixada em: http://papers.cnl.salk.edu/~terry/NETtalk/nettalk.mp3.
9. M. S. Seidenberg e J. L. McClelland, "A Distributed Developmental Model of Word Recognition and Naming", *Psychological Review* 96, nº. 4 (1989), 523–568.
10. N. Qian e T. J. Sejnowski, "Predicting the Secondary Structure of Globular Proteins Using Neural Network Models", *Journal of Molecular Biology*, 202 (1988): 865–884.
11. David E. Rumelhart e James L. McClelland, "On Learning the Past Tense of English Verbs", em Rumelhart e McClelland, eds., *Parallel Distributed Processing: Explorations in the Microstructure of Cognition* (Cambridge, MA: MIT Press, 1986), 2:216–271; J. L. McClelland e K. Patterson, "Rules or Connections in Past-Tense inflections: What Does the Evidence Rule Out?", *Trends in Cognitive Sciences* 6, nº. 11 (2002): 465–472; e S. Pinker e M. T. Ulman, "The Past and Future of the Past Tense", *Trends in Cognitive Sciences* 6, nº. 11 (2002): 456–463.
12. M. S. Seidenberg e D. C. Plaut, "Quasiregularity and Its Discontents: The Legacy of the Past Tense Debate", *Cognitive Science* 38, nº. 6 (2014): 1190–1228.
13. D. Zipser e R. A. Andersen, "A Backpropagation Programmed Network That Simulates Response Properties of a Subset of Posterior Parietal Neurons", *Nature* 331, nº. 6158 (1988): 679–684. Essa rede transferiu a posição de um objeto na retina das coordenadas da retina para as do centro da cabeça, levando em conta a posição do olho.
14. G. E. Hinton, D. C. Plaut e T. Shallice, "Simulating Brain Damage", *Scientific American* 269, nº. 4 (1993): 76–82. "Adultos com danos cerebrais cometem alguns erros bizarros ao ler palavras. Se uma rede de neurônios simulados for treinada para ler e for danificada, ela produzirá um comportamento surpreendentemente similar" (76).

15. N. Srivastava, G. Hinton, A. Krizhevsky, I. Sutskever e R. Salakhutdinov, "Dropout: A Simple Way to Prevent Neural Networks from Overfitting", *Journal of Machine Learning Research* 15 (2014): 1929-1958.
16. "Netflix Prize", *Wikipedia*, última modificação em 23 de agosto de 2017, https://en.wikipedia.org/wiki/Netflix_Prize.
17. Carlos A. Gomez-Uribe, Neil Hunt, "The Netflix Recommender System: Algorithms", *ACM Transactions on Management Information Systems* 6, n°. 4 (2016), article n°. 13.
18. T. M. Bartol Jr., C. Bromer, J. Kinney, M. A. Chirillo, J. N. Bourne, K. M. Harris e T. J. Sejnowski, "Nanoconnectomic Upper Bound on the Variability of Synaptic Plasticity", *eLife*, 4:e10778, 2015, doi:10.7554/eLife.10778.
19. Isso decorre da "lei dos grandes números", da teoria da probabilidade. É por isso que os cassinos, mesmo que percam em curto prazo, sempre vencem em longo prazo.
20. Bartol Jr. et al., "Nanoconnectomic Upper Bound on the Variability of Synaptic Plasticity."
21. J. Collins, J. Sohl-Dickstein e D. Sussillo, "Capacity and Trainability in Recurrent Neural Networks", 2016, https://arxiv.org/pdf/1611.09913.pdf. É perigoso apostar demais em coincidências: "24 horas por dia, 24 cervejas em um casco. Isso é apenas uma coincidência? Eu acho que não." Essa coincidência é celebrada anualmente na Universidade de Princeton no dia de Paul Newman, 24 de abril.
22. Uma estimativa aproximada da dimensão das sinapses pode ser encontrada chegando-se à raiz quadrada do produto do limite inferior e do superior do número de sinapses. Lawrence Weinstein e John A. Adam, *Guesstimation: Solving the World's Problems on the Back of a Cocktail Napkin* (Princeton: Princeton University Press, 2009), 3. Tome, como limite superior, o número total de sinapses no córtex, de 100 trilhões, e, como limite inferior, o de um único neurônio, 10 mil; uma estimativa aproximada do número de sinapses necessárias para representar um objeto complexo é de cerca de um bilhão. Aplicando a mesma regra para o número de neurônios necessários: o limite superior é de dez bilhões, o número de neurônios no córtex e o limite inferior é de um neurônio; então, o número de neurônios necessários para representar um objeto complexo é de 100 mil sobre o número de neurônios abaixo de 1mm^2 de córtex. Mas esses neurônios podem ser amplamente distribuídos por diferentes partes do córtex. Podemos estimar o número de áreas corticais que devem ser ligadas para representar um conceito: um limite superior é 100, o número total de áreas corticais e um limite inferior é 1, então a estimativa é de 10 áreas corticais, cada uma contendo 10 mil neurônios. Novas técnicas sendo desenvolvidas pela Iniciativa BRAIN irão fixar esses números experimentalmente.
23. Ali Rahimi e Benjamin Recht, "Random Features for Large-Scale Kernel Machines", *Advances in Neural Information Processing Systems* 20 (2007).
24. https://www.facebook.com/yann.lecun/posts/10154938130592143/.
25. Mukherjee, "A.I. versus M.D.", *New Yorker*, 3 de abril de 2017. http://www.newyorker.com/magazine/2017/04/03/ai-versus-md/.

26. Daniel Kahneman, *Thinking, Fast and Slow* (Nova York: Farrar, Straus & Giroux, 2011).
27. Clare Garvie e Jonathan Frankle, "Facial-Recognition Software Might Have a Racial Bias Problem", *The Atlantic*, 7 de abril de 2016. https://www.theatlantic.com/technology/archive/2016/04/the-underlying-bias-of-facial-recognition-systems/476991/.
28. Kate Crawford, "Artificial Intelligence's White Guy Problem", *New York Times*, 25 de junho de 2016 https://www.nytimes.com/2016/06/26/opinion/sunday/artificial-intelligences-white-guy-problem.html.
29. Barbara Oakley, Ariel Knafo, Guruprasad Madhavan e David Sloan Wilson (eds.), *Pathological Altruism* (Oxford: Oxford University Press, 2011).
30. https://futureoflife.org/open-letter-autonomous-weapons/.
31. http://www.cnn.com/2017/09/01/world/putin-artificial-intelligence-will-rule-world/index.html.
32. Andrew Burtjan, "Leave A.I. Alone", *New York Times*, 4 de janeiro de 2018. https://www.nytimes.com/2018/01/04/opinion/leave-artificial-intelligence.html.

Capítulo 9

1. Thomas S. Kuhn, *The Structure of Scientific Revolutions*, 2ª ed. (Chicago: University of Chicago Press, 1970), 23.
2. M. Riesenhuber e T. Poggio, "Hierarchical Models of Object Recognition In Cortex." *Nat Neurosci* 2: 1019–1025, 1999; T. Serre, A. Oliva e T. Poggio, "A Feedforward Architecture Accounts for Rapid Categorization." *Proceedings of the National Academy of Sciences of the United States of America* 104, nº. 15 (2007): 6424–6429.
3. Pearl, *Probabilistic Reasoning in Intelligent Systems*. Morgan Kaufmann; 1988.
4. Yoshua Bengio, Pascal Lamblin, Dan Popovici e Hugo Larochelle, "Greedy LayerWise Training of Deep Networks", em Bernhard Schölkopf, John Platt e Thomas Hoffman, eds., *Advances in Neural Information Processing Systems 19: Proceedings of the 2006 Conference* (Cambridge, MA: MIT Press), 153–160.
5. Sepp Hochreiter, Yoshua Bengio, Paolo Frasconi e Jürgen Schmidhuber, "Gradient Flow in Recurrent Nets: The Difficulty of Learning Long-Term Dependencies", em John F. Kolen e Stefan C. Kremer, eds., *A Field Guide to Dynamical Recurrent Neural Networks* (Nova York: IEEE Press, 2001), 237–243.
6. D. C. Ciresan, U. Meier, L. M. Gambardella e J. Schmidhuber, "Deep Big Simple Neural Nets for Handwritten Digit Recognition", *Neural Computation* 22, nº. 12 (2010): 3207–3220.
7. A. Krizhevsky, I. Sutskever e G. E. Hinton, "ImageNet Classification with Deep Convolutional Neural Networks", *Advances in Neural Information Processing Systems* 25 (NIPS 2012). https://papers.nips.cc/paper/4824-imagenet-classification-with-deep-convolutional-neural-networks.

8. Ibid.
9. K. He, X. Zhang, S. Ren e J. Sun, "Deep Residual Learning for Image Recognition", 2015. https://www.cv-foundation.org/openaccess/content_cvpr_2016/papers/He_Deep_Residual_Learning_CVPR_2016_paper.pdf.
10. Yann LeCun, "Modèles connexionistes de l'apprentissage" (Connectionist learning models) (tese de doutorado, Université Pierre et Marie Curie, Paris, 1987).
11. Krizhevsky, Sutskever e Hinton, "ImageNet Classification with Deep Convolutional Neural Networks".
12. M. D. Zeiler e R. Fergus, "Visualizing and Understanding Convolutional Networks", 2013. https://www.cs.nyu.edu/~fergus/papers/zeilerECCV2014.pdf.
13. Patricia Smith Churchland, *Neurophilosophy: Toward a Unified Science of the MindBrain* (Cambridge, MA: MIT Press, 1989).
14. Patricia Smith Churchland e Terrence J. Sejnowski, *The Computational Brain*, 2ª ed. (Cambridge, MA: MIT Press 2016).
15. D. L. Yamins e J. J. DiCarlo, "Using Goal-Driven Deep Learning Models to Understand Sensory Cortex", *Nature Neuroscience* 19, no. 3 (2016): 356–365.
16. S. Funahashi, C. J. Bruce e P. S. Goldman-Rakic, "Visuospatial Coding in Primate Prefrontal Neurons Revealed by Oculomotor Paradigms", *Journal of Neurophysiology* 63, n°. 4 (1990): 814–831.
17. J. L. Elman, "Finding Structure in Time", *Cognitive Science* 14 (1990): 179–211; M. I. Jordan, "Serial Order: A Parallel Distributed Processing Approach", *Advances in Psychology* 121 (1997): 471–495; G. Hinton, L. Deng, G. E. Dahl, A. Mohamed, N. Jaitly, A. Senior et al., "Deep Neural Networks for Acoustic Modeling in Speech Recognition", *IEEE Signal Processing Magazine*, 29, n°. 6 (2012): 82–97.
18. S. Hochreiter e J. Schmidhuber, "Long Short-Term Memory", *Neural Computation* 9, n°. 8 (1997): 1735–1780.
19. John Markoff, "When A.I. Matures, It May Call Jürgen Schmidhuber 'Dad.'" *New York Times,* 27 de novembro de 2016, https://www.nytimes.com/2016/11/27/.technology/artificial-intelligence-pioneer-jurgen-schmidhuber-overlooked.html.
20. K. Xu, J. L. Ba, K. Kiror, K. Cho, A. Courville, R. Slakhutdinov, R. Zemel, Y. Bengio, "Show, Attend and Tell: Neural Image Captions Generation with Visual Attention", 2015, rev. 2016. https://arxiv.org/pdf/1502.03044.pdf.
21. I. J. Goodfellow, J. Pouget-Abadie, M. Mirza, B. Xu, D. Warde-Farley, S. Ozair, A. Courville, Y. Bengio, "Generative Adversarial Nets", *Advances in Neural Information Processing Systems*, 2014. https://arxiv.org/pdf/1406.2661.pdf.
22. Veja A. Radford, L. Metz e S. Chintala, "Unsupervised Representation Learning with Deep Convolutional Generative Adversarial Networks", 2016, https://arxiv.org/pdf/1511.06434.pdf; Cade Metz e Keith Collins, "How an A.I. 'Cat-and- Mouse Game' Generates Believable Fake Photos", *New York Times*, 2 de janeiro de 2018. https://www.nytimes.com/interactive/2018/01/02/technology/ai-generated-photos.html.
23. K. Schawinski, C. Zhang, H. Zhang, L. Fowler e G. K. Santhanam, "Generative Adversarial Networks Recover Features in Astrophysical Images of Galaxies beyond the Deconvolution Limit", 2017. https://arxiv.org/pdf/1702.00403.pdf.

24. J. Chang e S. Scherer, "Learning Representations of Emotional Speech with Deep Convolutional Generative Adversarial Networks", 2017. https://arxiv.org/pdf/1705.02394.pdf.
25. A. Nguyen, J. Yosinski, Y. Bengio, A. Dosovitskiy e J. Clune, "Plug & Play Generative Networks: Conditional Iterative Generation of Images in Latent Space", 2016, https://arxiv.org/pdf/1612.00005.pdf; Radford, Metz e Chintala, "Unsupervised Representation Learning with Deep Convolutional Generative Adversarial Networks", 2016. https://arxiv.org/pdf/1511.06434.pdf.
26. Guy Trebay, "Miuccia Prada and Sylvia Fendi Grapple with the New World", *New York Times*, 19 de junho de 2017. https://www.nytimes.com/2017/06/19/fashion/mens-style/prada-fendi-milan-mens-fashion.html.
27. T. R. Poggio, S. Rifkin, Mukherjee e P. Niyogi. "General Conditions for Predictivity in Learning Theory", *Nature* 428, n°. 6981 (2004): 419–422.
28. Bengio cofundou a Element AI e também é consultor de várias empresas, incluindo a Microsoft; mas seus principais laços são com a academia, comprometido com o progresso da ciência e do bem-estar público.
29. Veja o prefácio de Churchland e Sejnowski, *The Computational Brain*, 2ª ed., ix–xv.

Capítulo 10

1. Embora o destino do nosso lendário inventor seja desconhecido, ele provavelmente foi despachado por sua imprudência após o rei perceber que tinha sido trapaceado.
2. Tesauro e Sejnowski, "A Parallel Network That Learns to Play Backgammon".
3. R. Sutton, "Learning to Predict by the Methods of Temporal Differences", *Machine Learning* 3, n°. 1 (1988): 9–44.
4. Veja Richard Bellman *Adaptive Control Processes: A Guided Tour* (Princeton: Princeton University Press. 1961), 51–59.
5. G. Tesauro, "Temporal Difference Learning and TD-Gammon." *Communications of the ACM* 38, n°. 3 (1995): 58–68.
6. J. Garcia, D. J. Kimeldorf e R. A. Koelling, "Conditioned Aversion to Saccharin Resulting from Exposure to Gamma Radiation", *Science* 122. n°. 3160 (1955): 157–158.
7. P. R. Montague, P. Dayan e T. J. Sejnowski, "A Framework for Mesencephalic Dopamine Systems Based on Predictive Hebbian Learning", *Journal of Neuroscience* 16, n°. 5 (1996): 1936–1947.
8. W. Schultz, P. Dayan e P. R. Montague, "A Neural Substrate of Prediction and Reward", *Science* 275, n°. 5306 (1997): 1593–1599.
9. P. N. Tobler, J. P. O'Doherty, R. J. Dolan e W. Schultz, "Human Neural Learning Depends on Reward Prediction Errors in the Blocking Paradigm", *Journal of Neurophysiology* 95, n°. 1 (2006): 301–310.

10. M. Hammer e R. Menzel, "Learning and Memory in the Honeybee", *Journal of Neuroscience* 15, n°. 3 (1995): 1617–1630.
11. L. A. Real, "Animal Choice Behavior and the Evolution of Cognitive Architecture", *Science* 253, n°. 5023 (1991): 980–986.
12. P. R. Montague, P. Dayan, C. Person e T. J. Sejnowski, "Bee Foraging in Uncertain Environments Using Predictive Hebbian Learning", *Nature* 377, n°. 6551 (1995): 725–728.
13. Y. Aso e G. M. Rubin, "Dopaminergic Neurons Write And Update Memories With Cell-Type-Specific Rules", em L. Luo (ed.), *eLife*. 5 (2016): e16135. doi:10.7554/eLife.16135.
14. W. Mischel e E. B. Ebbesen, "Attention in Delay of Gratification", *Journal of Personality and Social Psychology* 16, n°. 2 (1970): 329–337.
15. V. Mnih, K. Kavukcuoglu, D. Silver, A. A. Rusu, J. Veness, M. G. Bellemare et al., "Human-Level Control through Deep Reinforcement Learning", *Nature* 518, n°. 7540 (2015): 529–533.
16. Simon Haykin, *Cognitive Dynamic System: Perception-Action Cycle, Radar, and Radio* (Nova York: Cambridge University Press, 2012).
17. S. Haykin, J. M. Fuster, D. Findlay e S. Feng, "Cognitive Risk Control for Physical Systems", *IEEE Access* 5 (2017): 14664–14679.
18. G. Reddy, A. Celani, T. J. Sejnowski e M. Vergassola, "Learning to Soar in Turbulent Environments", *Proceedings of the National Academy of Sciences of the United States of America* 113, n°. 33 (2016): E4877–E4884.
19. G. Reddy, J. W. Ng, A. Celani, T. J. Sejnowski e M. Vergassola, "Soaring Like a Bird via Reinforcement Learning in the Field", no prelo.
20. Kenji Doya e Terrence J. Sejnowski, "A Novel Reinforcement Model of Birdsong Vocalization Learning", em Gerald Tesauro, David S. Touretzky e Todd K. Leen, eds., *Advances in Neural Information Processing Systems 7* (Cambridge, MA: MIT Press, 1995), 101–108.
21. A. J. Doupe e P. K. Kuhl, "Birdsong and Human Speech: Common Themes and Mechanisms", *Annual Review of Neuroscience* 22 (1999): 567–631.
22. G. Turrigiano, "Too Many Cooks? Intrinsic and Synaptic Homeostatic Mechanisms in Cortical Circuit Refinement", *Annual Review of Neuroscience* 34 (2011): 89–103.
23. L. Wiskott e T. J. Sejnowski, "Constrained Optimization for Neural Map Formation: A Unifying Framework for Weight Growth and Normalization", *Neural Computation* 10, n°. 3 (1998): 671–716.
24. A. J. Bell, "Self-Organization in Real Neurons: Anti-Hebb in 'Channel Space'?" *Advances in Neural Information Processing Systems* 4 (1991): 59–66; M. Siegel, E. Marder e L. F. Abbott, "Activity-Dependent Current Distributions in Model Neurons", *Proceedings of the National Academy of Sciences of the United States of America* 91, n°. 24 (1994): 11308–11312.
25. H. T. Siegelmann, "Computation Beyond the Turing Limit", *Science* 238 (1995): 632–637.

Capítulo 11

1. Todos os trabalhos apresentados nas conferências da NIPS estão disponíveis em: https://nips.cc/.
2. Para ter um gostinho do jargão dos biólogos, considere esta frase, retirada aleatoriamente de uma revisão recente da *Science*: "Os oligodendrócitos apresentam uma variedade de proteínas inibidoras do novo crescimento dos axônios, incluindo a glicoproteína associada à mielina, o inibidor do crescimento de neuritos 'Nogo', a glicoproteína da oligodendrócito-mielina e as semaforinas." B. Laha, B. K. Stafford e A. D. Huberman, "Regenerating Optic Pathways from the Eye to the Brain", *Science* 356, n°. 6342 (2017): 1032.
3. O neurocientista era Howard Wachtel, que estudava os sistemas nervosos da *Aplysia* na Universidade do Colorado, em Boulder.
4. Krizhevsky, Sutskever e Hinton, "ImageNet Classification with Deep Convolutional Neural Networks".
5. George Orwell, *Nineteen Eighty-Four* (Londres: Secker & Warburg, 1949). Esse livro recentemente ganhou um novo significado. [Trata-se do livro *1984*.]
6. Fundada em 2006, a Women in Machine Learning tem possibilitado às mulheres apresentarem e promoverem suas pesquisas sobre o aprendizado automático. Veja http://wimlworkshop.org.

Capítulo 12

1. O site da Kaggle tem um milhão de cientistas de dados que competem para ganhar o prêmio de melhor desempenho. Cade Metz, "Uncle Sam Wants Your Deep Neural Networks", *New York Times*, 22 de junho de 2017, https://www.nytimes.com/2017/06/22/technology/homeland-security-artificial-intelligence-neural-network.html.
2. Para assistir ao vídeo de minha palestra "Cognitive Computing: Past and Present", acesse: https://www.youtube.com/watch?v=0BDMQuphd-Q.
3. Veja Jen Clark, "The Countdown to IBM's IoT, Munich", *IBM Internet of Things* (blog), publicado em 8 de fevereiro de 2017. https://www.ibm.com/blogs/internet-of-things/countdown-ibms-iot-hq-munich/.
4. O relatório BRAIN fez recomendações e estabeleceu prioridades para tecnologias inovadoras a fim de ampliar nossa compreensão dos circuitos neurais e do comportamento. Grupo de Trabalho BRAIN, *BRAIN 2025: A Scientific Vision*, Relatório para o Comitê Consultivo para o Diretor, NIH (Bethesda, MD: National Institutes of Health, 5 de junho de 2014), https://www.braininitiative.nih.gov/pdf/BRAIN2025_508C.pdf.

5. Veja K. S. Kosik, T. J. Sejnowski, M. E. Raichle, A. Ciechanover e D. A. Baltimore, "A Path toward Understanding Neurodegeneration", *Science* 353, n°. 6302 (2016): 872–873.
6. No filme de ficção científica *Minority Report*, de 2002, Tom Cruise, fugindo do governo, evita a detecção fazendo um transplante ilegal de olhos.
7. Veja Nandan Nilekani e Viral Shah, *Rebooting India: Realizing a Billion Aspirations* (Gurgaon: Penguin Books India. 2015).
8. Nandan Nilekani, como citado em Andrew Hill, "Nandan Nilekani, Infosys, on Rebooting India", *Financial Times*, 22 de janeiro de 2017, https://www.ft.com/content/058c4b48-d43c-11e6-9341-7393bb2e1b51?mhq5j=e1.
9. Veja, por exemplo, M. Gymrek, A. I. McGuire, D. Golan, E. Halperin e Y. Erlich, "Identifying Personal Genomes by Surname Inference", *Science*. 339, n°. 6117 (2013): 321–324.
10. Veja M. Wilson, "Six Views of Embodied Cognition", *Psychonomic Bulletin & Review* 9, n°. 4 (2002): 625–636.
11. P. Ruvolo, D. Messinger e J. Movellan, "Infants Time Their Smiles to Make Their Moms Smile", *PLoS One* 10, n°. 9 (2015): e0136492.
12. Abigail Tucker, "Robot Babies", *Smithsonian Magazine*, julho de 2009, https://www.smithsonianmag.com/science-nature/robot-babies-30075698/; Tiffany Fox, "Machine Perception Lab Seeks to Improve Robot Teacher with Intelligent Tutoring Systems", UCSanDiego News Center, 30 de julho de 2008, http://ucsdnews.ucsd.edu/newsrel/general/07-08RobotTeachers.asp. Veja também F. Tanaka, A. Cicourel e J. R. Movellan, "Socialization between Toddlers and Robots at an Early Childhood Education Center", *Proceedings of the National Academy of Sciences of the United States of America* 104, n°. 46 (2008): 17954–17958.
13. "Conserve Elephants. They Hold a Scientific Mirror Up to Humans", *Economist*, 17 de junho de 2017, 72–74. http://www.economist.com/news/science-and-technology/21723394-biology-and-conservation-elephants-conserve-elephants-they-hold.
14. Veja R. A. Brooks, "Elephants Don't Play Chess", *Robotics and Autonomous Systems* 6, n°. 1 (1990): 3–15.
15. No Japão, em que Diego San foi fabricado pela Kokoro Co., o sufixo "san" é um honorífico.
16. Veja o vídeo no YouTube "Diego Installed", https://www.youtube.com/watch?v=knRyDcnUc4U. O rosto foi produzido por David Hanson e pela Hanson Robotics.
17. Veja Paul Ekman, Thomas S. Huang e Terrence J. Sejnowski, eds., *Final Report to NSF of the Planning Workshop on Facial Expression Understanding*, 30 de julho a 1° de agosto de 1992, http://papers.cnl.salk.edu/PDFs/Final%20Report%20To%20NSF%20of%20the%20Planning%20Workshop%20on%20Facial%20Expression%20Understanding%201992-4182.pdf.
18. Veja J. Gottman, R. Levenson e E. Woodin, "Facial Expressions during Marital Conflict", *Journal of Family Communication* 1, n°. 1 (2001): 37–57.

19. Veja F. Donato, M. Stewart Bartlett, J. C. Hager, P. Ekman e T. J. Sejnowski, "Classifying Facial Actions", *IEEE Transactions on Pattern Analysis and Machine Intelligence* 21, nº. 10 (1999): 974–989.
20. Veja G. Littlewort, J. Whitehill, T. Wu, I. Fasel, M. Frank, J. Movellan e M. Bartlett, "The Computer Expression Recognition Toolbox (CERT)", Conferência Internacional sobre Reconhecimento Automático de Rosto e Gesto de 2011 do IEEE, Santa Barbara, Califórnia. http://mplab.ucsd.edu/wp-content/uploads/2011-LittlewortEtAl-FG-CERT.pdf.
21. Veja A. N. Meltzoff, P. K. Kuhl, J. Movellan e T. J. Sejnowski, "Foundations for a New Science of Learning", *Science* 325, nº. 5938 (2009): 284–288.
22. Veja A. A. Benasich, N. A. Choudhury, T. Realpe-Bonilla e C. P. Roesler, "Plasticity in Developing Brain: Active Auditory Exposure Impacts Prelinguistic Acoustic Mapping", *Journal of Neuroscience* 34, nº. 40 (2014): 13349–13363.
23. Veja J. Whitehill, Z. Serpell, Y. Lin, A. Foster e J. R. Movellan, "The Faces of Engagement: Automatic Recognition of Student Engagement from Facial Expressions", *IEEE Transactions on Affective Computing* 5, nº. 1 (2014): 86–98. O uso do aprendizado de máquina para registrar expressões faciais de estudantes automaticamente foi um trabalho de grupo realizado por uma equipe que incluiu Gwen Littlewort, Linda Salamanca, Aysha Foster e Judy Reilly.
24. Veja R. V. Lindsey, J. D. Shroyer, H. Pashler e M. C. Mozer, "Improving Students' Long-Term Knowledge Retention through Personalized Review", *Psychological Science* 25, nº. 3 (2014): 630–647.
25. B. A. Rogowsky, B. M. Calhoun e P. Tallal, "Matching Learning Style to Instructional Method: Effects on Comprehension", *Journal of Educational Psychology* 107, nº. 1 (2015): 64–78. Para assistir a um webinar sobre esse tema, veja: https://www.youtube.com/watch?v=p-WEcSFdoMw.
26. Convenção Internacional sobre a Ciência do Aprendizado (Science of Learning: How can it make a difference? Connecting Interdisciplinary Research on Learning to Practice and Policy in Education) Shanghai, 1–6 de março de 2014, relatório resumido. https://www.oecd.org/edu/ceri/International-Convention-on-the-Science-of-Learning-1-6-Março-2014-Summary-Report.pdf.
27. Veja B. Bloom, "The 2 Sigma Problem: The Search for Methods of Group Instruction as Effective as One-to-One Tutoring", *Educational Researcher* 13, nº. 6 (1984): 4–16.
28. John Markoff, "Virtual and Artificial, but 58,000 Want Course", *New York Times*, 15 de agosto de 2011, http://www.nytimes.com/2011/08/16/science/16stanford.html.
29. Uma das minhas cartas favoritas foi de uma aluna da quinta série:

    2 de fevereiro de 2015

    Caros professores, fiz as provas finais e me saí muito bem. Estou na quinta série. Minha mãe estava navegando no site do Coursera e eu lhe pedi para me inscrever em algum curso. Ela que escolheu esse para mim, e sou muito grata por isso. Nunca imaginaria que os professores fossem tão espirituosos e que todo o curso seria um aprendizado divertido. Claro, precisei de um dicionário para os termos científicos usados, mas foi um ótimo aprendizado. Aprendi a aliviar o desconforto no estômago quando entro na sala de provas com a técnica de respiração. Ela funciona mesmo! Agora, entendo os testes como uma ferramenta que avalia o quanto aprendi e reti. Eu amo a técnica Pomodoro. Minha mãe colaborou durante todo o curso, ela fez o contraponto. Assistiu a muitos vídeos de palestras (pra caramba!); não descansou nem dormiu antes que eu fizesse o teste final. Embora seja muito mais esperta do que eu, ela não o poderia fazer por mim. Fiquei espantada com como as técnicas simples me ajudaram a conseguir uma pontuação excelente, e, claro, sem nenhuma ansiedade. Muito obrigada, professores. Eu gostaria que vocês criassem a parte 2 desse curso.

Boa segunda, Susan.

30. Barbara Oakley e Terrence Sejnowski, *Learning How to Learn: How to Succeed in School Without Spending All Your Time Studying; A Guide for Kids and Teens* (Nova York: TarcherPerigee, Penguin Books, 7 de agosto de 2018).
31. "Udacity's Sebastian Thrun: 'Silicon Valley has an obligation to reach out to all of the world'", *Financial Times*, 15 de novembro de 2017. https://www.ft.com/content/51c47f88-b278-11e7-8007-554f9eaa90ba/.
32. Barbara Oakley, *Mindshift: Break through Obstacles to Learning and Discover Your Hidden Potential* (Nova York: Penguin Random House, 2017).
33. Veja D. Bavelier e C. S. Green, "The Brain-Boosting Power of Video Games", *Scientific American* 315, nº 1 (2016): 26–31.
34. G. L. West, K. Konishi e V. D. Bohbot, "Video Games and Hippocampus-Dependent Learning", *Current Directions in Psychological Science* 26. nº. 2 (2017): 152–158.
35. J. A. Anguera, J. Boccanfuso, J. L. Rintoul, O. Al-Hashimi, F. Faraji, J. Janowich et al., "Video Game Training Enhances Cognitive Control in Older Adults", *Nature* 501, nº. 7465 (2013): 97–101.
36. Ibid.
37. Veja IES: What Works Clearinghouse, *Beginning Reading Intervention Report: Fast ForWord* (Washington, DC: U.S. Department of Education, Institute of Education Sciences, 2013). https://ies.ed.gov/ncee/wwc/Docs/InterventionReports/wwc_ffw_031913.pdf.
38. Veja J. Deveau, D. J. Ozer e A. R. Seitz "Improved Vision and On-Field Performance in Baseball through Perceptual Learning", *Current Biology* 24, nº. 4 (2014): R146–147.
39. Veja o comunicado à imprensa da Comissão Federal de Comércio "FTC Charges Marketers of 'Vision Improvement' App with Deceptive Claims", 17 de setembro de 2015, https://www.ftc.gov/news-events/press-releases/2015/09/ftc-charges-marketers-vision-improvement-app-deceptive-claims/. Os estudos científicos

de Seitz são de alta qualidade e foram publicados em periódicos de psicologia de revisão por pares, mas a FTC queria que ele realizasse um ensaio controlado randomizado, semelhante aos estudos usados para testar a eficácia de drogas. Esse é um empreendimento caro, difícil para uma pequena startup.

40. Johana Bhuiyan, "Ex-Google Sebastian Thrun Says That the Going Rate for Self-Driving Talent Is $10 Million per Person", Recode, 17 de setembro de 2016. https://www.recode.net/2016/9/17/12943214/sebastian-thrun-self-driving-talent-pool.
41. Geoffrey Hinton é o principal assessor científico do Vector Institute. Veja http://vectorinstitute.ai/.
42. Paul Mozur e John Markoff, "Is China Outsmarting America in A.I.?", New York Times, 27 de maio de 2017, https://www.nytimes.com/2017/05/27/technology/china-us-ai-artificial-intelligence.html.
43. Paul Mozur, "Beijing Wants A.I. to Be Made in China by 2030", New York Times, 20 de julho de 2017. https://www.nytimes.com/2017/07/20/business/china-artificial-intelligence.html.
44. Veja Mike Wall, "JFK's 'Moon Speech' Still Resonates 50 Years Later", Space.com (blog), publicado em 12 de setembro de 2012, https://www.space.com/17547-jfk-moon-speech-50years-anniversary.html. O discurso "We choose to go to the moon" ["Nós escolhemos ir à lua"], do presidente John F. Kennedy na Universidade Rice, em Houston, em 12 de setembro de 1962, que ainda comove, mais de 50 anos depois, lembra-nos de sua liderança. Veja https://www.youtube.com/watch?v=WZyRbnpGyzQ/. Quando o astronauta Neil Armstrong pisou na lua, em 20 de julho de 1969, a idade média de um engenheiro na NASA era de 26 anos; ainda na escola em 1962, esses engenheiros foram inspirados pelo discurso de Kennedy.
45. J. Haskel e S. Westlake, Capitalism without Capital: The Rise of the Intangible Economy (Princeton, NJ: Princeton University Press, 2017), 4.
46. W. Brian Arthur, "The second economy?", McKinsey Quarterly outubro de 2011. https://www.mckinsey.com/business-functions/strategy-and-corporate-finance/our-insights/the-second-economy/.
47. "Hello, world!" [no original] é uma mensagem de teste de um exemplo de programa presente no livro clássico de Brian Kernighan e Dennis Ritchie The C Programming Language (Englewood Cliffs, NJ: Prentice Hall, 1978).

Capítulo 13

1. Os vídeos das palestras da conferência Grandes Desafios para a Ciência no Século XXI estão em: https://www.youtube.com/results?search_query=Grand+Challenges++for+Science+in+the+21st+Century.
2. Veja W. Brian Arthur, The Nature of Technology: What It Is and How It Evolves (Nova York: Free Press, 2009).

3. George A. Cowan, *Manhattan Project to the Santa Fe Institute: The Memoirs of George A. Cowan* (Albuquerque: University of New Mexico Press, 2010).
4. O algoritmo de PageRank do Google, criado pelos fundadores do Google, Larry Page e Sergey Brin, usa links para uma página a fim de classificar a importância das páginas. Desde então, ele foi elaborado com muitas camadas de algoritmos para manipular o viés das pesquisas.
5. A. D. I. Kramer, J. E. Guillory e J. T. Hancock, "Experimental Evidence of Massive-Scale Emotional Contagion through Social Networks", *Proceedings of the National Academy of Sciences of the United States of America* 111, n°. 24 (2014): 8788–8790.
6. Stuart Kauffman, *The Origins of Order: Self Organization and Selection in Evolution* (Nova York: Oxford University Press, 1993).
7. Christopher G. Langton, ed., *Artificial Life: An Overview* (Cambridge, MA: MIT Press, 1995).
8. Stephen Wolfram, *A New Kind of Science* (Champaign, IL: Wolfram Media, 2002).
9. Conselho Nacional de Pesquisa, *The Limits of Organic Life in Planetary Systems* (Washington, DC: National Academies Press, 2007), Cap. 5, "Origin of Life", 53–68. https://www.nap.edu/read/11919/chapter/7.
10. Von Neumann, J. e A. W. Burks, *Theory of Self-Reproducing Automata* (Urbana, IL: University of Illinois Press, 1966). Veja também a Wikipédia: "Construtor universal de Von Neumann." [A versão em português é similar à indicada no original, "Von Neumann universal constructor".]
11. W. S. McCulloch e W. H. Pitts, "A Logical Calculus of the Ideas Immanent in Nervous Activity", *Bulletin of Mathematical Biophysics* 5 (1943): 115–133.
12. O computador foi chamado de "JOHNNIAC", em referência ao antigo computador digital "ENIAC".
13. O material que ele preparou para essas palestras originou o *The Computer and the Brain*, de von Neumann (New Haven: Yale University Press, 1958).
14. Stephen Jay Gould e Niles Eldredge, "Punctuated Equilibria: The Tempo And Mode Of Evolution Reconsidered." *Paleobiology* 3, n°. 2 (1977): 115–151, 145; John Lyne e Henry Howe, "Punctuated Equilibria': Rhetorical Dynamics of a Scientific Controversy", *Quarterly Journal of Speech*, 72, n°. 2 (1986): 132–147. doi:10.1080/00335638609383764.
15. John H. Holland, *Adaptation in Natural and Artificial Systems: An Introductory Analysis with Applications to Biology, Control, and Artificial Intelligence* (Cambridge, MA: MIT Press, 1992).
16. K. M. Stiefel e T. J. Sejnowski, "Mapping Function onto Neuronal Morphology", *Journal of Neurophysiology* 98, n°. 1 (2007): 513–526.
17. Veja o site do motor de conhecimento computacional, de Wolfram Alpha, https://www.wolframalpha.com/.
18. Stephen Wolfram, *A New Kind of Science* (Champaign, IL: Wolfram Media, 2002).

19. Para um ensaio interessante sobre como o pensamento de Wolfram se transformou, veja Stephen Wolfram, "A New Kind of Science: A 15-Year View", *Stephen Wolfram Blog*, publicado em 16 de maio de 2017. http://blog.stephenwolfram.com/2017/05/a-new-kind-of-science-a-15-year-view/.
20. Veja Stephen Wolfram, "Wolfram Language Artificial Intelligence: The Image Identification Project", Stephen Wolfram Blog, publicado em 13 de maio de 2015. http://blog.stephenwolfram.com/2015/05/wolfram-language-artificial-intelligence-the-image-identification-project/.

Capítulo 14

1. R. Blandford, M. Roukes, L. Abbott e T. Sejnowski, "Report on the Third Kavli Futures Symposium: Growing High Performance Computing in a Green Environment", 9–11 de setembro de 2010, Tromsø, Noruega, http://cnl.salk.edu/Media/Kavli-Futures.Final-Report.11.pdf.
2. Carver A. Mead e George Lewicki, "Silicon compilers and foundries will usher in user-designed VLSI", *Electronics* 11 de agosto, 55, n°. 16 (1982): 107–111. ISSN 0883-4989.
3. Carver Mead, *Analog VLSI and Neural Systems* (Boston: Addison-Wesley, 1989).
4. M. A. Mahowald e C. Mead, "The Silicon Retina", *Scientific American* 264, n°.5 (1991): 76–82; Tributo de Rodney Douglas: https://www.quora.com/What-was-the-cause-of-Michelle-Misha-Mahowald-death/; Misha Mahowald, "Silicon Vision" (vídeo), http://www.dailymotion.com/video/x28ktma_silicon-vision-misha-mahowald_tech/.
5. M. Mahowald e R. Douglas, "A Silicon Neuron", *Nature* 354, n°. 6354 (1991): 515–518.
6. Veja Carver Mead, *Collective Electrodynamics: Quantum Foundations of Electromagnetism* (Cambridge, MA: MIT Press, 2002).
7. O pai de Tobias, Max Delbrück, físico e fundador da biologia molecular na década de 1950, recebeu o Prêmio Nobel de Fisiologia ou Medicina (com Alfred Hershey e Salvador Luna) em 1969 (mais um elo entre microeletrônica e biologia molecular, que é explorado no Capítulo 18).
8. C. Posch, T. Serrano-Gotarredona, B. Linares-Barranco e T. Delbrück, "Retinomorphic Event-Based Vision Sensors: Bioinspired Cameras with Spiking Output", *Proceedings of the IEEE* 102, n°. 10 (2014): 1470–1484; T. J. Sejnowski e T. Delbrück, "The Language of the Brain", *Scientific American* 307 (2012): 54–59. https://www.youtube.com/watch?v=FQYroCcwkS0.
9. H. Markram, J. Lübke., M. Frotscher e B. Sakmann., "Regulation of Synaptic Efficacy by Coincidence of Postsynaptic APs and EPSPs", *Science* 275, n°. 5297 (1997): 213–215.
10. Veja também T. J. Sejnowski, "The Book of Hebb", *Neuron* 24. n°. 4 (1999): 773–776.

11. Hebb, *The Organization of Behavior* (Nova York: Wiley & Sons), 62.
12. Veja R. F. Service, "The Brain Chip", *Science* 345, nº. 6197 (2014): 614-616. http://science.sciencemag.org/content/345/6197/614.full.
13. D. Huh e T. J. Sejnowski, "Gradient Descent for Spiking Neural Networks", 2017. https://arxiv.org/pdf/1706.04698.pdf.
14. K. A. Boahen, "Neuromorph's Prospectus", *IEEE Xplore: Computing in Science and Engineering* 19, nº. 2 (2017): 14-28.

Capítulo 15

1. Jimmy Soni e Rob Goodman, *A Mind at Play: How Claude Shannon Invented the Information Age* (Nova York: Simon & Schuster: Nova York, 2017).
2. Solomon Wolf Golomb, *Shift Register Sequences: Secure and Limited-Access Code Generators, Efficiency Code Generators, Prescribed Property Generators, Mathematical Models*, 3ª ed. rev. (Singapura: World Scientific, 2017).
3. Veja Stephen Wolfram, "Solomon Golomb (1932–2016)", *Stephen Wolfram Blog*, publicado em 25 de maio de 2016. http://blog.stephenwolfram.com/2016/05/solomon-golomb-19322016/.
4. Richard Rhodes, *Hedy's Folly: The Life and Breakthrough Inventions of Hedy Lamarr, the Most Beautiful Woman in the World* (Nova York: Doubleday, 2012).
5. G. H. Hardy, *A Mathematician's Apology* (Cambridge: Cambridge University Press, 1940).
6. Solomon W. Golomb, *Polyominoes* (Nova York: Scribner, 1965).
7. L. A. Riggs, F. Ratliff, J. C. Cornsweet e T. N. Cornsweet. "The Disappearance of Steadily Fixated Visual Test Objects", *Journal of the Optical Society of America* 43, nº. 6 (1953): 495-501.
8. Rajesh P. N. Rao e Dana H. Ballard, "Predictive Coding in the Visual Cortex: A Functional Interpretation of Some Extra-Classical Receptive-Field Effects", *Nature Neuroscience* 2, nº. 1 (1999): 79-87.
9. Essa percepção foi a motivação de Mead para a construção de sistemas neuromórficos, que, como o cérebro, também fazem processamentos instantâneos. C. Mead, "Neuromorphic Electronic Systems", *Proceedings of the IEEE* 78, nº. 10 (1990): 1629-1636.
10. Hermann von Helmholtz, *Helmholtz's Treatise on Physiological Optics*, vol. 3: *The Perception of Vision*, trans. James P. C. Southall (Rochester, NY: Optical Society of America, 1925), 25. Originalmente publicado como *Handbuch der physiologische Optik. 3. Die Lehre von den Gesichtswahrnehmungen* (Leipzig: Leopold Voss, 1867).
11. J. L. McClelland e D. E. Rumelhart, "An Interactive Activation Model of Context Effects in Letter Perception: Part 1. An Account of Basic Findings." *Psychological Review* 88, nº. 5 (1981): 401-436; "Part 2. The Contextual Enhancement Effect and Some Tests and Extensions of the Model", *Psychological Review* 89, nº. 1 (1982): 60-94.

12. L. Muller, G. Piantoni, D. Koller, S. S. Cash, E. Halgren e T. J. Sejnowski, "Rotating Waves during Human Sleep Spindles Organize Global Patterns of Activity during the Night", *eLife* 5 (2016): e17267. Apoiado pelo escritório de pesquisa naval.
13. No que veio a ser conhecido como "terceira lei de Clarke", Arthur C. Clarke disse: "Qualquer tecnologia suficientemente avançada é indistinguível da magia."

Capítulo 16

1. Este capítulo foi adaptado de T. J. Sejnowski, "Consciousness", *Daedalus* 144, n°. 1 (2015): 123–132. Veja também Francis H. C. Crick, *What Mad Pursuit: A Personal View of Scientific Discovery* (Nova York: Basic Books, 1988); Bob Hicks, "Kindra Crick's Mad Pursuit", *Oregon ArtWatch*, 3 de dezembro de 2015. http://www.orartswatch.org/kindra-cricks-mad-pursuit/.
2. Ainda que haja um certo consenso científico para a definição do termo "consciência" [no original, consciousness], que tem sido usado para se referir a muitos fenômenos diferentes, ele é amplamente entendido como uma ideia que engloba a atenção e impressão de seu ambiente, tendo simultaneamente conhecimento e percepção de algo, e uma consciência de sua mente e do mundo.
3. F. Crick, "The Function of the Thalamic Reticular Complex: The Searchlight Hypothesis", *Proceedings of the National Academy of Science of the United States of America* 81, n°. 14 (1984): 4586–4590.
4. F. Crick e C. Koch, "The Problem of Consciousness", *Scientific American* 267, n°. 3 (1992): 10–17; F. Crick e C. Koch, "Constraints on Cortical and Thalamic Projections: The No-Strong-Loops Hypothesis", *Nature* 391, n°. 6664 (1998): 245–250; F. Crick e C. Koch, "A Framework for Consciousness", *Nature Neuroscience* 6, n°. 2 (2003): 119–126; e F. Crick, C. Koch, G. Kreiman e I. Fried, "Consciousness and Neurosurgery", *Neurosurgery* 55, n°. 2 (2004): 273–281.
5. F. Crick e C. Koch, "Are We Aware of Neural Activity in Primary Visual Cortex?", *Nature* 375, n°. 6527 (1995): 121–123; C. Koch, M. Massimini, M. Boly e G. Tononi, "The Neural Correlates of Consciousness: Progress and Problems", *Nature Reviews Neuroscience* 17 (2016): 307–321.
6. R. Q. Quiroga, L. Reddy, G. Kreiman, C. Koch e I. Fried, "Invariant Visual Representation by Single Neurons in the Human Brain", *Nature* 435, n°. 7045 (2005): 1102–1107.
7. K. Deisseroth e M. J. Schnitzer, "Engineering Approaches to Illuminating Brain Structure and Dynamics", *Neuron* 80, n°. 3 (2013): 568–577.
8. V. Mante, D. Sussillo, K. V. Shenoy e W. T. Newsome, "Context-Dependent Computation by Recurrent Dynamics in Prefrontal Cortex", *Nature* 503, n°. 7474 (2013): 78–84.

9. Grupo de trabalho BRAIN, *BRAIN 2025: A Scientific Vision,* Relatório para o Comitê Consultivo para o Diretor, NIH (Bethesda, MD: National Institutes of Health, 5 de junho de 2014), 36. https://www.braininitiative.nih.gov/pdf/BRAIN2025_508C.pdf.
10. Patricia Smith Churchland e Terrence J. Sejnowski, *The Computational Brain,* 2ª ed. (Cambridge, MA: MIT Press, 2016), 183, 221.
11. L. Chang e D. Y. Tsao. "The Code for Facial Identity in the Primate Brain", *Cell* 169, nº. 6 (2017): 1013–1028.e14.
12. D. A. Bulkin e J. M. Groh, "Seeing Sounds: Visual and Auditory Interactions in the Brain", *Current Opinion in Neurobiology* 16 (2006): 415–419.
13. D. M. Eagleman e T. J. Sejnowski, "Motion Integration and Postdiction in Visual Awareness", *Science* 287, nº. 5460 (2000): 2036–2038.
14. Veja Stephen L. Macknik, Susana Martinez-Conde e Sandra Blakeslee, *Sleights of Mind: What the Neuroscience of Magic Reveals about Our Everyday Deceptions* (Nova York: Henry Holt, 2010).
15. S. Dehaene e J.-P. Changeux, "Experimental and Theoretical Approaches to Conscious Processing", *Neuron* 70, nº. 2 (2011): 200–227.
16. S. Moeller, T. Crapse, L. Chang e D. Y. Tsao, "The Effect of Face Patch Microstimulation on Perception of Faces and Objects", *Nature Neuroscience* 20, nº. 6 (2017): 743–752.
17. J. Parvizi, C. Jacques, B. L. Foster, N. Withoft, V. Rangarajan, K. S. Weiner e K. Grill-Spector, "Electrical Stimulation of Human Fusiform Face-Selective Regions Distorts Face Perception", *Journal of Neuroscience* 32, nº. 43 (2012): 14915–14920.
18. BRAIN Working Group, *BRAIN 2025: A Scientific Vision,* pp. 6, 35, 48.
19. Sejnowski, "What Are the Projective Fields of Cortical Neurons?"
20. L. Chukoskie, J. Snider, M. C. Mozer, R. J. Krauzlis e T. J. Sejnowski, "Learning Where to Look for a Hidden Target", *Proceedings of the National Academy of Sciences of the United States of America* 110, supp. 2 (2013): 10438–10445.
21. T. J. Sejnowski, H. Poizner, G. Lynch, S. Gepshtein e R. J. Greenspan, "Prospective Optimization", *Proceedings of the IEEE* 102, nº. 5 (2014): 799–811.
22. Concluído postumamente por seus colegas Christof Koch, F. C. Crick e C. Koch, "What Is the Function of the Claustrum?", *Philosophical Transactions of the Royal Society of London* B360, nº. 1458 (2005), 1271–1279.
23. Veja Lewis Carroll, *Alice's Adventures in Wonderland* [*Alice no País das Maravilhas*] (Londres: Macmillan, 1865), Cap. 6.

Capítulo 17

1. T. A. Lincoln e G. F. Joyce, "Self-Sustained Replication of an RNA Enzyme", *Science* 323, nº. 5918 (2009): 1229–1232.
2. T. R. Cech, "The RNA Worlds in Context", *Cold Spring Harbor Perspectives in Biology* 4, nº. 7 (2012), http://cshperspectives.cshlp.org/content/4/7/a006742.full.pdf+html.

3. J. A. Feldman, "Mysteries of Visual Experience" (2016; rev. 2017), https://arxiv.org/ftp/arxiv/papers/1604/1604.08612.pdf.
4. Patricia S. Churchland, V. S. Ramachandran e Terrence J. Sejnowski, "A Critique of Pure Vision", em Christof Koch e Joel D. Davis, eds., *Large-Scale Neuronal Theories of the Brain* (Cambridge, MA: MIT Press, 1994), 23-60.
5. John Allman, *Evolving Brains* (Nova York: Scientific American Library, 1999).
6. B. F. Skinner, *Beyond Freedom and Dignity* (Indianapolis: Hackett, 1971).
7. Noam Chomsky, "The Case against B. F. Skinner", *New York Review of Books*, 17, nº 11 (1971): 18-24. http://www.nybooks.com/articles/1971/12/30/the-case-against-bf-skinner/.
8. Ibid., para. 27. Para uma comparação mais detalhada entre a análise baseada em regras e estatística da linguagem, veja Peter Norvig, "On Chomsky and the Two Cultures of Statistical Learning", http://norvig.com/chomsky.html.
9. Noam Chomsky, *Rules and Representations* (Oxford: Basil Blackwell, 1980).
10. A. Gopnik, A. Meltzoff e P. Kuhl, *The Scientist in the Crib*: What Early Learning Tells Us about the Mind (Nova York: William Morrow, 1999).
11. T. Mikolov, I. Sutskever, K. Chen, G. Corrado e J. Dean, "Distributed Representations of Words and Phrases and Their Compositionality", *Advances in Neural Information Processing Systems* 26 (2013): 3111-3119.
12. Essa foi uma palestra no Instituto McGovern, no MIT, comprometendo o instituto com o estudo do entendimento das bases biológicas da linguagem e de seus distúrbios.
13. "May the Force be with you" ["Que a Força esteja com você"], para citar uma saudação popular do mestre Jedi Obi-Wan Kenobi, em *Star Wars*.
14. J. A. Fodor, "The Mind/Body Problem", *Scientific American* 244, nº 1 (1981): 114-123.
15. D. Hassabis, D. Kumaran, C. Summerfield e M. Botvinick, "Neuroscience-Inspired Artificial Intelligence", *Neuron* 95, nº 2 (2017): 245-258.
16. Paul W. Glimcher e Ernst Fehr, *Neuroeconomics: Decision Making and the Brain*, 2ª ed. (Boston: Academic Press, 2013).
17. Colin Camerer, *Behavior Game Theory: Experiments in Strategic Interaction* (Princeton: Princeton University Press, 2003).
18. Minsky e Papert, *Perceptrons* (1969), 231. Na edição ampliada do livro, publicada em 1988, a seção 13.2, que continha esse trecho, foi excluída. No entanto, uma nova seção foi adicionada, "Epilogue: The new connectionism" ["Epílogo: O novo conexionismo"]. Essa é uma avaliação de 40 páginas dos primeiros resultados do aprendizado em percepções multicamadas, que vale a pena ler à luz dos desenvolvimentos subsequentes.
19. Veja https://www.dartmouth.edu/~ai50/homepage.html. Veja também https://en.wikipedia.org/wiki/AI@50/.
20. Marvin Minsky, *The Society of Mind* (Nova York: Simon & Schuster, 1985).
21. Veja "Society of Mind", *Wikipedia*, última edição em 27 de agosto de 2017. https://en.wikipedia.org/wiki/Society_of_Mind.

22. Cynthia Breazeal, do MIT, e Javier Movellan, desenvolveram robôs sociais que interagem com seres humanos e usam expressões faciais para se comunicar, o que promete ser o primeiro passo de uma teoria computacional das emoções.
23. Marvin Minsky, "Theory of Neural-Analog Reinforcement Systems and Its Application to the Brain Model Problem", (tese de doutorado, Princeton, 1954).
24. Stephen Wolfram, "Farewell, Marvin Minsky (1927–2016)", *Stephen Wolfram Blog*, publicado em 26 de janeiro de 2016, http://blog.stephenwolfram.com/2016/01/farewell-marvin-minsky-19272016/.
25. A. Graves, G. Wayne, M. Reynolds, T. Harley, I. Danihelka, A. Grabska-Barwiska et al., "Hybrid Computing Using a Neural Network with Dynamic External Memory", *Nature* 538, nº. 7626 (2016): 471–476.

Capítulo 18

1. Sydney Brenner, "Nature's Gift to Science", discurso no Nobel, 8 de dezembro de 2002, vídeo, https://www.nobelprize.org/mediaplayer/index.php?id=523/.
2. Sydney Brenner, "Reading the Human Genome": 1. "Much Ado about Nothing: Systems Biology and Inverse Problems", 26 de janeiro de 2009; 2. "Measure for Measure: The GC Shift and the Problem of Isochores", 29 de janeiro de 2009; 3. "All's Well That Ends Well: The History of the Retina", 30 de janeiro de 2009, vídeos. http:// thesciencenetwork.org/search?program=Reading+the+Human+Genome+with+Sydney+Brenner.
3. Discos imaginais são os antecessores evolutivos das pernas e antenas das moscas.
4. Sydney Brenner publicou sua história originalmente em S. Brenner, "Francis Crick in Paradiso", *Current Biology*. 6, nº. 9 (1996): 1202: "Dividi um escritório com Francis Crick por 20 anos em Cambridge. Houve uma época em que ele estava interessado em embriologia e passou muito tempo pensando em discos imaginais em Drosophila. Um dia, ele jogou o livro que estava lendo em sua mesa com um grito exasperado. 'Deus sabe como funcionam esses discos imaginais!' No ato, vislumbrei toda a história de Francis chegando ao céu e São Pedro recebendo-o com um: 'Ó, Dr. Crick, você deve estar cansado depois de sua longa jornada. Sente-se, tome uma bebida e relaxe.' 'Não', diz Francis, 'preciso ver esse sujeito, Deus; tenho que lhe fazer uma pergunta.' Depois de um pouco de persuasão, o anjo concorda em levar Francis a Deus. Eles atravessam a parte do meio do céu e, finalmente, bem trás, através dos trilhos de trem, chegam a um galpão, com um teto de ferro corrugado, cercado por lixo. E, na parte de trás, há um homenzinho de macacão com uma grande chave-inglesa no bolso de trás. 'Deus', diz o anjo, 'este é o Dr. Crick; Dr. Crick, este é Deus.' 'Estou muito feliz em conhecê-lo', diz Francis. 'Devo lhe fazer esta pergunta: como os discos imaginais funcionam?' 'Bem', vem a resposta: 'Pegamos um pouco dessas coisas e adicionamos algumas outras e... na verdade, não sabemos, mas garanto que concebemos isso aqui há 200 milhões de anos e nunca tivemos queixas'."

5. T. Dobzhansky, "Nothing in Biology Makes Sense Except in the Light of Evolution", *American Biology Teacher* 35, nº. 3 (1973): 125–129, http://biologie-lernprogramme.de/daten/programme/js/homologer/daten/lit/Dobzhansky.pdf.
6. Sydney Brenner, "Why We Need to Talk about Evolution", em "10-on-10: The Chronicle of Evolution", série de palestras, Nanyang Technological University, Singapura, 21 de fevereiro de 2017. http://www.paralimes.ntu.edu.sg/NewsnEvents/10-on-10%20The%20Chronicle%20of%20Evolution/Pages/Home.aspx. Vídeo. https://www.youtube.com/watch?v=C9M5h_tVlc8.
7. Terrence Sejnowski, "Evolving Brains", em "10-on-10: The Chronicle of Evolution", série de palestras, Nanyang Technological University, Singapura, 14 de julho de 2017. https://www.youtube.com/watch?v=L9ITpz4OeOo.
8. T. Nagel, "What Is It Like to Be a Bat?" *Philosophical Review* 83, nº. 4 (1974): 435–450.
9. A "antropogenia" [no original, anthropogeny] é o estudo da origem da humanidade. Veja Center of Academic Research and Training in Anthropology (CARTA), site: https://carta.anthropogeny.org/.
10. O Grupo La Jolla e o CARTA foram fundados sob a liderança de Ajit Varki, médico-cientista da UC San Diego, apaixonado por evolução.
11. Cerca de 1% do DNA são sequências codificadoras de proteínas, e 8%, sequências reguladoras que se ligam a proteínas.
12. Howard C. Berg, *E. coli in Motion* (Nova York: Springer, 2004).
13. S. Navlakha e Z. Bar-Joseph, "Algorithms in Nature: The Convergence of Systems Biology and Computational Thinking", *Molecular Systems Biology* 7 (2011): 546.

Agradecimentos

1. Veja Sarah Williams Goldhagen, *Louis Kahn's Situated Modernism* (New Haven: Yale University Press, 2001).
2. Francis Crick, *The Astonishing Hypothesis: The Scientific Search for the Soul* (Nova York: Scribner's Sons, 1994), 267.
3. Crick também merece os créditos por ter me apresentado a Beatrice.

Índice

A

abelhas, 166
Adam Gazzaley, 207
Alan Gelperin, 65
Alan Hodgkin, 36
Alan Jones, 244
Alan Turing, 38
Alexa, 10
Alex Szalay, 180
algoritmo, 52, 213–222, 299
  algorismus, 213
  al-Khwarizmi, 213
  arithmos, 213
  de aprendizado, 3, 58, 98, 299
Allison Doupe, 173
Amazon Web Services, 29
Amy Gutmann, 244
análise de componentes independentes, 302
analista quantitativo, 16
Andrew Barto, 158
Andrew Huxley, 36
Android, ix
A New Kind of Science, livro, 221
An Investigation of the Laws of Thought, 61
Anthony Bell, 91
  princípio infomax de aprendizado geral, 90
aplicações cognitivas, 190
Aplysia, 178
aprendendo
  a cantar, 171
  a voar, 170
aprendizado
  aversivo ao sabor, 165
  de máquina, 3–30, 52, 61, 299
  de percepção, 112
  de propósito geral, 41
  de reforço tabular, 163
  não supervisionado, 116–118
  online, 160
  por recompensa, 165–176
  maldição da dimensionalidade, 160
  por reforço, 158–159
  profundo, ix, 3–30, 32, 40, 44, 53, 55, 70, 225
    aprendendo a diagnosticar, 12
    origem, 3
Arati Prabhakar, 244
área jurídica, 17–18
ARM, 224
arquitetura de von Neumann, 43
assistente digital, 299
autômatos celulares, 215–216
autonomia, 175
axônios, 230

B

Barbara Oakley, 28, 204
Baxter, 194
Beatrice Golomb, 49, 222
behaviorismo, 266
  caixa-preta, 272–274
  estímulo condicionado, 165
  Pavlov, 164
  Skinner, 164
benchmarks, 140
Ben Yuhas, 113
Bernard Katz, 36
Bert Sakmann, 231
Big Brother, 182
big data, ix, 3, 11, 180
Bill Gates, 28
biologia, 37, 67
  algorítmica, 287
  de sistemas, 249
Blocks World, 31
  Terry Winograd, 31
BrainHQ, 208
Burrhus Skinner, 269
bytes, 238

C

caixas eletrônicos, 26
Caltech, 137
camada cortical, 40
câmera DVS, 231, 233
caminhoneiros, 6
Canadá, 210
Carnegie Mellon, 58, 128
Carrie Fisher, 246
CARTA, 285
Carver Mead, 226
  engenharia neuromórfica, 227
célula
  avó, 254–258
    célula Halle Berry, 255
  complexa, 72
  simples, 72
cerebelo, 59
cérebro, 36, 59–68, 71
  chimpanzé e humano, 285–286
  claustro, 261
  como funciona, 55
Charles Gross, 63, 70
Charles Smith, 68
China, 210
chips, 223–236
  de retina, 230
  VLSI, 223
Christof Koch, 252
Christopher Langton, 214
Christopher Longuet-Higgins, 56
Christoph von der Malsburg, 58
cibernética, 43
Claude Shannon, 238
códigos postais, 114–116
cognição, 57
cognitivismo, 272
componentes
  independentes, 89–98
    ACI, 92
    cérebro, 94–97
    principais, 92
    ACP, 92

comportamento inteligente, 57
computação, 223
 cognitiva, 187
 exascale, 224, 247
 petascale, 224
conectoma humano, 84
conexionismo, 37, 99
conexões recorrentes, 147
conjunto, 299
 de teste, 48, 299
 de treinamento, 48, 299
consciência, 245, 251–262
controle motor, 59
ConvNet, 142–145
convolução, 300
Cora Marrett, 244
correlatos neurais da consciência, 252
Cortana, 10
córtex, 38–40, 70–74
 gestalt, 81
 inferotemporal
  anterior, 71
  posterior, 71
 motor, 71
 pré-frontal, 71
 pré-motor, 71
 temporal médio, 81
 visual, 63, 70–71
  primário, 71
  secundário, 71
cortical, 63
Coursera, 205
crescimento exponencial, 157
Cruise Automation, 5
curvatura de sombreamento, 80
Cyc, 35
 Douglas Lenat, 35

D

Dana Ballard, 105
Daphne Bavelier, 206
Daphne Koller, 180
DARPA, 4
David Hubel, 73
David Marr, 59
 Vision, 60
David Rumelhart, 120
David Shaw, 16
David Van Essen, 82
DeepLensing, 25

DeepMind, 170
DeepStack, 18
Demis Hassabis, 22, 175
dermatologia, 12
detecção do câncer de mama, 12–13
diabetes tipo 1, 15
diagnóstico médico, 12–15
diamantes-mandarim, 33
dimensionamento, 300
dipolo, 94
distribuição de probabilidade, 300
DNA, 249, 263
doença de Parkinson, 167
dopamina, 165–167
dormir, 13–14
dropout, 131
dúplice virtual, 27
Dynamic Vision Sensor, 230

E

Echo, 29
ecolocalização, 284
ecologia automobilística, 7
educação, 201–202
Edward "Ed" Posner, 179
efeito "flash-lag", 258
efeito Flynn, 25
eletroencefalograma, 94
Elon Musk, 28, 136
emoções, 196–197
Emotient, 198
empregos, 26–28
energia, 7
engenharia
 genética, 28
 neuromórfica, 229–235
 reversa, ix
época, 300
equilíbrio, 300
 pontuado, 220
erro de soma quadrada, 121
escalonamento, 151–156
Escherichia coli, 286
esparsidade, 97
espinha, 300
Estados Unidos, 210
estímulo, 165
estruturas estatísticas, 94
Eugene Charniak, 276
expressões faciais, 195–198
 Donald Trump, 198
 microexpressões, 197

F

Facebook, 182, 213
Fast ForWord, 208
feedback, 300
ficção científica, x, 250
física, 67
Fopefolu Folowosele, 234
fóvea, 264
Francis Collins, 244
Francis Crick, 59–60, 70, 251–252, 264, 281
 Caenorhabditis elegans, 281
 hipótese do holofote, 251
Frank Rosenblatt, 44–54
função
 de custo, 120, 300
 sigmoide, 143
funcionalismo, 36
fusos de sono, 245

G

gamão, 159
 Bill Robertie, 163
 TD-Gammon, 164
game of life, 217
gânglio
 basal, 169
 simpático, 66
GANs, 153
gaussiano, 62
generalização, 48
General Motors, 5
Geoffrey Hinton, ix, 61, 181, 225
George Boole, 61–62
Gerald Rubin, 244
Gerald Sussman, 38
Gerald Tesauro, 39
Gerry Tesauro, 163
gestalt, 81
Giles Brindley, 59
Gina Turrigiano, 175
Giorgio Armani, 154
Go, 19–24
 AlphaGo, 20–24
  AlphaZero, 23
  DeepMind, 20
goleiro neuromórfico, 234
Good Morning America, programa, 197
Google, ix, 210
 Google Brain, 210

Google Tradutor, ix, 8
Google X, ix, 5
    carros autônomos, ix
    Google Brain, ix
    Google Glass, ix
Gordon Moore, 225
GPUs, 223
gradiente descendente, 300

H

Hedy Lamarr, 241
Helmholtz, 69
Henry Markram, 231
Hermann von Helmholtz, 69, 243
    codificação preditiva, 243
hierarquia do córtex visual, 145-146
hipocampo, 59
HMAX, 140
Humpty Dumpty, 62-63

I

Ian Goodfellow, 148
IBM, 157, 187
    Watson, 187
iBrain, 15
identidade, 189
ideogramas japoneses, 9
IDIES, 180
Índia, 189
informação, 237-250
    teoria da, 237-238
iniciativa BRAIN, 244-245
Instituto Salk de Estudos Biológicos, 61
Instituto Vector, 210
Intel, 5, 223
inteligência, 174, 283-284
    artificial, ix, 31-40, 210
        ameaça, 28-30
        IA, ix, 35
        regulamentação, 136-137
    coletiva, 7
internet, ix
invertebrados, 65
iRobot, 39
    Roomba, 39

J

James Anderson, 59
James DiCarlo, 145

James McClelland, 126
James Simons, 16
Javier Movellan, 192
Jeopardy!, 187
Jerome Feldman, 99
    regra das 100 etapas, 99
Jerry Fodor, 82
jogos, 157-158
John Allman, 81
John Hopfield, 100-101
    rede de Hopfield, 101-118
John von Neumann, 18, 218
Jon Kaas, 81
Judea Pearl, 58
Jun Rekimoto, 8
Jürgen Schmidhuber, 147

K

Kaggle, 187
Ke Jie, 22
Kunihiko Fukushima, 58

L

laboratório de inteligência artificial do MIT, 31
Lee Sedol, 22
legendagem, 149
lei
    de escala, 38
    de Moore, 40, 235-236
leituras recomendadas, 295
    Animal Minds: Beyond Cognition to Consciousness, 297
    Deep Learning, 298
    Deep Learning: A Practitioner's Approach, 298
    Information Theory, Inference, and Learning Algorithms, 298
    IQ and Human Intelligence, 297
    Liars Lovers, and Heroes: What the New Brain Science Reveals about How We Become Who We Are, 296
    Machine Learning: A Probabilistic, 298
    Neural Networks for Pattern Recognition, 298
    Reinforcement Learning: An Introduction, 298

The Computacional Brain, 295
Leslie Orgel, 264
linguagem, 57-58, 122, 148, 267
linha do tempo, 1, 87, 185
LMS, 44-54
lógica, 35-37, 62, 300
    booleana, 61
logic theorist, 36
    Allen Newell, 36
    Herbert Simon, 36
longevidade patente das memórias, 75
LSTM, 147
Ludwig Boltzmann, 108
Lumosity, 206

M

macacos, 63, 70-71
Magic Eye, 60
máquina
    de Boltzmann, 55, 107-118, 300
    de Turing, 38, 43, 217, 301
    de vetores de suporte, 51
Marian Stewart Bartlett, 197
Mark Seidenberg, 126
Mark Zuckerberg, 181
Marvin Minsky, 31, 53, 275
Massimo Vergassola, 170
matemática, 62
Mathematica, programa, 221
mecânica orbital, 38
Medal of Honor: Allied Assault, 206
memória
    de conteúdo endereçável, 101-104
    de trabalho, 147-148
Michael Dertouzos, 37
Microsoft, 11, 211
    Microsoft Research, 10
milissegundo, 301
Minecraft, 170
Misha Mahowald, 228
MIT, 37
MIT AI Lab, 31-40, 59
Miyoung Chun, 244
Mobileye, 5, 223
modelo
    de Hopfield, 301
    de rede, ix, 67

de rede neural recorrente, 60
MOOCs, 26–27, 202–206, 301
  Learning How to Learn, 28
mulheres, 184
museu Guggenheim, 79

N

NASCAR, 209
natureza, 41
negociação
  algorítmica, 15–17
  na bolsa de valores, 15
Neocognitron, 58
Nervana, 223
Netflix, 131
NETtalk, 122–128
neurociência, 63
  cognitiva, 82–86
  computacional, 67
neuroeconomia, 274
neurônio, 36, 40, 43, 57–68, 70, 301
  de silício, 228
  dopaminérgico, 168
  modelo de cubo de gelo, 77
NeuroRacer, 207
neurotransmissor excitatório, 77
Neurovigil, 14–15
NIPS, 89, 178–179, 198
Noam Chomsky, 267
  inatismo, 269
Norbert Wiener, 43
normalização, 301
nova ciência do aprendizado, 199–200
núcleo geniculado lateral, 71
Nvidia, 223

O

Oliver Selfridge, 43
  Pandemonium, 43
o mágico de Oz, 55
ondas
  da Princesa Leia, 245
  elétricas, 246

OpenAI, 28
optogenética, 259
otimização, 120–122, 301
  convexa, 129
  não convexa, 129
Otto, 29

P

padrões de sono, 14
Pandemonium, 45
Patricia Churchland, 145
Paul Ekman, 196
  Dr. Cal Lightman, 196
  Facial Action Coding System, 197
pele, 12
pensamento, 62
percepção visual, 69, 257–259
perceptron, 44–54, 301
  eclipsado, 52–54
  Marvin Minsky, 52
  objetivo, 44, 47
  Seymour Papert, 52
  tank perceptron, 52
  teorema da convergência do, 51
pesos, 48
Peter Dayan, 165
plasticidade, 301
  hebbiana, 232
Pong, 170
pôquer, 18–19
previsão dos mercados financeiros, 15–17
Principia Mathematica, 36
  Alfred North Whitehead, 36
  Bertrand Russell, 36
princípio da dispersão, 301
probabilidade, 62
problema
  de figura-fundo, 106
  do caixeiro-viajante, 103
processamento
  adaptativo de sinais, 302
  de símbolos, 62
  distribuído e paralelo, 119

projeto Manhattan, 120
proteínas, 126
  aminoácidos, 126

Q

Qualcomm, 240

R

Randolph Menzel, 166
rã-touro, 65
Read Montague, 165
recompensa, 165
reconhecimento de fala, 10–11
reconsolidação, x
recozimento simulado, 105
rede
  adversária generativa, 148–151, 174
  alimentada adiante, 53, 302
  bayesiana, 140
  convolucional, 141–156
    AlexNet, 141
  de crença, 58
  de Hopfield, 103
  de retropropagação, 121
  neural, ix, 37–40, 43–54, 55–59
    classificação, 135–136
    de Kohonen, 58
    limitações, 134–137
    profunda, 40
    superficial, 40
  probabilística, 58
  recorrente, 302
regra de Bayes, 302
regularização, 302
Renaissance Technologies, 16
ressonância magnética, 95
ressurgência térmica, 172
restrições, 302
Rethink Robotics, 194
retropropagação de erros, 299
Richard Sutton, 161
Rick Rashid, 11

RNA, 263
RNN, 150
Robert Conn, 244
robôs, 190-191
　industriais, 194
　iRobot, 194
　Rubi, 192
Rodney Brooks, 39, 194
Roomba, 194
Rubi, 191-195

S

Scott Kirkpatrick, 105, 180
Scott Makeig, 94
Sebastian Thrun, 4, 180
separação cega de fontes, 89-90
Sepp Hochreiter, 147
sequências de registro de turno, 241
serviços financeiros, 17
SEXNET, 49, 177
　DRAGNET, 49
Seymour Papert, 275
Sidney Lehky, 79
simetria dos espelhos, 111-114
Simon Haykin, 170
sinapse, 36, 65-66, 72, 302
Siri, 10
sistema
　auditivo, 93
　complexo, 214
　especialista, 35-37
　　　MYCIN, 35
　operacional, 248
skunk works, 5, 302
sobreajuste, 48, 302
Solomon Golomb, 240
　matemática pura, 241
　Tetris, 241
sono, 245
Stanford, 58
StarCraft, 170
STDP, 234
　plasticidade dependente do tempo de pico, 234
Stephen Hawking, 28, 136

Stephen Kuffler, 65, 70-73
Stephen Wolfram, 215
Steven Zucker, 78
Stockfish, 23
Street View, 8
superTuring, 176
SVM, 140
Sydney Brenner, 282

T

tarefa de seleção de Wason, 42
taxistas, 6
TDLC, projetos, 199
　expressões faciais, 200
　leitura, 201
　linguagem, 200
　métodos de aprendizado, 200
　potencial humano, 201
　retenção do aprendizado, 200
tecnologia educacional, 27
tentilhões-zebra canores, 173
teorema da convergência do perceptron, 51
Terrence Sejnowski, 28
Terry Sejnowski, 38, 67, 244
Teuvo Kohonen, 58
Theodore Holmes Bullock, 100
Thomas Bayes, 140
Thomas J. Watson, ix
Tobias Delbrück, 231
Tomaso Poggio, 59, 140
Torsten Wiesel, 73
TPU, 8, 224
　unidade de processamento de tensores, 8
tradução automática, 8-10
transmissor inibitório, 77
truque de kernel, 52, 140

U

Udacity, 206
Uri Hasson, 85

V

veículo autônomo, 4-7
　Apple, 5
　Google, 5
　Uber, 5
Vernon Mountcastle, 63
vida artificial, 214
videogames, 206
visão, 69-86, 260
　ambliopia, 74
　campo receptivo, 72
　células ganglionares, 71
　computacional, 32-40
　　　pássaros, 33
　efeito "flash-lag", 258
　estrabismo, 74
　fotorreceptores, 71
　luz, 71
　microssacadas, 242
　nervos ópticos, 71
　privação monocular, 74
　retina, 70-71
　sinais elétricos, 71
Vladimir Putin, 136
Vladimir Vapnik, 51
VUMmx1, 166

W

Walter Pitts, 218
Warren McCulloch, 218
Waymo, 7
William Newsome, 244
Wolfram Schultz, 165

X

xadrez, 157
xícara, 70

Y

Yann LeCun, 141-142
Yoshua Bengio, 148, 156

Este livro foi impresso nas oficinas gráficas da Editora Vozes Ltda.,
Rua Frei Luís, 100 – Petrópolis, RJ.